高等职业教育法律类系列教材

刑法

（第三版）

主　编　张丽霞
副主编　马章民　尹彦品

CRIMINAL LAW

WUHAN UNIVERSITY PRESS
武汉大学出版社

图书在版编目(CIP)数据

刑法 / 张丽霞主编. --3 版. -- 武汉 ：武汉大学出版社，2025.2.
高等职业教育法律类系列教材. -- ISBN 978-7-307-24871-7
Ⅰ. D924
中国国家版本馆 CIP 数据核字第 20241X1L87 号

责任编辑：胡　荣　　　责任校对：汪欣怡　　　版式设计：马　佳

出版发行：**武汉大学出版社**　（430072　武昌　珞珈山）
（电子邮箱：cbs22@ whu.edu.cn　网址：www.wdp. com.cn）
印刷：湖北金海印务有限公司
开本：787×1092　1/16　印张：19.75　字数：464 千字　插页：1
版次：2015 年 3 月第 1 版　2021 年 10 月第 2 版
2025 年 2 月第 3 版　2025 年 2 月第 3 版第 1 次印刷
ISBN 978-7-307-24871-7　定价：68.00 元

编委会

修订说明(第三版)

刑法作为国家的基本法律，具有惩罚犯罪、保障人权的作用。党的二十届三中全会通过的《中共中央关于进一步全面深化改革、推进中国式现代化的决定》中提出“法治是中国式现代化的重要保障”。在我国新时代国家建设中，刑法具有保驾护航的现实意义。本教材是适用于高职法律类专业刑法教学的校行合作教材，也是课程思政成果融入教材建设的集成体现。

本教材具有如下特色：

一、内容选取方面，本教材以党的二十届三中全会提出的“在法治轨道上深化改革、推进中国式现代化”为根本遵循，根据高职教育教学要求、就业面向、最新立法规定和行业资格考证需要，对具体内容进行了整合性设计，增加了《刑法修正案(十二)》和《最高人民检察院、公安部关于公安机关管辖的刑事案件立案追诉标准的规定(二)》以及2023年以来出台的有关醉酒危险驾驶、性侵未成年人、跨境电信诈骗等方面的司法解释，实现了新业态下新技术、新规范、新标准融入教材；在价值塑造、知识传授和技能培养相融合的学习目标下，构建了“课政融通”的素质目标体系、“岗课赛证”融通的教学内容体系，具有职业性、开放性、实用性强的优势。

二、结构安排方面，打破传统学科排序，创新性地重组了教材结构。其中，把危害国家安全罪、贪污贿赂罪、渎职罪并入侵犯国家权益罪，列于具体犯罪之首，体现了国家利益至上的建设理念；把危害国防利益罪、军人违反职责罪并入危害军事利益罪。教材体例做到了与专业人才培养方案、教学重难点相一致，各章涵盖学习目标、基础知识、难点提示、案例分析、法条指引、思考与练习等网格化教学内容，特别是在对重点知识和技能的掌握下，以大量典型案例为依托，既注重满足学生专业学习与技能训练的需要，也突出了本教材重创新、以学生为主、重综合素养提高的建设理念。

三、师资方面，编写组所有成员都是河北省示范性专业(法律事务)或河北省省级精品课程刑法课程的骨干教师。本课程团队成员大多为高职称、高学历、双师型教师，具有学缘结构合理、梯队建设科学等特点，整体执教能力强，科研、教改成果突出，凸显了校内专职教师和行业一线骨干专家深度合作、双元开发的亮点。

本教材编写成员因工作变动等原因，进行了较大调整。由张丽霞任主编，马章民、尹彦品任副主编。张丽霞全权负责本教材的编写、修订工作，马章民、尹彦品具体协助。各章节分工为：张丽霞、杨世馨负责负责第一、二、五章，韩啸负责第三、十一章，董静洁、赵静负责第四章，杜胜昌负责第六章，高玮负责第七、十三章，马章民、张欣婷负责第八、九章，李世清负责第十章，尹彦品负责第十二章。

在编写过程中，我们参考并引用了近年来一些学者、专家的最新研究成果，在此谨表谢意!

本教材组成员将继续努力，期望进一步为广大刑法学习者提供精品数字化教材，恳请各位同仁和读者不吝赐教。

编　者

2024 年 10 月

修订说明(第二版)

刑法是惩罚犯罪、保障人权、实现公民合法权益的重要保证。在我国新时代国家建设中，具有保驾护航的现实意义。本教材是适用于高职法律类专业刑法教学的校行合作教材，也是课程思政成果融入教材建设的重要成果。

本教材具有如下特色：

一、内容选取方面，本教材根据高职教育教学要求、就业面向、最新立法规定和行业资格考证需要，对具体内容进行了整合性设计，增加了《刑法修正案(十一)》《反有组织犯罪法》《反电信网络诈骗法》等最新立法内容、立案标准，实现了新业态下新技术、新规范、新标准融入教材；在价值塑造、知识传授和技能培养相融合的学习目标下，构建了“课政融通”的素质目标体系、“岗课赛证”融通的教学内容体系，具有职业性、开放性、针对性强的优势。

二、结构安排方面，打破传统学科排序，创新性地重组了教材结构。其中，把危害国家安全罪、贪污贿赂罪、渎职罪并入侵犯国家权益罪，列于具体犯罪之首，体现了国家利益至上的建设理念；把危害国防利益罪、军人违反职责罪并入危害军事利益罪。做到了与专业人才培养方案、教学重难点相一致，各章安排有学习目标、基础知识、难点提示、案例分析、法条指引、思考与练习等内容，特别是在对重点知识和技能的掌握下，补充了大量的案例，基本满足了学生专业学习与技能训练的需要，突出了本教材重创新、以学生为主、重持续发展能力培养的建设理念。

三、师资方面，编写组所有成员都是河北省示范性专业(法律事务)或河北省省级精品课程刑法课程的骨干教师，本课程团队成员具有高职称、高学历，双师型教师多，年龄结构、学缘结构合理等特点，整体执教能力强，科研、教改成果突出，凸显了校内专职教师和行业一线专家、骨干深度合作，深化课改的水平与亮点。

本书由崔素琴教授任主编，张丽霞、马章民任副主编。崔素琴全权负责本教材的编写、修订工作，张丽霞、马章民具体协助，各章节分工为：崔素琴、董静洁负责第一章，张丽霞负责第二、五章，韩啸负责第三、十一章，董静洁、赵静负责第四章，杜胜昌负责第六章，高玮负责第七、十三章，马章民负责第八、九章，李世清负责第十章，尹彦品负责第十二章。

在编写过程中，我们参考并引用了近年来一些学者、专家的最新研究成果，在此谨表谢意！

本教材组成员将继续努力，期望进一步为广大刑法学习者提供精品数字化教材，恳请各位同仁和读者不吝赐教。

编　者

2022年9月

第一版重印修改说明

2015年8月29日第十二届全国人民代表大会常务委员会第十六次会议通过《中华人民共和国刑法修正案(九)》，这是我国刑事法治进程中的一件大事。

这次修正案涉及52个条文，修订、增加的内容之多、范围之广，前所未有。《刑法》总则涉及死缓执行制度、罚金制度，以及数罪并罚、职业禁止的规定。《刑法》分则涉及危害国家安全罪，贪污贿赂罪，危害公共安全罪，破坏社会主义市场经济秩序罪，侵犯公民人身权利、民主权利罪，侵犯财产罪，扰乱公共秩序罪，军人违反职责罪。其中，修改的犯罪有组织、领导、参加恐怖组织罪，帮助恐怖活动罪，危险驾驶罪，走私武器、弹药罪，对非国家工作人员行贿罪，强制猥亵、侮辱罪，绑架罪，伪造货币罪，收买被拐卖的妇女、儿童罪，侮辱罪，诽谤罪，侵犯公民个人信息罪，抢夺罪，伪造、变造、买卖国家机关公文、证件、印章罪，盗窃、抢夺、毁灭国家机关公文、证件、印章罪，伪造公司、企业、事业单位、人民团体印章罪，伪造、变造、买卖身份证件罪，妨害公务罪，非法生产、销售专用间谍器材、窃听、窃照专用器材罪，非法侵入计算机信息系统罪，非法获取计算机信息系统数据、非法控制计算机信息系统罪，提供侵入、非法控制计算机信息系统程序、工具罪，破坏计算机信息系统罪，扰乱无线电通讯管理秩序罪，聚众扰乱社会秩序罪，组织、利用会道门、邪教组织、利用迷信破坏法律实施罪，组织、利用会道门、邪教组织、利用迷信致人重伤、死亡罪，盗窃、侮辱、故意毁坏尸体、尸骨、骨灰罪，扰乱法庭秩序罪，拒绝提供间谍犯罪、恐怖主义犯罪、极端主义犯罪证据罪，拒不执行判决、裁定罪，偷越国(边)境罪，非法生产、买卖、运输制毒物品、走私制毒物品罪，组织卖淫罪，强迫卖淫罪，贪污罪，行贿罪，对单位行贿罪，介绍贿赂罪，单位行贿罪，阻碍执行军事职务罪，战时造谣惑众罪。增加的犯罪有帮助恐怖活动罪，准备实施恐怖活动罪，宣扬恐怖主义、极端主义、煽动实施恐怖活动罪，利用极端主义破坏法律实施罪，强制穿戴宣扬恐怖主义、极端主义服饰、标志罪，非法持有宣扬恐怖主义、极端主义物品罪，虐待被监护、看护人、使用虚假身份证件、盗用身份证件罪，组织考试作弊罪，非法出售、提供试题、答案罪，代替考试罪，拒不履行信息网络安全管理义务罪，非法利用信息网络罪，帮助信息网络犯罪活动罪，扰乱国家机关工作秩序罪，组织、资助非法聚集罪，编造、故意传播虚假信息罪，虚假诉讼罪，泄露不应公开的案件信息罪，披露、报道不应公开的案件信息罪，对有影响力的人行贿罪。本修正案自2015年11月1日起施行。

对原教材修订过程中，编写组成员积极参与，献计献策。本版由崔素琴组织修订、统稿、定稿。张丽霞负责本书第一章至第六章的修改，马章民负责本书第七章至第十三章的修改。具体分工如下：崔素琴、赵静、赵杰负责第一、第四、第六章，张丽霞负责第二、第五章，韩啸负责第三、第十一章，高玮负责第七、第十三章，马章民负责第八、第九章，李世清负责第十章，尹彦品负责第十二章。

由于时间仓促、水平有限，谬误之处在所难免，敬请各位读者和同仁批评指正。

编　者

2018 年 1 月

目　　录

第一章　刑法基础

【学习目标】

○掌握刑法的含义、刑法的基本原则及刑法效力范围的基本规定。

○能够正确适用刑法基本原则，依法识别、确定刑法的适用范围。

○培养学生的敬业精神、法治理念和基本的法律思维能力、法律表达能力。

第一节　认识刑法

一、刑法的概念和渊源

（一）刑法的概念

刑法是规定犯罪及其法律后果（主要是刑罚）的法律规范的总和。根据《中华人民共和国刑法》（以下简称《刑法》）第1条的规定，刑法是为了惩罚犯罪，保护人民，根据宪法，结合我国同犯罪作斗争的具体经验及实际情况而制定的一部实体法，它是国家认定犯罪和发动、实现刑罚权的法律根据。

刑法属于公法、强行法，在绝大多数情况下，只要行为构成犯罪，便不问被害人的意志如何，就依照《刑法》定罪量刑。《刑法》的这种公法特点决定了刑事立法权与刑事司法权都受到严格限制，罪刑法定成为《刑法》的生命。

（二）刑法的渊源

刑法的渊源有以下几种形式：

1. 刑法典

刑法典是国家以刑法名称颁布的、系统规定犯罪及其法律后果的法律规范。我国1979年颁布的《中华人民共和国刑法》，于1980年1月1日起施行，是我国第一部刑法典，现行刑法典是1997年修订颁布施行的，如今对刑法典的修订以刑法修正案的方式进行，目前已有12个刑法修正案。

2. 单行刑法

单行刑法是国家以决定、规定、补充规定、条例等名称颁布的，规定某类（或某种）犯罪及其法律后果的法律规范。1979年《刑法》颁布后，全国人大常委会颁布了23个单行刑法，1997年修订《刑法》时，将23个单行刑法的内容纳入现行刑法典。现行《刑法》颁布后，全国人大常委会于1998年12月29日颁布的《关于惩治骗购外汇、逃汇和非法买卖外汇犯罪的决定》是现行有效的单行刑法。

3. 附属刑法

附属刑法是附带规定于经济法、行政法等非刑事法律中的罪刑规范。我国目前经济法、行政法等法律中的一些条款，只是概括性地重申了《刑法》的相关内容(往往表述为“构成犯罪的，依照《刑法》追究刑事责任”)，而没有实质性规定，因此并非真正意义上的附属刑法。

二、刑法的性质和任务

(一)刑法的性质

刑法作为法律体系中的一个重要部门法，与其他部门法相比有其特有属性，主要表现在以下方面：

1. 调整保护社会关系(法益)的广泛性

一般部门法只是调整和保护一定范围内的社会关系。例如，民法调整和保护平等主体之间的财产关系和人身关系，经济法调整一定范围内的经济关系，行政法调整行政关系，等等；刑法则调整和保护人身的、经济的、财产的、婚姻家庭的、国家安全、社会秩序等方面的社会关系。刑法调整和保护的社会关系范围最为广泛，其他部门法调整和保护的社会关系，刑法都要予以调整和保护。需要注意的是，刑法调整保护社会关系的广泛性，只是意味着刑法调整保护的社会关系不限于某一个或某几个领域，而并不意味着刑法处罚范围的广泛性，刑法的处罚对象限于构成犯罪需要追究刑事责任者。

2. 部门法律的补充性和保障性

刑法具有补充性，只有当其他部门法不能充分保护某种法益时，才由刑法保护，只有当一般部门法不足以抑制某种危害行为时，才能适用刑法。刑法的强制手段主要是刑罚，刑罚的严厉性决定了其只能是保护法益的最后手段。在此意义上，刑法可以说是其他部门法的保护法，没有刑法作为后盾和保障，其他部门法往往难以贯彻实施。例如，如果刑法没有规定走私罪、逃税罪，海关法、税法就难以得到实施。再如，刑法没有规定拒不执行判决、裁定罪，其他法律的实施就没有保障。就惩罚违法行为而言，其他部门法可以说是“第一道防线”，刑法则是“第二道防线”或者是最后保障。

3. 制裁手段的严厉性

任何法律都具有强制性，违法行为人都必须承担相应的法律后果，如赔偿损失、罚款、行政拘留等。但这些法律后果远不及刑法的制裁手段——刑罚严厉。刑罚不仅可以剥夺犯罪人的财产，还可以剥夺人身自由、政治权利，最严重的还可以剥夺犯罪人的生命。其惩罚的严厉性是其他部门法不可比拟的。

(二)刑法的任务

我国《刑法》第2条规定了我国刑法的任务，是用刑罚同一切犯罪行为作斗争，以保卫国家安全，保卫人民民主专政的政权和社会主义制度，保护国有财产和劳动群众集体所有的财产，保护公民私人所有的财产，保护公民的人身权利、民主权利和其他权利，维护社会秩序、经济秩序，保障社会主义建设事业的顺利进行。

据此，刑法的任务是保护法益，保护的手段是用刑罚惩罚犯罪。因为各种犯罪都是侵犯法益的行为，运用刑罚与各种犯罪行为作斗争，正是为了抑制犯罪行为，从而保护法益。惩罚与保护密切联系，惩罚是手段，保护是目的。

三、刑法的解释

刑法的解释，是对刑法规范含义的阐明。法律规范具有抽象性的特点，刑法规范也不例外，为了使抽象的法条适用于具体的案件，需要对刑法规范进行解释；刑法条文是用具体文字表述的，可能存在含糊之处，甚至存在缺陷，需要通过解释阐明含义；刑法条文具有一定的稳定性，而现实生活具有多变性，为了使司法活动能够跟上客观情况的变化，可以在条文内容许可的情况下，对某些条文赋予新的含义。因此，刑法的解释对正确理解和运用刑法具有重要意义。

刑法的解释可以从不同方面进行分类。

(一) 立法解释、司法解释、学理解释

以解释的主体为依据，刑法的解释可以分为立法解释、司法解释、学理解释。

1. 立法解释

立法解释是由立法机关对刑法含义所作的解释，具体是指全国人大及其常委会对刑法规范本身需要明确界限，或者为解决最高人民法院和最高人民检察院有关刑法解释的原则性分歧而进行的解释。刑法的立法解释对于弥补刑法规范中的漏洞，使刑法规范适应复杂多变的客观情况，维护刑法的稳定性具有重要作用。

2. 司法解释

司法解释是由司法机关对刑法含义所作的解释。有权进行司法解释的司法机关是最高人民法院和最高人民检察院。我国司法解释的范围限于全国审判工作和检察工作中具体应用法律问题进行解释。《刑法》实施后，最高人民法院和最高人民检察院分别就审判工作和检察工作具体应用刑法问题做过大量解释，而且双方多次联合作出司法解释。

3. 学理解释

学理解释是由科研机构、教学单位或专家学者从学理上对刑法含义所作的解释。如刑法教科书、专著、论文、案例分析中对刑法规范的含义所作的解释。

立法解释和司法解释属于正式解释、有权解释，具有法律约束力，且立法解释的效力高于司法解释。学理解释属于非正式解释、无权解释，不具有法律约束力。学理解释是立法解释和司法解释的重要参考。

(二) 文理解释和论理解释

按照解释的方法，刑法的解释可以分为文理解释和论理解释。

1. 文理解释

文理解释，也称文义解释，是对法律条文的字义(包括词语、概念、术语)进行字面解释。这是一种严格解释，其主要特点是严格按照《刑法》条文字面上的含义进行解释，既不扩大，也不缩小。文理解释的功能是有限的，当文理解释的结论出现歧义、不合理、不公正时，就要考虑使用其他的方法来解释。

2. 论理解释

论理解释是按照立法精神，联系有关情况，从逻辑上所做的解释。其主要特点是从《刑法》条文内部结构关系及条文与条文之间的相互联系上，探求立法的意图，阐明立法

的主要精神。论理解释又分为扩张解释、限制解释、当然解释、体系解释、历史解释、目的解释等。

(1)扩张解释。扩张解释也称扩大解释，是根据立法原意，对《刑法》条文作出超过字面意思的解释。扩张解释是扩展词语最核心的含义，没有超出条文内容含义的“最远射程”，仍在国民预测可能性之内。例如，将《刑法》第116条“破坏交通工具罪”中的“汽车”解释为包括作为交通工具使用的大型拖拉机；将《刑法》第263条“抢劫银行或者其他金融机构”中的“其他金融机构”解释为其他金融机构正在使用的运钞车。

(2)限制解释。限制解释也称缩小解释，是根据立法原意，对《刑法》条文作出狭于字面意思的解释。例如，在抢劫罪的加重构成中，“在公共交通工具上抢劫的”，对于“公共交通工具”要进行限缩解释，不包括小型出租车。

(3)当然解释。当然解释就是《刑法》条文虽没有明确规定，但已包含在法律条文的含义中，依据理所当然的方式，对《刑法》条文所作的解释。这意味着“不言自明、理所当然”的道理，一般在入罪时，举轻以明重；出罪时，举重以明轻。

(4)体系解释。体系解释也称系统解释，是指根据《刑法》条文在整个《刑法》中的地位，联系相关条文的含义，阐明其规范意思的解释方法。其目的是避免断章取义，使刑法规范整体相协调。进行体系解释要遵循同类解释规则，对于《刑法》分则条文在列举具体要素之后使用“等”“其他”用语的，要按照所列举的内容、性质进行解释。

(5)历史解释。历史解释是指根据《刑法》条文制定的历史背景及其发展演变情况，阐明条文含义的解释方法。历史解释是在追溯、研究立法资料的基础上，探寻立法者在制定法律时所作的价值判断以及所欲实现的目的，寻求立法原意。例如，《刑法》第292条规定的聚众斗殴罪和第293条规定的寻衅滋事罪，是从旧《刑法》中流氓罪分解的罪名，认定时需要借鉴对流氓罪本质特质的分析。

(6)目的解释。目的解释是根据刑法规范目的或刑法规范所要实现的宗旨，阐明《刑法》条文实质含义的解释方法。这里的“目的”，应当理解为刑法规范的旨意即对法益的保护，既包括《刑法》整体的目的，也包括具体条文的目的。例如，在最高人民法院97号指导性案例“王某军非法经营再审改判无罪案”中，非法经营罪的目的在于保护市场经济秩序，而王某军擅自违法收购玉米并售卖给粮库的行为，并非“囤积居奇”的行为，实质上并不构成对市场交易秩序的破坏，并未侵犯非法经营罪所保护的法益，故不应当认定为犯罪。

【以案说法 1-1】

王某军非法经营再审改判无罪案

◎基本案情：

2014年11月至2015年1月，王某军未办理粮食收购许可证、未经工商行政管理机关核准登记并颁发营业执照，擅自在巴彦淖尔市临河区白脑包镇附近村组无证照违法收购玉米，并将所收购的玉米卖给巴彦淖尔市粮油公司杭锦后旗蛮会分库，经营数额达218288.6元，非法获利6000元。案发后，王某军主动到公安机关投案自首，并退缴获利 6000 元。

◎裁判结果：

内蒙古自治区巴彦淖尔市临河区人民法院于 2016 年 4 月 15 日作出(2016)内 0802 刑初 54 号刑事判决，认定被告人王某军犯非法经营罪，判处有期徒刑 1 年，缓刑 2 年，并处罚金人民币 2 万元；被告人王某军退缴的非法获利款人民币 6000 元，由侦查机关上缴国库。

最高人民法院于 2016 年 12 月 16 日作出(2016)最高法刑监 6 号再审决定，指令内蒙古自治区巴彦淖尔市中级人民法院对本案进行再审。内蒙古自治区巴彦淖尔市中级人民法院于 2017 年 2 月 14 日作出(2017)内 08 刑再 1 号刑事判决：(1)撤销内蒙古自治区巴彦淖尔市临河区人民法院(2016)内 0802 刑初 54 号刑事判决；(2)原审被告人王某军无罪。

第二节　刑法的基本原则

刑法的基本原则，是指刑法本身所具有的，贯穿全部刑法规范，具有指导和制约刑事立法和刑事司法的意义，体现我国刑事法治基本精神的具有全局性、根本性的准则。

1979 年《刑法》没有规定刑法的基本原则。1997 年修订后的《刑法》在第 3 条、第 4 条、第 5 条明确规定了刑法的三个基本原则，即罪刑法定原则、适用刑法人人平等原则和罪责刑相适应原则。

一、罪刑法定原则

(一)罪刑法定原则的含义

罪刑法定原则

《刑法》第 3 条规定："法律明文规定为犯罪行为的，依照法律定罪处刑；法律没有明文规定为犯罪行为的，不得定罪处刑。"罪刑法定原则的含义是：什么是犯罪、有哪些犯罪、各种犯罪的构成条件是什么、有哪些刑种、各个刑种如何适用，以及各种具体罪的具体量刑幅度如何等，均由《刑法》加以规定；对于《刑法》分则没有明文规定为犯罪的行为，不得定罪处罚。简而言之，即"法无明文规定不为罪，法无明文规定不处罚"。

罪刑法定思想起源于 1215 年《英国大宪章》，其第 39 条规定，凡是自由民，非经贵族依法判决或遵照国家法律的规定外，不得加以拘留、监禁、没收其财产、剥夺其法律保护权或加以放逐、伤害、搜索或逮捕。该规定含有利用法律约束王权、保障公民权利的理念，是罪刑法定思想的起源。经过长期的发展，1810 年《法国刑法典》第 4 条首次以刑事立法形式明确规定了罪刑法定原则，该条规定，实施犯罪行为时没有明文规定刑罚的法律，对任何人不能处以违警罪、轻罪和重罪。此后，罪刑法定原则成为近代各国刑法普遍采用的一项重要原则。

(二)罪刑法定原则的基本要求

我国刑法中确立罪刑法定原则具有重大的意义，它不仅有利于维护社会秩序，也有利于保障人权。其基本要求包括：

1. 刑法应当是成文法，排斥习惯法

即规定犯罪及其后果的法律必须是由立法机关制定的成文法律，习惯法、判例法不能成为刑法的渊源。司法机关不能以习惯法对行为人定罪量刑，而只能以规定犯罪和刑罚的成文法律作为定罪判刑的依据。需要指出的是，我国最高司法机关发布的司法解释，虽然采用了与《刑法》条文类似的表述方式，但司法解释并非刑事立法，也不是刑法的渊源。

2. 禁止类推适用

类推是对刑法没有明文规定为犯罪的行为，比照分则中最相类似的条文定罪判刑的制度。如果适用有罪类推，即使刑法没有明文规定为犯罪的行为，法官可以根据与之最相似的条文定罪量刑，这就可能导致法官随意适用法律，侵害公民的自由权利。

3. 禁止重法有溯及力

禁止重法有溯及力在刑法中的体现就是“从旧兼从轻”原则。这一原则要求，对于现行法律生效以前未经审判或者判决尚未确定的行为，应当适用行为当时的法律；但是，如果适用新法对行为人有利，则适用新法。这一原则的核心是“有利于被告人”的准则，即确保被告人不会因为法律的变更而受到更重的处罚。

4. 刑罚法规的适当性

刑罚法规的适当性要求《刑法》规定的犯罪和刑罚都应是适当的。这包括刑罚的明确性、禁止不确定刑和禁止处罚不当罚的行为等。刑罚法规的适当性有助于保障人权，防止过度刑罚和不当刑罚的出现。

(三)罪刑法定原则的立法体现

我国1979年《刑法》没有明确规定罪刑法定原则，相反却在其第79条规定了有罪类推制度。1997年3月修订后的《刑法》，从完善我国刑事法制、保障人权的需要，在第3条明确规定了罪刑法定原则，并在其后的《刑法修正案》以及单行刑法中全面、系统地体现了该原则：第一，实现了犯罪的法定化。即明确规定了犯罪的概念、明确规定了犯罪构成的共同要件、明确规定了各种具体犯罪的构成要件。第二，实现了刑罚的法定化。即明确规定了刑罚的种类、明确规定了量刑的原则和各种刑罚制度、明确规定了各种具体犯罪的法定刑。第三，取消了类推制度，这是罪刑法定原则得以真正贯彻的重要前提。第四，在刑法溯及力问题上坚持“从旧兼从轻”的原则，禁止重法溯及既往，但是不禁止有利于被告人的溯及力。第五，《刑法》分则增加了大量具体罪名，每种罪名规定了成立条件，尽量使用叙明罪状，增强了法条的可操作性。在法定刑的设置方面，采用相对确定的法定刑。

二、适用刑法人人平等原则

(一)适用刑法人人平等原则的含义

《刑法》第4条规定：“对任何人犯罪，在适用法律上一律平等。不允许任何人有超越法律的特权。”该条文确立了适用刑法人人平等原则。适用刑法人人平等原则是法律面前人人平等的宪法原则在《刑法》中的具体适用。适用刑法人人平等原则是指对任何人犯罪，不论犯罪人的家庭出身、社会地位、职业性质、财产状况、宗教信仰、政治面貌、才能业绩等如何，都应追究刑事责任，一律平等地适用刑法，依法定罪、量刑和行刑，不允许任何人有超越法律的特权。

(二)适用刑法人人平等原则的具体要求

首先，对任何人犯罪，在适用刑法上一律平等。对于犯罪的任何人，不论其身份、社会地位和职权如何，在适用刑法上一律平等，都要以犯罪事实为根据，以刑法规定为准绳，追究其刑事责任，不允许有任何超越法律的特权，做到定罪平等、量刑平等和行刑平等。

其次，任何人受到犯罪的侵害，都平等地受到刑法的保护。例如，《刑法》第 276 条规定的破坏生产经营罪是由 1979 年《刑法》规定的破坏集体生产罪修改而成的。该罪名的创设，体现了刑法平等地保护社会主义市场经济体制下各种经济成分的合法权益的精神。不同受害人的同等权益，都平等地受到法律的保护。

需要指出的是适用刑法人人平等原则与刑法贯彻区别对待原则并不矛盾，并不否定犯罪人或被害人的特定个人情况对定罪量刑的合理影响。例如，对累犯因其人身危险性大而从重处罚，对未成年人犯罪基于主体的个人情况而减免刑事责任，对怀孕的妇女不适用死刑等。适用刑法人人平等原则并非孤立、机械、单一化地适用，它必须与罪责刑相适应等刑法基本原则相结合，共同指导刑法适用。

三、罪责刑相适应原则

(一)罪责刑相适应原则的含义

《刑法》第 5 条规定："刑罚的轻重，应当与犯罪分子所犯罪行和所承担的刑事责任相适应。"罪责刑相适应原则，是指刑罚的轻重要与犯罪行为的社会危害性程度和犯罪分子应当承担的刑事责任的大小相适应。具体而言，犯多大的罪，就承担多大的刑事责任，就判多重的刑罚，做到重罪重罚、轻罪轻罚、罪行相称、罚当其罪。

罪责刑相适应原则的思想萌芽，可以追溯至古代的血亲复仇、同态复仇习俗和等量报复观念。现代意义上罪责刑相适应原则由资产阶级启蒙思想家提出和倡导，如孟德斯鸠指出："惩罚总应有程度之分，按罪行大小，定惩罚轻重。"资产阶级革命胜利后，由思想逐步成为立法，如 1810 年《法国刑法典》就贯彻了罪刑相适应原则，并成为各国刑事立法的模本。

(二)罪责刑相适应原则的立法体现

我国《刑法》除明文规定罪责刑相适应原则外，在其他立法内容上也始终贯穿着罪责刑相适应原则的精神。这一原则在《刑法》中的具体体现如下：

首先，确立了科学严密的刑罚体系。我国《刑法》的刑罚体系，从种类上看，有主刑和附加刑之分；从性质上看，有生命刑、自由刑、财产刑、资格刑之分；从程度上分，有重刑和轻刑之分。各种刑罚种类相互区别又相互衔接，能够根据犯罪的不同情况灵活地运用，从而为刑事司法实现罪责刑相适应原则奠定了基础。

其次，规定了区别对待的处罚原则。我国《刑法》总则根据各种行为的社会危害性程度和犯罪人的人身危险性大小，规定了轻重有别的处罚原则。例如，对于未成年人犯罪，应当从轻或者减轻处罚；对于防卫过当、避险过当构成犯罪者，应当减轻或者免除处罚；

对于未遂犯，可以比照既遂犯从轻或者减轻处罚；对于中止犯，没有造成损害的，应当免除处罚；造成损害的，应当减轻处罚等，做到针对不同的实际情况判定轻重不同的刑罚。此外，《刑法》中还规定了一系列的刑罚裁量制度与刑罚执行制度，例如累犯制度，自首制度，立功制度，缓刑、减刑和假释制度等，以适应刑罚个别化的需要。

最后，设立了轻重不同的量刑幅度。我国《刑法》分则不仅根据犯罪的性质和危害程度，建立了一个犯罪体系，而且还为各种具体犯罪规定了可以分割、能够伸缩、幅度较大的法定刑。这就使得司法机关可以根据犯罪行为的社会危害性程度和犯罪人的人身危险性程度的大小，对犯罪人判处适当的刑罚。

第三节　刑法的效力范围

刑法的效力范围，也叫刑法的适用范围，是指刑法可以适用的领域、人以及时间上的有效范围。它解决的是一国刑法在什么领域内有效、对什么人有效以及在什么时间内有效的问题。由此可见，刑法的效力范围包括刑法的空间效力和刑法的时间效力。刑法的空间效力，所解决的是一国刑法在什么地域、对什么人适用的问题，一国刑法不仅能适用于本国领域内的行为，而且在一定条件下能适用于本国领域外的行为。刑法的时间效力是指刑法的生效时间和失效时间，重点解决的是刑法是否具有溯及既往的效力的问题。我国《刑法》第 6 条至第 12 条对刑法的效力范围作了明确规定。

一、刑法的空间效力

（一）确定空间效力的原则

刑法的空间效力，是指一国刑法在什么地域、对什么人具有效力。各国刑法在确定空间效力范围的问题上，主要坚持以下几项原则：

1. 属地原则

属地原则，也叫属地主义，或称领土原则。即以领域为标准，凡是在本国领域内实施的犯罪，无论行为人是本国人还是外国人，都适用本国刑法；反之，凡是在本国领域外的犯罪，都不适用本国刑法。这一原则是以国家主权原则为基础。

2. 属人原则

属人原则，也叫属人主义，或称国籍原则。即以行为人的国籍为标准，凡是属于具有本国国籍的人实施的犯罪，都适用本国刑法，而不论其犯罪是发生在本国领域内还是在本国领域外；反之，对于不具有本国国籍的人所实施的犯罪，即使该犯罪发生在本国领域内，亦不适用本国刑法。这一原则要求本国公民应对本国法律有忠诚和服从的义务。

3. 保护原则

保护原则，也叫保护主义，或称自卫原则。即以保护本国利益为标准，凡侵害本国国家利益或本国公民权益的，不论犯罪人是本国人还是外国人，也不论犯罪地在本国领域内还是在本国领域外都适用本国刑法。保护原则的实质是国家运用刑法手段使本国国家利益和公民利益免受外来侵害。

4. 普遍原则

普遍原则，即国家以保护各国共同利益为标准，凡发生国际条约所规定的侵害各国共同利益的犯罪，不论犯罪人是本国人还是外国人，也不论犯罪地在本国领域内还是在本国领域外，都行使刑事管辖权。普遍原则是基于对“绝对实质正义”的追求而对犯罪进行管辖。

5. 折中原则

折中原则，也叫折中主义，或称综合原则、混合原则。上述各原则都既有优点，又有缺点，于是就产生了折中原则。折中原则是以属地原则为基础，以属人原则、保护原则和普遍原则为补充的原则。该原则主张，凡在本国领域内犯罪的，适用本国刑法；本国人或外国人在本国领域外犯罪的，有条件地适用本国刑法。多数国家采用折中原则，我国也如此。

（二）我国刑法关于空间效力的规定

1. 属地管辖权

我国《刑法》第6条规定：“凡在中华人民共和国领域内犯罪的，除法律有特别规定的以外，都适用本法。凡在中华人民共和国船舶或者航空器内犯罪的，也适用本法。犯罪的行为或者结果有一项发生在中华人民共和国领域内的，就认为是在中华人民共和国领域内犯罪。”该条体现了属地管辖的精神。

属地管辖权

我国领域，首先是指我国的实质领域，包括我国的领陆、领水和领空。领陆，是指国家疆界以内所有陆地领土，包括大陆、岛屿。领水，包括内水和领海。内水，是指国境线以内的河流、运河、湖泊、内海、内海峡；领海，是指与一国陆地领土或者内水相连的一定宽度的海水带。我国领海宽度为12海里，即从领海基线向外延伸12海里的水域是我国的领海。领空，是指领陆和领水的上空。其次是拟制领域，包括我国的船舶、航空器，但不包括我国的国际列车和长途汽车。

“法律有特别规定的”内容具体包括：(1)《刑法》第11条关于“享有外交特权和豁免权的外国人的刑事责任，通过外交途径解决”的规定。(2) 我国《香港特别行政区基本法》《澳门特别行政区基本法》作出的例外规定。(3)《刑法》第90条关于“民族自治地方不能全部适用本法规定的，可以由自治区或者省的人民代表大会根据当地民族的政治、经济、文化的特点和本法规定的基本原则，制定变通或者补充的规定，报请全国人民代表大会常务委员会批准施行”的规定。(4)刑法典施行后由国家立法机关制定的特别刑法的规定。

2. 属人管辖权

凡是中华人民共和国的公民，即使身在国外，也仍然应遵守我国的法律。我国《刑法》第7条规定：“中华人民共和国公民在中华人民共和国领域外犯本法规定之罪的，适用本法，但是按本法规定的最高刑为三年以下有期徒刑的，可以不予追究。中华人民共和国国家工作人员和军人在中华人民共和国领域外犯本法规定之罪的，适用本法。”该条解决的是对发生在我国领域外的本国人犯罪的管辖权问题，理解本条，应注意两点：一是对于一般公民的域外犯罪，我国刑法坚持的是相对重罪管辖原则；二是对于我国的国家工作人员和军人的域外犯罪，则采取的是绝对管辖原则。因为国家工作人员和军人身份特殊，承担着更高的守法义务，他们在国外犯罪，会给我国的国家形象及声誉带来极为恶劣的影响，所以他们在我国领域外应当像在国内一样遵守我国的法律，在国外犯任何罪，都应当适用我国刑法。

3. 保护管辖权

我国《刑法》第 8 条规定："外国人在中华人民共和国领域外对中华人民共和国国家或者公民犯罪，而按本法规定的最低刑为三年以上有期徒刑的，可以适用本法，但是按照犯罪地的法律不受处罚的除外。"该条体现了保护管辖的精神。

根据该条规定，适用保护管辖权，应具备以下条件：(1)侵害了我国国家或者我国公民的利益，并且已经构成了犯罪；(2)依我国刑法规定，所犯之罪的法定最低刑为 3 年以上有期徒刑；(3)依照犯罪地的法律也构成犯罪。

犯罪人的行为符合上述三个条件，我国刑法则具有管辖权。但是，由于罪行发生在国外，犯罪人既不是我国公民也不在我国境内，要实际行使管辖权是有现实困难的。虽然如此，我国作为一个主权国家，为了维护国家安全，保护我国国家及我国公民的利益，在《刑法》中设立保护管辖权还是有必要的。

4. 普遍管辖权

我国《刑法》第 9 条规定："对于中华人民共和国缔结或者参加的国际条约所规定的罪行，中华人民共和国在所承担条约义务的范围内行使刑事管辖权的，适用本法。"

该条规定的是普遍管辖权，其适用应满足以下条件：(1)必须是国际条约规定的罪行。主要是侵害国际共同利益的犯罪，如战争罪、种族灭绝罪、海盗罪、恐怖行为罪、劫持航空器罪、毒品犯罪等。(2)我国是相关条约的缔结国或参加国，在承担条约义务范围内。(3)我国《刑法》将该行为规定为犯罪，因为其实体适用根据是我国《刑法》。(4)原则上要求犯罪行为人进入我国领域内，我国有权力也有义务将其缉拿归案，并遵照"或引渡或起诉"原则，对其进行刑事管辖。

5. 对外国刑事判决的承认

综上所述，我国《刑法》采取了属地管辖、属人管辖、保护管辖和普遍管辖四个原则，属于折中主义。不难发现，其他国家也同时采取这些原则，就必然出现管辖冲突的问题，我国公民在我国领域外犯罪，应受我国属人管辖；外国人在我国领域外对我国或者我国公民犯罪，应受我国保护管辖，但同时他们也受犯罪地国的属地管辖或者犯罪人所在国的属人管辖，有的甚至已经被外国处罚。这不仅涉及刑事管辖权冲突问题，也涉及对外国判决是否认可问题，更涉及国家主权问题。对此，我国《刑法》第 10 条规定："凡在中华人民共和国领域外犯罪，依照本法应当负刑事责任的，虽然经过外国审判，仍然可以依照本法追究，但是在外国已经受过刑事处罚的，可以免除或者减轻处罚。"该条规定表明，我国是一个独立自主的主权国家，有独立的刑事审判权，不受外国审判效力的约束，即使犯罪行为已受外国审判，我国仍然保留刑事管辖权，但对外国判决及刑罚执行的事实，给予考虑，具体追究责任的时候，可以免除或者减轻处罚。

二、刑法的时间效力

刑法的时间效力，是指刑法的生效时间、失效时间以及刑法对它生效前的行为是否具有溯及既往的效力。

(一)生效、失效时间

刑法的生效时间，就是刑法开始产生法律效力的时间。刑法的生效时间分为两种情形：一种是自公布之日起生效，另一种是公布后间隔一段时间才生效。

刑法的失效时间，就是刑法失去其法律效力的时间，刑法的失效主要有明示失效和默示失效。所谓明示失效，是指由立法机关明文宣布原有法律效力终止。通常是在新法公布后，在新法的有关条文中或者在有关新法施行的法律中明文宣布予以废止，或者宣布与新法相抵触的原有法律即行失效等。所谓默示失效，是指立法机关虽然没有明文宣布原有刑法失效，但是原有刑法在实际上失去其法律效力。由于新法代替了同类内容的原有法律，根据新法优于旧法、后法优于前法的原则，以新法、后法为准，这就使原有的刑法自行失去了效力。

(二)溯及力

刑法的溯及力，又称刑法的溯及既往的效力，是指新的法律能否适用于其生效以前发生的未经审判或者判决未确定的行为。如果能够适用，新的法律就有溯及力；否则，就没有溯及力。

1. 确定原则

(1)从旧原则。即新法一律不溯及既往，一概适用行为时的法律。(2)从新原则。即新法具有溯及既往的效力，凡过去未经审判或判决未确定的行为，一律按新法处理。(3)从新兼从轻原则。即新法原则上有溯及力，但旧法不认为犯罪或者处刑较轻的，则要按照旧法处理。(4) 从旧兼从轻原则。即新法原则上没有溯及力，但新法不认为犯罪或者处刑较轻的，则要按照新法处理。

2. 我国刑法关于溯及力的规定

我国《刑法》第12条规定：“中华人民共和国成立以后本法施行以前的行为，如果当时的法律不认为是犯罪的，适用当时的法律；如果当时的法律认为是犯罪的，按照本法总则第四章第八节的规定应当追诉的，按照当时的法律追究刑事责任，但是如果本法不认为是犯罪或者处刑较轻的，适用本法。本法施行以前，依照当时的法律已经作出的生效判决，继续有效。”根据该规定，我国《刑法》在溯及力问题上采用的是“从旧兼从轻”的原则，具体表现在以下四种情形：

(1)行为时的法律不认为是犯罪，新的法律认为是犯罪的，适用行为时的法律，不能根据新的法律规定追究行为人的刑事责任。

(2)行为时的法律认为是犯罪，新的法律不认为是犯罪的，适用新的法律，不能根据行为时的法律规定追究行为人的刑事责任。

(3)行为时的法律认为是犯罪，新的法律也认为是犯罪，并且在追诉期限内的，适用行为时的法律，但是新的法律对该行为规定的法定刑与旧的法律对该行为规定的法定刑相比较轻时，适用新的法律的规定。

(4)新的法律生效以前，依照当时的法律已经作出的生效判决，继续有效。即“从旧兼从轻”原则不适用于已经作出生效判决。

【特别提示】

既判力效力高于溯及力的效力。

立法解释从属于所解释的法律，无独立的溯及力问题，它适用于该法律生效的全部时间。

刑法的时间效力不同于时效，时效不是时间效力的简称。

刑法的时间效力问题，归根结底是解决新、旧刑法如何选择适用的问题，这个问题选择的核心是对行为人有利还是不利。从旧兼从轻原则的价值取向是有利于行为人，这与罪刑法定原则的保障人权精神是一致的。

刑法上的时效是指法律规定的对犯罪行为进行追诉或者执行所判处刑罚的有效期限。时效有追诉时效和行刑时效之分。追诉时效，是指我国刑法规定的对犯罪人追究刑事责任的有效期限。在追诉期限内，国家有权追究犯罪人的刑事责任；超过追诉期限，国家不得再对犯罪人进行追诉。行刑时效，是指刑事法律规定的，对被判刑人执行刑罚的有效期限。我国《刑法》总则第87~89条分别规定了追诉时效期限、追诉期限的延长、追诉时效的计算和中断，对行刑时效未作规定。

追诉时效延长，是指在追诉时效进行期间，由于发生了法律规定的事由，致使追诉期限无限延伸的制度。根据《刑法》第88条的规定，我国追诉时效延长分为两种情况：一是在人民检察院、公安机关、国家安全机关立案侦查或者在人民法院受理案件以后，逃避侦查或者审判的，不受追诉期限的限制。二是被害人在追诉期限内提出控告，人民法院、人民检察院、公安机关应当立案而不予立案的，不受追诉期限的限制。

依据我国《刑法》第89条第1款规定，追诉时效的计算分为两种情况：一是即成犯追诉时效的计算，即成犯追诉期限是“从犯罪之日起计算”。所谓犯罪之日，是指犯罪成立之日。二是连续犯和继续犯追诉期限的计算。连续犯和继续犯追诉期限的计算标准，为“犯罪行为终了之日”。

追诉时效中断，是指在追诉时效进行期间，因发生法律规定的事由，使已经经过的时效期间归于失效，追诉期限从法律规定事由发生之日起重新开始计算的制度。我国追诉时效中断是以犯罪人在追诉期限内又犯罪为条件的，且不论新罪的性质和刑罚的轻重。依据《刑法》第89条第2款规定，追诉时效中断后时效起算的时间为犯后罪之日。所谓犯后罪之日，即后罪成立之日。

【法条提示】

《刑法》

第87条 犯罪经过下列期限不再追诉：

(一)法定最高刑为不满五年有期徒刑的，经过五年；

(二)法定最高刑为五年以上不满十年有期徒刑的，经过十年；

(三)法定最高刑为十年以上有期徒刑的，经过十五年；

(四)法定最高刑为无期徒刑、死刑的，经过二十年。如果二十年以后认为必须追诉的，须报请最高人民检察院核准。

第88条 在人民检察院、公安机关、国家安全机关立案侦查或者在人民法院受理案件以后，逃避侦查或者审判的，不受追诉期限的限制。

被害人在追诉期限内提出控告，人民法院、人民检察院、公安机关应当立案而不予立案的，不受追诉期限的限制。

第 89 条 追诉期限从犯罪之日起计算；犯罪行为有连续或者继续状态的，从犯罪行为终了之日起计算。

在追诉期限以内又犯罪的，前罪追诉的期限从犯后罪之日起计算。

【以案说法 1-2】

丁某山等(故意伤害)核准追诉案

◎基本案情：

犯罪嫌疑人丁某山，男，1963 年生，黑龙江省齐齐哈尔市人。

犯罪嫌疑人常某龙，男，1973 年生，辽宁省朝阳市人。

犯罪嫌疑人丁某义，男，1965 年生，黑龙江省齐齐哈尔市人。

犯罪嫌疑人闫某军，男，1970 年生，黑龙江省齐齐哈尔市人。

1991 年 12 月 21 日，李某山、董某君、魏某三人上山打猎，途中借宿在莫旗红彦镇大韭菜沟村(后改名干拉抛沟村)丁某义家中。李某山酒后因琐事与丁某义侄子常某龙发生争吵并殴打了常某龙。12 月 22 日上午 7 时许，丁某山、丁某义、常某龙、闫某军为报复泄愤，对李某山、董某君、魏某三人进行殴打，并将李某山、董某君装进麻袋，持木棒继续殴打三人要害部位。后丁某山等四人用绳索将李某山和董某君捆绑吊于房梁上，将魏某捆绑在柱子上后逃离现场。李某山头部、面部多处受伤，经救治无效于当日死亡。

◎裁判结果：

2014 年 6 月 13 日，最高人民检察院作出对丁某山、常某龙、丁某义、闫某军核准追诉决定。2015 年 2 月 26 日，内蒙古自治区呼伦贝尔市中级人民法院以犯故意伤害罪同时考虑审理期间被告人向被害人进行赔偿等因素，分别判处主犯丁某山、常某龙、丁某义有期徒刑十四年、十三年、十二年，从犯闫某军有期徒刑三年。被告人均未上诉，检察机关未抗诉，一审判决生效。(见最高人民检察院指导案例第 21 号)

☞ 思考与练习

1. 刑法论理解释有哪些种类？
2. 如何理解刑法的基本原则？
3. 如何适用我国刑法关于空间效力的规定？
4. 适用刑法关于溯及力的规定，应该注意哪些问题？
5. 案例分析

基本案情：被告人许某，男，25 岁，犯罪前在某人民法院做保安。2006 年 4 月 21 日晚，许某拿自己的工资卡到某银行的 ATM 机取款，他的借记卡中有 170 多元钱，他本想取 100 元，结果自助取款机出钞 1000 元，而银行卡账户只被扣除 1 元。许某发现取款机系统出现错误，于是反复操作多次。后经警方查实，许某先后取款 171 笔，合计 17.5 万元。事后，许某携赃款潜逃，一年后，在陕西宝鸡火车站被警方抓获。

问题一：许某利用 ATM 机系统出错恶意取款，是属于民法中的不当得利，还是构成刑事犯罪？

一审法院判决：该案经广州市中级人民法院一审，认定许某构成盗窃罪，判处无期徒刑，剥夺政治权利终身，并处没收个人全部财产。

问题二：该判决是否符合罪刑法定原则和罪责刑相适应原则？

再审判决：该案后经发回重审，法院仍以盗窃罪判处许某有期徒刑 5 年，并处罚金 2 万元。

问题三：法院重审后对许某的行为定性没有改变，且许某不具备任何法定的减轻处罚情节，但重审以盗窃罪判处许某有期徒刑 5 年，这与原来的无期徒刑相差悬殊，那么重审判决是否合法？有何法律依据？是否违背罪刑法定原则？

第二章 犯罪构成

【学习目标】

〇理解犯罪、犯罪构成要件的不同，掌握刑法意义上的危害行为、危害结果、因果关系、犯罪主体、刑事责任年龄、刑事责任能力、主观罪过、认识错误等内容和规定。

〇能够运用犯罪构成理论，分析、解决具体案例，具备识别、处理具体犯罪事实的能力。

〇崇尚法治、树立依法定罪的刑事司法理念，培养法律思维能力和法律表达能力等职业素养。

我国《刑法》第13条规定：“一切危害国家主权、领土完整和安全，分裂国家、颠覆人民民主专政的政权和推翻社会主义制度，破坏社会秩序和经济秩序，侵犯国有财产或者劳动群众集体所有的财产，侵犯公民私人所有的财产，侵犯公民的人身权利、民主权利和其他权利，以及其他危害社会的行为，依照法律应当受刑罚处罚的，都是犯罪，但是情节显著轻微危害不大的，不认为是犯罪。”这是我国《刑法》对犯罪的定义，是对我国社会上情况各异的犯罪的总概括。需要注意第13条“但书”部分的规定：“情节显著轻微危害不大的，不认为是犯罪”，这里的“不认为是犯罪”，是指情节显著轻微危害不大的，不构成犯罪。

据此，我国刑法中的犯罪，是指严重危害社会，触犯刑法并应受刑罚处罚的行为。犯罪具有三个基本特征：犯罪是严重危害社会的行为，即具有严重的社会危害性；犯罪是触犯刑律的行为，即具有刑事违法性；犯罪是应受刑罚惩罚的行为，即具有应受刑罚惩罚性。

犯罪构成，是指根据我国《刑法》的规定，决定某一具体行为的社会危害性及其程度而为该行为构成犯罪所必需的一切客观要件和主观要件的有机统一。例如，2018年3月8日傍晚，在S市某偏僻胡同里，一名身材偏瘦的男青年（24岁）在与一名时尚女子擦肩而过时，一把抢夺了该女子的一红色挎包，包内有一条金项链（价值8000元）；三天后，该男子被抓获。该案中，行为人年满16周岁且具备刑事责任能力，主观上出于非法占有他人财物的目的，客观上实施了抢夺行为，且抢夺财物数额较大，侵犯了他人财产所有权，这些主客观要件有机统一决定了行为人构成抢夺罪。至于其他事实，如犯罪的时间、地点、被害人情况等，不影响抢夺罪的成立，不属于抢夺罪的构成要件。

犯罪构成要件可以分为具体要件与共同要件。犯罪构成的具体要件，是指具体犯罪的成立必须具备的要件，是具体犯罪的社会危害性的法律标志。《刑法》分则规定的483种犯罪，每一个犯罪都有其具体构成要件，例如，构成放火罪必须具备以下要件：侵犯的客体是公共安全，客观上实施了放火行为，主体是已满 14 周岁、具有刑事责任能力的人，主观上是故意。任何行为只有符合某种犯罪的具体构成要件，才能构成犯罪。犯罪构成的共同要件，是指任何犯罪的成立都必须具备的要件。根据刑法理论的通说，犯罪构成有四个方面的共同要件，即犯罪客体、犯罪客观要件、犯罪主体、犯罪主观要件。犯罪客体表明犯罪侵犯了什么；犯罪客观要件表明行为人实施了什么危害行为，给犯罪对象造成了什么危害结果；犯罪主体就是实施犯罪行为的人，合格主体要求达到刑事责任年龄、具备刑事责任能力；犯罪主观要件表明行为人对自己的危害行为及其危害结果的心理态度。司法实践中，要追究任何一种犯罪的刑事责任，司法机关要查清“该犯罪侵犯了什么”“是如何侵犯的”“是谁侵犯的”“是基于何种心理态度侵犯的”这四个问题，也即犯罪构成的“四大要件”。

第一节　犯 罪 客 体

一、犯罪客体的概念和分类

（一）犯罪客体的概念和特征

犯罪客体是指刑法所保护而为犯罪行为所侵犯的权益。犯罪客体是犯罪构成的必备要件之一。任何一种犯罪都必然侵犯刑法所保护的一定权益，例如，盗窃罪侵犯财产权，故意杀人罪侵犯生命权，寻衅滋事罪侵犯社会管理秩序，等等。如果一个行为不侵犯任何权益，就意味着不具有社会危害性，也就不能构成犯罪。因此，任何一个犯罪都有犯罪客体。

犯罪客体具有以下三个特征：

1. 犯罪客体体现为一定权益

刑法保护的权益通常可以分为三大类：国家权益、社会权益、个人权益。例如，危害国家安全罪、贪污贿赂罪等属于侵害国家权益的犯罪；危害公共安全罪、破坏社会主义市场经济秩序罪、妨害社会管理秩序罪属于侵害社会权益的犯罪；侵犯公民人身权利、民主权利罪、侵犯财产罪属于侵犯个人权益的犯罪

2. 犯罪客体是刑法保护的权益

我国《刑法》第 2 条、第 13 条明文规定刑法保护国家安全、人民民主专政政权，社会主义制度，财产所有权，公民的人身权利、民主权利和其他权利，社会秩序、经济秩序等，这些权益是我国刑法中的犯罪客体。

3. 犯罪客体是犯罪行为所侵犯的权益

刑法权益是一种客观存在，如每个人都有生命权、健康权、自由权、财产权等，国家有国家主权等，这些权益没有受到犯罪行为侵犯时，就不是犯罪客体。因此，犯罪客体与犯罪行为具有密切关系，没有犯罪行为就没有犯罪客体。

（二）犯罪客体的分类

按照犯罪行为侵犯的合法权益的范围大小不同，把犯罪客体划分为三个层次，即一般

客体、同类客体和直接客体。它们之间是一般与特殊、共性与个性的关系。

1. 犯罪的一般客体

犯罪的一般客体，是一切犯罪所共同侵犯的客体，即刑法所保护的合法权益的整体。一般客体反映着犯罪行为的共同本质，说明任何犯罪都会对我国刑法所保护的合法权益的整体构成危害。

2. 犯罪的同类客体

犯罪的同类客体，是某一类犯罪所共同侵犯的客体，也就是某一类犯罪所共同侵犯的合法权益的某一个部分或者某一个方面。例如，放火、决水、爆炸、投放危险物质、破坏交通工具和交通设备、破坏通信设备等犯罪，它们虽然在行为方式、侵害对象上存在某些明显的差别，但都侵害了社会的公共安全。因此，社会的"公共安全"就是这些犯罪的同类客体。

3. 犯罪的直接客体

犯罪的直接客体，是指某一种犯罪所直接侵犯的客体，也就是某一特定犯罪所侵犯的某种具体的合法权益。例如故意杀人罪的直接客体就是他人的生命权利，而故意伤害罪的直接客体是他人的身体健康权利。犯罪的直接客体能够最直接地揭示某一具体犯罪行为的性质和特征。

根据犯罪所侵犯的权益的数量，直接客体又分为简单客体和复杂客体。简单客体，又称单一客体，是指一种犯罪行为仅仅侵犯一种具体的合法权益。我国刑法中所规定的绝大多数犯罪，都是只有一个直接客体的犯罪。例如，盗窃罪只侵犯公私财产的所有权，故意伤害罪只侵犯他人的身体健康权。复杂客体，又称复合客体，是指一种犯罪行为同时侵犯两种或者两种以上具体的合法权益，即有多个直接客体。例如，抢劫罪既侵犯公私财产的所有权，又同时侵犯了他人的人身权。在一个犯罪行为侵犯多个直接客体的情况下，又将其分为主要客体和次要客体。主要客体是指某一具体犯罪行为所侵犯的复杂客体中程度较严重的、刑法予以重点保护的合法权益。主要客体决定该具体犯罪的性质，从而也决定该犯罪在《刑法》分则中的归属，如抢劫罪属于侵犯财产罪，而绑架罪属于侵犯公民人身权利罪。

二、犯罪客体与犯罪对象

(一)犯罪对象的概念

犯罪对象是指犯罪行为所侵犯或直接指向的人、物或信息。如故意杀人罪的"人"，盗窃罪中的"公私财物"，非法获取公民个人信息罪中的"个人信息"，就是犯罪对象。特定的犯罪对象在某些犯罪中是构成要件，行为只有作用于特定的对象，才能构成犯罪。例如，只有当行为人拐骗了不满 14 周岁的儿童时，才可能成立拐骗儿童罪。特定的犯罪对象在某些犯罪中影响此罪与彼罪的区分。例如，盗窃财物与盗窃枪支的，分别构成盗窃罪与盗窃枪支罪。

(二)犯罪对象与犯罪客体的联系与区别

犯罪对象与犯罪客体是两个既有联系又有区别的概念。

1. 犯罪客体与犯罪对象的联系

犯罪对象反映犯罪客体，犯罪客体制约犯罪对象。作为犯罪对象的具体人是具体合法权益的主体或享有者，如故意杀人罪中，犯罪对象是人，犯罪客体是人的生命权，人享有生命权。作为犯罪对象的具体物则是具体合法权益的物质表现，如盗窃罪中，犯罪对象是财物，犯罪客体是财产权，财物是财产权的物质表现。犯罪行为作用于犯罪对象来侵害一定的合法权益，可以说，犯罪对象是联系犯罪行为与犯罪客体的纽带。

2. 犯罪对象与犯罪客体的区别

(1)犯罪客体决定犯罪性质，犯罪对象则未必。仅从犯罪对象分析某一案件，并不能辨明犯罪性质。只有通过犯罪对象体现的合法权益即犯罪客体，才能确定某种行为性质。例如，同样是盗窃汽车上的零部件，某甲盗窃的是仓库中备用的零部件，而某乙盗窃的则是正在使用中的汽车上的零部件，前者可能构成盗窃罪而后者可能构成破坏交通工具罪。二者的区别就在于犯罪对象体现的合法权益不同：前者侵犯了公私财产所有权，后者则侵犯了公共交通安全。

(2)犯罪客体是任何犯罪的必要构成要件，而犯罪对象则仅仅是某些犯罪的必要构成要件。如《刑法》中的脱逃罪，偷越国境罪，非法集会、游行、示威罪等没有犯罪对象，但这些犯罪无疑都有犯罪客体。

(3)任何犯罪都会使犯罪客体受到危害，而犯罪对象则不一定受到损害。例如，盗窃犯将他人的财物盗走，侵犯了所有者的财产所有权，但作为犯罪对象的财物本身则未必受到损害。一般情况下，犯罪分子会好好保存财物，以便自用或销赃。

(4)犯罪客体是犯罪分类的基础，犯罪对象则不是。犯罪客体是犯罪的必要构成要件，其性质和范围是确定的，因而它可以成为犯罪分类的基础。我国《刑法》分则规定的十类犯罪，主要是以犯罪同类客体为标准划分的，如果按犯罪对象则无法分类。

第二节　犯罪客观要件

犯罪客观要件，是刑法规定的、说明行为对刑法所保护的法益的侵害性，行为成立犯罪所必须具备的客观事实特征。它说明某种犯罪是通过什么行为，在什么情况下对刑法保护的法益造成了什么后果。犯罪客观要件是成立犯罪必须具备的要件。犯罪客观要件研究的内容包括危害行为、犯罪对象、危害结果、危害行为和危害结果之间的因果关系，犯罪的时间、地点、方法是一部分犯罪的构成要件。

一、危害行为

(一)危害行为的概念和特征

犯罪是人的行为，“无行为则无犯罪也无刑罚”。危害行为是我国刑法中的犯罪客观方面首要的、必备的要求，在犯罪构成中居于核心地位，我国刑法中的危害行为，是指刑法禁止的，体现人的意志、意识的危害社会的身体动静。危害行为具有以下三个基本特征：

危害行为

1. 有体性

危害行为在客观上表现为人的身体动静，这是危害行为的外在特征。危害行为可以表现为积极的身体的动，如拳打、脚踢，以手使用工具进行活动等；也可以表现为身体的静，身体器官（主要是运动系统）的相对静止，没有积极的身体动作，它一般不能成为危害行为，但在特定情况下仍然属于危害行为的表现形式，即有义务实施一定的身体的动，但却仍然保持身体的静，结果导致了危害结果。由于危害行为是人的身体活动，是客观的、外在的现象，故思想被排除在危害行为之外。

2. 有意性

危害行为必须是受行为人的意志或者意识支配下的身体动静。受人的意志或意识支配，是危害行为的内在特征。仅仅具备有体性但不具备有意性的行为，即使在客观上造成了损害后果，也不能成为刑法上的危害行为，如人体的本能反射运动，在睡梦中或精神错乱状态下的举动，人在不可抗力作用下的举动，人在身体受强制丧失意志自由情况下的举动，等等。这些行为因为不能体现健康、自由的人的意识意志支配，不属于刑法意义上的危害行为。

3. 社会危害性

危害行为必须是对社会有危害的身体动静。具有社会危害性，是危害行为的价值评价特征。由人的意志或意识支配下实施的身体动静，只是说明了人类有意行为的一般意义，还不能把违法行为与合法行为区分开来，只有那些对社会有害的行为才可能成为刑法上的危害行为。

（二）危害行为的基本表现形式

危害行为的具体表现形式多种多样，但概括起来表现为两种基本形式：作为与不作为。

1. 作为

作为，是指行为人以积极的身体活动实施《刑法》所禁止的危害行为。概而言之是“不应为而为”。作为是危害行为的主要形式，是危害行为的一种常态。在我国《刑法》中绝大部分犯罪通常以作为形式实施，如故意杀人罪、放火罪等；其中不少犯罪只能以作为形式实施，如抢劫罪、抢夺罪、强奸罪等。

作为的实施一般表现为一系列的身体活动，但并非仅指行为人以其身体的特定器官直接作用于犯罪对象，还包括利用其他犯罪工具间接作用于犯罪对象的情形。从司法实践来看，作为犯罪主要有以下五类：第一，利用自己身体器官直接实施的作为，如拳打、脚踢等。第二，利用物质性工具实施的作为。如用刀具砍杀，这是作为最常见的方式。第三，利用他人行为实施的作为，具体包括利用未达到刑事责任年龄的人、利用精神病人、利用不知情的无犯罪意图的他人等。第四，利用动物实施的作为。例如利用疯狗、毒蛇伤害、杀害他人。第五，利用自然力实施的作为。自然力是指刮风、下雨、打雷、闪电、潮汐等自然现象。如将他人绑在海边的礁石上让涨潮的海水将其淹死等。

2. 不作为

不作为是与作为相对应的危害行为的另一种表现形式。不作为，就是指行为人负有实施某种行为的特定法律义务，能够履行而不履行从而危害社会的行为。概而言之，不作为是“应为而不为”。不作为的成立需要具备以下条件：

第一，行为人负有实施特定积极行为的具有法律性质的义务。这种义务一方面要求是法律性质的义务，另一方面要求的内容是实施特定的积极行为。这种义务的来源主要有：

(1)法律、法规明文规定的义务。例如，我国《民法典》规定，父母对子女有抚养教育的义务，子女对父母有赡养扶助的义务。因此，拒不抚养、赡养的行为，可能构成不作为犯罪。例如，被告人乐某，身为两个孩子(一个1岁，一个2岁)的母亲，在其独自照看孩子期间，由于其在外沉溺于吸食毒品、打游戏机和上网，将两个孩子置于封闭房间内，仅留少量食物和饮水，离家长达一个多月，从而导致两被害人因无人照料饥渴而死。本案经南京市中级人民法院审理，认定被告人乐某犯故意杀人罪，判处无期徒刑，剥夺政治权利终身。

(2)职务或业务上要求的义务。每个职业、每种业务活动往往都有其规范，担任某种职务和从事某种业务的人，就负有某种特定的义务，如果不履行这种义务，就可能造成危害后果而构成犯罪。如消防队员有灭火的义务，铁路扳道工有按时扳道岔的义务等。

(3)法律行为引起的义务。法律行为是指在法律上能够产生一定权利义务的行为。法律行为引起的义务主要包括：一是合同行为引起的义务。例如，受雇为他人照顾小孩的保姆，就负有看护小孩使其免受意外伤害的合同义务。如果保姆不负责任，见危不救，致使小孩身受重伤或死亡，应当承担相应责任。二是自愿接受行为引起的义务。例如，甲将弃婴从马路上捡回家，则甲对该婴儿就负有照顾的义务。

(4)先行行为引起的义务。先行行为产生的义务，是由于行为人先前实施的行为致使法律所保护的某种权利处于危险状态时，他就负有采取有效措施排除危险或防止危害结果发生的义务，如果行为人不履行这种义务，就是不作为的危害行为。能够引起作为义务的先行行为的具体种类很多，但需注意：先行行为不仅仅是时间上的先前行为，而且该行为必须对法益造成了危险，因此行为人负有排除危险的义务。例如：甲在宾馆房间吸烟，不小心燃着床单，就有灭火的义务。如果不灭火而放任火灾发生，甲就属于不作为的放火罪。再如，甲盗伐林木，树木倒下砸中乙，甲不救助而逃离，乙因得不到救助而死亡。则甲构成盗伐林木罪和不作为的故意杀人罪，应数罪并罚。

第二，行为人有能力履行特定法律义务，这是不作为成立的能力条件。如果行为人不具有履行特定法律义务的可能性，《刑法》不可能强人所难，强制规定不能履行义务的人履行义务。

第三，行为人不履行特定义务，造成或者可能造成危害结果。不作为的核心是行为人没有履行义务，行为人在应当履行义务而不履行义务的期间所实施的其他行为，不是该不作为的内容，也不影响不作为的成立。例如，锅炉工在当班时，故意不给锅炉加水，造成锅炉爆炸的事故，这就是不作为犯罪。至于锅炉工当班时实施了其他何种行为，则不是不作为的内容。不作为之所以能够成为与作为相并列的行为，在于它与作为一样，造成或者可能造成危害结果，或者说它与作为一样，侵害或者威胁了刑法保护的法益。因此，只有当行为人履行作为义务可以避免结果发生时，其不作为才可能成立犯罪。也就是构成不作为犯罪要求具有结果回避可能性，不作为行为与危害结果的发生之间要具有因果关系。例如，甲在车间工作时，不小心使一根铁钻刺入乙的心脏，甲没有立即将乙送往医院而是逃往外地。医院证明，即使将乙送往医院，乙也不可能得到救治，甲不送乙就医的行为就不构成不作为犯罪。①

符合上述条件的，就具备了不作为犯罪的客观要件。但是需注意以下两点：第一，行为符合不作为犯罪的一般客观条件，并不直接成立犯罪，只有当行为符合具体的犯罪构成才成立犯罪。不能以不作为的成立条件取代犯罪构成要件。因此，即使存在某种“不作为”，但并不符合具体犯罪的构成要件时，也不能认定为犯罪。第二，不要将作为犯等同于故意犯，将不作为犯等同于过失犯。作为与不作为是客观行为的表现形式，故意与过失是行为人的主观心理状态。作为与不作为都既可能成立故意犯罪，也可能成立过失犯。

根据某一犯罪是否只能由不作为的形式来实施，不作为犯罪可以分为两类：(1)纯正(真正)不作为犯，是指只能由不作为的形式实施的犯罪。例如，《刑法》第416条所规定的不解救被拐卖、绑架的妇女、儿童罪，就是纯正不作为犯。(2)不纯正(非真正)不作为犯，是指行为人以不作为的方式所实施的那些既可以由作为形式实施，也可以由不作为形式实施的犯罪。如以不作为形式实现的故意杀人罪即属此类。

需要指出的是持有犯的地位问题。在作为和不作为之外，持有是否属于一种独立的危害行为，理论上存在争议。所谓持有犯，是指以持有特定的犯罪对象作为客观方面行为的犯罪。目前我国《刑法》中的持有犯有9个罪名：非法持有、私藏枪支、弹药罪，非法携带枪支、弹药、管制刀具、危险物品危及公共安全罪，持有假币罪，非法持有国家绝密、机密文件、资料、物品罪，非法携带武器、管制刀具、爆炸物参加集会、游行、示威罪，非法持有毒品罪，非法携带、持有毒品原植物种子、幼苗罪，非法持有宣传恐怖、极端主义物品罪，巨额财产来源不明罪。多数观点认为，持有是一种作为方式，同时持有多种犯罪对象的，成立数罪。

二、危害结果

(一)危害结果的概念和特征

通常意义上的结果是指由于某种现象引起了客观世界的变化而产生的后果。比如火灾造成人员伤亡、财产损失；地震引起房屋倒塌，等等。刑法上的危害结果有广义和狭义之分。广义的危害结果是指危害行为对社会造成的一切损害事实，包括属于构成要件要素的危害结果和不属于构成要件要素的危害结果、物质性危害结果和非物质性危害结果、直接结果和间接结果等。例如，甲诈骗了乙的所有积蓄，乙因被骗想不开自杀。乙财产损失是诈骗的直接结果，自杀是诈骗的间接结果，都属于广义的危害结果。广义的危害结果着重表现行为的社会危害性，说明任何犯罪行为都会发生危害结果。狭义的危害结果，是指危害行为对直接客体造成的损害。上例中，甲诈骗使乙财产损失，属于狭义危害结果。危害结果具有以下四个基本特征：

1. 客观性

危害结果只能是一种客观存在的现实。危害结果的客观性，是指危害行为所造成的客观事实情况，它一经发生就不以人的意志为转移而存在着，行为对什么客体造成损害，造

---

① 此时，甲成立过失致人死亡罪，但不成立不作为的故意杀人罪。

成多大的损害，其性质和程度是不容任意解释的。

2. 因果性

危害结果的因果性，是指只有危害行为引起的结果，才可以成为刑法上的危害结果。危害行为是因，危害结果是原因引起的后果；没有危害行为，就谈不上危害结果。由于危害结果是由危害行为造成的，故危害结果的性质取决于危害行为的性质。危害结果固然是危害行为引起的，但不能认为，任何危害行为都必然造成危害结果。

3. 侵害性

危害结果是表明刑法所保护的法益遭受侵害的事实特征，因而是反映社会危害性的事实。当危害结果是犯罪构成要件时，它对犯罪的社会危害性起决定性作用；当危害结果不是犯罪构成要件时，它对犯罪的社会危害性程度也起很大的影响作用。如果某种事实现象并不反映行为的社会危害性，即使它是危害行为造成的，也不能认为是危害结果。

4. 多样性

由于刑法所保护的法益、危害行为、行为对象、犯罪手段等均具有多样性的特征，所以作为危害行为对刑法所保护的法益损害的危害结果，也具有多样性。财产损失、身体受伤害、性权利受侵害、导致社会管理秩序的混乱等各种不利结果，不论表现形式如何，都可以成为危害结果。

(二)危害结果的分类

危害结果具有多样性的特征，可以从不同角度对其进行分类。

1. 直接结果与间接结果

根据危害结果是否由危害行为直接引起，可以将危害结果划分为直接结果与间接结果。直接结果，是指由危害行为直接造成的侵害事实，它与危害行为之间不存在独立的另一现象作为中介。如甲用棍棒打伤乙，乙之受伤就是甲打击行为的直接结果。间接结果，是指由危害行为间接造成的侵害事实，它与危害行为之间存在着独立的另一现象作为联系的中介。如甲盗窃乙用来结婚的 2 万元现金，乙觉得生活失去了希望而自杀。乙的自杀就是甲的盗窃行为的间接结果。

2. 物质性结果与非物质性结果

根据是否有形以及可否测量，可以将危害结果划分为物质性结果与非物质性结果。物质性结果，是指现象形态表现为物质性变化的危害结果。物质性结果一般来说是有形的、可测量的，如致人死亡、重伤，将珍贵野生动物杀害，公私财产被盗等，均是物质性结果。非物质性结果，是指现象形态表现为非物质性变化的危害结果。它往往是无形的，不能或者难以具体认定和测量，如对人格的损害、名誉的毁损等，属于非物质性危害结果。

3. 属于构成要件要素的危害结果与不属于构成要件要素的危害结果

根据危害结果是否属于具体犯罪构成要件要素，可以将危害结果分为属于构成要件要素的危害结果与不属于构成要件要素的危害结果。前者是指成立某一具体犯罪所必须具备的危害结果，或者说，该危害结果是具体犯罪客观要件的内容，如果行为没有造成这种结果，就不可能成立犯罪。例如，根据《刑法》第 397 条的规定，国家机关工作人员的滥用职权或者玩忽职守行为，只有造成了公共财产、国家与人民利益的重大损失，才构成滥用职权罪或者玩忽职守罪。这里的“重大损失”属于构成要件要素的危害结果。后者是指不是成立犯罪所必需的，而是构成要件之外的危害结果。这种危害结果是否发生及其轻重如何，并不影响犯罪的成立；只是在行为构成犯罪的基础上，对反映社会危害性程度起一定作用，因而影响法定刑是否升格以及同一法定刑内的量刑轻重。例如，抢劫罪的成立并不要求发生致人重伤、死亡的结果，故重伤、死亡不属于抢劫罪基本构成要件要素的危害结果，即使抢劫行为造成了他人重伤或者死亡，该结果也不属于基本构成要件的危害结果，但由于发生该结果的抢劫行为比未发生该结果的抢劫行为的社会危害性严重，故《刑法》对此规定了较重的法定刑。

三、刑法上的因果关系

（一）刑法上因果关系的概念与特征

刑法上的因果关系，是指行为人的危害行为与危害结果之间所具有的引起与被引起的联系。根据罪责自负原则，一个人只能对自己的危害行为及其造成的危害结果承担刑事责任，反对株连无辜。因此，当危害结果发生时，要使某人对该结果负责任，就必须查明他所实施的危害行为与该结果之间具有因果关系。这种因果关系，是在危害结果发生时使行为人负刑事责任的必要条件。如果行为人的危害行为与危害结果之间没有因果关系，就不应对危害结果承担刑事责任。

原因与结果本是哲学上的一对范畴。辩证唯物主义认为，引起一定现象发生的现象是原因，被一定现象引起的现象是结果。这种现象与现象之间的引起与被引起的联系，就是因果关系。辩证唯物主义因果关系的理论同刑法上因果关系的理论，是一般与个别、普遍与特殊的关系。因果关系具有以下特征：

1. 因果关系的客观性

辩证唯物主义认为，因果关系是客观现象间引起与被引起的关系，是事物现象间普遍联系和相互作用的一种形式。因果关系是客观存在的，并不以人们主观是否认识为前提，也不以人的意志为转移。刑法中危害行为与危害结果之间的因果关系也具有客观性这 一因果关系的共同属性。例如，素不相识的两人，因琐事发生冲突，甲推了一下乙的肩膀，踢了乙屁股一脚，引发乙心脏病发作死亡。对此，不能以甲不知道乙有心脏病，甲不想发生死亡结果为由来否认因果关系。至于甲是否应当承担刑事责任，还应考察其主观上有无罪过。

2. 因果关系的相对性

辩证唯物主义认为，世界上的一切事物都是普遍联系、互相制约的。一现象可以是前一现象的结果，也可以同时是后一现象的原因，就好像一条环环相扣的“锁链”。刑法上的因果关系研究的是危害行为与危害结果之间是否具有引起与被引起的关系以及引起力的大小，这就需要把危害行为与危害结果从复杂的因果链条中抽出来进行分析。例如，甲给妻子买了新款手机，在回家路上手机被小偷偷走，甲回到家受到妻子的唠叨埋怨，一气之下动手推打妻子，失手将妻子推倒致妻子头部撞在了桌子角上，经抢救无效死亡。此例中，需要将小偷的盗窃行为导致甲财产损失的结果抽出来，追究小偷盗窃罪的责任；将甲推倒妻子的行为致使妻子头部撞伤死亡的结果抽出来，追究甲过失致人死亡的责任。至于其他因果关系如甲因丢失手机、被妻子埋怨这些环节则不需要抽出来考察。

3. 因果关系的时间序列性

因果关系的时间序列性，是指从发生时间来看，原因必定在先，结果只能在后，二者的时间顺序不能颠倒。刑法上的因果关系也必须符合这一特征。因此，在司法实践中，如果查明某人的行为是在某种危害结果发生之后实施的，该行为与结果肯定不存在因果关系。例如，经过鉴定查明甲杀乙的刀伤是死后伤，那么甲的杀人行为与乙的死亡结果之间就没有因果关系。当然，危害结果之前的行为，也不一定都是造成危害结果的原因，要查明行为与结果之间有没有引起、被引起的原因力。

4. 因果关系的条件性和具体性

任何案件的因果关系都是具体的、有条件的。行为能引起什么样的结果，总是与当时具体的时间、地点以及其他具体条件相结合、相作用发生的。例如，甲给妻子乙投放了毒药，后见乙中毒后非常痛苦，甲心生悔意，想送妻子去医院救治，因其家在偏远农村，路途遥远交通不便，终因贻误了抢救时间，妻子死亡。如果该案中乙没有被贻误抢救时间，其死亡结果就能够避免。

5. 因果关系的复杂性

因果关系的复杂性，是指现象之间的引起和被引起关系往往会呈现出错综复杂的特征，主要表现为一因一果 、多因一果 、一因多果 、多因多果等。一因一果，是最简单的因果关系形式，指一个危害行为引起一个危害结果，如甲盗窃了乙的手机，因果关系容易认定。一因多果，指一个危害行为引起多种结果的情形。例如，甲诈骗了贫困生乙的学费，乙被骗后抑郁难解心肌梗塞死亡。这种情形要分析直接结果与间接结果、主要结果与次要结果，才能正确定罪量刑。多因一果，指某一危害结果由多个危害行为引起的情形。主要包括两种情况：一种是责任事故，涉及多人过失，多种主客观原因交织在一起，需要分清主要原因和次要原因，分清责任；另一种是共同犯罪，在共同犯罪中各共犯人的行为总和在一起造成了危害结果，每个人的行为都是结果的组成部分，需要分清各共犯人所起的作用来确定责任大小。多因多果指多个危害行为引起多个危害结果。

（二）刑法因果关系的认定

在通常情况下，危害行为合乎规律地引起了危害结果，这种因果关系容易认定。例如，甲用刀砍断了乙的颈动脉导致乙死亡；丙盗窃了丁的钱包导致丁的财产损失等，这些案件中因果关系一目了然。但有些案件的因果关系相对复杂，如何认定刑法上的因果关系，通常采用条件说，并以相当因果关系说进行修正。

1. 条件说

条件说认为，当危害行为与危害结果之间存在“没有前者就没有后者”的关系（条件关系）时，前者就是后者的原因。例如，没有甲用刀捅中乙的心脏的行为，就没有乙的死亡结果，甲的杀人与乙的死亡之间就具有因果关系。认定中需要注意以下情形：

(1)作为条件的行为必须是有导致结果发生可能性的行为，否则不能承认有条件关系。例如，甲劝说乙乘坐火车旅游，希望乙乘坐的火车倾覆而导致乙死亡。倘若果真如此，甲的劝说行为也不是乙死亡的条件，因为该行为不具有导致结果发生的可能性。

(2)作为条件的行为必须是实行行为，只有实行行为合乎规律地引起危害结果的发生，才认定因果关系，成立犯罪既遂。

(3)二重的因果关系。二重的因果关系是指两个条件单独都能导致结果发生，没有意思联络，竞合在一起同时起作用导致了结果发生，两个条件都与结果有因果关系。例如，甲与乙没有意思联络，分别向丙的饮食中投放了100%致死量的毒药，而且毒药同时起作用，导致丙死亡。对此，应认为甲的行为与乙的行为都是结果发生的原因。

(4)重叠的因果关系。重叠的因果关系指两个条件单独都不能导致结果发生，没有意思联络，结合在一起同时起作用导致了结果发生，则两个条件也都与结果有因果关系。例如，甲与乙都想杀死丙，甲向丙的饮用水中先投了5毫克毒药(50%致死量)，不知情的乙又投了5毫克毒药(50%致死量)，然后，丙喝了水以后中毒死亡。因此，应认为甲乙的行为与丙的死亡都有因果关系。

(5)因果关系断绝。因果关系断绝是指前"条件"必然会导致结果发生，但前"条件"尚未造成结果时，与前"条件"无关的后条件直接导致结果发生，而且即使没有前"条件"也将发生结果时，前"条件"与结果之间没有因果关系。例如，甲以杀人故意的主观心态向乙的食物中投放了足以致死的毒药，但在该毒药还没有起作用时，与甲没有意思联络的丙开枪杀死了乙。显然，乙死于枪击而非中毒，故甲的行为与乙的死亡之间，不存在没有前者就没有后者的条件关系，所以没有因果关系。

2. 相当因果关系说

相当因果关系说，又称为相当说，是指根据一般人的社会生活经验，在通常情况下，某种行为产生某种结果被认为是相当的场合，就认为该行为与该结果具有因果关系。总体上用条件说解决因果关系是合适的，以下两种情形需要运用相当因果关系说来修正。(1)行为人的行为在引起结果的过程中加入了介入因素的情况。介入因素包括自然事件、第三人的行为和被害人自身的行为。在行为人的行为介入了其他因素而导致结果发生的场合，要判断某种结果是否行为人的行为造成时，应当考察行为人的行为导致结果发生的可能性的大小、介入情况的异常性大小以及介入情况对结果发生作用的大小。例如，甲以杀人故意对乙实施暴力行为，导致乙身体重伤，乙在被送往医院途中，被丙驾驶的汽车撞死。由于介入了丙的异常行为，而且由丙的行为导致了乙的死亡，甲的行为与乙的死亡之间没有因果关系。再如，A以杀人故意对B实施暴力，导致B遭受濒临死亡的重伤，B在医院接受治疗时，医生C存在轻微的过失，未能挽救B的生命。由于A的行为导致死亡结果的危险性大，而介入情况(轻微过失)对死亡结果发生的作用小，故应认定A的行为与B的死亡之间具有因果关系。(2)被害人存在特殊体质的情况。当被害人存在特殊体质的情形时，不管行为人主观心态如何，结论就是存在因果关系。因为因果关系是客观联系，行为人的行为作用在特殊体质的人身上，就引起了危害结果。当然确定了因果关系，行为人是否负刑事责任，还要看主观上有无罪过。

(三)刑法因果关系在犯罪构成中的地位

刑法因果关系是刑事责任的客观基础，即认定危害行为与危害结果之间存在刑法上的因果关系，只是解决了行为人对危害结果承担刑事责任的客观基础问题，不等于解决了整个刑事责任问题。因为我国刑法中的犯罪构成是主客观诸要件的统一，具备主客观相统一的犯罪构成要素才构成犯罪，才能够追究刑事责任。那种把因果关系与刑事责任混为一谈，认为有因果关系就负刑事责任的看法是客观归罪的错误观点。要使行为人对自己的行为造成的危害结果负刑事责任，行为人还必须达到刑事责任年龄、具有刑事责任能力、具备主观上的故意或过失。因此，仅确定了因果关系，缺乏其他犯罪构成要件，仍不能构成犯罪和使其负刑事责任。

四、犯罪的时间、地点与方法

对于大多数犯罪而言，《刑法》并没有要求行为人在特定的时间、地点，以特定方法实施，在此意义上说，行为的时间、地点、方法不是犯罪构成的共同要件。但有三点应当注意：第一，有的条文明文要求行为必须在特定的时间、地点或以特定的方法实施。例如，《刑法》第340条与第341条规定的非法捕捞水产品罪与非法狩猎罪，就将禁渔期、禁猎期、禁渔区、禁猎区、禁用的工具和方法等作为构成要件。第二，有的条文明确将特定的时间、地点、方法作为法定刑升格的条件或从重处罚的情节。例如，《刑法》第237条规定，在通常情形下犯强制猥亵、侮辱罪的，处5年以下有期徒刑或者拘役，而聚众或者在公共场所当众犯强制猥亵、侮辱罪的，处5年以上有期徒刑。又如《刑法》第263条明确将"入户抢劫"和"在公共交通工具上抢劫"作为适用较重法定刑幅度的条件，等等。第三，即使刑法没有明文将行为的时间、地点、方法规定为影响定罪与量刑的因素，行为的时间、地点与方法也会影响行为本身的社会危害性程度，因而成为量刑的酌定情节。

第三节　犯罪主体

我国刑法中的犯罪主体，是指实施危害社会的行为并且依法应当承担刑事责任的自然人和单位。

从主体的法律性质上分，犯罪主体包括自然人犯罪主体和单位犯罪主体。自然人犯罪主体是我国刑法中最基本的、具有普遍意义的犯罪主体。单位犯罪主体在我国刑法中不具有普遍意义。自然人犯罪主体可以再分为一般犯罪主体与特殊犯罪主体。对于具体的犯罪而言，只要求达到刑事责任年龄、具备刑事责任能力的自然人即可构成一般犯罪主体；除了具备上述两个条件外，还要求具有特定的身份的人才能构成的犯罪主体是特殊主体。犯罪主体对定罪和量刑均具有重要意义。任何犯罪都有主体，即任何犯罪都有犯罪行为的实施者和刑事责任的承担者，离开了犯罪主体就不存在犯罪，也不会产生刑事责任问题。

一、自然人犯罪主体

自然人犯罪主体，是指达到了刑事责任年龄，具备刑事责任能力，实施了严重危害社会的行为，依法应负刑事责任的自然人。在自然人犯罪主体的内部结构中，刑事责任能力居于核心的地位。没有刑事责任能力，自然人犯罪主体就无从谈起，行为人的刑事责任便无从追究。可见，刑事责任能力是成立自然人犯罪主体的重要条件之一。

（一）刑事责任能力

刑事责任能力，是指行为人构成犯罪并承担刑事责任所必需的，行为人具备的刑法意义上辨认和控制自己行为的能力。简言之，刑事责任能力，就是行为人辨认和控制自己行为的能力。

一般说来，当自然人达到一定的年龄之后，智力发育正常，就自然具备了这种能力。当然，这种能力也可能因年龄原因或精神状况、生理功能缺陷的原因而不具备、丧失或者减弱。刑事责任能力的内容，包括辨认行为能力和控制行为能力。其中，辨认能力是指行为人具备对自己的行为在刑法上的意义、性质、作用、后果的分辨认识能力，也就是行为人能不能认识到自己的行为为刑法所禁止、谴责和制裁。控制能力是指行为人具备决定自己是否以行为触犯刑法的能力。我国刑法中的刑事责任能力程度包括以下几种情况：

1. 完全刑事责任能力

完全刑事责任能力是指行为人完全具备了刑法意义上的辨认和控制能力的情况。从外延上看，凡不属《刑法》规定的无责任能力人及限定责任能力的人，皆属完全刑事责任能力人。在我国，凡年满 18 周岁、精神和生理功能健全且智识发展正常的人，都是完全刑事责任能力人。完全刑事责任能力人实施了犯罪行为的，应当依法负全部的刑事责任，不能因其责任能力因素而不负刑事责任或者减轻刑事责任。

2. 完全无刑事责任能力

完全无刑事责任能力简称完全无责任能力或无责任能力，是指行为人没有刑法意义上的辨认和控制自己行为的能力。完全无刑事责任能力人包括两类：一类是不满 12 周岁的人；一类是行为时因精神病而不能辨认或者不能控制自己行为的人。完全无刑事责任能力人实施了《刑法》禁止的危害行为的，不负刑事责任。

3. 相对无刑事责任能力

相对无刑事责任能力也称相对有刑事责任能力，是指行为人仅限于对《刑法》所明确规定的某些严重犯罪具有刑事责任能力，而对未明确限定的其他危害行为无刑事责任能力的情况。在我国《刑法》中，已满 12 周岁不满 16 周岁的人属于相对无刑事责任能力人。具体分为两种情况：一是已满 14 周岁不满 16 周岁的人，对《刑法》第 17 条第 2 款规定的八种犯罪具有刑事责任能力，而对除此之外的其他危害行为无刑事责任能力。二是已满 12 周岁不满 14 周岁的人，对《刑法》第 17 条第 3 款规定的两种犯罪，且达到后果、情节条件的具有刑事责任能力，而对两种犯罪之外的其他危害行为无刑事责任能力。相对无刑事责任能力人实施《刑法》明确限定的严重犯罪的，应负刑事责任；而实施《刑法》未明确限定的其他犯罪或者未达到法定后果情节的，则不负刑事责任。

4. 减轻刑事责任能力

减轻刑事责任能力又称限制刑事责任能力、限定刑事责任能力、部分刑事责任能力，其是完全刑事责任能力与完全无刑事责任能力的中间状态，指因年龄、精神状况、生理功能缺陷等原因，而使行为人实施《刑法》所禁止的危害行为时，虽然具有责任能力，但其辨认或控制自己行为的能力较完全责任能力有一定程度的减弱或降低的情况。减轻刑事责任能力只影响量刑而不影响定罪。我国《刑法》明文规定的减轻刑事责任能力的人有五种：已满 12 周岁不满 18 周岁的未成年人、已满 75 周岁的人、尚未完全丧失辨认或者控制自己行为能力的精神病人、又聋又哑的人、盲人。减轻刑事责任能力人实施了《刑法》禁止的危害行为的，应负刑事责任，担负的是减轻刑事责任。

（二）刑事责任年龄

决定和影响刑事责任能力及其程度的因素，包括人的年龄情况、精神状况和重要的生理功能状况等。

1. 刑事责任年龄的概念

刑事责任年龄，是指法律所规定的行为人对自己实施的《刑法》所禁止的危害社会的行为负刑事责任所必须达到的年龄。

年龄与刑事责任能力有着直接的关系。因为人的辨认和控制自己行为的责任能力，不是与生俱来的，而是随着年龄的增长，智力和道德的发展逐步发育成熟的。只有达到了一定的年龄，具备了相应的辨别是非善恶和控制自己行为的能力后，才能要求他们对自己的危害行为依法负刑事责任。刑事立法根据人的年龄因素与责任能力的这种关系，确立了刑事责任年龄制度。可以说，达到刑事责任年龄，是自然人具备刑事责任能力而可以作为犯罪主体的前提条件。

2. 刑事责任年龄阶段的划分

我国刑法把刑事责任年龄划分为三个阶段。

第一，完全不负刑事责任年龄阶段。从《刑法》第 17 条的规定来看，不满 12 周岁是完全不负刑事责任年龄阶段。据此，对不满 12 周岁的人所实施的危害社会的行为，概不追究刑事责任。

第二，相对负刑事责任年龄阶段。根据《刑法》第 17 条第 2 款、第 3 款的规定，已满 12 周岁不满 16 周岁是相对负刑事责任年龄阶段，也称相对无刑事责任年龄阶段。达到该年龄阶段的人，已经具备了一定的辨别大是大非和控制自己重大行为的能力。因此他们需要对自己实施的《刑法》限定的严重犯罪负刑事责任。具体包括：（1）已满 14 周岁不满 16 周岁的人，犯故意杀人、故意伤害致人重伤或者死亡、强奸、抢劫、贩卖毒品、放火、爆炸、投放危险物质罪的，应当负刑事责任。此年龄阶段的人如果实施上述 8 种犯罪以外的危害行为，因不具备主体资格，不负刑事责任。（2）已满 12 周岁不满 14 周岁的人，犯故意杀人、故意伤害罪，致人死亡或者以特别残忍手段致人重伤造成严重残疾，情节恶劣，经最高人民检察院核准追诉的，应当负刑事责任。此年龄阶段的人负刑事责任需要具备严格条件：①必须实施故意杀人、故意伤害犯罪行为；②必须造成严重后果，即致人死亡或者以特别残忍手段致人重伤造成严重残疾；③必须情节恶劣；④程序上必须经最高人民检察院核准追诉。如果不具备上述条件，则不负刑事责任。根据《刑法》第 17 条第 5 款的规定，因不满 16 周岁不予刑事处罚的，责令其父母或者其他监护人加以管教；在必要的时候，依法进行专门矫治教育。

第三，完全负刑事责任年龄阶段。根据《刑法》第 17 条第 1 款的规定，已满 16 周岁的人进入完全负刑事责任年龄阶段。已满 16 周岁的人实施《刑法》分则所禁止的一切危害行为都应承担刑事责任。

3. 未成年人、老年人犯罪案件的处理

我国《刑法》在对未成年人、老年人犯罪案件的处理上，规定了特殊的处理原则：

第一，从宽处理原则。《刑法》第 17 条第 4 款规定，对依照前三款规定追究刑事责任的不满 18 周岁的人，应当从轻或者减轻处罚。这包括三种情况：已满 16 周岁不满 18 周岁的人实施《刑法》规定的全部犯罪，已满14周岁不满16周岁的人实施《刑法》限定的八种严重犯罪，已满12周岁不满14周岁的人实施的两种犯罪达到了负刑事责任的条件。第17条之一规定，已满75周岁的人故意犯罪的，可以从轻或者减轻处罚；过失犯罪的，应当从轻或者减轻处罚。

第二，不适用死刑的原则。《刑法》第49条规定：犯罪的时候不满18周岁的人不适用死刑。审判的时候已满75周岁的人，不适用死刑，但以特别残忍手段致人死亡的除外。

4. 与刑事责任年龄有关的几个问题

第一，关于刑事责任年龄的计算。刑事责任年龄应当是指实足年龄即周岁，应当按公历的年、月、日计算；行为人分别过了12周岁、14周岁、16周岁、18周岁生日，从第二天起，才是分别已满12周岁、14周岁、16周岁、18周岁。例如，行为人于1980年1月1日出生，从1994年1月2日起，才算已满14周岁。

第二，关于刑事责任年龄的确定。刑事责任能力解决的是行为人在行为当时辨认、控制自己行为的能力的问题，因而在行为与结果不同步的场合，以行为当时的实际年龄为标准确定刑事责任年龄。如果行为出现了连续或者继续状态的，则应当依照行为状态结束时行为人的实际年龄予以确定。

第三，关于跨年龄段的危害行为的刑事责任问题。应当注意两种情况：(1)行为人已满16周岁后实施了某种犯罪，并且在已满14周岁不满16周岁期间也实施过相同的行为。至于应否一并追究刑事责任，则应具体分析。如果已满14周岁不满16周岁期间所实施的是《刑法》第17条第2款规定的特定犯罪，则应一并追究刑事责任；否则，就只能追究已满16周岁以后所犯之罪的刑事责任。(2)行为人在已满14周岁不满16周岁期间，实施了《刑法》第17条第2款规定的特定犯罪，并在未满14周岁时也实施过相同行为，或者是行为人在已满12周岁未满14周岁期间，实施了《刑法》第17条第3款规定的特定严重犯罪，并在未满12周岁时也实施过相同行为，对此不能一并追究刑事责任，只能追究已满14周岁或者已满12周岁后实施的特定犯罪的刑事责任。对此不能一并追究刑事责任，只能追究已满14周岁或者已满12周岁后实施的特定犯罪的刑事责任。

(三)精神状况

一般说来，只要行为人达到了法定的刑事责任年龄，通常就具备了刑法意义上的辨认和控制自己行为的能力。但是，有些行为人即使达到负刑事责任的年龄，如果存在精神障碍尤其是存在精神病性精神障碍，就可能影响其辨认控制能力，而使责任能力减弱甚至不具备，从而使其实施危害行为时的刑事责任也受到一定的影响。根据我国《刑法》第18条的规定以及精神病的不同情况，可以将精神病人的刑事责任能力分为以下三种情况：

1. 完全无刑事责任能力的精神病人

《刑法》第18条第1款规定："精神病人在不能辨认或者不能控制自己行为的时候造成危害结果，经法定程序鉴定确认的，不负刑事责任。"根据该规定，确认精神障碍者为无责任能力人，有两个标准：一是医学标准，也称生物学标准。从医学上看，行为人是精神病人。二是心理学标准，也称法学标准。行为人由于精神病理的作用使他在行为时丧失了辨认或者控制自己行为的能力。上述两个标准之间是并列关系，在确认实施危害行为的精神障碍人有无刑事责任能力时，需要首先判断行为人是否患有精神病，其次判断是否因患有精神病而于行为时丧失了辨认或者控制自己行为的能力。前者由精神病医学专家依法定程序鉴定，后者由司法工作人员予以确认。

2. 完全有责任能力的精神病人

间歇性的精神病人在精神正常时实施的刑法禁止的危害行为，其辨认和控制能力完全具备，因而《刑法》第 18 条第 2 款规定："间歇性的精神病人在精神正常的时候犯罪，应当负刑事责任。"这里所说的"间歇性精神病"，是指具有间歇发作特点的精神病。此时，应以其实施行为时是否精神正常为标准，而不是以侦查、起诉、审判时是否精神正常为标准。对于间歇性精神病人在精神正常时期犯罪，但在追诉时精神病发作的情形，可中止诉讼，待精神正常后再行处理，不能因为行为人犯罪后精神病发作而排除其负刑事责任的可能性。

3. 限制责任能力的精神病人

《刑法》第 18 条第 3 款规定："尚未完全丧失辨认或者控制自己行为能力的精神病人犯罪的，应当负刑事责任，但是可以从轻或者减轻处罚。"尚未完全丧失辨认或者控制自己行为能力的精神病人是介于无责任能力的精神病人和完全责任能力的间歇性精神病人的中间状态的精神障碍人。

（四）生理功能状况

我国《刑法》第 19 条规定："又聋又哑的人或者盲人犯罪，可以从轻、减轻或者免除处罚。"这就是我国《刑法》中对生理功能缺陷者即聋哑人、盲人刑事责任的特殊规定。《刑法》之所以作出这样的规定，一方面是考虑到聋哑人、盲人虽然基于其生理缺陷而导致对某些行为的辨认控制能力减弱，但并没有完全丧失辨认控制能力；另一方面是考虑到他们由于生理上的缺陷而使得接受教育和参加社会活动的机会受到相当程度的限制，因而其辨认控制能力可能低于没有生理缺陷的人。在理解这一规定时，需要注意以下几点：(1)又聋又哑的人，即同时完全丧失听力和语言功能者，其中主要是先天聋哑和幼年聋哑者；盲人，即双目均丧失视力者，主要也是指先天和幼年丧失视力者。(2)对于聋哑人、盲人犯罪是否予以从宽处罚，关键要考虑到是否由于生理缺陷而使得行为人辨认控制能力受到影响。在大多数情况下生理缺陷对具体犯罪行为的辨认控制能力有一定影响，因而要予以从宽处罚；如果没有影响(多发生在成年后聋哑和失明的场合)，才可以考虑不予以从宽处罚。例如，被告人王某，系先天聋哑人。因王某经常遭受刘某的打骂欺凌，便预谋报复杀人。某日，被告人王某趁刘某不备将其摔倒在地，用石头猛击刘某头部，并用事先准备好的尖刀刺刘某颈部，将刘某杀死。本案中，王某报复杀人构成故意杀人罪，但因被害人经常打骂欺凌王某，存在一定过错，王某是又聋又哑的人，生理缺陷使其责任能力受到限制，因此，对王某依法从轻处罚，法院判处王某有期徒刑 15 年，剥夺政治权利 3 年。

（五）醉酒

《刑法》第 18 条第 4 款规定："醉酒的人犯罪，应当负刑事责任。"根据醉酒的原因和酒精对人的精神状态的作用不同，醉酒可分为生理性醉酒和病理性醉酒两种。生理性醉酒，又称普通醉酒、单纯性醉酒，简称醉酒，指因饮酒过量而致精神过度兴奋甚至神志不清的情况，是通常最多见的一种急性酒精中毒，多发生于一次性大量饮酒后。在生理性醉酒的情况下，行为人具有辨认控制能力，因此应当对其实施的犯罪行为承担刑事责任；即使其责任能力有所减弱，但在醉酒前其对自己醉酒后可能实施危害行为应当预见到，甚至已有所预见，在醉酒状态下实施危害行为时具备故意或过失的犯罪主观要件；醉酒完全是人为的，是可以戒除的。因此，对生理性醉酒的人犯罪应当追究其刑事责任，而且不得从轻或者减轻处罚。

病理性醉酒是一种很少见的急性酒精中毒，是指因饮酒人自身存在潜在病症，少量饮酒后便会引起醉酒人的行为紊乱、记忆缺失、出现意识障碍，并伴有幻觉、错觉、妄想等精神病症状，且行为具有攻击性。一般认为，病理性醉酒属于精神病，醉酒人完全丧失辨认控制能力。因此，由行为人没有意识到的首次病理性醉酒导致损害结果发生的，不得认定为犯罪。但如果行为人曾经有病理性醉酒的经验，在能够预见到自己饮酒后就会实施攻击性行为、造成危害结果发生的情况下，而仍然故意或者过失饮酒造成危害结果发生的，则应当负刑事责任。

（六）自然人犯罪主体的特殊身份

特殊身份是指行为人在身份上的特殊资格，以及其他与一定的犯罪行为有关的、行为人在社会关系上的特殊地位或者状态，如男女性别、亲属关系、国家工作人员等。身份犯是指以特殊身份作为主体构成要件或者刑罚加减根据的罪犯，分为真正的身份犯和不真正的身份犯。真正的身份犯，是指行为人只有具备某种特殊身份，才能构成犯罪，这种特殊身份也称为定罪身份或构成身份。例如，刑讯逼供罪的主体必须是司法工作人员，贪污罪的主体必须是国家工作人员。不真正的身份犯，是指行为人具有某种特殊身份，不影响犯罪的成立，但是影响量刑，这种特殊身份也称为量刑身份或加减身份。例如，诬告陷害罪的主体是一般主体，但是国家工作人员犯该罪的从重处罚。

特殊身份必须是行为人开始实施犯罪行为时就已经具有的特殊资格或已经形成的特殊地位或者状态，因为实施犯罪才在犯罪活动或者犯罪组织中形成的特殊地位（如首要分子）不是特殊身份。特殊身份总是与一定的犯罪行为密切联系的，与犯罪行为没有联系的资格等情况，不是特殊身份。例如，在叛逃罪中，国籍以及是否为国家工作人员与犯罪行为有密切联系，属于特殊身份；但在故意杀人罪中，国籍以及是否为国家工作人员与犯罪行为没有密切联系，因而不属于特殊身份。特殊身份既可能是由于出生等事实关系所形成的身份，如男女、亲属关系；也可能是由于法律规定所形成的身份，如证人、依法被关押的罪犯；还可能是同时由于事实关系与法律规定所形成的身份，如对于年老、年幼、患病或者其他没有独立生活能力的人负有扶养义务的人，一方面有基于亲属关系所形成的自然身份，另一方面也有基于法律规定的法定身份。

作为犯罪主体要件的特殊身份，只是针对该犯罪的实行犯而言，至于教唆犯与帮助犯，则不受特殊身份的限制。例如，贪污罪的主体必须是国家工作人员或者受国家机关、国有公司、企业、事业单位、人民团体委托管理、经营国有资产的人员，但这只是就实行犯而言，不具有上述特殊身份的人教唆或者帮助具有上述特殊身份的人犯贪污罪的，成立共犯。

二、单位犯罪主体

（一）单位犯罪主体的概念与特征

单位犯罪主体，是指为本单位或者本单位全体成员谋取非法利益，由单位的决策机构按照单位的决策程序决定，由直接责任人员具体实施犯罪，依法应负刑事责任的公司、企业、事业单位、机关、团体。单位犯罪主体具有以下特征：

1. 单位犯罪主体是公司、企业、事业单位、机关、团体的犯罪

这是单位本身的犯罪，不是单位的各个成员的犯罪的集合，也不是单位中所有成员的共同犯罪。但是单位与单位之间可以构成共同犯罪，单位与自然人之间也可以构成共同犯罪。

2. 单位犯罪是以单位名义实施的

单位名义具体表现为单位犯罪是由单位的决策机构按照单位的决策程序决定，并由直接责任人员具体实施。单位犯罪虽然是单位本身犯罪，但具体犯罪行为需要决定者与实施者。单位犯罪是在单位整体意志支配下实施的。单位意志不是单位内部某个成员的意志，也不是各个成员意志的简单相加，而是单位内部成员在相互联系、相互作用、协调一致的条件下形成的意志，即单位的整体意志。从形式上说，这种整体意志是由单位的决策机构按照单位的决策程序形成的；从法律上说，这种整体意志就是单位整体的罪过。单位整体意志形成后，便由直接责任人员具体实施。基于上述理由，盗用、冒用单位名义实施犯罪，违法所得由实施犯罪的个人私分的，或者单位内部成员未经单位决策机构批准、同意或者认可而实施犯罪的，或者单位内部成员实施与其职务活动无关的犯罪行为的，都不属于单位犯罪，应当依照《刑法》有关自然人犯罪的规定定罪处罚。

3. 单位犯罪要求为本单位谋取非法利益或者以单位名义为本单位全体成员谋取非法利益

为单位谋取合法利益的行为，不成立单位犯罪。为本单位谋取非法利益，是指为单位本身谋取非法利益，违法所得由单位本身所有。以单位名义为本单位全体成员谋取非法利益，是指《刑法》明文规定的单位私分国有资产、私分罚没收入的情形（参见《刑法》第396条）。单位犯罪多数为故意犯罪，少数属于过失犯罪。

4. 单位犯罪主体的存在范围具有法定性

并非所有的犯罪都可由单位构成，只有法律明文规定单位可以成为犯罪主体的犯罪，单位才能成为主体并承担刑事责任。对于《刑法》没有规定单位可以成为犯罪主体的犯罪，其主体只能是自然人。但须注意：（1）《刑法》规定某些罪名不能由单位构成，但是单位实施了，可以直接追究直接责任人的自然人犯罪。例如，单位窃电的，单位不能成为盗窃罪的主体，直接追究直接责任人的自然人犯罪。（2）单位涉嫌犯罪后，若被其主管部门、上级机构等吊销其营业执照、宣告其撤销或者破产的，直接追究其直接责任人员或主管人员的刑事责任。

（二）单位犯罪主体的资格

《刑法》第30条规定："公司、企业、事业单位、机关、团体实施的危害社会的行为，法律规定为单位犯罪的，应当负刑事责任。"据此，实施犯罪的公司、企业、事业单位、

机关、团体可以成为单位犯罪主体。但须注意：(1)单位犯罪的主体应是依法成立的组织。个人为进行违法犯罪活动而设立的公司、企业、事业单位实施犯罪的，或者公司、企业、事业单位设立后，以实施犯罪为主要活动的，不以单位犯罪论处，而应以自然人共同犯罪(主要是集团共同犯罪)论处。(2)一般情况下，单位成为犯罪主体不要求有法人资格，但是私营公司企业要构成单位犯罪，要求有法人资格。(3)以单位的分支机构或者内设机构、部门的名义实施犯罪，违法所得亦归分支机构或者内设机构、部门所有的，应认定为单位犯罪。不能因为单位的分支机构或者内设机构、部门没有可供执行罚金的财产，就不将其认定为单位犯罪，而按照个人犯罪处理。不过，如果分支机构或者内设机构、部门实施的犯罪是由单位决定、授意或者批准的，则属于整个单位的犯罪，而不能仅由分支机构或者内设机构、部门承担刑事责任。

(三)单位犯罪主体的处罚

《刑法》第31条规定："单位犯罪的，对单位判处罚金，并对其直接负责的主管人员和其他直接责任人员判处刑罚。本法分则和其他法律另有规定的，依照规定。"根据这一规定，对单位犯罪，原则上实行双罚制(两罚制)，即同时处罚犯罪的单位和该单位的直接负责的主管人员和其他直接责任人员。但是，如果《刑法》分则或者其他法律(特别刑法)另有规定，不采取双罚制而采取单罚制即只处罚直接责任人员，不处罚单位的，则属于例外情况。如《刑法》第244条规定的强迫职工劳动罪，就只处罚用人单位的直接责任人员，而不处罚用人单位本身。我国《刑法》分则规定单位犯罪单罚制，只处罚直接责任人员的条文仅有7条，涉及8种犯罪，即第107条"资助危害国家安全犯罪活动罪"、第135条"重大劳动安全事故罪"、第137条"工程重大安全事故罪"、第161条"提供虚假财会报告罪"、第162条"妨害清算罪"、第244条"强迫职工劳动罪"和第396条"私分国有资产罪、私分罚没财物罪"。

第四节　犯罪主观要件

犯罪主观要件，是指刑法规定成立犯罪必须具备的、犯罪主体对其实施的危害行为及其危害结果所持的心理态度。犯罪心理态度的基本内容是犯罪故意与犯罪过失，合称为罪过，此外还有犯罪目的与动机。罪过反映行为人对刑法所保护的法益的悖反态度，犯罪故意表明行为人对法益持一种敌视或蔑视态度(积极侵犯态度)；犯罪过失表明行为人对法益持一种漠视或者忽视态度(消极不保护态度)。犯罪故意与过失是一切犯罪的主观要件，任何犯罪的成立都要求行为人主观上具有故意或者过失，不具有故意与过失的行为，称为无罪过事件，不成立犯罪。犯罪目的是目的犯的构成要件要素，不是一切犯罪的主观要件。犯罪动机一般不影响定罪，只影响量刑的轻重。在某些情况下行为人可能对法律或者客观事实发生认识错误，这种认识错误可能影响其刑事责任，因而需要研究，但认识错误本身不是犯罪主观要件的内容。

一、犯罪故意

根据《刑法》第14条的规定，犯罪故意，是指行为人明知自己的行为会发生危害社会的结果，并且希望或者放任这种结果发生的一种主观心理态度，其心理学结构包括认识因素和意志因素两个组成部分。

犯罪故意

犯罪故意的认识因素指行为人明知自己的行为会发生危害社会的结果。它是一切故意犯罪在主观认识方面必须具备的前提特征。如果一个人在行为时没有认识到自己的行为会发生这种结果，即使在客观上发生了危害社会的结果，也不构成犯罪的故意。在犯罪故意的认识因素上，主要应当注意以下几个问题：

一是认识的内容。《刑法》第 14 条将犯罪故意的认识内容表述为“明知自己的行为会发生危害社会的结果”。“明知”的具体内容应当包括以下内容：

第一是对危害行为的认识，即对《刑法》规定的危害社会行为的内容及其性质的认识。这是犯罪故意认识内容中的基本内容。一个人只有对自己所要实施或正在实施的行为危害社会的性质和内容有认识，才能谈得上进一步认识危害结果的问题。

第二是对危害结果的认识，即对危害行为产生或将要产生的危害社会结果的内容与性质的认识，如故意伤害罪的行为人认识到自己的行为会发生致使他人受伤的结果，诈骗罪的行为人认识到自己的行为会发生公私财物被其非法占有的结果。

第三是对法定的犯罪对象要有认识。有的故意犯罪要求对犯罪对象有认识。如运输毒品罪要求行为人明知自己运输的对象是毒品。

第四是对法定的犯罪时间、地点、方法有认识。对那些把犯罪的时间、地点、方法规定为犯罪构成要件的故意犯罪来说，还要求行为人对犯罪的时间、地点、方法有认识。例如非法狩猎罪就要求行为人对自己是在禁猎期、禁猎区或者使用了禁用的方法进行狩猎有认识。

第五是对于规范的构成要件要素，行为人也必须具有认识。例如，贩卖淫秽物品牟利罪的行为人，必须认识到自己所贩卖的是淫秽物品。但这并不意味着行为人必须明知《刑法》中的淫秽物品的定义，只要行为人认识到自己所贩卖的是“毛片”“三级片”“黄色书籍”等物品时(外行人领域的评价)，就应认定行为人认识到自己所贩卖的是淫秽物品。

二是认识的程度。《刑法》第 14 条将犯罪故意的认识程度表述为“明知自己的行为‘会发生’危害社会的结果”。所谓“会发生”，包括两种情况：

第一，必然发生。即明知自己的行为必然要发生某种特定的危害结果。具体而言，行为人主观上对危害结果的发生非常确定。如行为人甲用尖刀刺入乙的心脏，甲明知自己的行为必定致乙死亡。

第二，可能发生。即明知自己的行为可能要发生某种特定的危害结果。如行为人丙想枪杀丁，但枪法不好，又没办法接近丁，只好在远距离开枪射击，则甲明知开枪可能打死丁，也可能无法打死丁。

犯罪故意的意志因素是指行为人对自己行为的危害结果的发生所持的希望或者放任态度。可见，犯罪故意的意志因素有希望结果发生和放任结果发生两种具体表现形式：第一，希望结果发生，是指行为人对危害结果抱着积极追求的心理态度，该危害结果的发生，正是行为人通过一系列犯罪活动所想要实现的犯罪目的。例如，甲长期谋划杀害其仇人乙，事先对乙的行踪、住址、起居规律进行细致的了解，并到边境地区购买了枪支，最后潜伏在乙的住处附近近距离地射杀了乙。在该案中，甲显然对乙的死亡结果持希望发生的态度，主观上持一种积极追求的态度，客观上表现为进行充分准备，竭力实施犯罪，排除各种障碍去促成危害结果的发生。第二，放任结果发生，是指行为人不具有像希望那种程度的侵害法益的积极态度，不是积极追求危害结果的发生，但也不反对和不设法阻止这种结果的发生，对结果的是否发生采取听之任之的消极的容忍的心理态度。具体而言，发生危害结果不违反行为人的意志，不发生危害结果也不违反行为人的意志。从意志的坚定程度来看，放任要低于希望。

根据认识程度和意志因素的不同，犯罪故意分为直接故意与间接故意两种类型。

（一）直接故意

犯罪的直接故意，是指行为人明知自己的行为必然或者可能发生危害社会的结果，并且希望这种结果发生的心理态度。直接故意的意志因素只能是希望危害结果的发生。但按照认识因素中认识程度的不同，可以进一步将直接故意区分为以下两种类型：

第一，明知自己的行为必然发生危害社会的结果，并且希望这种结果发生，即“必然发生+希望发生”。例如，甲开车追杀乙，在将乙撞倒在地后，用车轮反复碾压，导致乙立即死亡。甲明知其行为必然导致某乙死亡而仍决意为之，积极追求某乙死亡结果的发生，甲的心理态度即为此种直接故意。

第二，明知自己的行为可能发生危害社会的结果，并且希望这种结果发生，即“可能发生+希望发生”。例如，丙蓄谋杀死丁，但丁的保镖保卫严密，丙一直无法下手，最终只能于晚上趁丁返家途中隔小河射击，由于光线较暗，距离较远，丙的枪法也不太准，因而他对能否打死丁没有把握，但他不愿放过这个机会，希望能打死丁，并在这种心理的支配下实施了射杀行为。丙的心理态度即为此种直接故意。

（二）间接故意

犯罪的间接故意，是指行为人明知自己的行为可能发生危害社会的结果，并且放任这种结果发生的心理态度，即“可能发生+放任发生”。间接故意的具体的心理学结构为：

1. 间接故意的认识因素

间接故意的认识因素是行为人认识到自己的行为“可能”发生危害社会结果。即行为人根据对自身犯罪能力、犯罪对象情况、犯罪工具情况或者犯罪的时间、地点、环境等情况的了解，认识到行为导致危害结果的发生只是具有或然性、可能性，而不是具有必然性。这种对危害结果可能发生的认识，为间接故意的意志因素即放任心理的存在提供了前提和基础。如果明知行为必然发生危害结果而决意为之，就超出了间接故意认识因素的范围，应属于直接故意。

2. 间接故意的意志因素

间接故意的意志因素是行为人放任危害结果发生。所谓“放任”，当然不是希望，不是积极的追求，而是行为人在明知自己的行为可能发生特定危害结果的情况下，为了达到自己的既定目的，仍然决意实施这种行为，对阻碍危害结果发生的障碍不予以排除，也不设法阻止危害结果的发生，而是听之任之，听任危害结果的发生。总之，放任的态度是既不希望结果发生也不反对结果发生，是介于希望和反对之间的意志态度。

在实践中，间接故意一般表现为以下三种情况：一是行为人为追求某一犯罪目的而放任另一危害结果的发生，如甲为杀妻，在妻子的饭碗中下毒，而放任孩子可能吃妈妈碗中的饭被毒死。甲杀妻属于直接故意，而对儿子的死亡属于间接故意。二是行为人为追求某一非犯罪目的而放任某一危害结果的发生，如甲为打一野兔而置可能误中正在附近采果实的乙于不顾，并开枪击中乙，致乙死亡。此例中，甲为追求打到猎物的目的，听任打死乙这种危害结果的发生，属于间接故意。三是突发性犯罪中，行为人不计后果放任某种严重危害结果的发生，如实践中一些青少年临时起意，动辄行凶，不计后果，捅人一刀扬长而去并致人死亡的案件，行为人对被害人的死亡也是持间接故意。

(三)直接故意与间接故意的异同

二者同属犯罪故意的范畴，具有以下相同之处：在认识因素上，二者都明确认识到自己的行为可能发生危害社会的结果；在意志因素上，二者都不反对危害结果的发生。此外，直接故意和间接故意的分类只是犯罪故意内部的一种理论分类，在立法上确定罪名和司法上使用罪名时，都不使用这两个概念，统称为故意。如故意杀人罪不能分别称之为直接故意杀人罪和间接故意杀人罪。

二者的主要区别在于：

(1)在认识因素上，二者对行为导致危害结果发生的认识程度上有所不同。犯罪的直接故意既可以是行为人明知自己的行为"必然发生"危害结果，也可以是明知其行为"可能发生"危害结果；而犯罪的间接故意只能是行为人明知自己的行为"可能发生"危害结果。

(2)在意志因素上，二者对危害结果发生的心理态度不同。直接故意是希望即积极追求危害结果的发生。在这种心理支配下，行为人就会想方设法，克服困难，创造条件，排除障碍，积极地甚至顽强地实现犯罪目的，造成犯罪结果。而间接故意对危害结果的发生则不是持希望的心理态度，而是持放任的心理态度。"放任"就是对结果的发生与否采取听之任之、满不在乎、无所谓的态度，不发生结果他不懊悔，发生结果也不违背他的本意。在放任心理支配下，行为人就不会想方设法，排除障碍，积极追求或是努力阻止特定危害结果的发生。意志因素的不同，是两种故意区别的关键所在。在其他情况相同的情况下，直接故意的主观恶性要大于间接故意。

(3)危害结果是否发生对二者支配下的行为的定罪具有不同的意义。第一，对直接故意来说，危害结果发生与否不影响犯罪的成立，只影响犯罪的既遂与否。因为对直接故意支配下的犯罪而言，客观上已经实施了部分的犯罪行为，结果的不发生是违背行为人的主观意志的，应当以犯罪论处。第二，对间接故意来说，危害结果的实际发生是构成犯罪的必备条件。因为间接故意犯罪的危害结果是可能发生，也可能不发生，结果发生与否都不违背行为人意志，都包含在其本意中。如果所放任的危害结果没有发生，这也不违背行为人的意志，所以就不能对其以犯罪论处。

二、犯罪过失

根据《刑法》第15条的规定，犯罪过失，是指行为人应当预见自己的行为可能发生危害社会的结果，因为疏忽大意而没有预见，或者已经预见但轻信能够避免，以致发生这种结果的心理态度。

过失与故意均统一于罪过的概念之下，故二者具有相同之处：过失与故意都是认识因素与意志因素的统一，都说明行为人对法益的保护持悖反态度。但是，过失与故意又是两种不同的罪过形式，各自的认识因素与意志因素的具体内容不同，过失所反映的主观恶性明显小于故意，所以《刑法》对过失犯罪的规定不同于故意犯罪。首先，过失犯罪均以发生危害结果为要件，而故意犯罪并非一概要求发生危害结果。其次，《刑法》规定“过失犯罪，法律有规定的才负刑事责任”，“故意犯罪，应当负刑事责任”，这体现了刑法以处罚故意犯罪为原则，以处罚过失犯罪为特殊的精神。最后，《刑法》对过失犯罪规定了较故意犯罪轻得多的法定刑。

按照认识因素的不同，可以把犯罪过失分为过于自信过失与疏忽大意过失。

(一)过于自信过失

过于自信过失，是指行为人预见到自己的行为可能发生危害社会的结果，但轻信能够避免，以致发生这种结果的心理态度。过于自信过失的特征如下：

1. 过于自信过失的认识因素是已经预见到自己的行为可能发生危害社会的结果

如果行为人行为时，根本没有预见到自己的行为会导致危害结果的发生，则不属于过于自信过失，而有可能属于疏忽大意过失或意外事件；如果行为人预见到自己的行为必然发生而不是可能发生危害社会的结果，则属于直接故意的心理态度，而不是过于自信过失。正因为过于自信过失在认识因素已经预见到自己的行为可能发生危害结果，所以理论上也称之为有认识过失。

2. 过于自信过失的意志因素是轻信能够避免危害结果的发生

首先，行为人相信危害结果不会发生，即对危害结果的发生，行为人持否定态度。

其次，所谓“轻信”，是指行为人轻易相信危害结果不会发生，就是说行为人过高地估计了可以避免危害结果发生的有利因素(包括其自身的能力、先前的预防措施、被害人的能力和周围环境等其他因素)，而过低地估计了自己的行为导致危害结果发生的可能性程度。正是这种“轻信”心理，支配着行为人实施了错误的行为从而发生了危害结果。

例如，被告人王某，家住5楼，某日晚上10点多钟，王某与几个朋友在家中喝酒。王某欲将空啤酒瓶往窗外扔，其中一个朋友劝道：“下面临街可能有人经过，当心砸到人。”王某却说：“天这么晚了，谁还在外面走啊，没那么巧。”于是将一空酒瓶扔向窗外，正好砸中路人张某头部，致张某重伤。本案中，王某已经预见自己的行为可能发生危害结果，但轻信能够避免，以致发生了张某重伤的结果，其主观心理态度为过于自信过失。

最后，行为人的这种“轻信”必须有可以证明的实际根据。也就是说，行为人不是毫无根据地认为不会发生危害社会的结果，而是有实际根据才相信可以避免。在实践中，有一些案件，从表面上看行为人似乎是轻信能够避免危害结果的发生，但这种所谓“轻信”没有实际根据：一是行为人所指望的避免结果发生的那种情况根本不会存在，如误以为菩萨会来救助被害人；二是虽然存在但对防止结果的发生毫无意义或意义极小。比如，甲在人迹罕至的森林深处将乙的腿打断，使乙丧失了行走能力，后来乙因为没有食物又无法行走活活饿死在森林中。事后，甲辩解说他以为会有人发现乙并救起他，误以为乙不会死。这种辩解是不能成立的，因为他的这种对乙不会死亡的“轻信”没有让人信服的实际依据，应当认定为“放任”危害结果发生的间接故意。

(二)疏忽大意过失

疏忽大意过失，是指行为人应当预见到自己的行为可能发生危害社会的结果，因为疏忽大意而没有预见，以致发生这种结果的心理态度。疏忽大意过失的特征是：一是“应当预见”，这是前提条件；二是因为疏忽大意而“没有预见”，这是关键条件。

1. “应当预见”的认定

“应当预见”，是疏忽大意的过失的认识因素的第一个方面，是指行为人应当预见到自己的行为可能发生危害社会的结果。认定为“应当预见”应当同时具备以下三个条件：

首先，行为人必须有预见义务。应当预见首先应当是指行为人在行为时负有预见到行为可能发生危害结果的义务。如果没有预见义务，即使造成了严重后果，也不可能构成犯罪。比如，学校配电室的工作人员定时给学生宿舍合闸供电，如果学生碰巧在安装电器而被电伤，这就不能说严格按照操作规程办事的供电人员应负过失的责任。预见的义务的来源较广，包括法律的规定、职务或业务的要求，或是日常公共生活的一般准则的要求等。

其次，行为人必须有预见能力。如果行为人虽然负有预见义务，但如果其不具有预见能力，也不能构成疏忽大意过失犯罪。我们在司法实践中认定罪过形态，都是以行为人本身的年龄状况、智力发育、文化知识水平、业务技术水平和工作、生活经验等因素为根据来考察其是否具有预见能力。例如，某黄姓农村妇女，因儿子阿牛被子上生了虱子，用“敌百虫”药液浸泡了儿子的被头，最后，她为了洗净被头上的药液，用清水涮洗了好几遍，又用碱水将被头浸泡了两个钟头，然后再用清水洗涮后缝上了被头，阿牛盖被睡一夜后死亡。“敌百虫”并非速效烈性农用毒药，所用剂量未超过标准，又未直接入口，并且被头是经过清水冲洗过的。法医鉴定揭开了阿牛死亡的秘密，原来“敌百虫”遇到碱水会起化学反应，强化毒性，变成烈性剧毒农药“敌敌畏”，这种剧毒农药一般用清水是洗不掉的。该案中，农妇显然不具有认识能力，不应承担过失致人死亡的刑事责任。

最后，行为当时必须具有预见可能性。即使行为人负有预见义务、在通常情况下也有预见能力，但如果在行为当时的客观环境和条件下，不具有预见可能性的，也不能成立犯罪过失。因而应当根据案件发生时的天气以及犯罪对象的具体情况等具体条件来具体地分析预见可能性。比如，雨天、雾天、雪天、晚上预见交通事故的可能性就要比晴天、白天低。

2. “没有预见”的认定

因为疏忽大意而“没有预见”，是疏忽大意过失的认识因素的第二个方面，是指行为人由于疏忽大意，而没有预见到自己的行为可能发生危害社会的结果。所谓“没有预见”，是指行为人在行为当时没有想到自己的行为可能发生危害社会的结果。这种主观上对可能发生危害结果的无认识状态，是疏忽大意过失心理的重要特征。基于行为人在认识因素对危害结果没有预见的这一特征，刑法理论上也将疏忽大意的过失称之为无认识过失。

【以案说法 2-1】

周某过失致人死亡案

2020 年 4 月 3 日 15 时许，在某建材有限公司制砖车间内，被告人周某在其工友王某进入停止运行的搅拌机检测故障时，因疏忽触碰搅拌机操纵台开关，致使搅拌机启动，将检测故障的王某搅拌致伤，王某经抢救无效死亡。经鉴定，王某符合颅脑损伤及肝、脾、膈肌破裂等损坏后即时死亡。

法院认为，被告人周某应当预见自己的行为可能导致被害人死亡的结果，因为疏忽大意而没有预见，致王某死亡，其行为已构成过失致人死亡罪，应予惩处。(案例来源于中国裁判文书网)

(三)疏忽大意过失与过于自信过失的异同

疏忽大意的过失与过于自信的过失的相同之处在于，在意志因素上都对危害结果的发生持反对、排斥态度。二者的主要区别在于：(1)认识因素上的区别。过于自信的过失已经预见到危害结果的可能发生，而疏忽大意的过失根本没有预见到危害结果会发生。(2)意志因素上的区别。对危害结果的可能发生，二者虽然都持排斥态度，但过于自信的过失是轻信能够避免，而疏忽大意的过失是疏忽。

另外，根据违反的注意义务规范是否与行为人的职业有关，可以将犯罪过失分为普通过失和业务过失。普通过失，是指违反公共生活规则，导致自己不希望的危害结果的发生的犯罪过失，如失火罪、过失决水罪、过失爆炸罪、过失投放危险物质罪、过失破坏交通工具罪等。业务过失，是指从事特定业务活动的人，因疏于业务上必要的注意，违反特定的业务规范，导致了自己不希望的危害结果的发生的犯罪过失。现在我国《刑法》中的业务过失犯罪为数不少，如交通肇事罪、重大责任事故罪等。

例如，朱某经营一个建材有限公司。朱某雇佣被告人李某驾驶货车拉石头子。某日16时许，李某拉一车石头子到该建材厂内存放石头子的料棚内，朱某指挥李某倒车后就爬上车厢去解开车厢上的篷布。李某看到车厢周围的篷布已经收好，就冲车顶喊了一声："开车厢呀，你下来了吗?"因当时库房内声音嘈杂，李某在没有进行检查周围是否还有人员，也没听到朱某进行回答的情况下，将车上的石头子都倒在了库房内。随后厂内工作人员发现朱某被压在了石头子内，将朱某刨出来并送往市人民医院，经抢救无效死亡。试分析李某对朱某死亡主观方面的心理态度。

(四)过于自信过失与间接故意的异同

过于自信的过失与间接故意行为人都预见到行为可能发生危害社会的结果，都不是积极主动希望危害结果发生，容易混淆。二者的区别在于：(1)认识因素上，二者认识的程度存在差异。间接故意的明知认识程度更高。(2)意志因素上，虽然都不希望危害结果发生，但二者存在根本不同。间接故意是放任，对结果的发生并不反对、排斥，而是听之任之，任其发生，不会采取某种措施防止危害结果发生。过于自信过失的行为人对危害结果的发生持否定态度，往往会采取避免结果发生的措施或者有自信的根据。

比较以下两例，分析甲对危害结果是何种心理态度?

例1：甲的果园经常被偷，为保护自己的财产就在果园四周拉上了一个电网，结果一个小孩想偷苹果触电网被电死了。

例2：若甲为防止果园被偷，拉了电网后，又考虑到安全问题，怕出人命，就在地摊上买了个漏电保护器安装上，亲自试验了一下，用手触电网，被电一下后马上就断电了，不会再有生命危险。于是甲很放心，可是过了几天以后，发现有个小孩触电而死。原来漏电保护器是一个伪劣产品，因当时失灵导致小孩死亡。

提示：判断的关键是对危害结果的发生是否持否定态度，是否有避免结果发生的根据以及是否采取了积极避免的措施。

三、意外事件与不可抗力

依据《刑法》第16条的规定，行为在客观上虽然造成了损害结果，但不是出于行为人的故意或者过失，而是由于不能预见或不能抗拒的原因所引起的，不是犯罪。这是我国刑法中的无罪过事件。由于不能预见的原因所引起的称为意外事件，由于不能抗拒的原因所引起的称为不可抗力。无罪过事件具有三个特征：

(1)行为人的行为客观上造成了损害结果。即从客观上来看，行为人的行为与危害结果之间存在因果关系。如果结果不是人的行为导致的，而是自然力或者无主动物导致的，根本就不属于刑法的调整范围，也不属于刑法上的意外事件。这一特征把刑法上的意外事件和自然意义上的意外区分开来。

(2)行为人主观上没有故意或者过失。即行为人主观上对所发生的危害结果没有罪过。

(3)损害结果由不能预见或不能抗拒的原因所引起。"不能预见"是指当时行为人对其行为发生损害结果不但没有预见，而且根据其实际能力和当时的具体条件，行为时也根本无法预见。不可抗力是指行为人预见到了结果发生的可能性，但不可能采取措施避免结果发生，或者虽然采取了措施，但结果仍然不可避免。

总结各种罪过形式的区分，见下表所示。

罪过形式	认识因素	意志因素
直接故意	认识到必然或可能发生	积极追求(赞成)
间接故意	认识到可能发生	放任(弃权)
过于自信过失	认识到可能发生，本应避免	不想发生(反对)
疏忽大意过失	没有预见，但应当预见	不想发生
意外事件	没有预见，也无法预见	不想发生
不可抗力	预见到，但无法避免	不想发生

四、犯罪目的与犯罪动机

(一)犯罪目的

犯罪目的，是指犯罪人希望通过实施犯罪行为达到某种危害社会结果的心理态度，也就是危害结果在犯罪人主观上的表现。例如，某人在实施诈骗行为时，就有非法占有公私财物的目的；实施故意杀人行为时，就有非法剥夺他人生命的目的；实施倒卖国家禁止经营的文物行为时，就有牟利的目的。

犯罪目的仅存在于直接故意犯罪中，直接故意犯罪中行为人对发生危害结果的希望、积极追求的心理态度，就是犯罪目的的内容。间接故意犯罪中行为人对危害结果的发生持放任的态度，根本不可能存在以希望、追求一定的危害结果发生的犯罪目的。同样，在犯罪过失中也不存在犯罪目的。

犯罪目的的刑法意义主要在于对定罪的影响。犯罪目的对定罪的影响表现在以下两个方面：

1. 区分罪与非罪

对于目的犯而言，犯罪目的是区分罪与非罪的重要标准。目的犯是指以特定的犯罪目的作为必备的犯罪构成要件的犯罪。目的犯可以分为两类：(1)无须明确在《刑法》条文中列明的以一定的犯罪目的为构成要件的目的犯，如盗窃、诈骗、侵占等犯罪，“以非法占有为目的”是这类行为主观方面的必有含义，没有这种目的，就谈不上盗窃、诈骗、侵占的存在。(2)必须在刑法条文中列明的以一定的犯罪目的为构成要件的目的犯。如《刑法》第217条规定的侵犯著作权罪必须“以营利为目的”，侵犯著作权的行为可能出于各种目的，除了营利目的外，还可能是损害他人声誉等各种目的，之所以规定“以营利为目的”，就是为了限制纳入刑法调整范围的侵犯著作权行为的范围。但这两类目的犯的犯罪目的都是法定的犯罪构成要件，即都具有法定性。

2. 区分此罪与彼罪界限

我国刑法上在少数情况下，以犯罪目的区分此罪与彼罪的界限。因而认定行为人的犯罪目的也具有区分此罪与彼罪界限的意义。如，《刑法》第239条规定的绑架罪以“勒索财物为目的或者作为人质为目的”，第240条规定，以出卖为目的绑架妇女、儿童的，以拐卖妇女、儿童罪论处。因而绑架行为人的犯罪目的如何就成为区分绑架罪和拐卖妇女、儿童罪界限的重要标准。又如，《刑法》第363条规定的传播淫秽物品牟利罪要求“以牟利为目的”，第364条规定的传播淫秽物品罪的犯罪目的是牟利之外的其他犯罪目的。因而传播淫秽物品的行为要区分主观上是否出于牟利的目的而认定为不同的犯罪。

(二)犯罪动机

犯罪动机，是指刺激犯罪人实施犯罪行为以达到犯罪目的的内心冲动或者内心起因。行为人某种犯罪目的的确定，绝不是无缘无故的，而是始终以一定的犯罪动机作指引的。例如，对直接故意杀人罪来讲，非法剥夺他人生命是其犯罪目的，而促使行为人确定这种犯罪目的的内心起因即犯罪动机，可以是贪财、仇恨、奸情或者极端的嫉妒心理等。因此，如果不弄清犯罪的动机，就不能真正了解犯罪人为何去追求某种犯罪目的。我国刑法理论的通说认为，犯罪动机只存在于直接故意犯罪中，在其他罪过形式中不存在犯罪动机。

犯罪动机与犯罪目的的共性表现在：都是行为人的心理活动，都通过犯罪行为表现出来，都反映行为人的某种需要，有时二者甚至是一致的。区别在于：动机产生在前，目的产生在后；动机回答行为人实施犯罪行为的心理动因何在，目的回答行为人实施犯罪行为所希望发生的结果是什么；动机不以危害结果为内容，目的一般以危害结果为内容；同一性质的犯罪，动机可以多种多样，但目的只有一个；不同性质的犯罪，目的不相同，但动机可以相同。

犯罪动机侧重影响量刑。同一犯罪的动机多种多样，不同的犯罪动机能够说明行为人的主观恶性不同，反映出改造犯罪人的难易程度，这是量刑所必须考虑的因素。犯罪动机对定罪也具有一定的影响。《刑法》分则的某些条文，明确规定以情节是否严重、是否恶劣作为划分罪与非罪的界限，作为重要情节之一的犯罪动机，对情节犯的罪与非罪的区分具有一定的影响。

五、认识错误

刑法上的认识错误，是指行为人对自己的行为的刑法性质、后果和有关的事实情况不正确的认识。这种认识错误可能影响罪过的有无或者罪过的形式，也可能影响行为人实施犯罪的既遂与未遂，从而影响行为人的刑事责任。刑法意义上的认识错误可以分为两类：一是行为人在法律上的认识错误（简称“法律错误”）；二是行为人在事实上的认识错误（简称“事实错误”）。

（一）法律错误

法律错误，是指行为人对自己的行为在法律上的评价存在不正确的理解，具体包括以下四种类型：

1. 假想的犯罪

假想的犯罪，是指依照《刑法》的规定，行为人的行为并不构成犯罪，但行为人误认为已构成犯罪。例如，行为人以为与现役军人的配偶通奸是犯罪，在实施通奸行为后自动投案向司法机关请求处理的，这种情况称为幻觉犯。由于《刑法》并没有将这种行为规定为犯罪，就不能因为行为人误认为是犯罪而认定为有罪，而应当依据法律的规定认定行为人的行为无罪。

2. 假想的不犯罪

假想的不犯罪，是指依照《刑法》的规定，行为人的行为已经犯罪，但行为人却误认为不构成犯罪。例如，行为人以为以引诱等非暴力手段与未满 14 周岁的幼女发生性关系不构成犯罪等。处理这类法律认识错误的原则是：坚持古罗马法以来的“不知法不赦”原则，依照法律的规定以犯罪论处，防止犯罪分子借口不知法律而逃避罪责，这是通常情况。

但事情不能一概而论，应分情况说明：通常情况，如果行为人虽然产生了法律认识错误，但具有违法性认识的可能性，包括行为人因为自身懈怠疏忽而没有意识到法律的存在或者因为自身原因对行为的法律性质理解有误的，如以为其大义灭亲的杀人行为不构成犯罪，行为人对自己的行为可能违法犯罪有认识的可能，则这种情况对行为人仍应定罪。个别情况，如果行为人产生了法律认识错误，但不具有违法性认识的可能性，如法律的突然修改以及因为信赖权威而误解法律等情形。这种情况往往发生在法定犯中，行为人因为没有违法性认识的可能性，应做无罪处理。例如，甲在从事生产经营的过程中，不知道某种行为是否违法，于是以书面形式向法院咨询，法院正式书面答复该行为合法。于是，甲实施该行为，但该行为实际上违反《刑法》。则甲没有违法性认识的可能性，所以不成立犯罪。

3. 罪名错误

罪名错误，是指行为人在其行为已经构成犯罪这一点上没有认识错误，但在对其行为触犯了《刑法》规定的何种具体罪名上存在错误认识。例如，行为人骗走某家小孩，跟某家勒索财物的，已经构成绑架罪，但行为人却误认为是敲诈勒索罪等。对这类法律认识错误的处理原则是：不影响此罪与彼罪的界限，依照法律的规定定罪。

4. 处罚错误

处罚错误，即行为人认识到自己的行为已经构成犯罪以及所触犯的罪名，但对其应当被处以多重的刑罚，存在错误的理解。如，行为人以特别残忍的手段致两名被害人重伤造成严重残疾的，罪大恶极，应当被判处死刑，但他却以为没有造成被害人死亡，不会被判处死刑。对这类法律认识错误的处理原则是：不影响法定刑的适用，依照法律的规定量刑。

（二）事实错误

事实错误，是指行为人对自己行为的事实情况存在不正确的理解。根据认识错误发生在具体犯罪的犯罪构成之内还是不同的犯罪构成之间，可以把事实错误分为具体的事实错误与抽象的事实错误两种类型。

1. 具体的事实错误

具体的事实错误，是指行为人认识的事实与实际发生的事实的不一致，是属于同一具体犯罪构成要件范围内的，即行为人只是在某种具体犯罪的构成要件范围内发生了对事实的认识错误，因而也被称为同一犯罪构成内的错误。具体的事实错误分为三种：

（1）对象错误，是指行为人误把甲对象当作乙对象加以侵害，而甲对象与乙对象体现相同的法益，行为人的认识内容与客观事实仍属同一犯罪构成的情况。例如，行为人本欲杀甲，黑夜里误将乙当作甲进行杀害。根据法定符合说，刑法规定故意杀人罪是为了保护人的生命，而不只是保护特定的甲或者特定乙的生命，因此，只要行为人主观上想杀人，而客观上又杀了人，那么就符合故意杀人罪的构成要件，成立故意杀人罪的既遂。本来，根据具体符合说，由于行为人本欲杀甲，而客观上却杀害了乙，二者没有具体地相符合，行为人对甲应成立故意杀人未遂，对乙应成立过失致人死亡。但现在的具体符合说论者也都认为，这种对象错误并不重要因而不影响故意犯罪既遂的成立。所以，就这种对象错误而言，具体符合说与法定符合说的结论完全相同。

（2）打击错误，是指由于行为本身的差误，导致行为人所想侵害的对象出现错误，但这一错误仍然没有超出同一犯罪构成。例如，甲想射杀乙，举枪瞄准乙扣动扳机，但由于扣动扳机的刹那手颤抖了一下，结果打偏了，击中了5米开外的丙，导致丙死亡。打击错误与对象错误都属于同一犯罪构成要件内的认识错误，二者的关键区别在于打击错误中行为人对希望侵害的犯罪对象并未发生错误认识，只是由于行为在客观上发生了偏离而侵害了并不希望侵害其他同类的犯罪对象；而对象错误中的行为人在主观上对所希望侵害的犯罪对象发生了认识错误。对于打击错误，不能按照具体符合说认定为故意犯罪未遂与过失犯罪的想象竞合，而应当根据法定符合说，认定为故意犯罪的既遂。因而，前述案例应以故意杀人罪的既遂处理。

（3）因果关系错误，是指行为人对其所侵害的犯罪对象以及所想造成的危害结果没有错误认识，但行为人认识的因果关系进程与因果关系的实际发展进程不相一致，以及侵害结果推后或者提前发生的情况。因果关系的错误主要有三种情况：狭义的因果关系的错误、事前的故意与构成要件的提前实现。

狭义的因果关系的错误，是指结果的发生不是按照行为人对因果关系的发展所预见的进程来实现的情况。例如，甲为了使乙溺死而将乙推入井中，但井中没有水，乙摔死在井中。根据通说，只要行为人对因果关系的基本部分有认识即可，而不要求对因果关系发展的具体样态有明确认识。所以，行为人对因果关系发展的具体样态的认识错误，不影响故意犯罪既遂的成立。换言之，指向同一结果的因果关系发展过程的错误，在犯罪构成的评价上并不重要，因为既然行为人具有实现同一结果的故意，现实所发生的结果与行为人所实施的行为也具有因果关系，就必须肯定行为人对现实所产生的结果具有故意，因而成立故意犯罪既遂。

事前的故意，是指行为人误认为第一个行为已经造成结果，出于其他目的实施第二个行为，实际上是第二个行为才导致预期的结果的情况。例如，甲以杀人故意对乙实施暴力(第一行为)，造成乙休克后，甲以为乙已经死亡，为了隐匿罪迹，将乙扔至水中(第二行为)，实际上乙是溺死于水中。通常认为，在这种场合，第一行为与死亡结果之间的因果关系并未中断，即仍应肯定第一行为与结果之间的因果关系，而且现实所发生的结果与行为人意欲实现的结果完全一致，故应以故意犯罪既遂论处。

犯罪构成的提前实现，实际上是指提前实现了行为人所预想的结果。例如，甲准备使乙吃安眠药熟睡后将其绞死，但未待甲实施绞杀行为时，乙由于吃了过量的安眠药而死亡。再如，甲准备将乙的贵重物品搬至院墙外毁坏，但刚拿起贵重物品时，贵重物品从手中滑落而摔坏。要认定这种行为是否成立故意犯罪既遂，关键在于行为人在实施第一行为时，是否已经着手实行，如果能得出肯定结论，则应认定为故意犯罪既遂，如果得出否定结论，则否认故意犯罪既遂。

试举一例来分析：甲为杀害仇人林某在偏僻处埋伏，见一黑影过来，以为是林某，便开枪射击。黑影倒地后，甲发现死者竟然是自己的父亲。事后查明，甲的子弹并未击中父亲，而是其父亲患有严重心脏病，因听到枪声后过度惊吓死亡。

关于甲的行为如何处理？

提示：对象认识错误和狭义因果关系认识错误的处理。

2. 抽象的事实错误

抽象的事实错误，是指行为人所认识的事实与现实发生的事实，分别属于不同的犯罪构成，换言之，行为人所认识的事实与所发生的事实跨越了不同的犯罪构成，因而也被称为不同犯罪构成间的错误。抽象的事实错误具体包括两种：

(1)犯罪对象错误。犯罪对象错误，行为人误把甲对象当作乙对象加以侵害，而甲对象与乙对象体现不同的法益，分属不同的犯罪构成。例如，甲本来想盗窃一般的财物，结果却把用皮包包裹的一支手枪当成一般财物偷回。这一认识错误超出了犯罪构成范围，由于没有盗窃枪支的故意，不能以盗窃枪支罪论处，只能以较轻的盗窃罪既遂论处。需要注意两种情况：一是误把非犯罪对象当作犯罪对象进行侵害。如误把野兽当成人予以射杀，构成故意杀人的未遂。二是误把犯罪对象作为非犯罪对象进行侵害，如把人当成野兽进行射杀，不构成故意杀人罪，根据具体情况，看行为人主观上是否有过失，按过失犯罪或者意外事件处理。

(2)打击错误。由于行为本身的误差，导致行为人所欲攻击的对象与实际受害的对象不一致，而且这种不一致超出了同一犯罪构成。例如，行为人本欲射击乙，但因没有瞄准，而将乙身边价值近万元的宠物打死。这里，行为人所认识的事实(杀人)与现实所发生的事实(毁坏财物)分别属于不同的犯罪构成。由于行为人主观上想杀人，客观上实施了开枪杀人行为，由于没有瞄准人没被杀死，构成故意杀人的未遂；行为人客观上毁坏了财物，属于过失毁坏财物，由于过失毁坏财物不属于刑法中的犯罪，所以，只给行为人定了故意杀人罪(未遂)。又例如，行为人本欲射击乙的宠物，举枪瞄准宠物扣动扳机，但由于扣动扳机的刹那手颤抖了一下，结果打偏了，击中了5米开外的乙，导致乙死亡。这应当以故意毁坏财物罪的未遂与过失致人死亡罪的想象竞合论处。

第五节　排除犯罪性的行为

排除犯罪性的行为，是指在形式上似乎符合某种犯罪构成，但实质上既不具有社会危害性，也不具有刑事违法性，而是对社会有益的行为。我国《刑法》中规定的排除犯罪性的行为包括正当防卫和紧急避险两种。除此之外，还存在其他排除犯罪的事由，如法令行为、正当业务行为、经被害人承诺的行为、自救行为，等等。

一、正当防卫

根据《刑法》第20条的规定，正当防卫，是指为了使国家、公共利益、本人或者他人的人身、财产免受正在进行的不法侵害，而采取的制止不法侵害并对不法侵害人造成损害的行为。

正当防卫

根据《刑法》第20条第1款和第3款之规定，正当防卫分为两种：一是一般正当防卫；二是特殊正当防卫。二者的成立条件有所不同。

(一)一般正当防卫的成立条件

1. 必须有实际的不法侵害行为存在

所谓不法侵害，指不合法、非法的侵害。既包括违法行为，也包括犯罪行为。但是，也并非对任何违法犯罪行为都可以进行防卫，只有对具有暴力性、破坏性、紧迫性的不法侵害，在采取正当防卫可以减轻或者避免危害结果的情况下，才能实行正当防卫。在种类上，不法侵害既包括故意的不法侵害，也包括过失的不法侵害；既包括作为的不法侵害，也包括不作为的不法侵害。

所谓实际的不法侵害，是指不法侵害客观存在。如果不存在不法侵害，行为人误认为存在不法侵害，而对臆想中的侵害者进行所谓防卫，从而对无辜者造成损害的，属于假想防卫。对于假想防卫应当按照处理事实认识错误的一般原则来解决其刑事责任问题：一是对假想防卫不能以故意犯罪论处。假想防卫行为人主观上并没有犯罪的故意，因为行为人不仅没有认识到自己的行为会发生危害社会的结果，而且对自己行为的正当性和合法性深信不疑。二是在假想防卫的情况下，如果行为人主观上存在过失，且在客观上造成法定的严重损害后果的，应以过失犯罪论处。三是在假想防卫的场合，如果行为人主观上没有过失，其危害结果就是由于不可预见的原因引起的，应按意外事件处理，不负刑事责任。

2. 不法侵害必须正在进行

不法侵害正在进行，是指不法侵害已经开始并且尚未结束。关于不法侵害的开始时间，在一般情况下，应以不法侵害人着手实行不法侵害时为其开始。但在不法侵害的现实威胁十分明显、紧迫，待其着手实行后来不及减轻或者避免危害结果时，也应认为不法侵害已经开始。关于不法侵害的结束时间，从实质上而言是指合法权益不再处于紧迫、现实的侵害、威胁之中，或者说不法侵害已经不可能(继续)侵害或者威胁合法权益，具体表现为以下几种情况：不法侵害人已被制服，不法侵害人已经丧失了侵害能力，不法侵害人已经自动中止了不法侵害，不法侵害人已经逃离现场，不法侵害行为已经造成了危害结果并且不可能继续造成更严重的危害结果。应当指出的是，在财产性违法犯罪的情况下，行为虽然已经既遂，但在现场还来得及挽回损失的，应当认为不法侵害尚未结束，可以实行正当防卫。例如，抢劫犯使用暴力劫得财物，抢劫罪虽已既遂，但当场对抢劫犯予以暴力反击夺回财物的，应认为是正当防卫。

在不法侵害尚未开始或者已经结束时，进行所谓“防卫”的，称为防卫不适时。防卫不适时有事前防卫和事后防卫。防卫不适时构成犯罪的，应当负刑事责任。

例如：张某的次子乙，平时经常滋事生非，无端打骂张某。一日，乙与其妻发生争吵，张某过来劝说。乙转而辱骂张某并将其踢倒在地，并掏出身上的水果刀欲刺张某，张某起身逃跑，乙随后紧追。张某的长子甲见状，随手从门口拿起扁担朝乙的颈部打了一下，将乙打昏在地上。张某顺手拿起地上的石头转身回来朝乙的头部猛砸数下，致乙死亡。本案中甲属于正当防卫，张某在乙已经昏迷丧失了侵害能力之后，出于气愤猛砸乙的头部，致乙死亡，属于事后防卫，不符合正当防卫的时间条件，构成故意杀人罪。

3. 具有防卫意识

一般认为，正当防卫也是主客观相统一的行为，具有防卫意识的行为，才可能成立正当防卫。

防卫意识包括防卫认识与防卫意志。防卫认识，是指防卫人认识到不法侵害正在进行。防卫意志，是指防卫人出于保护国家、公共利益、本人或者他人的人身、财产和其他权利免受正在进行的不法侵害的目的。

防卫挑拨、相互斗殴、偶然防卫等不具有防卫意识的行为，不属于正当防卫。防卫挑拨，是指为了侵害对方，故意挑起对方对自己进行侵害，然后以正当防卫为借口，给对方造成侵害的行为。这种行为不具有防卫意识，是滥用正当防卫的行为，因而是故意犯罪。

例如，王某17岁，身体瘦弱，因父亲早亡与母亲一起生活，同院的赵某30多岁，身强力壮，经常欺负他们孤儿寡母，母亲一直让王某忍让。随着年龄的增长，王某心头积聚的愤恨越来越强，便想报复赵某。某日他事先准备了一把尖刀，藏在院子公用水龙头旁边，用椅垫盖住，见赵某到水龙头处去洗脸，便故意冲撞赵某，赵某一把将王某推倒在地，王某顺势抽出事先藏好的尖刀，起身刺向赵某的腹部，将赵某刺成了重伤。此例中，王某事先准备尖刀后故意引起赵某对自己攻击，属于防卫挑拨。

相互斗殴，是指双方以侵害对方身体的意图进行相互攻击的行为。由于斗殴的双方都具有不法侵害他人的意图，而没有防卫意识，故不属于正当防卫，符合犯罪构成要件的，成立聚众斗殴罪、故意伤害罪等。但是，在斗殴过程中或结束时，也可能出现正当防卫的前提条件，因而也可能进行正当防卫。例如，在相互斗殴中，一方求饶或者逃走，另一方继续侵害的，前者可以出于防卫意识进行正当防卫。偶然防卫，是指故意侵害他人合法权益的行为，符合正当防卫的其他条件。如甲故意用枪射击乙时，乙刚好在持枪瞄准丙实行故意杀人行为，但甲对乙的行为一无所知。通说认为，甲的行为不属于正当防卫。

4. 防卫行为必须针对不法侵害人进行

正当防卫只能针对不法侵害者本人，不得针对第三者。这是由正当防卫的本质决定的。针对不法侵害人进行防卫包括两种情况：一是针对不法侵害人的人身进行防卫，如束缚不法侵害人的身体、造成不法侵害人伤亡；二是针对不法侵害人的财产进行防卫，即当不法侵害人使用自己的财产作为犯罪工具或者手段时，如果能够通过毁损其财产达到制止不法侵害、保护合法权益的目的，则可以通过毁损其财产进行正当防卫。例如，饲养人唆使其饲养的动物侵害他人的情况下，动物是饲养人进行不法侵害的工具，将该动物打死打伤的，事实上属于使用给不法侵害人的财产造成损害的方法进行正当防卫。至于不法侵害者是否具有责任能力，并不影响正当防卫的成立。对于未成年人和精神病人的侵害，只要具有紧迫性，不管事前是否知道其为无责任能力人，都可以对其进行防卫反击，但在防卫手段上应有所节制。对于动物的侵害，如果属于自然侵害而将其打死打伤，不是正当防卫；如果是作为犯罪工具被人驱使，在这种情况下，将动物打死打伤，与其说是对动物的防卫，不如说是对人的防卫。对于法人的不法侵害，应当通过正当的法律程序加以解决，不能进行正当防卫。

5. 防卫行为没有明显超过必要限度，造成重大损害

防卫行为必须没有明显超过必要限度造成重大损害，否则便是防卫过当。其中的“必要限度”，应以制止不法侵害、保护合法权益所必需为标准。至于是否“必需”，则应通过全面分析案情来判断，不能为了保护微小权利而造成不法侵害人重伤或者死亡。

【以案说法 2-2】

陈某正当防卫案

◎基本案情：

陈某，未成年人，某中学学生。2016 年 1 月初，因陈某在甲的女朋友的网络空间留言示好，甲纠集乙等人，对陈某实施了殴打。1 月 10 日中午，甲、乙、丙等 6 人(均为未成年人)，在陈某就读的中学门口，见陈某从大门走出，有人提议陈某向老师告发他们打架，要去问个说法。甲等人尾随一段路后拦住陈某质问，陈某解释没有告状，甲等人不肯罢休，抓住并围殴陈某。乙的 3 位朋友(均为未成年人)正在附近，见状加入围殴陈某。其中，有人用膝盖顶击陈某的胸口、有人持石块击打陈某的手臂、有人持钢管击打陈某的背部，其他人对陈某或勒脖子或拳打脚踢。陈某掏出随身携带的折叠式水果刀(刀身长 8.5 厘米，不属于管制刀具)，乱挥乱刺后逃脱。部分围殴人员继续追打并从后投掷石块，击中陈某的背部和腿部。陈某逃进学校，追打人员被学校保安拦住。陈某在反击过程中刺中了甲、乙和丙，经鉴定，该 3 人的损伤程度均构成重伤二级。陈某经人身检查，其身体多处软组织损伤。

◎案件分析：

在被人殴打、人身权利受到不法侵害的情况下，防卫行为虽然造成了重大损害的客观后果，但是防卫措施并未明显超过必要限度的，不属于防卫过当，依法不负刑事

责任。主要理由如下：

第一，陈某面临正在进行的不法侵害，反击行为具有防卫性质。本案中，甲等人借故拦截陈某并实施围殴，属于正在进行的不法侵害，陈某的反击行为显然具有防卫性质。

第二，陈某随身携带刀具，不影响对正当防卫的认定。对认定正当防卫有影响的，并不是防卫人携带了可用于自卫的工具，而是防卫人是否有相互斗殴的故意。陈某在事前没有与对方约架斗殴的意图，被拦住后也是先解释退让，最后在遭到对方围打时才被迫还手，其随身携带水果刀，无论是日常携带还是事先有所防备，都不影响对正当防卫作出认定。

第三，陈某的防卫措施没有明显超过必要限度，不属于防卫过当。陈某的防卫行为致实施不法侵害的3人重伤，客观上造成了重大损害，但防卫措施并没有明显超过必要限度。陈某被9人围住殴打，其中有人使用了钢管、石块等工具，双方实力悬殊，陈某借助水果刀增强防卫能力，在手段强度上合情合理。并且，对方在陈某逃脱时仍持续追打，共同侵害行为没有停止，所以就制止整体不法侵害的实际需要来看，陈某持刀挥刺也没有不相适应之处。综合来看，陈某的防卫行为虽有致多人重伤的客观后果，但防卫措施没有明显超过必要限度，依法不属于防卫过当。(见最高人民检察院第十二批指导性案例)

(二)特殊正当防卫

《刑法》第20条第3款规定，对正在进行的行凶、杀人、抢劫、强奸、绑架及其他严重危及人身安全的暴力犯罪，采取防卫行为，造成不法侵害人伤亡的，不属于防卫过当，不负刑事责任。这就是刑法理论上的特殊正当防卫。

在理解特殊正当防卫的概念时须把握以下几点：(1)特殊正当防卫的条件，除了要求不法侵害正在进行、防卫人有防卫意识、针对不法侵害者本人进行防卫外，更重要的条件是，对正在进行行凶、杀人、抢劫、强奸、绑架以及其他严重危及人身安全的暴力犯罪进行防卫。(2)只有当暴力犯罪严重危及人身安全时，才适用上述规定。例如，对于采取不会造成他人伤亡的麻醉方法进行抢劫的不法侵害进行防卫的，就不能适用上述规定。(3)严重危及人身安全的暴力犯罪，也并不限于刑法条文所列举的上述犯罪，还包括其他严重危及人身安全的暴力犯罪，如抢劫枪支弹药、劫持航空器等。(4)在严重危及人身安全的暴力犯罪已经结束后，行为人将不法侵害人杀死杀伤的，不适用上述规定。例如，甲使用严重暴力抢劫乙的财物，乙进行防卫已经制止了甲的抢劫行为。在这种情况下，乙不得继续“防卫”造成甲的伤亡，否则属于事后防卫。

(三)防卫过当及其刑事责任

1. 防卫过当的概念

根据我国《刑法》第20条第2款的规定，防卫过当，是指正当防卫明显超过必要限度，造成重大损害的行为。防卫过当是防卫行为的正当性和损害结果的非正当性的统一。在正当防卫的5个正当性要件中，防卫过当具备了4个。从这个意义上讲，防卫过当具有正当性的一面。但是，从另一个方面看，防卫行为的强度和力度明显超过了不法侵害的强度和力度，对不法侵害人造成了重大损害，从而使合法的防卫行为变成了不法的侵害行为，也使正当性的行为转化成非正当性的行为。

2. 防卫过当的刑事责任

防卫过当不是一个独立的罪名，没有独立的罪状，也没有独立的法定刑，而应根据其符合的犯罪构成要件确定罪名。至于如何确定罪名，除了要考虑防卫过当行为在客观上所造成的重大损害的性质以外，还要考察防卫人的主观心理状态即罪过形式。通说认为，防卫过当在主观上一般是过失，但也不排除间接故意的可能性。防卫过当的，应当负刑事责任，但是应当减轻或者免除处罚。

二、紧急避险

根据《刑法》第 21 条的规定，紧急避险，是指为了使国家、公共利益、本人或者他人人身、财产和其他权利免受正在发生的危险，不得已损害另一较小合法权益的行为。紧急避险的本质是避免现实危险，保护较大合法权益。可见，紧急避险行为虽然造成了某种合法权益的损害，但联系到具体事态来观察，从行为的整体来考虑，该行为根本没有社会危害性，也根本不符合任何犯罪的构成要件。

(一) 紧急避险的成立条件

紧急避险是通过损害一种合法权益保护另一合法权益，这与正当防卫通过损害不法侵害人的利益来保护合法权益具有原则区别，故紧急避险的条件比正当防卫的条件更为严格。

1. 必须遭遇现实的危险

合法权益面临现实的危险，是紧急避险的前提和根据。危险的来源和种类有：自然力量产生的危险，如洪水、地震、飓风造成的灾害危险等，机械、能源设备产生的危险，如车船、飞机故障、油库自燃产生的危险等，动物侵袭造成的危险，人的危害行为造成的危险等。如果本来没有现实的危险而误认为有现实的危险，实行紧急避险的，属于假想避险。对假想避险的处理原则与假想防卫的处理原则相同。

现实危险不包括职务上、业务上负有特定责任的人所面临的对本人的危险。《刑法》第 21 条第 3 款规定："第 1 款中关于避免本人危险的规定，不适用于职务上、业务上负有特定责任的人。"例如，执勤的人民警察在面临罪犯的不法侵害时，不能为了自己的利益进行紧急避险；发生火灾时，消防人员不能为了避免火灾对本人的危险，而采取紧急避险。

2. 必须是正在发生的危险

所谓正在发生的现实危险，是指危险迫在眉睫，合法权益正处于危险威胁之中。如不实行紧急避险，危险立即会转化为现实的危害，使有关的合法权益都遭受不可挽回的损失。如果危险尚未成为现实的危险，或者现实的危险已经过去，损害合法权益进行所谓避险的，是避险不适时，对避险不适时，应分别情况，比照防卫不适时的原则处理。

3. 必须是在迫不得已的情况下才能实行紧急避险

所谓迫不得已，是指在无其他方法可避免危险的情况下，选择损害合法权益的方法来避免危险。紧急避险是别无选择的一种选择，这一点与正当防卫有本质区别。正当防卫是法定的权利，行为人即使有其他方法可以避免不法侵害，也有权弃之不用而主动选择正当防卫。紧急避险则是在无其他方法可避免危险的情况下，不得已选择损害合法权益的方法来避免危险。如果在当时的条件下，行为人本可以采用不损害合法权益的方法避免危险而没有选择，实行紧急避险，行为人要对损失负法律责任。

4. 必须出于保护合法权益的目的

行为人在损害某一合法权益实施紧急避险时，必须是出于避免较大的合法权益不受损失的正当目的，而不能出于损人利己和故意损害他人合法利益的目的。故意引起危险后以紧急避险为借口侵犯他人合法权益的，属于故意犯罪，而非紧急避险。根本没有避险意识，其故意或者过失实施的侵害行为巧合紧急避险客观要件的，属于偶然避险。根据通说，偶然避险不是紧急避险，而是违法犯罪行为。

5. 必须没有超过必要限度造成不应有的损害

由于紧急避险是用损害一种合法权益的方法来保护另一种合法权益，故不允许通过对一种合法权益的无限制损害来保护另一种合法权益，只能在必要限度内实施避险行为。紧急避险的必要限度，是指紧急避险行为所引起的损害小于所避免的损害。至于如何权衡权益的大小，则应当具体分析。一般来说，人身权利大于财产权利，人身权利中的生命权重于其他人身权利，财产权利的大小应以财产价值的多少为标准来衡量，而不是以所有制性质来衡量。由此可见，不允许牺牲他人生命来保护财产，也不允许损害他人重大财产以保护自己的较少财产。

【以案说法 2-3】

陈某为送亲属就医醉驾案

2018 年 12 月 7 日晚，被告人陈某为庆祝妻子生日，邀请朋友到住处吃晚饭，陈某喝了一杯多红酒。当日 23 时许，陈某妻子欲上楼休息时突然倒地昏迷不醒，陈某随即让女儿拨打 120 求救。120 回复附近没有急救车辆，要从别处调车，具体到达时间不能确定。陈某得知后即驾驶小型轿车，将妻子送至医院抢救。后因与他人发生冲突，被当场查获。经鉴定，被告人陈某血液中检出乙醇成分，其含量为 223mg 乙醇/100ml 血液。

法院认为，陈某醉驾的行为已构成《刑法》中的危险驾驶罪，但是行为人醉酒驾驶机动车是为了救妻，其将面临生命危险且医疗救护资源无法及时到达的亲属，深夜从偏僻乡村送至医院，客观上保护的生命权法益重于危险驾驶罪所保护的一般公共安全，符合《刑法》中紧急避险的构成要件，应当认定为紧急避险。(见《人民司法》2020 年第 23 期)

(二)避险过当及其刑事责任

根据《刑法》第 21 条第 2 款的规定，紧急避险超过必要限度，造成不应有损害的，是避险过当，应负法律责任。避险过当是在具备紧急避险前 4 个条件的前提下，缺乏了第 5 个条件，即超过了法律规定的限度，造成了不应有的损害，使本来正当的、对社会有利的行为转化成非正当的、对社会有害的行为，构成了犯罪。

同防卫过当一样，避险过当不是一个独立的罪名，而是根据避险过当所触犯的具体罪名，并根据避险过当所造成的损害的大小，依法减轻或者免除处罚。

三、被害人的承诺

被害人的承诺，符合一定条件，便可以排除损害被害人法益的行为的犯罪性。一般指如果被害人同意他人对其加害，那么他人不构成犯罪。例如，甲同意乙毁坏自己的财物，乙的毁坏行为便不构成犯罪。但这不意味着只要行为得到了被害人的承诺就不成立犯罪，有些承诺并不影响犯罪的成立，如拐卖儿童的行为和奸淫幼女的行为，即使得到了儿童或者幼女的承诺，也不影响犯罪的成立；有些承诺是该罪的构成要件，如嫖宿幼女罪，应以得到卖淫幼女的承诺为前提，如果没有得到卖淫幼女的同意，则成立强奸罪。由此可见，只有在一些以违反被害人意志为前提的犯罪中，被害人的承诺才可能排除行为的犯罪性。

(一)经被害人承诺的行为是排除犯罪性的条件

(1)承诺者对被侵害的法益具有处分权限。任何人对国家法益、社会公共法益与他人法益都不能承诺，只有被害人承诺侵害自己法益时，才有可能排除行为的犯罪性。但对个人法益的承诺也受到限定：财产、名誉、自由、轻伤害、已满14周岁妇女的性权利可以承诺，重伤害、生命的承诺无效。如经被害人承诺而杀害他人的行为，仍然成立故意杀人罪。

(2)承诺者对所承诺的事项的意义与范围具有理解能力。如果承诺者不具有承诺能力，其承诺无效。因此，幼儿、精神病患者的承诺无效。例如，甲哄骗小孩乙将压岁钱交给自己，乙便交给了甲，甲构成盗窃罪。再如行为人明知是幼女，即使幼女同意发生性关系的，也成立强奸罪。

(3)基于真实意思而承诺。基于被骗、被迫所作出的承诺及戏言性承诺，由于不是承诺者真实的意思，因此，这些承诺均无效。

(4)承诺至迟必须存在于结果发生时。被害人在结果发生前变更承诺的，则原来的承诺无效。结果发生之后的承诺无效，先前行为成立犯罪。例如，甲强奸妇女乙，乙报案，后甲的家人给乙巨额金钱，乙事后同意的，甲仍然构成强奸罪，应予追诉。

(5)必须存在现实的承诺。这是一般被害人承诺的条件。特殊情况下还有推定的被害人承诺，下面论及。

(6)经承诺的行为不得超出承诺的范围。例如，甲同意乙砍掉自己的一根小手指，但乙砍掉了甲的大拇指和食指。这种行为仍然成立故意伤害罪。

(7)经承诺的行为本身不违反法律，否则可能构成其他犯罪，如聚众淫乱行为。

(二)推定的被害人承诺

推定的被害人承诺，指现实中没有被害人的承诺，但是推定被害人得知真相后会作出承诺，基于这种推定的承诺作出的行为不构成犯罪。例如，在钱某家发生火灾之际，乙独自闯入钱某的住宅搬出贵重物品。即使乙的行为事后并未得到钱某的认可，其行为也不成立非法侵入住宅罪，这种情况就属于推定的被害人承诺。

推定的被害人承诺的成立条件：

(1)被害人没有现实的承诺。

(2)推定被害人得知真相后会承诺。这种推定以一般人的合理意愿为标准，而不以被害人的实际意愿为标准。

(3)必须是为了被害人的一部分法益牺牲其另一部分法益，但所牺牲的法益不得大于所保护的法益。

(4)行为所指向的法益必须是被害人有处分权的法益。

☞ 思考与练习

1. 犯罪对象与犯罪客体的联系与区别是什么？
2. 成立不作为犯罪需要哪些条件？
3. 什么是刑事责任能力？影响刑事责任能力的因素有哪些？
4. 犯罪故意的认识因素和意志因素是什么？如何区分直接故意与间接故意？
5. 什么是假想防卫，对其应如何处理？试举例说明。
6. 紧急避险的条件是什么？
7. 判断分析题

(1)甲欲杀死乙，却误把丙当作乙杀死。下列说法正确的是(　　)。

A. 对甲应按两罪处理，即相对于乙是故意杀人未遂，相对于丙是故意杀人既遂

B. 属于死亡属于意外，对甲应按故意杀人未遂处理

C. 甲相对于丙而言是意外事件

D. 对甲只按一个故意杀人罪处理

(2)关于不作为犯罪，下列哪些选项是正确的？(　　)

A. 宠物饲养人在宠物撕咬儿童时故意不制止，导致儿童被咬死的，成立不作为犯罪

B. 一般公民发现他人建筑物发生火灾故意不报警的，成立不作为的放火罪

C. 父母能制止而故意不制止未成年子女侵害行为的，可能成立不作为犯罪

D. 荒山狩猎人发现弃婴后不救助的，成立不作为犯罪

(3)关于因果关系，下列哪些选项是正确的？(　　)

A. 甲将被害人衣服点燃，被害人跳河灭火而溺亡。甲行为与被害人死亡具有因果关系

B. 乙在被害人住宅放火，被害人为救婴儿冲入宅内被烧死。乙行为与被害人死亡具有因果关系

C. 丙在高速公路将被害人推下车，被害人被后面车辆轧死。丙行为与被害人死亡具有因果关系

D. 丁毁坏被害人面容，被害人感觉无法见人而自杀。丁行为与被害人死亡具有因果关系

第三章　犯 罪 形 态

【学习目标】

○掌握犯罪既遂、犯罪预备、犯罪未遂与犯罪中止、共同犯罪、特殊一罪的构成特征及其认定标准；理解共同犯罪人的分类、共同犯罪的形式。

○具备运用犯罪的特殊形态理论分析、解决实际案例的能力。

○培养法治精神、法律思维能力和法律表达能力。

第一节　故意犯罪的停止形态

一、故意犯罪的停止形态概述

（一）故意犯罪停止形态的认定

故意犯罪的停止形态，是指故意犯罪在其产生、发展和完成犯罪的过程中，因主客观原因而停止下来的各种犯罪状态。

（1）犯罪的停止形态仅指故意犯罪的停止形态，过失犯罪不存在犯罪的停止形态问题。间接故意犯罪一般也不可能为犯罪准备工具、制造条件，在没有发生危害结果的情况下也难以认定行为人有间接故意，所以间接故意犯罪也不可能有犯罪的未遂形态、中止形态、预备形态。过失犯罪和间接故意犯罪中只存在犯罪成立与否的问题，犯罪停止形态仅仅存在于直接故意当中。

（2）犯罪的停止形态不是暂时的停顿，而是犯罪不再发展的最终结局。故意犯罪停止形态是在犯罪过程中由于主客观原因而停止下来的静止状态，这种静止不是因为条件不具备或者为了等待时机而临时停顿，等条件具备或时机成熟后继续活动，而是犯罪活动的终局性的静止，不再继续。

（3）犯罪的停止形态之间是彼此独立的，各种不同的停止形态之间不能相互转化。未完成形态不可能再发展为完成形态，预备形态、未遂形态、中止形态等各种未完成形态之间也不会相互转化。

（4）犯罪的停止形态只能发生在犯罪的过程中。犯罪过程之外即犯罪活动开始前和结束后都不会发生犯罪停止形态问题。如，国家工作人员张三收受他人贿赂 10 万元，后因为没为他人办成事又将 10 万元如数退还，张三返还 10 万元钱的行为是犯罪既遂后的事情，不是犯罪的停止形态。

（二）类型

以犯罪是否完成为标准，犯罪停止形态分为完成形态和未完成形态两种类型，具体有犯罪既遂、犯罪预备、犯罪中止和犯罪未遂四种形态。

二、故意犯罪的完成形态

（一）概念和特征

犯罪既遂，又叫犯罪的完成形态，是《刑法》分则规定的犯罪的基本形态，指行为人故意实施的行为，已经具备了某种犯罪构成的全部要件。首先，行为人的主观方面必须是出于直接故意。这是犯罪既遂的主观条件。过失犯罪、间接故意犯罪由于不存在犯罪未完成形态，也就不存在犯罪既遂。其次，行为人必须已经着手实行犯罪。这是犯罪既遂的时间条件。即犯罪既遂只能存在于着手实行犯罪后的犯罪实行阶段。如果行为人尚未着手实行犯罪，而只是实施了为实施犯罪准备工具、创造条件的行为，则只可能成立犯罪预备或者预备阶段的犯罪中止。最后，行为人的行为具备了某种犯罪的基本构成的全部要件。全部要件是指刑法分则规定的某一犯罪基本犯罪构成的全部要件。

（二）类型

1. 结果犯

结果犯是指不仅要实施具体犯罪构成客观要件的行为，而且必须发生法定的犯罪结果才构成既遂的犯罪。在结果犯中，行为人着手实施某一具体犯罪构成要件客观方面的行为后，只有导致了该罪构成要件客观方面的法定结果才能构成犯罪既遂；如果由于行为人意志以外的原因未发生该犯罪结果的，不构成犯罪既遂。如故意杀人罪，行为人对被害人着手实施杀害行为后，只有被害人死亡的，才能构成犯罪既遂；如果由于行为人意志以外的原因而未造成被害人死亡结果的，只能成立该罪的未遂。所谓法定的犯罪结果，是指犯罪行为通过对犯罪对象的作用而给犯罪客体造成的物质性的、可以具体测量的、有形的损害结果。

2. 行为犯

行为犯是指以法定的犯罪行为的完成作为犯罪既遂标准的犯罪。这类犯罪的既遂并不要求造成物质性的和有形的犯罪结果，而是以行为的完成作为标志。应注意，这些行为并非一着手即告完成，行为人着手实施某一具体犯罪构成要件客观方面的行为后，只有达到一定的程度才能构成犯罪既遂；如果由于行为人意志以外的原因而未达到这种程度的，应认定为犯罪未遂。例如脱逃罪以行为人达到脱离监禁羁押的状态和程度为犯罪既遂的标志。偷越国（边）境罪，以行为人达到越过边境线的程度为犯罪既遂的标志。

3. 危险犯

危险犯是指以行为人实施的危害行为造成法定的发生某种危害结果的危险状态为既遂标志的犯罪。在危险犯中，行为人着手实施某一具体犯罪构成要件客观方面的行为后，只有造成了该罪构成要件客观方面的法定危险状态才能构成犯罪既遂。如果由于行为人意志以外的原因而未导致该法定的危险状态出现的，则成立犯罪未遂。例如破坏交通工具罪就属于危险犯，该罪以造成足以使火车、汽车、电车、船只、航空器发生倾覆危险作为犯罪既遂的标志，如果行为人着手实施破坏交通工具的行为之后，由于其意志以外的原因而未出现足以造成交通工具倾覆毁坏危险的，只能认定为犯罪未遂。

4. 举动犯

举动犯也称即时犯，是指行为人一着手犯罪实行行为即告完成和完全符合构成要件，从而构成犯罪既遂。例如组织、领导、参加恐怖组织罪和组织、领导、参加黑社会性质组织罪等。这些犯罪中的组织、领导、参加行为，行为人一着手实行这些行为即构成犯罪既遂。再如煽动分裂国家罪、煽动颠覆国家政权罪等。

三、故意犯罪的未完成形态

(一)犯罪预备

1. 犯罪预备的概念和特征

《刑法》第22条第1款规定："为了犯罪，准备工具，制造条件的，是犯罪预备。"这是犯罪的预备活动或预备阶段。通说认为，犯罪预备是指为了实施犯罪活动，准备工具，制造条件，但由于意志以外的原因未着手实施犯罪实行行为的停止形态。

犯意表示不是犯罪的预备行为。不过需要注意的是，以下两种类似于犯意表示的行为不能认定为犯意表示而应以犯罪论处：一是某些具体犯罪的构成中所包含的口头或书面语言形式的实行行为。如侮辱罪、诽谤罪、煽动分裂国家罪以及教唆犯罪里所包含的言语行为，作为强奸罪、抢劫罪等犯罪的手段行为的威胁性语言。这些特定的语言在特定的犯罪构成中属于犯罪的实行行为，具备这些语言不但构成犯罪，而且不是犯罪预备，而是已经实行犯罪的其他犯罪形态。二是单个人犯罪中制订犯罪计划的书面语言以及共同犯罪中勾结共同犯罪人交流犯罪思想、商议犯罪计划的口头语言或者书面语言。这些语言都已经超出犯意表示的范畴，而是在为实施犯罪创造条件的犯罪预备行为，足以构成犯罪的，应当以犯罪论处。

犯罪预备具有以下特征：(1)行为人已经开始实施犯罪的预备行为。行为人行为的目的是为实施犯罪做准备，为实施犯罪准备犯罪工具的行为，是犯罪预备最常见的形式。所谓犯罪工具，是指犯罪分子进行犯罪活动所用的一切器械物品，如用以杀伤被害人或者排除被害人反抗的器械物品，如枪弹、刀棒、毒药、绳索等；专用为达到或逃离犯罪现场或进行犯罪活动的交通工具，如汽车、摩托车等；用以排除障碍、接近犯罪对象的物品，如翻墙爬窗用的梯子或绳索等；用以掩护犯罪实施或者湮灭罪证的物品，如作案时戴的面罩、作案后灭迹用的化学药品等。犯罪工具本身危害性和复杂性可以反映出预备行为不同的危害程度。所谓准备犯罪工具，包括制造、购买、借用、盗窃犯罪工具、寻求、收集犯罪工具及加工、改造犯罪工具使之适合于犯罪的需要等。为实施犯罪制造其他条件的行为，也是犯罪预备的常见形式，例如为实施犯罪事先调查犯罪场所、时机和被害人行踪；准备实施犯罪的手段，例如为实施入户盗窃而事先练习爬楼入窗技术；排除实施犯罪的障碍；追踪被害人、守候被害人的到来或者进行其他接近被害人、接近犯罪对象物品的行为；出发前往犯罪场所或者诱骗被害人赶赴预定犯罪地点；勾引、集结共同犯罪人，进行犯罪预谋；拟定实施犯罪和犯罪后逃避侦查追踪的计划，等等。(2)犯罪在实行行为尚未着手时停止下来，是由于行为人意志以外的原因所致。行为人主观上不是自愿放弃犯罪，而是客观条件不允许或自认为客观上不能继续进行犯罪活动。这是犯罪预备与犯罪预备阶段中止的关键区别所在。所谓意志以外的原因，是指足以阻碍行为人着手实行和完成犯罪的因素，如果该因素不足以阻碍行为人继续着手实行犯罪的，行为人也认识到这一点的(排除行为人存在认识错误而构成犯罪预备的情形)，应认定为犯罪预备阶段中止。

2. 预备犯的处罚原则

《刑法》第 22 条第 2 款规定，对于预备犯，可以比照既遂犯从轻、减轻处罚或免除处罚。据此，处罚预备犯时应注意以下几点：(1)对预备犯裁量刑罚时“可以”从轻、减轻或免除处罚。这里的“可以”是授权人民法院根据案件具体情况自由裁量，但同时也表明了刑事立法的一种倾向性立场，即对预备犯在处罚时通常要从宽考虑，但对某些性质严重情节恶劣的预备犯也可以不从宽处罚。不能将此处的“可以”视为“应当”而一律从宽处罚。(2)对预备犯裁量刑罚时要“比照既遂犯”裁量，也就是说，对预备犯的处罚是以既遂犯的刑事责任为参照标准的。

(二)犯罪未遂

1. 犯罪未遂的概念和特征

《刑法》第 23 条第 1 款规定：“已经着手实行犯罪，但由于意志以外的原因而未得逞的，是犯罪未遂。”通说认为，犯罪未遂是指行为人已经着手实施犯罪行为，由于其意志以外的原因而未能完成犯罪的故意犯罪的停止形态。

犯罪未遂

犯罪未遂具有以下特征：(1)行为人已经着手犯罪的实行行为。所谓着手犯罪的实行行为，是指行为人开始实施《刑法》分则条文所规定的具体犯罪的实行行为。例如故意杀人罪中的杀害行为。与预备行为不同，犯罪的实行行为已经使《刑法》所保护的具体权益初步受到危害或面临现实的威胁。行为人是否已经着手实施犯罪的实行行为是区分犯罪预备和未遂的关键。着手标志着预备阶段已经结束，犯罪行为进入了实行阶段。(2)犯罪未完成而停止下来。犯罪未完成而停止，是指犯罪未达既遂形态而停止下来。这是区分犯罪未遂与犯罪既遂的主要标志。犯罪未完成不是指没有发生任何危害后果，而是指具体犯罪构成所包含的作为犯罪完成标志的客观要件尚不具备。例如，张三意图杀害李四，在对李四连砍数刀之后被他人制止，张三的行为造成了李四重伤，张三的行为即是故意杀人罪未遂。(3)犯罪未完成是由于行为人意志以外的原因。这是构成犯罪未遂的实质要件，也是区别犯罪未遂与犯罪实行阶段中止的关键。行为人意志以外的原因是指不是行为人主动、自愿停下来的，而是外界因素阻碍了行为人完成犯罪。

2. 犯罪未遂的类型

(1)未实行终了的未遂和实行终了的未遂。以犯罪行为是否实施终了为标准，犯罪未遂可以分为未实施终了的未遂和实施终了的未遂。通说认为，实施终了的未遂是指行为人已将自认为达到既遂所需的全部行为实施终了，但由于意志以外的原因未得逞。如甲向乙食物中投放了毒药，乙中毒后被他人发现送往医院抢救脱险；未实施终了的未遂是由于意志以外的原因，使得行为人未能将自认为达到既遂所需的全部行为实施终了，因而未得逞。如甲举刀杀乙时，被他人制服。

(2)能犯未遂与不能犯未遂。这是以犯罪行为本身能否达到既遂为标准进行的分类。能犯未遂是指犯罪人所实施的行为本身能达到既遂，但由于犯罪人意志以外的原因而未得逞。例如，犯罪人打开某单位财务室保险柜刚把两万元现金拿到手，保安员来到财务室将其抓住。不能犯未遂是指犯罪人的所实施的行为本身就不能达到既遂而未得逞。不能犯的未遂还可以进一步划分为工具不能犯的未遂和对象不能犯的未遂。工具不能犯的未遂又叫手段不能犯的未遂，如行为人欲杀死他人，往他人食物中投入了未达致死剂量的毒药，因而未得逞即为手段不能犯。

当行为人主观上具有故意，客观上实施的行为具有侵害他人合法权利的紧迫危险时，才能认定为犯罪未遂；行为人主观上具有犯意，其客观行为没有侵害他人合法权利的任何危险时，就应认定为无罪。至于客观行为是否具有侵害合法权利的紧迫危险，则应以行为时存在的所有客观事实为基础，根据客观的因果法则进行判断。如甲欲杀乙，本打算投放砒霜，但事实上只投放了白糖的，其客观行为没有侵害他人合法权利的任何危险，甲无罪。再如，甲欲杀乙，误以为稻草人是乙而开枪射杀的，同样，甲无罪。

3. 未遂犯的处罚原则

《刑法》第 23 条规定，对于未遂犯，可以比照既遂犯从轻或者减轻处罚。

(三)犯罪中止

1. 犯罪中止的概念和特征。

《刑法》第 24 条第 1 款规定："在犯罪过程中，自动放弃犯罪或者自动有效地防止犯罪结果的发生的，是犯罪中止。"

(1)自动放弃犯罪的犯罪中止的概念和特征。自动放弃犯罪的犯罪中止，是指行为人在犯罪过程中自动放弃犯罪而成立的犯罪停止形态，又称未实施终了的中止。要求同时具备以下三个方面的特征：其一，自动放弃犯罪的犯罪中止必须是发生在犯罪过程中。这是成立犯罪中止的时空条件。所谓"犯罪过程中"可以是犯罪预备过程中，也可以是犯罪实施过程中，还可以是犯罪行为实施完毕既遂之前。其二，犯罪中止的自动性，即行为人必须自动放弃犯罪。自动性是犯罪中止的主观条件，也是犯罪中止的本质特征，还是犯罪中止区别于犯罪预备、犯罪未遂的关键所在。自动性是指行为人认识到客观上可能继续实施犯罪或者可能既遂，但自愿放弃原来的犯罪意图。其三，犯罪中止的客观性，即行为人有彻底放弃犯罪的行为，而不是停顿下来做临时调整或等待时机再继续实施该犯罪行为。这是犯罪中止成立的客观条件。

(2)自动有效地防止犯罪结果发生的犯罪中止的概念和特征。自动有效地防止犯罪结果发生的犯罪中止，是指行为人已经着手实行犯罪的实行行为但尚未造成犯罪既遂所要求的犯罪结果时，自动有效地防止犯罪结果的发生的犯罪中止形态。这种犯罪中止，除了具备上述时空性、自动性、客观性三个特征外，还要求具备"有效性"特征，即行为人还必须有效地防止了他已实施的犯罪的法定犯罪结果的发生，使犯罪未达既遂状态而停止下来。

2. 中止犯的处罚原则

对于中止犯，没有造成损害的，应当免除处罚；造成损害的，应当减轻处罚。

【以案说法 3-1】

李某故意杀人不构成犯罪中止案

◎基本案情：

被告人李某在因涉嫌盗窃罪被公安机关监视居住期间，于 2020 年 4 月 29 日 19 时 15 分许，将被害人杨某约至邢台市信都区，二人因感情纠纷发生口角，李某心生怨恨，乘其不备，用黑色的水果刀割伤杨某颈部，后杨某摔倒在床上，李某再次向杨某刺去，被杨某躲开，后李某扔掉水果刀，用手拽住杨某头发将其头部往墙上撞，并对杨某拳打脚踢，杨某求李某叫救护车带她去医院，李某答应后拿被子让杨某捂住伤口。后李某又将杨某拽回去并称“已经成这样了，今天必须杀了你”，杨某说要去卫生间清洗伤口，李某带其清洗完伤口后欲将其拽回屋里，杨某在反抗过程中逃脱。

◎辩护意见：

被告人及其辩护人认为李某在实施杀害杨某的过程中，能够杀害杨某，但是没有杀害，属于故意杀人犯罪中止，不构成故意杀人犯罪未遂。

◎裁判结果：

李某因情感问题与他人产生纠纷后，不能正确处理，产生报复泄愤心理，故意持刀非法剥夺他人生命，其行为侵犯了公民的生命权，构成故意杀人罪，应数罪并罚予以惩处。被告人故意杀人的犯罪行为，由于意志以外的原因而未得逞，造成被害人颈部轻伤二级、下颌部轻微伤的损害结果，属犯罪未遂，依法可以比照既遂犯从轻或者减轻处罚。

◎裁判理由：

经查，被告人因为被害人告知其交了男朋友，情感受到打击，同时，由于被告人因盗窃将面临刑事处罚，内心低迷、失落，产生厌世情绪，心生怨恨，在其租住处，趁被害人不注意，持刀对被害人颈部实施伤害，造成被害人颈部损伤轻伤二级，下颌轻微伤，被害人在挣扎反抗过程中逃脱。依照法律规定，犯罪中止存在两种情况，一是在犯罪预备阶段或者在实行行为还没有实行终了的情况下，自动放弃犯罪；二是在实行行为终了的情况下，自动有效地防止犯罪结果的发生。本案中，被告人是具有完全刑事责任能力的成年人，明知自己的上述行为会导致被害人死亡的结果，却仍然实施该行为，且已经行为终了，对被害人造成了损害结果，尽管被告人没有连续用刀对被害人实施伤害，答应被害人叫救护车，但被告人并没有实际叫救护车，反而对被害人进行控制，未有效地防止危害后果的发生，且被害人是在挣扎反抗过程中才得以逃脱，反映出被告人主观放任危害结果的发生，不属于犯罪中止，故该辩护意见，理据不足，本院不予采纳。辩护人关于被害人杨某在本案中具有一定过错的辩护意见，于法无据，本院不予采纳。（案例来源于中国裁判文书网）

第二节　共同犯罪

共同犯罪的认定

一、共同犯罪的概念和特征

《刑法》第25条规定，共同犯罪是指二人以上共同故意犯罪。共同犯罪的构成特征是：

（一）主体条件

共同犯罪的主体必须是二人以上。二人以上，包括二人本数在内，无上限限制。这里的“人”，既包括自然人，也包括拟制的人——单位。具体来说，有三种情形：

1. 两个以上的自然人

达到刑事责任年龄、具有刑事责任能力的人支配没达到刑事责任年龄、没有刑事责任能力的人实施犯罪行为的，不构成共同犯罪。利用者被称为间接正犯。但是，如果被利用者在事实上有一定的辨认控制能力，利用者并没有支配被利用者时，二者能够成立共同犯罪。例如18岁的张三唆使15岁的李四盗窃他人财物，二人成立盗窃罪的共犯。犯罪主体要求是特殊主体的即真正的身份犯，不具备该身份的人和具备该身份的人合谋共同实施此犯罪行为时，构成共同犯罪，如女人不能单独构成强奸罪，但可以教唆、帮助男人奸淫其他女人，构成强奸罪共犯。刑法分则规定的身份犯都是针对实行犯而言的。至于教唆犯和帮助犯则完全不需要特殊身份。

2. 两个以上的单位

我国《刑法》规定的单位犯罪有130余种。如果两个以上的单位共同故意实施单位犯罪的，例如，单位共同生产、销售伪劣商品，共同走私，共同受贿等，都可以构成共同犯罪。

3. 自然人与单位

例如，公司、企业、事业单位与走私的犯罪分子通谋，为其提供贷款、资金、账号、发票、证明，或者为其提供运输、保管、邮寄或者其他方便的，就构成走私犯罪的共同犯罪。

（二）主观条件

《刑法》第25条第1款规定，共同犯罪必须是二人以上“共同故意”犯罪。因此，共同故意是共同犯罪在主观上的必备要件。所谓共同犯罪故意，是指各行为人通过意思的传递、反馈而形成的，明知自己是和他人配合共同实施犯罪，并且明知共同的犯罪行为会发生某种危害社会的结果，而希望或者放任这种危害结果发生的心理态度。共同故意包括以下三层意思：第一，各共同犯罪人都认识到自己不是在单独地实施犯罪，而是在和其他人相互配合共同实施犯罪。此为意思联络。第二，各共同犯罪人都明知自己与他人共同犯罪行为的性质，会发生危害社会的结果。此为共同认识。第三，各共同犯罪人都对某种危害社会结果的发生，采取希望或者放任的态度。

（三）客观条件

共同犯罪的客观要件，是指各犯罪人必须具有共同行为。这里的“共同行为”不仅指各共犯人都实施了同一犯罪构成的行为，而且各共犯人的行为在共同故意支配下相互配合、相互协调、相互补充，形成一个整体。各共犯人的行为，都是共同犯罪行为这一整体的有机组成部分；在发生了危害结果的情况下，各共犯人的行为作为一个整体与危害结果之间具有因果关系。因此，共同犯罪行为不是单独犯罪行为的简单相加，而是二人以上的犯罪行为在共同犯罪故意基础上的有机结合。共同犯罪行为既可以同时实施，也可以不同时实施。例如，甲、乙共谋杀丙，既可能表现为由甲、乙二人同时实行杀人行为，也可能表现为甲先提供凶器，由乙一人后去实施杀人的实行行为。

特别注意：根据《刑法》第 25 条之规定，以下六种情形不成立共同犯罪：

一是共同过失犯罪不构成共同犯罪。共同过失犯罪是指两个或者两个以上的行为人，基于共同的过失致使发生刑法上的危害结果发生的情况。

二是二人以上共同实施危害行为造成某种危害结果，但有的是出于故意，有的是出于过失，不构成共同犯罪。如甲是某公寓的管理员，乙找到甲，说自己来找住在该楼的其亲戚丙，但丙碰巧不在且一时回不来，此前告诉他让他找公寓管理员甲给开一下门。在乙的甜言蜜语哄骗下，甲违反有关管理规定，给乙打开了丙的宿舍门，结果导致丙价值 2 万元的财物被乙偷走。

三是无罪过帮助他人实施故意犯罪的，不构成共同犯罪。如甲找到司机乙，让乙帮他拉一车货，在将车开到一个仓库边后，甲请乙去吃饭，让几个人往车上装货，甲欺骗乙说是做了一笔生意，现在来提货。乙信以为真，帮甲把货物拉到指定地点。其实，甲是在该仓库盗窃货物。

四是二人以上同时或者先后（近乎同时）针对同一个目标实施同一犯罪，但主观上缺乏共同实施犯罪的意思联络的，属于同时犯，不构成共同犯罪。如甲趁门卫离开之际，从某公司的仓库大门进入盗窃财物，正好乙也从仓库的窗户爬入盗窃，甲从天窗爬出逃走，乙仍从窗户爬出逃走，二人对对方的盗窃互不知情，不成立共同犯罪。

五是超出共同故意范围之外的过限实行行为，不构成共同犯罪。例如，甲教唆乙前去抢劫丙的财物，乙抢劫丙的财物后，还强奸了丙。乙强奸丙的行为不属于共同犯罪。在司法实务中，对于共同故意明确的犯罪，行为人行为是否超出共同故意范围，不难认定。但对于共同认识不明确的情形，如何断定行为人之犯罪是否超出共同故意范围，则存在一定的困难。如聚众斗殴行为，是致人重伤还是致人死亡，是不明确的，共同犯罪人只要认识到危害结果的范围，即可能发生的危害结果，也可以形成共同认识，对此概括的、抽象的危害结果的认识及意志，均视为共同故意之范围。

六是事前无通谋的窝藏、包庇、窝赃、销赃等行为与其窝藏等行为指向的犯罪，不构成共同犯罪。事前无通谋的窝藏等行为总是与他人的犯罪行为相联系，但是它与共同犯罪行为具有不同性质的特征，具有原则的区别。

二、共同犯罪的形式

共同犯罪的形式，是指共同犯罪的形成、结构和共同犯罪人之间结合形式的总称。在刑法理论上划分不同种类的共同犯罪形式，是为了从不同的角度、用不同的标准去认识各种不同形式的共同犯罪的性质及其不同的社会危害程度，以便在定罪量刑时正确地适用刑法，有区别地对待不同的共同犯罪人。我国刑法按照四个不同标准，将共同犯罪的形式作了如下划分：

(一)任意共同犯罪与必要共同犯罪

这是以共同犯罪能否依照法律的规定任意形成标准对共同犯罪所作的分类。

任意共同犯罪，是指《刑法》分则中规定的一人能够单独实施的犯罪，当二人以上共同实施时所构成的共同犯罪的情形。《刑法》对这种犯罪的犯罪主体人数没有限制，如果两个人共同实施，就成立共同犯罪。《刑法》分则规定的绝大多数故意犯罪，都是任意共同犯罪。

必要共同犯罪，是指《刑法》分则规定的只能由二人以上的共同行为才能构成的共同犯罪。可以具体分为聚众共同犯罪、集团共同犯罪和某些对向犯。聚众共同犯罪是指由首要分子组织、策划、指挥众人所实施的共同犯罪。应当注意，聚众共同犯罪与聚众犯罪并非完全等同的两个概念。我国刑法中的聚众犯罪有两种：一种是属于共同犯罪的聚众犯罪，如聚众阻碍解救被收买的妇女、儿童罪，聚众扰乱社会秩序罪，聚众冲击国家机关罪，聚众斗殴罪，聚众持械劫狱罪。在这些犯罪中，首要分子和积极参加者或其他参与者，都具有共同犯罪故意与共同犯罪行为，符合共同犯罪的成立条件。另一种是不一定都构成共同犯罪的聚众犯罪，如聚众扰乱公共场所秩序、交通秩序罪，《刑法》规定只处罚首要分子。这种聚众犯罪当首要分子为一人时是单独犯罪。集团共同犯罪，是指三人以上有组织地实施的共同犯罪，简称集团犯罪。如组织、领导、参加恐怖组织罪，组织、领导、参加黑社会性质组织罪等。对向犯又称对立的犯罪，是指以存在二人以上相互对象的行为为要件的犯罪。对向犯涉及共同犯罪的有两种情况：一是双方的罪名和法定刑相同，如重婚罪；二是双方的罪名和法定刑都不同，如贿赂罪中的受贿罪与行贿罪。

(二)事前通谋的共同犯罪与事前无通谋的共同犯罪

这是按照共同故意形成的时间而划分的共同犯罪形式。事前通谋的共同犯罪，是指各共同犯罪人在着手实行犯罪以前，进行了不同程度的商议和策划，从而形成共同犯罪故意的共同犯罪。事前无通谋的共同犯罪，是指各共同犯罪人在刚着手实行犯罪时或在实行犯罪过程中形成共同犯罪故意的共同犯罪。

(三)简单共同犯罪与复杂共同犯罪

这是根据共同犯罪人之间有无分工而划分的共同犯罪形式。简单共同犯罪，是指各共同犯罪人都直接实行某一具体犯罪构成客观要件行为的共同犯罪。在这种共同犯罪中，每个共同犯罪人都是实行犯。例如甲、乙两人都实施抢劫丙的财物的行为。简单的共同犯罪中，追究刑事责任应遵循以下原则：(1)部分实行全部责任原则。例如，张三、李四共同故意伤害甲，不知谁的行为造成了甲的重伤，则张三、李四都承担故意伤害致人重伤的刑事责任；再如，A、B二人共同故意射杀C，A射一枪未击中，B射一枪杀死了C，A、B都要承担故意杀人既遂的刑事责任。(2)区别对待原则，即在部分行为全部责任原则的前提下，对各共同犯罪人区分对待，根据各共犯人在共同实行犯罪中所起的作用大小，分清主犯、从犯和胁从犯，依照刑法的有关规定予以处罚。(3)罪责自负原则。各共犯人只对其共同故意实施的犯罪承担刑事责任，对他人超出共同故意实施的犯罪不承担刑事责任。

复杂共同犯罪，是指各共同犯罪人之间存在着实行、教唆、组织、帮助等分工的共同犯罪。这种情况下，行为人之间的分工不同，所起的作用不尽相同，因而各自应承担的刑事责任不同。因此，在处罚时应区别对待。

(四)一般共同犯罪与特殊共同犯罪

这是根据共同犯罪有无组织联系而划分的共同犯罪形式。一般共同犯罪，是指二人以上为实施特定犯罪而事前或临时结合的无特殊组织形式的共同犯罪。此种共同犯罪人一旦完成特定的犯罪后，其犯罪联盟就不复存在。一般共同犯罪，可以是简单共同犯罪，也可以是复杂共同犯罪；可以是事前通谋的共同犯罪，也可以是事前无通谋的共同犯罪。特殊共同犯罪，即集团共同犯罪。根据《刑法》第 26 条第 2 款的规定，犯罪集团，是指三人以上为共同实施犯罪而组成的较为固定的犯罪组织。犯罪集团的成立必须具备以下条件：(1)主体必须是三人以上。(2)有一定的组织性。组织性主要是指成员比较固定，且内部存在着领导与被领导的关系。其中有首要分子、骨干分子，还有一般成员。犯罪人之间通过一定的成文或不成文的律规维系在一起。组织性是犯罪集团最本质的特征。(3)具有实施某种犯罪或某几种犯罪的目的性。(4)具有一定的稳定性。即各犯罪人是为了在较长时间内多次实施犯罪活动而结合起来的，在实施一次犯罪后，其相互联系和组织形式仍然存在。

三、共同犯罪人的种类及其刑事责任

以共同犯罪人在共同犯罪中的分工为标准，将共同犯罪人分为主犯和从犯，或者实行犯、组织犯、教唆犯和帮助犯；有的以共同犯罪人在共同犯罪中所起的作用为标准，将共同犯罪人分为主犯和从犯两种或者主犯、从犯和教唆犯三种。我国刑法以共同犯罪人在共同犯罪中所起的作用为主要标准，分为主犯、从犯、胁从犯、教唆犯四种。

(一)主犯

根据《刑法》第 26 条第 1 款规定，主犯是指组织、领导犯罪集团进行犯罪活动或者在共同犯罪中起主要作用的犯罪分子。可见，我国《刑法》规定的主犯有两种：

1. 组织、领导犯罪集团进行犯罪活动的犯罪分子

组织、领导犯罪集团进行犯罪活动的犯罪分子，即组织犯，也就是犯罪集团的首要分子。认定这种主犯应当同时具备以下两个条件：(1)以犯罪集团的存在为条件。没有犯罪集团就没有这类主犯存在的可能。(2)必须是组织、领导犯罪集团进行犯罪活动的犯罪分子。组织、领导往往具体表现为负责组建犯罪集团，网罗犯罪集团成员，制订犯罪活动计划，召集犯罪会议，分配犯罪任务，指挥集团成员进行具体的犯罪活动等。这里要区别以下主犯与首要分子的关系。首要分子分为两类，一类是犯罪集团中的首要分子，另一类是聚众犯罪中的首要分子。但犯罪集团中的主犯不一定是首要分子，因为在犯罪集团中，除了首要分子以外，其他在犯罪中起主要作用的也是主犯。在聚众犯罪中，首要分子不一定都是主犯，因为有时聚众犯罪不构成共同犯罪，只有首要分子一人构成犯罪，谈不上主犯问题。

2. 在共同犯罪中起主要作用的犯罪分子

这类主犯是指除犯罪集团首要分子以外的在共同犯罪中起主要作用的犯罪分子。具体包括以下三类：(1)犯罪集团的骨干分子。在犯罪集团中，并非只有组织、领导犯罪集团

进行犯罪活动的首要分子才可以成为主犯，犯罪集团的骨干分子也可以成为主犯。犯罪集团的骨干分子虽然不在其中起组织、指挥作用，但积极参加犯罪集团的犯罪活动的，也可以成为主犯。(2)某些聚众犯罪中的首要分子及其骨干成员。如《刑法》第 317 条规定的聚众持械劫狱罪，首要分子、积极参加者和其他参加者均可构成犯罪。再如《刑法》第 291 条规定的聚众扰乱公共场所秩序、交通秩序罪，除首要分子外，其他积极参加者和一般参加者都不构成犯罪。(3)在其他一般共同犯罪中起主要作用的犯罪分子。需要指出的是，共同犯罪中的主犯可能只有一人，也可能有多个，但共同犯罪中肯定存在主犯。《刑法》第 26 条第 3 款、第 4 款规定，对组织、领导犯罪集团的首要分子，按照集团所犯的全部罪行处罚。对其他主犯，应当按照其所参与的或者组织、指挥的全部犯罪处罚。第 74 条规定，对犯罪集团的首要分子不适用缓刑。

(二)从犯

从犯是指在共同犯罪中起次要或者辅助作用的犯罪分子。可见，我国刑法中的从犯分为两种：(1)在共同犯罪中起次要作用的犯罪分子。即指虽然直接实行具体犯罪构成客观方面的犯罪行为，但在整个犯罪活动中其作用居于次要地位的实行犯。(2)在共同犯罪中起辅助作用的犯罪分子，是指未直接实行具体犯罪构成客观方面的犯罪行为，而是为共同犯罪的实施创造条件、辅助实行犯罪的人。这种从犯实施的行为通常有以下非实行行为：指示犯罪对象和犯罪地点；提供犯罪工具；打探和传递有关犯罪实施和完成的信息；为实行犯望风；事前有通谋的事后窝藏、销赃等帮助行为，等等。《刑法》第 27 条第 2 款规定，对于从犯，应当从轻、减轻或者免除处罚。

(三)胁从犯

根据《刑法》第 28 条规定，胁从犯，是指被胁迫参加犯罪的人。具体来说，胁从犯具有以下特征：(1)客观上实施了犯罪行为。(2)在主观上明知自己实施的行为是犯罪行为，在可以选择不实施犯罪的情况下，虽不愿意但仍实施了犯罪行为。(3)行为人是因为受他人胁迫而参加犯罪的。胁迫是指以对行为人或其亲友以杀害、伤害、揭发隐私、损坏财物等相威胁，对行为人施加精神强制，强迫其参加犯罪。《刑法》第 28 条规定，对于胁从犯，应当按照其犯罪情节减轻或者免除处罚。

(四)教唆犯

教唆犯，是指故意唆使他人犯罪的人。成立教唆犯必须同时具备下列条件：

1. 对象条件

教唆犯的对象是特定的、本来没有犯罪意图的、具有刑事责任能力的人。已经有犯罪意图的人不能成为教唆对象。如果行为人明知他人已有实施某种犯罪的意图，而为其出主意，撑腰打气，壮胆助威，坚定其犯罪意图，使其实施犯罪，不能认定为教唆犯，而应认定为帮助犯。教唆的对象必须达到刑事责任年龄，具有刑事责任能力，否则不是教唆犯，是间接正犯。

2. 客观条件

教唆犯的客观方面必须有教唆他人犯罪的行为。教唆行为的认定中，应当注意以下四个方面：(1)教唆行为的内容必须是某种犯罪行为。如果是教唆他人实施其他一般违法行为，则不能成立教唆犯。(2)教唆行为的方式具有多样性。既可以是口头教唆，也可以是书面教唆，还可以是通过打手势、使眼神等形体语言进行教唆。具体来讲，可以是以金钱、财物、女色等利益引诱他人犯罪，可以是以嘲弄、蔑视、侮辱等手段刺激他人犯罪，可以是以实施暴力、揭发隐私、毁坏财物等胁迫他人犯罪，可以是利用封建迷信唆使他人犯罪。(3)间接故意教唆和直接故意教唆对客观方面的要求有所不同。在直接故意教唆的情况下，只要行为实施了教唆行为，不要求被教唆的人实施被教唆的犯罪。被教唆的人实施了被教唆的犯罪的，成立共同犯罪之教唆犯；如果被教唆的人没有实施所教唆的犯罪的，教唆者构成独立的教唆犯。在间接故意教唆的情况下，不仅要求行为人实施了教唆行为，还要求被教唆的人实施了被教唆的犯罪，如果被教唆者没有实施所教唆的犯罪的，不构成犯罪。

3. 主观条件

教唆犯在主观方面必须有教唆他人犯罪的故意。具体包括以下几点：(1)从具体的罪过形式上来讲，教唆犯一般是直接故意，但也不排除间接故意的可能性。(2)从认识因素上讲，行为人认识到自己的行为会使一定的人产生某种犯罪的意图，并进而实施该种犯罪。如果行为人主观上没有这种认识，不构成教唆犯。(3)从意志因素上讲，行为人对他人实施犯罪以及危害结果的发生，持希望或者放任的态度。《刑法》第 29 条第 1 款、第 2 款规定，对于教唆犯，应当按照他在共同犯罪中所起的作用处罚。教唆不满 18 周岁的人犯罪的，应当从重处罚。如果被教唆的人没有犯被教唆的罪，对于教唆犯，可以从轻或者减轻处罚。

【以案说法 3-2】

李某伟、张某天、张某、刘某杰盗窃案

◎基本案情：

1. 2021 年 5 月至 7 月，被告人李某伟、张某天、张某多次盗窃联通公司承德县分公司废弃通信电缆线。

(1)2021 年 5 月至 7 月，被告人李某伟、张某天在承德县两家乡大杨树林村、三家镇五家村、六沟镇北水泉村、六沟镇药王庙村盗窃联通公司承德县分公司废弃通信电缆线。

(2)2021 年 5 月至 7 月，被告人李某伟、张某天、张某在承德县甲山镇武场村、全宝河村、王家庄村盗窃联通公司承德县分公司废弃通信电缆线。

2. 2021 年 5 月至 7 月，被告人刘某杰、张某多次盗窃联通公司废弃通信电缆线。

(1)2021 年 6 月至 7 月的一天，被告人刘某杰在承德县甲山镇黄杖子村中心街盗窃联通公司承德县分公司废弃通信电缆线。

(2)2021 年 5 月至 7 月，被告人刘某杰、张某在承德县甲山镇甲山街、上谷镇西坎村、甲山镇下杖子村、八家乡梓椤台村、下板城镇北湾子村、北营子村盗窃联通公司承德县分公司废弃通信电缆线。

综上所述，被告人李某伟累计盗窃 7 起，张某天累计盗窃 7 起，张某累计盗窃 9 起，刘某杰累计盗窃 7 起。经承德县价格认证中心认定，被告人李某中伟盗窃的废弃

通信电缆线总价值人民币31233元整；被告人张某天盗窃的废弃通信电缆线总价值人民币31233元整；被告人张某盗窃的废弃通信电缆线总价值人民币36803元整；被告人刘某杰盗窃的废弃通信电缆线总价值人民币23800元整。经承德县公安局刑警大队出具的办案说明认定被告人刘某杰单独在承德县甲山镇盗窃一起电缆线金额为人民币2940元。

依据上述鉴定结论及办案说明，认定被告人刘某杰、张某二人共同盗窃金额为23800－2940＝20860元，被告人李某伟、张某天、张某三人共同盗窃金额为36803－20860＝15943元，被告人李某伟、张某天二人共同盗窃金额为31233－15943＝15290元。综上所述，被害单位中国联合网络通信有限公司承德县分公司被盗电缆线价值总计55033元。

◎裁判结果：

一审法院认为，被告人李某伟、张某天、张某、刘某杰以非法占有为目的，多次、秘密窃取他人财物，数额较大，其行为均已构成盗窃罪，承德县人民检察院指控罪名成立。被告人李某伟、张某天、张某属共同犯罪，被告人刘某杰、张某属共同犯罪，上述四被告人在所参与的共同犯罪中所处地位及所起作用相当，不区分主从犯。(案例来源于中国裁判文书网)

注意：共同盗窃中盗窃数额的计算问题。

第三节　罪数形态

一、区分罪数的标准

正确区分罪数，有利于准确定罪。准确定罪的含义除了包括准确地认定行为是否构成犯罪，是构成此罪还是彼罪外，还包括准确认定行为构成一罪还是数罪；正确区分罪数有利于准确量刑。刑罚以犯罪为前提，刑罚应与犯罪相适应，因此，只有正确区分罪数，才能正确量刑。区分罪数标准是指判断行为人的犯罪事实是构成一罪还是成立数罪的标准。我国刑法通常采用犯罪构成标准说，即行为符合一个犯罪构成的是一罪，符合数个犯罪构成的为数罪。一般来说，单纯的一罪与典型的数罪是容易认定的。难以区分的是一些介于一罪与数罪之间的情况，有的貌似数罪实为一罪，有的实为数罪又由于各种原因只定一罪。

下面我们只讨论这类情况，刑法理论通常将其归纳为实质的一罪、法定的一罪、处断的一罪。

二、一罪的类型

我国刑法通常将一罪分为三种类型：一是实质的一罪，包括继续犯、想象竞合犯、结果加重犯；二是法定的一罪，包括结合犯与集合犯；三是处断的一罪，包括连续犯、牵连犯和吸收犯。

（一）实质的一罪

实质的一罪

1. 继续犯

继续犯，也称持续犯，是指行为人针对一个犯罪对象实施一个犯罪行为，犯罪行为已经既遂，但犯罪行为及其引起的不法状态仍处于继续状态的犯罪。它必须同时具备以下特征：(1)必须是只有一个犯罪行为。(2)必须是出于一个罪过。(3)必须是侵犯同一具体的合法权益。(4)必须是犯罪行为与不法状态同时处于继续之中。首先是犯罪行为必须具有继续性，即犯罪行为从着手实行到行为终了在时间上有一个过程。其次是犯罪行为所引起的不法状必须具有继续性。所谓不法状态，指由于犯罪的实行行为使客体遭受侵害的状态。最后是犯罪行为与不法状态同时处于持续的过程中，而不只是犯罪行为的继续或者不法状态的继续。(5)必须是从着手实行时起到行为终了时止继续了一定时间。对继续犯，应依《刑法》的规定以一罪论处，不实行数罪并罚。但继续犯继续时间的长短在量刑时应加以考虑。

2. 想象竞合犯

想象竞合犯，也称想象的数罪、观念的竞合、一行为数罪，是指行为人基于一个犯罪意图，实施一个危害行为造成数个危害结果，触犯数个不同罪名的情况。具有以下特征：(1)行为人所实施的危害行为必须是基于一个犯罪意图。这是其主观特征。(2)行为人只实施了一个危害行为。这是构成想象竞合犯的客观特征，如果是实施了数个行为，则不构成想象竞合犯。(3)必须是一个危害行为造成了数个危害结果。(4)必须是行为触犯了数个异种罪名。

想象竞合犯不同于法条竞合。法条竞合指行为人实施一个犯罪行为同时触犯数个在犯罪构成上具有包容(完全的或部分的)关系的刑法规范，但只适用其中一个刑法规范的情况。二者的区别在于：(1)罪过及其结果表现不同。法规竞合时的一个行为，只是出于一个罪过，并且是产生一个结果；想象竞合犯中的一个行为，往往是数个罪过和数个结果。(2)竞合的事由不同。法规竞合，是由于法规的错综复杂规定即法律条文内容上存在着包容或部分包容关系，以致一个犯罪行为触犯数个刑法规范；想象竞合犯则是由于犯罪的事实特征所导致，即出于数个罪过或产生数个结果，以致一行为触犯数罪名。(3)数个犯罪构成之间的关系不同。法规竞合时，一行为触犯的数个刑法规范之间存在一规范规定的犯罪构成包容另一规范规定的犯罪构成的关系；想象竞合犯中，一行为触犯的规定数个罪名不存在犯罪构成之间的包容关系。(4)处断原则不同。法规竞合的情况下，在竞合的数法规中，仅仅一法规可以适用于该行为，其法律适用问题，依照特别法优于普通法或重法优于轻法的原则来处理；对想象竞合犯，应按“从一重处断”原则处理，即依照行为触犯的数个罪名中法定刑较重的犯罪定罪处刑，而不实行数罪并罚。但是，如果《刑法》另有特别规定的，则应当依照特别规定处理。

3. 结果加重犯

结果加重犯，是指实施了一个基本犯罪构成要件的行为，发生了超出基本犯罪构成要件结果的重结果，因而刑法规定对其加重刑罚的犯罪形态。如虐待致人重伤、故意伤害致死、非法拘禁致死等。结果加重犯具有以下特征：(1)实施了一个基本犯罪构成要件的行为。行为人实施的基本犯罪构成要件的行为是结果加重犯存在的前提，没有基本犯罪行为就不会有结果加重犯。(2)发生了超出基本犯罪构成要件结果的重结果。构成结果加重犯，以发生重结果为不可缺少的条件，该重结果必须由基本犯罪构成要件的行为所引起，即超出基本犯罪构成要件结果的重结果与基本犯罪构成要件的行为之间具有因果关系。(3)刑法就加重的结果规定了加重的法定刑。所谓加重法定刑，是相对于基本犯罪构成要件的行为的法定刑而言的。对结果加重犯，应在较重的法定刑幅度内量刑。

(二)法定的一罪

1. 结合犯

结合犯，是指数个各自独立的犯罪行为，根据《刑法》的明文规定，结合而成另一个独立的新罪的犯罪形态。典型的结合犯是将原本独立的犯罪结合成一个独立的新罪。结合犯具有如下特征：(1)结合之前的数罪，是《刑法》规定的数个独立的犯罪。(2)结合而成的犯罪，是《刑法》规定的另一个独立的新罪。用公式表述为甲罪+乙罪=丙罪。(3)数个独立的犯罪结合成一个独立的新罪，是基于《刑法》的明文规定。对于结合犯，应当依照《刑法》规定的新罪一罪论处，而不实行数罪并罚。

2. 集合犯

集合犯，指以行为人以犯不定次数的同种犯罪为目的，实施数个性质相同的犯罪行为，《刑法》规定以一罪处理的犯罪形态，包括以一定的犯罪为常业的常业犯和意图以反复实施一定的行为为业的营业犯。它具有如下特征：(1)行为人以犯不定次数的同种犯罪为目的。(2)行为人实施了数个性质相同的犯罪行为。对集合犯应认定为一罪，在法律明文规定的相应量刑幅度内予以处罚，不能数罪并罚。

(三)处断的一罪

1. 连续犯

连续犯，是指基于同一或者概括的犯意，在一定时间内连续多次实施同一性质的犯罪行为，触犯同一罪名的犯罪形态。实践中连续犯是一种多发性的犯罪类型。连续犯具有如下特征：(1)必须是在一定时间内连续多次实施同一性质的犯罪行为。只实施一个行为的，不成立连续犯。(2)必须是数个行为基于同一的或概括的犯意。这种犯意既可以是明确的，也可以是概括的。连续犯的犯意，一般应为故意，而不能是过失，也不能是或故意或过失。连续犯的犯意，必须前后是同质的，如果前后犯意不一致，即使实施的行为相同，也构成异种数罪。同时，在犯罪的过程中如果超出了一个犯意，另有其他犯意，其行为也不构成连续犯，而构成其他罪。(3)数个行为要有一定的连续性。一般是在较短的时间内连续多次实施某种犯罪行为。连续是指行为的次数连续，而不是一个行为在时间上的连续。连续还指行为在案发之前的连续，不是案发前后的连续，如果行为人犯某种罪被处罚后，又犯同样罪行的，这不构成连续犯。(4)数个行为必须触犯同一罪名。

一般而言，对连续犯应按照一罪处断，不实行数罪并罚。但是，本为连续犯，处罚时没有发现是连续犯，而是在处罚后才发现的，如果行为人的刑罚没有执行完毕，应将新判处的刑罚和尚未执行的刑罚实行数罪并罚；如果刑罚已经执行完毕，应单独定罪量刑。

2. 牵连犯

牵连犯，是指出于一个最终的犯罪目的，实施数个犯罪行为，数行为之间存在手段与目的或者原因与结果的牵连关系，分别触犯数个罪名的犯罪形态。牵连犯具有以下特征：

(1)行为人必须是追求一个最终的犯罪目的。行为人所实施的行为必须是出于一个犯罪目的。行为人实施的数行为，不论是手段行为还是结果行为，最终都附属于或者服务于目的行为，为彻底实现犯罪目的而服务。如果行为人不是出于一个犯罪目的，而是出于数个犯罪的目的，并在这样的目的支配下实施了数个犯罪，则不成立牵连犯。(2)行为人实施了数个(两个以上的)行为，且都是独立成罪的行为。这是牵连犯与想象竞合犯的重要区别。(3)牵连犯中的数个行为之间具有牵连关系。牵连关系有两种情况：一是数行为之间存在手段与目的的牵连关系，如伪造公文(手段)与实施诈骗(目的)；二是数行为之间存在原因与结果的牵连关系如盗窃他人财物(原因)与为销赃而伪造印章(结果)。判断行为人实施的数行为之间是否存在着牵连关系，应当从主客观两方面考察，即行为人在主观上具有牵连的意思，数行为之间在客观上又具有通常的目的与方法或原因与结果关系的，才能认为是有牵连关系。如行为人一年前为狩猎而盗窃枪支，一年后使用此枪支抢劫银行，不能认定盗窃枪支罪与抢劫银行罪之间有牵连关系，因为主观上不存在牵连关系，因而应数罪并罚。但应注意的是，虽然手段行为与目的行为之间存在主观上的牵连关系，但如果这种牵连关系不具有通常性，即为了实现目的通常采用的手段，也不应认定为牵连犯。如为了冒充军警人员招摇撞骗而盗窃军车，然后驾驶军车冒充军人招摇撞骗的，为抢劫银行而盗窃枪支，然后使用枪支抢劫银行的，都因为手段不具有通常性，不认定牵连犯，而应当数罪并罚。(4)牵连犯的数个行为分别触犯了不同的罪名。即犯罪的手段行为与结果行为，或者目的行为与原因行为分别触犯了不同的罪名。

对于牵连犯，原则上不实行数罪并罚，而应“从一重处断”，即按照数罪中最重的一个罪所规定的刑罚处理，在该最重的罪所规定的法定刑范围内确定执行的刑罚。但是，《刑法》分则有特别规定的，则应以分则的规定予以处罚。

3. 吸收犯

吸收犯，是指行为人实施了数个不同性质的行为，其中的一个行为吸收其他行为，仅按吸收行为定罪量刑的犯罪形态。吸收犯具有以下特征：(1)行为人实施了事实上构成数个犯罪的行为。数个行为是指数个不同性质的行为，都独立地构成犯罪。(2)数个犯罪行为之间有吸收关系，即后一行为是前一行为的必经阶段或当然发展的关系。后行为是不是另外成立其他的犯罪，取决于后行为是否侵犯了新的法益，是否缺乏期待可能性。如盗窃他人仿真文物后又冒充真品诈骗的，不是吸收犯，是数罪。(3)行为人主观上必须欠缺牵连意图或连续意图。这是构成吸收犯的主观特征，亦是吸收犯区别于牵连犯与连续犯之关键。欠缺牵连意图，即行为人对于自己实施的数个犯罪行为之间的密切联系欠缺认识。所谓连续意图，是指行为人着手实施一系列犯罪行为之前，对于即将实行的数个性质相同的犯罪行为的连续性的认识。(4)必须触犯数个罪名。即吸收行为和被吸收行为分别触犯了不同性质的罪名。对吸收犯，应依照吸收行为所构成的犯罪处罚，不实行数罪并罚。

☞ 思考与练习

1. 如何理解犯罪预备、犯罪未遂、犯罪中止？
2. 如何理解共同犯罪的含义？共同犯罪人如何承担刑事责任？

3. 牵连犯的特征是什么？

4. 药店营业员李某与王某有仇。某日王某之妻到药店买药为王某治病，李某将一包砒霜混在药中交给王妻。后李某后悔，于第二天到王家欲取回砒霜，而王某谎称已服完。李某见王某没有什么异常，就没有将真相告诉王某。几天后，王某因服用该砒霜而死亡。李某的行为应如何认定？试分析理由。

5. 甲意图杀害乙，经过跟踪，掌握了乙每天上下班的路线。某日，甲准备了凶器，来到乙必经的路口等候。在乙快要经过路口时，甲因口渴到旁边的小卖部买饮料。待甲返回时，乙因提前下班已经过了路口。甲等了一阵儿不见乙经过，就准备回家，在回家路上因凶器暴露被抓获。甲的行为属于何种犯罪形态？试分析理由。

6. 甲、乙共谋伤害丙，某日二人共同对丙实施伤害行为，导致丙身受重伤，但不能查明该重伤是由谁的行为引起。甲、乙二人的行为是否成立共同犯罪？试分析理由。

7. 关于共同犯罪，下列哪些选项是正确的？（　　）(2014 年司法考试真题)

A. 无责任能力者与有责任能力者共同实施危害行为的，有责任能力者均为间接正犯

B. 持不同犯罪故意的人共同实施危害行为的，不可能成立共同犯罪

C. 在片面的对向犯中，双方都成立共同犯罪

D. 共同犯罪是指二人以上共同故意犯罪，但不能据此否认片面的共犯

8. 甲欲杀丙，假意与乙商议去丙家“盗窃“，由乙在室外望风，乙照办。甲进入丙家将丙杀害，出来后骗乙说未窃得财物。乙信以为真，悻然离去。关于本案的分析，下列哪一选项是正确的？（　　）(2017 年司法考试真题)

A. 甲欺骗乙望风，构成间接正犯。间接正犯不影响对共同犯罪的认定，甲、乙构成故意杀人罪的共犯

B. 乙企图帮助甲实施盗窃行为，却因意志以外的原因未能得逞，故对乙应以盗窃罪的帮助犯未遂论处

C. 对甲应以故意杀人罪论处，对于以非法侵入住宅罪论处。两人罪名虽不同，但仍然构成共同犯罪

D. 乙客观上构成故意杀人罪的帮助犯，但因其仅有盗窃故意，故应在盗窃罪法定刑的范围内对其量刑

9. 关于罪数的判断，下列哪一选项是正确的？（　　）(2017 年司法考试真题)

A. 甲为冒充国家机关工作人员招摇撞骗而盗窃国家机关证件，并持该证件招摇撞骗。甲成立盗窃国家机关证件罪和招摇撞骗罪，数罪并罚

B. 乙在道路上醉酒驾驶机动车，行驶 20 公里后，不慎撞死路人张某。因已发生实害结果，乙不构成危险驾驶罪，仅构成交通肇事罪

C. 丙以欺诈手段骗取李某的名画。李某发觉受骗，要求丙返还，丙施以暴力迫使李某放弃。丙构成诈骗罪与抢劫罪，数罪并罚

D. 已婚的丁明知杨某是现役军人的配偶，却仍然与之结婚。丁构成重婚罪和破坏军婚罪的想象竞合犯

第四章　刑罚种类

【学习目标】

○了解刑事责任承担的方式，理解我国刑罚的目的，掌握主刑、附加刑的种类。

○能熟练运用主刑和附加刑中的各个刑种。

○培养规矩意识、法律思维能力、法律表达能力和职业使命。

刑罚是国家审判机关依法对犯罪人科处的以限制或者剥夺其一定权益为内容的强制性制裁措施。刑罚是刑事责任的具体承担方式，而刑事责任则是刑罚的前提，承担刑事责任，不一定会受到刑罚①。刑罚的适用机关是国家的审判机关，刑罚的对象是实施了犯罪行为的人，刑罚的内容是限制或者剥夺犯罪分子的一定的权益。刑罚权具体体现在制刑权、求刑权、量刑权、行刑权四个方面。其中，制刑权，是指国家立法机关在刑事立法中创制刑罚的权力，在我国，制刑权由全国人民代表大会及其常务委员会行使；求刑权即起诉权，是对犯罪行为提起诉讼的权利。在我国，除少数自诉案件外，通常由检察机关以公诉的方式代表国家行使求刑权；量刑权是人民法院决定对犯罪人是否科处刑罚以及科处何种刑罚的权力；行刑权指的是由特定机关对犯罪行为人强制执行刑罚的权力。我国刑罚的目的是预防犯罪，包括一般预防和特殊预防两个方面。一般预防和特殊预防是刑罚目的的两个方面，在刑罚权的适用过程中，其侧重点有所不同。具体说来，在刑事立法阶段以一般预防为主，特殊预防为辅；在刑事审判、刑罚执行阶段以特殊预防为主，一般预防为辅。

我国刑罚体系具有体系完整、结构严谨、内容合理、方法人道等鲜明特征。我国的刑罚方法，依据各刑种能否独立适用而划分为主刑与附加刑。依据《刑法》第 33、34、35 条规定，主刑包括管制、拘役、有期徒刑、无期徒刑和死刑五种。附加刑包括罚金、剥夺政治权利、没收财产和驱逐出境四种。一般认为，在我国《刑法》总则中，主刑和附加刑的排列，都采用了从轻到重的排列方法，即较轻的刑种在前，较重的刑种在后。在我国《刑法》分则条文的法定刑中，除第 102 条、第 232 条等少数条文外，也基本采用了刑种从轻到重的排列方法。

【特别提示】

对于我国《刑法》第 36 条和第 37 条、第 37 条之一规定的处理方法，不能作为刑罚方法对待。

依照我国《刑法》第 36 条和第 37 条、第 37 条之一规定，这些非刑罚的处理方法有以

---

① 刑事责任的承担方式有定罪判刑、定罪免刑、消灭处理、转移处理方式。

下四种类型：

(1)经济性的处理方法。具体包括判处赔偿经济损失和责令赔偿损失。所谓判处赔偿经济损失，指人民法院依法对犯罪分子判处刑罚的同时，根据犯罪分子给被害人造成的损失的大小，酌情判处犯罪分子向被害人赔偿一定数额的金钱的处理方法。责令赔偿损失，是人民法院对犯罪情节轻微不需要判处刑的犯罪分子，责令其向被害人支付一定数额的金钱，用来弥补被害人因犯罪行为遭受的损失的处理方法。

(2)教育性的处理方法。具体包括训诫、责令具结悔过、责令赔礼道歉。所谓训诫，即人民法院对犯罪情节轻微不需要判刑的人，以口头的方式对其当庭公开谴责的教育方法。责令具结悔过，是人民法院责令犯罪情节轻微不需要判刑的人用书面形式保证悔改，以后不再重新犯罪的教育方法。责令赔礼道歉，即人民法院责令犯罪情节轻微不需要判刑的人公开向被害人当面承认错误，表示歉意的教育方法。

(3)行政性的处理方法。主要指由主管部门予以行政处罚或者行政处分。主管部门予以行政处罚或者行政处分，是指人民法院根据案件的情况，向犯罪分子所在单位提出行政处罚或行政处分的司法建议，由主管部门给予犯罪分子一定的行政处罚或行政处分的非刑罚处罚。

(4)职业禁止。依据《刑法》第 37 条之一规定，因利用职业便利实施犯罪，或者实施违背职业要求的特定义务的犯罪被判处刑罚的，人民法院可以根据犯罪情况和预防再犯罪的需要，禁止其自刑罚执行完毕之日或者假释之日起从事相关职业，期限为三年至五年。被禁止从事相关职业的人违反人民法院依照前款规定作出的决定的，由公安机关依法给予处罚；情节严重的，依照本法第 313 条的规定定罪处罚。其他法律、行政法规对其从事相关职业另有禁止或者限制性规定的，从其规定。

第一节 主 刑

所谓主刑，是指对犯罪分子独立适用的主要刑罚方法。具体表现为限制或剥夺犯罪分子的人身自由或剥夺其生命权利。依据我国《刑法》第 33 条的规定，主刑包括管制、拘役、有期徒刑、无期徒刑和死刑五种，其中管制为中国独创。在外国刑事立法中，主刑往往还包括罚金刑。

一、管制

管制，是指对犯罪人不予关押，但限制其一定自由的刑罚方法。管制是我国主刑中最轻的刑罚方法，适用于罪行较轻、人身危险性较小，不需要关押的犯罪分子。主要特征如下：

刑法对于管制的对象未作明确规定。一般来讲，管制适用于那些罪行较轻、危害较小、人身危险性不大的犯罪分子。一是对被判处管制的犯罪分子不予关押，不剥夺其人身自由，不中断其与社会的正常交往。二是被判处管制刑的犯罪分子的活动自由受到一定限制。如表现为限制犯罪分子的言论自由、迁居活动自由等。三是被判管制的犯罪分子可以自谋生计，在劳动中与普通公民同工同酬。

管制的期限为3个月以上2年以下，数罪并罚时最高不超过3年。管制的刑期，从判决执行之日起计算。判决执行以前先行羁押的，羁押一日折抵刑期二日。“判决执行之日”，指的是判决开始执行的当日，当日包括在刑期之内。另外，对于经过批准离开所居住的市、县的罪犯外出的期间，计入执行期，但超过许可的时间不得计入执行期；对于未被批准而擅自离开所在地域的罪犯，其外出期间，不得计入执行期。

依据《刑法》第38条的规定，对判处管制的犯罪分子，依法实行社区矫正。《中华人民共和国社区矫正法》(以下简称《社区矫正法》)第2条规定：“对被判处管制、宣告缓刑、假释和暂予监外执行的罪犯，依法实行社区矫正。”社区矫正，英文为Community Correction，有的国家称之为“社区矫治”，它是一种不使罪犯与社会隔离并利用社区资源教育改造罪犯的方法，是所有在社区环境中管理教育罪犯方式的总称。国外较常见的包括缓刑、假释、社区服务、暂时释放、中途之家、工作释放、学习释放等。我国的“社区矫正”，是与监禁矫正相对的行刑方式，是指将符合社区矫正条件的罪犯置于社区内，由专门的国家机关，在相关社会团体和民间组织以及社会志愿者的协助下，在判决、裁定或决定确定的期限内，矫正其犯罪心理和行为恶习，并促进其顺利回归社会的非监禁刑罚执行活动。为了推进和规范社区矫正工作，保障刑事判决、刑事裁定和暂予监外执行决定的正确执行，提高教育矫正质量，促进社区矫正对象顺利融入社会，预防和减少犯罪，我国根据《宪法》，制定了《社区矫正法》。对社区矫正对象的监督管理、教育帮扶等活动，适用本法。社区矫正工作坚持监督管理与教育帮扶相结合，专门机关与社会力量相结合，采取分类管理、个别化矫正，有针对性地消除社区矫正对象可能重新犯罪的因素，帮助其成为守法公民。

根据《刑法》第39条规定，被判处管制的犯罪分子，在执行期间，应当遵守下列规定：(1)遵守法律、行政法规，服从监督；(2)未经执行机关批准，不得行使言论、出版、集会、结社、游行、示威自由的权利；(3)按照执行机关的规定报告自己的活动情况；(4)遵守执行机关关于会客的规定；(5)离开所居住的市、县或者迁居，应当报经执行机关批准。

《刑法》没有明确规定管制刑的执行机关。《社区矫正法》第二章规定，国务院司法行政部门主管全国的社区矫正工作。县级以上地方人民政府司法行政部门主管本行政区域内的社区矫正工作。人民法院、人民检察院、公安机关和其他有关部门依照各自职责，依法做好社区矫正工作。人民检察院依法对社区矫正工作实行法律监督。地方人民政府根据需要设立社区矫正委员会，负责统筹协调和指导本行政区域内的社区矫正工作。县级以上地方人民政府根据需要设置社区矫正机构，负责社区矫正工作的具体实施。司法所根据社区矫正机构的委托，承担社区矫正相关工作。社区矫正机构应当配备具有法律等专业知识的专门国家工作人员(以下称社区矫正机构工作人员)，履行监督管理、教育帮扶等执法职责。社区矫正机构根据需要，组织具有法律、教育、心理、社会工作等专业知识或者实践经验的社会工作者开展社区矫正相关工作。居民委员会、村民委员会依法协助社区矫正机构做好社区矫正工作。社区矫正对象的监护人、家庭成员，所在单位或者就读学校应当协助社区矫正机构做好社区矫正工作。

根据《刑法》第38条第2款的规定，对于判处管制的犯罪分子，可以根据犯罪情况，同时禁止其在执行期间从事特定活动，进入特定区域、场所，接触特定的人。被判处管制的犯罪人，在管制执行期间实施违反法律、行政法规或有关监督管理规定的行为，尚未构成犯罪的，或者违反禁止令的，应当由公安机关依照《中华人民共和国治安管理处罚法》的规定处罚。依法给予治安处罚的应当在治安拘留执行期满后继续执行管制(治安拘留期间不得折抵管制的刑期)；构成犯罪的应当依法定罪量刑。

《社区矫正法》第44条规定，被判处管制的犯罪分子，管制期满，或者被赦免的，社区矫正机构应当向社区矫正对象发放解除社区矫正证明书，并通知社区矫正决定机关、所在地的人民检察院、公安机关。

【重点法条】

《刑法》第38条、第39条。

【特别提示】

禁止令不是管制的内容，也不是管制的执行方法。

并非对所有被判处管制的犯罪分子都要适用禁止令。

禁止令的具体内容，根据案件的具体情况确定。

禁止令的实践不要求与管制的期限相同。

二、拘役

拘役是短期剥夺犯罪分子人身自由、就近实行劳动改造的刑罚方法。

该刑罚方法适用于罪行较轻，但又必须短期剥夺其人身自由，进行劳动改造的犯罪分子。

拘役的期限为1个月以上6个月以下，数罪并罚不超过1年。拘役的刑期，从判决执行之日起计算；判决执行以前先行羁押的，羁押1日折抵刑期1日。

被判处拘役的犯罪分子，由公安机关就近执行。

在执行期间，被判处拘役的犯罪分子每月可以回家一天至两天。

对于路途较远的犯罪分子，可以累积使用假期。

参加劳动的，可以酌量发给报酬。这里的“酌量发给报酬”，可理解为根据犯罪分子参加生产劳动的表现、技术水平和生产收入情况等，发给适当的报酬。

执行期满，应当由执行机关发给释放证明书。

三、有期徒刑

有期徒刑是剥夺犯罪分子一定期限的人身自由，实行强制其参加劳动，接受教育和改造的刑罚方法。在我国刑罚体系中，占据中心地位。

有期徒刑的适用对象广泛，适用于《刑法》分则规定的所有犯罪。

有期徒刑的刑期具有起点低、跨度大、刑期较长的特点。根据《刑法修正案(八)》的规定，有期徒刑的期限，除本法第50条、第69条的规定外，为6个月以上15年以下。数罪并罚的，有期徒刑总和刑期不满35年的，最高不能超过20年，总和刑期在35年以上的，最高不能超过25年。有期徒刑的刑期，从判决执行之日起计算。判决执行以前先行羁押的，羁押1日折抵刑期1日。我国关于有期徒刑的刑期幅度，主要表现为以下情形：1 年以下、2 年以下、3 年以下、5 年以下、1 年以上 7 年以下、2 年以上 5 年以下、2 年以上 7 年以下、3 年以上 7 年以下、3 年以上 10 年以下、5 年以上 10 年以下、7 年以上 10 年以下、5 年以上、7 年以上、10 年以上。

判处有期徒刑的犯罪分子，在监狱或者其他执行场所执行；凡有劳动能力的，都应当参加劳动，接受教育和改造。如果被判处有期徒刑的犯罪分子，在被交付执行刑罚前，剩余刑期在 3 个月以下的，由看守所代为执行。对未成年犯应当在未成年犯管教所执行刑罚。执行机关应当将罪犯及时收押，并且通知罪犯家属。执行期满，应当由执行机关发给释放证明书①。

四、无期徒刑

无期徒刑是剥夺犯罪分子人身自由、实行教育与劳动改造相结合的终身监禁的刑罚方法。该刑罚方法是自由刑中最严厉的刑罚方法。

无期徒刑的适用对象较为特定，主要适用于罪行严重的犯罪分子。

无期徒刑的刑期没有限制。判决前先行羁押的，不存在折抵刑期的问题。

在实践中，由于犯罪分子在执行期间有悔改或立功表现，而会出现刑罚执行的变更，导致其刑期的缩短。

被判处无期徒刑的犯罪分子，在监狱或其他执行场所执行。凡具有劳动能力的，应参加劳动，接受教育改造。

五、死刑

死刑，是剥夺犯罪分子生命的刑罚方法，又被称为极刑。我国对死刑的基本态度是保留，但坚持少杀、慎杀的原则。1997 年《刑法》规定了 68 个死刑罪名，《刑法修正案(八)》取消了 13 个非暴力犯罪的死刑，目前，适用死刑的罪名为 55 个。我国刑法从其适用对象、适用条件、适用程序等方面严格限制死刑的适用。

死刑

1. 适用条件

修正后的《刑法》第 48 条规定，死刑只适用于那些罪行极其严重的犯罪分子。所谓“罪行极其严重”，指犯罪分子所犯罪行对国家和人民利益的危害特别严重，或手段极其残忍，或情节特别恶劣，同时行为人具有极其严重的人身危险性，主观恶性特别巨大。

2. 适用对象

修正后的《刑法》第 49 条对死刑的适用对象作了特定的限制，具体有三种情形：

(1)犯罪的时候不满 18 周岁的人，不适用死刑。其中，“不适用死刑”，既包括不适用死刑立即执行，也包括不适用死刑缓期 2 年执行。

(2)审判的时候怀孕的妇女，不适用死刑。以下几种情形，不适用死刑：

一是对案件起诉到人民法院以前，在羁押期间做人工流产的。

二是怀孕妇女因涉嫌犯罪在羁押期间自然流产后，又因同一事实被起诉、交付审判的。

---

① 参见 2012 年修正的《刑事诉讼法》第 253 条的规定。

三是在羁押期间已经怀孕的妇女，不论其时间长短、不计其是否违反国家政策。

四是为了判其死刑而强制怀孕的妇女做人工流产的。

而对于执行死刑时发现其妇女怀孕的，也不能再继续执行。这种情况下，要停止执行，依法进行改判。

（3）审判的时候已满75周岁的人，不适用死刑，但以特别残忍手段致人死亡的除外。

【特别提示】

审判的时候已满75周岁的人，不适用死刑的，不要求犯罪时，已满75周岁。

特别残忍手段致人死亡的，通常指以暴力手段实施的故意杀人、故意伤害致人死亡。

特别残忍手段致人死亡，指具体的行为表现，而非指向具体罪名。

3. 适用程序

（1）死刑案件的一审法院只能是中级以上人民法院。

（2）除最高人民法院自己作出的死刑案件外，其余死刑案件都必须经过死刑复核程序。

（3）除自己作出的死刑案件外，最高人民法院对死刑立即执行案件行使复核权。

（4）死刑缓期执行的案件，可以由高级人民法院判决或者核准。

4. 执行方式

依据《刑事诉讼法》的相关规定，死刑采用枪决或者注射等方法执行。死刑可以在刑场或者指定的羁押场所内执行。在执行前，如果发现可能有错误，应当暂停执行，报请最高人民法院裁定。执行死刑应当公布，不应示众。

5. 死缓变更

依据《刑法》第50条的规定，对于死缓犯，有三种处理：其一，在死刑缓期执行期间，如果没有故意犯罪，2年期满以后，减为无期徒刑；其二，如果确有重大立功表现，2年期满以后，减为25年有期徒刑；其三，如果故意犯罪，情节恶劣的，由最高人民法院核准后执行死刑。对于故意犯罪未执行死刑的，死刑缓期执行的期间重新计算，并报最高人民法院备案。对被判处死刑缓期执行的累犯以及因故意杀人、强奸、抢劫、绑架、放火、爆炸、投放危险物质或者有组织的暴力性犯罪被判处死刑缓期执行的犯罪分子，人民法院根据犯罪情节等情况可以同时决定对其限制减刑。

6. 刑期计算

死刑缓期执行的期间，从判决确定之日起计算。死刑缓期执行减为有期徒刑的刑期，从死刑缓期执行期满之日起计算。

第二节　附　加　刑

附加刑，也称从刑，是补充主刑适用的刑罚方法。它既可独立适用，又可附加于主刑适用。我国刑法中有罚金、剥夺政治权利、没收财产与驱逐出境四种附加刑。

一、罚金

罚金，是人民法院判处犯罪分子向国家缴纳一定数额金钱的刑罚方法。

（一）适用对象

罚金刑的适用对象主要是贪利性犯罪和与财产有关的犯罪，目前，适用罚金刑的犯罪主要集中在破坏社会主义市场经济秩序罪、侵犯财产罪、妨碍社会管理秩序罪和贪污贿赂罪中。

《刑法》第52条规定："判处罚金，应当根据犯罪情节决定罚金数额。"这是确定罚金数额的基本原则。《刑法》分则关于罚金数额的规定，有如下情形：(1)没有规定罚金的具体数额；(2)规定了相对确定的罚金数额，法官只能在数额幅度之内依据犯罪情节决定应当判处的罚金数额；(3)以违法所得或犯罪涉及的数额为基准，然后以其一定的倍数或比例来确定罚金的数额。罚金的数额，以人民币为计算单位。

（二）适用方式

(1)单科式。即罚金只能单独判处，此一情况只适用于犯罪的单位。

(2)选科式。即罚金规定为选择法定刑，要么单独适用，要么不适用。

(3)并科式。即判处主刑时，附加适用罚金刑。

(4)并科或单科式。即罚金既可以附加适用，也可以独立适用。

（三）执行

罚金的执行机关是第一审人民法院。罚金的执行方式有：限期一次缴纳、限期分期缴纳、强制缴纳、随时追缴、延期缴纳和酌情减免缴纳。犯罪分子的财产在异地的，第一审人民法院可以委托财产所在地的人民法院代为执行。承担民事赔偿责任的犯罪分子，同时被判处罚金，其财产不足以全部支付的，应当先承担对被害人的民事赔偿责任。

二、剥夺政治权利

剥夺政治权利，是指依法剥夺犯罪分子参加国家管理和政治活动权利的刑罚方法。

（一）适用对象

可以独立适用剥夺政治权利，见《刑法》分则中侵犯公民人身权利、民主权利的少数犯罪。

附加剥夺政治权利的犯罪分子有以下几种情形：

(1)危害国家安全的犯罪分子，应当附加剥夺政治权利。

(2)对于被判处死刑的犯罪分子，应当剥夺政治权利终身。

(3)对于被判处无期徒刑的犯罪分子，应当剥夺政治权利终身。

(4)对于故意杀人、强奸、放火、爆炸、投毒、抢劫等严重破坏社会秩序的犯罪分子，可以附加剥夺政治权利。

（二）内容

依据《刑法》第54条规定，剥夺政治权利是剥夺犯罪分子的下列权利：(1)选举权和被选举权；(2)言论、出版、集会、结社、游行、示威自由的权利；(3)担任国家机关职务的权利；(4)担任国有公司、企业、事业单位和人民团体领导职务的权利。

（三）期限及计算

剥夺政治权利的期限有四种情况：(1)对于判处死刑、无期徒刑的犯罪分子，应当附加剥夺政治权利终身。(2)对于死刑缓期执行减为有期徒刑的，或者无期徒刑减为有期徒刑的，应当把附加剥夺政治权利的期限改为3年以上10年以下。(3)独立适用剥夺政治权利或者判处有期徒刑、拘役而附加剥夺政治权利的，其期限为 1 年以上 5 年以下。(4) 判处管制附加剥夺政治权利的，其期限与管制的期限相等，同时执行。附加剥夺政治权利的刑期，从徒刑、拘役执行完毕之日或者从假释之日起计算，剥夺政治权利的效力当然施用于主刑执行期间。

(四)执行

剥夺政治权利的执行机关是公安机关。被剥夺政治权利的犯罪分子，在执行期间，应当遵守法律、行政法规和国务院公安部门有关监督管理的规定，服从监督，不得行使《刑法》第 54 条规定的各项权利。执行期满，应当由执行机关书面通知本人及其所在单位、居住地基层组织。

三、没收财产

没收财产，是将犯罪分子个人所有财产的一部或全部强制无偿地收归国有的刑罚方法。它不同于罚金，与追缴犯罪所得物品、违禁品、犯罪使用的物品不同。

没收财产主要适用于危害国家安全罪、破坏社会主义市场经济秩序罪、侵犯财产罪以及贪污贿赂罪的犯罪分子。

没收财产主要有以下三种适用方式：(1)并处。即在判处主刑的同时，附加适用没收财产。(2)可以并处。即在量刑时，既可以对犯罪分子附加适用没收财产，也可以不附加适用。(3)并处罚金或者没收财产，即对罚金或者没收财产择一判处，附加适用。

我国《刑法》第 59 条规定，没收财产是没收犯罪分子个人所有财产的一部或者全部，没收全部财产的，应当对犯罪分子个人及其扶养的家属保留必需的生活费用。在判处没收财产的时候，不得没收属于犯罪分子家属所有或者应有的财产。

没收财产的判决，无论附加适用或者独立适用，都由人民法院执行；在必要的时候，可以会同公安机关执行。没收财产以前犯罪分子所负的正当债务，需要以没收的财产偿还的，经债权人请求，应当偿还。

四、驱逐出境

驱逐出境，是强迫犯罪的外国人离开中国国(边)境的刑罚方法。依据《刑法》第 35 条规定，对于犯罪的外国人，可以独立适用，也可以附加适用驱逐出境。单独适用的，从判决确定之日起执行；附加适用驱逐出境的，从主刑执行完毕之日起执行。

【以案说法 4-1】

袁某彦编造虚假恐怖信息案

◎基本案情：

被告人袁某彦，男，湖北人，1956 年出生，无业。

被告人袁某彦因经济拮据，意图通过编造爆炸威胁的虚假恐怖信息勒索钱财。2004 年 9 月 29 日，被告人袁某彦冒用名为“张锐”的假身份证，在河南省工商银行信阳分行红星路支行体彩广场分理处申请办理了牡丹灵通卡账户。

2005年1月24日14时许，被告人袁某彦拨打上海太平洋百货有限公司徐汇店的电话，编造已经放置炸弹的虚假恐怖信息，以不给钱就在商场内引爆炸弹自杀相威胁，要求上海太平洋百货有限公司徐汇店在1小时内向其指定的牡丹灵通卡账户内汇款人民币5万元。上海太平洋百货有限公司徐汇店即向公安机关报警，并进行人员疏散。接警后，公安机关启动防爆预案，出动警力300余名对商场进行安全排查。被告人袁某彦的行为造成上海太平洋百货有限公司徐汇店暂停营业3个半小时。

1月25日10时许，被告人袁某彦拨打福州市新华都百货商场的电话，称已在商场内放置炸弹，要求福州市新华都百货商场在半小时内将人民币5万元汇入其指定的牡丹灵通卡账户。接警后，公安机关出动大批警力进行人员疏散、搜爆检查，并对现场及周边地区实施交通管制。

1月27日11时，被告人袁某彦拨打上海市铁路局春运办公室的电话，称已在火车上放置炸弹，并以引爆炸弹相威胁要求春运办公室在半小时内将人民币10万元汇入其指定的牡丹灵通卡账户。接警后，上海铁路公安局抽调大批警力对旅客、列车和火车站进行安全检查。

1月27日14时，被告人袁某彦拨打广州市天河城百货有限公司的电话，要求广州市天河城百货有限公司在半小时内将人民币2万元汇入其指定的牡丹灵通卡账户，否则就在商场内引爆炸弹自杀。

1月27日16时，被告人袁某彦拨打深圳市天虹商场的电话，要求深圳市天虹商场在1小时内将人民币2万元汇入其指定的牡丹灵通卡账户，否则就在商场内引爆炸弹。

1月27日16时32分，被告人袁某彦拨打南宁市百货商场的电话，要求南宁市百货商场在1小时内将人民币2万元汇入其指定的牡丹灵通卡账户，否则就在商场门口引爆炸弹。接警后，公安机关出动警力300余名在商场进行搜爆和安全检查。

◎裁判结果：

2005年6月24日，上海市第二中级人民法院作出一审判决，认为被告人袁某彦为勒索钱财故意编造爆炸威胁等虚假恐怖信息，严重扰乱社会秩序，其行为已构成编造虚假恐怖信息罪，且造成严重后果，依照《中华人民共和国刑法》第二百九十一条之一、第五十五条第一款、第五十六条第一款、第六十四条的规定，判决被告人袁某彦犯编造虚假恐怖信息罪，判处有期徒刑十二年，剥夺政治权利三年。一审判决后，被告人袁某彦提出上诉。2005年8月25日，上海市高级人民法院二审终审裁定，驳回上诉，维持原判。(见最高人民检察院指导案例第11号)

☞ 思考与练习

1. 如何理解刑事责任与刑罚的关系？
2. 结合实际论述我国《刑法》关于严格限制死刑的规定。
3. 我国《刑法》规定的罚金刑的执行方式有哪些？
4. 剥夺政治权利的基本内容是什么？在该刑罚适用过程中，应注意哪些问题？

第五章　刑 罚 裁 量

【学习目标】

〇理解刑罚裁量的原则，掌握刑罚裁量情节的运用，《刑法》关于累犯、自首和立功，数罪并罚，缓刑的相关规定。

〇能够运用相关知识认定累犯、自首和立功，能正确适用数罪并罚及缓刑制度。

〇具有公平正义的司法理念，使学生具备法治精神、法律思维能力、法律表达能力和职业担当。

刑罚裁量，即量刑，是指人民法院对于犯罪分子依法裁量决定刑罚的一种刑事审判活动。《刑法》第61条规定："对于犯罪分子决定刑罚的时候，应当根据犯罪的事实、犯罪的性质、情节和对于社会的危害程度，依照本法的有关规定判处。"据此，我国刑罚裁量的基本原则是"以犯罪事实为依据，以刑事法律为准绳"。

刑罚裁量情节，又称量刑情节，是指人民法院对犯罪分子裁量刑罚时应当考虑的，据以决定量刑轻重或者免除刑罚处罚的各种情况。法定量刑情节，在我国刑法中有从重、从轻、减轻和免除处罚情节四种表现形式。

《刑法》第62条规定："犯罪分子具有本法规定的从重处罚、从轻处罚情节的，应当在法定刑的限度以内判处刑罚。"据此，首先，从重、从轻处罚是指在法定刑的限度以内判处刑罚，从重不允许在法定最高刑以上判处刑罚，从轻不允许在法定最低刑以下判处刑罚。其次，从重处罚不是指判处法定最高刑，从轻处罚也不是判处法定最低刑。再次，从重处罚不是指在法定刑"中间线"以上处罚，从轻处罚不是指在法定刑"中间线"以下处罚。最后，从重处罚，是指在法定量刑幅度内处以相对较重的刑种或刑期；从轻处罚，是指在法定量刑幅度以内处以相对较轻的刑种和刑期。相对于既没有从重处罚情节也没有从轻处罚情节的一般情况下所应判处的刑罚而言，比一般情况判处得重一些即为从重，比一般情况判处得较轻一些即为从轻。

《刑法》第63条规定："犯罪分子具有本法规定的减轻处罚情节的，应当在法定刑以下判处刑罚；本法规定有数个量刑幅度的，应当在法定量刑幅度的下一个量刑幅度内判处刑罚。犯罪分子虽然不具有本法规定的减轻处罚情节，但是根据案件的特殊情况，经最高人民法院核准，也可以在法定刑以下判处刑罚。"这包含三层含义：其一，减轻处罚，是指在法定最低刑以下判处刑罚。注意：这里的"以下"不包括本数，也就是必须判处低于法定最低刑的刑罚。从轻处罚和减轻处罚不存在竞合。其二，减轻处罚有幅度限制，只能在下一个量刑幅度内处罚，不能在下下一个幅度内处罚。其三，特别减轻处罚制度，必须是根据案件特殊情况，经最高人民法院核准。许霆案便适用了该款。

《刑法》第 37 条规定：“对于犯罪情节轻微不需要判处刑罚的，可以免予刑事处罚。”免除处罚，亦即免予刑事处分，是指对犯罪人作有罪宣告，但免除其刑罚处罚。免除刑罚处罚，根据具体情况，对行为人可给以非刑罚处理方法的处罚。如予以训诫或者责令具结悔过、赔礼道歉、赔偿损失，等等。

【以案说法 5-1】

王某危险驾驶免予刑事处罚案

2020 年 10 月 6 日 23 时许，被告人王某酒后驾驶小型轿车，被公安局交警大队民警查获。经鉴定，王某静脉血中检出乙醇成分，其含量为 132.75mg/100ml。

法院认为，被告人王某在道路上醉酒驾驶机动车，其行为已构成危险驾驶罪，应负刑事责任，鉴于王某认罪态度较好，犯罪情节较轻，免予刑事处罚。

第一节　累　　犯

累犯，是指因犯罪被判处一定刑罚的犯罪分子，在刑罚执行完毕或者赦免以后，在法定期限内又犯一定之罪的情况。我国《刑法》第 65 条规定了一般累犯，第 66 条规定了特殊累犯。两种累犯在构成条件上存在着差别。

一、一般累犯

一般累犯，是指被判处有期徒刑以上刑罚的犯罪分子，刑罚执行完毕或者赦免以后，在 5 年以内再犯应当判处有期徒刑以上刑罚之罪的犯罪分子。

《刑法》第 65 条第 1 款规定：“被判处有期徒刑以上刑罚的犯罪分子，刑罚执行完毕或者赦免以后，在五年以内再犯应当判处有期徒刑以上刑罚之罪的，是累犯，应当从重处罚，但是过失犯罪和不满十八周岁的人犯罪的除外。”这是关于一般累犯的规定。其成立条件如下：

1. 罪过条件

前罪与后罪都必须是故意犯罪。如果前后两罪或者其中一罪是过失犯罪，则不成立累犯。刑法将过失犯罪排除在累犯之外，是因为过失犯罪的犯罪人其人身危险性和主观恶性明显轻于故意犯罪人，而且过失犯罪分子再犯罪的可能性也比较小。

2. 年龄条件

前后两次犯罪都必须是已满 18 周岁的人。行为人前后两次犯罪都不满 18 周岁，不成立累犯；行为人第一次犯罪时未满 18 周岁，第二次犯罪时已满 18 周岁的，也不构成累犯。

3. 刑度条件

前罪被判处有期徒刑以上刑罚，后罪应当判处有期徒刑以上刑罚。因此，如果前罪被判处的是拘役、管制或者单处附加刑，那么无论后罪多么严重，也不构成累犯。同样，若前罪被判处了有期徒刑以上刑罚，但后罪应当判处拘役、管制或者单处附加刑，则也不能成立累犯。此处所谓“被判处有期徒刑以上刑罚”，是指人民法院最后确定的宣告刑是有期徒刑以上的刑罚。所谓“应当判处有期徒刑以上刑罚”，不是指法定刑中包含有期徒刑以上刑罚，而是指根据犯罪事实与刑事法律，应当判处有期徒刑以上刑罚。

4. 时间条件

后罪发生的时间，必须在前罪所判处的刑罚执行完毕或者赦免后的5年之内。其中所谓“刑罚执行完毕”，是指主刑执行完毕，不包括附加刑在内。主刑执行完毕5年之内又犯罪的，即使附加刑尚未执行完毕，仍可构成累犯。所谓“赦免”，是指受到特赦减免。此处5年的期限，对于被假释的犯罪分子，应从假释期满之日起计算。

被假释的犯罪分子，如果在假释考验期内又犯新罪，不构成累犯，应当撤销假释，适用数罪并罚。因为假释的考验期是附条件的提前释放，如果犯罪分子在假释的考验期内犯新罪的，就说明犯罪分子适用假释制度的目的没有达到，就应当撤销假释，进行数罪并罚。如果假释犯在假释考验期满后5年内再犯新罪的，则可以构成累犯。被判处有期徒刑宣告缓刑的犯罪分子，如果在缓刑考验期间又犯新罪，同样不构成累犯，应当撤销缓刑，适用数罪并罚。被判处有期徒刑宣告缓刑的犯罪分子，如果在缓刑考验期满后又犯罪的，不管经过多长时间，均不构成累犯。因为缓刑是附条件的不执行原判刑罚，缓刑期间考验期满，原判刑罚就不再执行，而不是意味着原判刑罚已经执行完毕。因此，不符合累犯的构成要件。

二、特殊累犯

特殊累犯，是指因犯特定之罪而受过刑罚处罚，在刑罚执行完毕或者赦免以后，又犯该特定之罪的犯罪分子。

《刑法》第66条规定：“危害国家安全犯罪、恐怖活动犯罪、黑社会性质的组织犯罪的犯罪分子在刑罚执行完毕或者赦免以后，在任何时候再犯上述任一类罪的，都以累犯论处。”这是关于特殊累犯的规定。它具有如下构成条件：

前后罪的要求。前罪与后罪都必须是特定之罪，即危害国家安全犯罪、恐怖活动犯罪、黑社会性质的组织犯罪。这是构成特殊累犯的实质条件。如果行为人实施的前后两罪都不属于危害国家安全犯罪、恐怖活动犯罪、黑社会性质的组织犯罪的范畴，或者其中之一不属于三类罪中的范畴，就不构成特殊累犯，但不排除构成一般累犯的可能。前罪与后罪只要是三类罪中的犯罪即可，不要求保持一致。

前罪被判处的刑罚和后罪应当判处的刑罚的种类及其轻重不受限制。即使前后两罪或者其中之一被判处或者应当判处拘役、管制或者单处附加刑，也不影响特殊累犯的成立。

后罪可以发生在前罪的刑罚执行完毕或者赦免以后的任何时候，不受两罪相隔时间长短的限制。即任何时间再犯三类犯罪中的犯罪，都构成特殊累犯。

三、累犯的刑事责任

累犯具有更深的主观恶性和更大的人身危险性，给社会带来了巨大的危害，我国《刑法》第 65 条第 1 款规定，对累犯应当从重处罚。据此，对累犯裁量刑罚时，应注意以下几个问题：

(1) 对累犯“应当”从重处罚，而不是“可以”从重处罚。“可以”是选择性规范，即适用者可以选择从重，也可以不选择从重。“应当”是命令性规范，法官没有灵活选择的余地，即对累犯必须从重处罚。而且不管是一般累犯还是特殊累犯，都必须从重处罚。

(2) 对累犯的从重处罚，不是无原则、无限制的从重，而是参照不构成累犯的初犯，在法定刑幅度内对判处相对较重的刑罚。

(3) 对累犯的从重还体现在：累犯不适用缓刑，对累犯不得假释，累犯判处死缓的还可以对其限制减刑。

第二节　自首、坦白和立功

一、自首

《刑法》第 67 条第 1 款规定：“犯罪以后自动投案，如实供述自己的罪行的，是自首。对于自首的犯罪分子，可以从轻或者减轻处罚。其中，犯罪较轻的，可以免除处罚。”这是一般自首。第 2 款规定：“被采取强制措施的犯罪嫌疑人、被告人和正在服刑的罪犯，如实供述司法机关尚未掌握的本人其他罪行的，以自首论。”这是特别自首。第 3 款规定：“犯罪嫌疑人虽不具有前两款规定的自首情节，但是如实供述自己罪行的，可以从轻处罚；因其如实供述自己罪行，避免特别严重后果发生的，可以减轻处罚。”这是《刑法修正案(八)》新增设的坦白。

自首

(一) 一般自首

一般自首，是指犯罪分子犯罪以后自动投案，如实供述自己罪行的行为。根据《刑法》第 67 条第 1 款之规定，一般自首具有如下构成条件 ：

1. 自动投案

所谓自动投案，是指犯罪人在犯罪之后、归案之前，出于本人意志向有关机关承认自己实施了犯罪，并自愿置于有关机关控制之下，准备接受司法机关的审查与裁判的行为。对此，司法实践中认定自动投案，应注意以下四个方面：

其一，投案时间。关于自动投案的时限，应是在犯罪人尚未归案之前。根据 1998 年 4 月 17 日《最高人民法院关于处理自首和立功具体应用法律若干问题的解释》，自动投案可以是犯罪事实未被司法机关发觉以前；或者犯罪事实虽然已被发觉，但犯罪人尚未被查获以前，或者犯罪事实和犯罪分子均已被发觉，而司法机关尚未对犯罪分子进行讯问或者采取强制措施以前。另外，罪行尚未被司法机关发觉，仅因形迹可疑，被有关组织或者司法机关盘问 、教育后，主动交代自己的罪行的；或者犯罪事实和犯罪嫌疑人均已被发觉，犯罪人逃跑，在被通缉 、追捕过程中，主动投案的；经查实确已准备去投案，或者正在投案途中，被公安机关捕获的，都应当视为自动投案。显然，投案时限的放宽，有利于犯罪人弃暗投明，作出积极的选择。

2010 年 12 月 22 日《最高人民法院关于处理自首和立功若干具体问题的意见》规定，犯罪嫌疑人具有以下情形之一的，也应当视为自动投案：(1)犯罪后主动报案，虽未表明自己是作案人，但没有逃离现场，在司法机关询问时交代自己罪行的；(2)明知他人报案而在现场等待，抓捕时无拒捕行为，供认犯罪事实的；(3)在司法机关未确定犯罪嫌疑人，尚在一般性排查询问时主动交代自己罪行的；(4)因特定违法行为被采取行政拘留、司法拘留、强制隔离戒毒等行政、司法强制措施期间，主动向执行机关交代尚未被掌握的犯罪行为的；(5)其他符合立法本意，应当视为自动投案的情形。罪行未被有关部门、司法机关发觉，仅因形迹可疑被盘问、教育后，主动交代了犯罪事实的，应当视为自动投案，但有关部门、司法机关在其身上、随身携带的物品、驾乘的交通工具等处发现与犯罪有关的物品的，不能认定为自动投案。交通肇事后保护现场、抢救伤者，并向公安机关报告的，应认定为自动投案，构成自首的，因上述行为同时系犯罪嫌疑人的法定义务，对其是否从宽、从宽幅度要适当从严掌握。交通肇事逃逸后自动投案，如实供述自己罪行的，应认定为自首，但应依法以较重法定刑为基准，视情决定对其是否从宽处罚以及从宽处罚的幅度。

其二，投案意志。自动投案作为犯罪嫌疑人犯罪后实施的具有“自动性”的行为，是基于其自由意志选择的结果。至于投案的动机则因人而异。有的出于真心悔改，争取宽大处理；有的慑于法律威力，迫于走投无路，有的是出于亲属的规劝等。何种动机不影响自动投案的成立。根据上述司法解释，并非出于犯罪嫌疑人主动，而是经亲友规劝、陪同投案的；公安机关通知犯罪嫌疑人的亲友，或者亲友主动报案后，将犯罪嫌疑人送去投案的，也应当视为自动投案。根据上述意见的规定，犯罪嫌疑人被亲友采用捆绑等手段送到司法机关，或者在亲友带领侦查人员前来抓捕时无拒捕行为，并如实供认犯罪事实的，虽然不能认定为自动投案，但可以参照法律对自首的有关规定酌情从轻处罚。

其三，投案对象。行为人必须向有关机关或者人员承认自己实施了特定犯罪。其投案对象既可以是负有侦查、起诉、审判职能的公安机关、人民检察院和人民法院及其派出单位，如街道派出所、人民法庭等，也可以是犯罪嫌疑人所在单位、城乡基层组织和其他有关负责人。投案对象的宽泛性为犯罪人自首的实现提供了便利的条件。

其四，投案内容。投案内容表现为犯罪人必须自愿置于有关机关或个人的控制之下，接受国家的审查和裁判。犯罪分子自动投案后，必须接受司法机关的侦查、起诉和审判，不能逃避，才能使自首成立。倘若犯罪人自动投案并供述罪行后又隐匿、脱逃，或者推翻供述，意图逃避制裁的，或者委托他人代自首而本人拒不到案的，都属于拒不接受国家审查和裁判的行为，不能构成自首。

2. 如实供述自己的罪行

具体包含以下几方面的含义：

其一，投案人供述的必须是犯罪事实。在司法实践中，鉴于犯罪人因作案时间、地点、环境的特殊或因生理、心理上的原因，往往难以当即作出全面供述或准确供述，故只要求其能供述主要犯罪事实即可。如果犯罪人只供述自己的次要的犯罪事实而回避主要犯罪事实，则不能视为自首。

其二，投案人所供述的必须是自己的犯罪事实，即由自己实施，并由自己承担刑事责任的罪行。按照最高人民法院的司法解释，犯有数罪的犯罪嫌疑人仅如实供述所犯数罪中部分犯罪的，只对如实供述部分犯罪的行为，认定为自首。共同犯罪案件中的犯罪嫌疑人，除如实供述自己的罪行，还应当供述所知的同案犯，主犯则应当供述所知其他同案犯的共同犯罪事实，才能认定为自首。

其三，投案人所供述的犯罪必须如实。所谓如实，是指犯罪嫌疑人所述事实与所为事实相一致。如实供述了主要犯罪事实，但隐瞒量刑情节的，也算如实供述。例如，甲自动投案供述了抢劫的事实，但在抢劫数额上有所隐瞒的，仍视为如实供述。合理辩解不影响如实供述，如实供述了案件事实，但对案件事实的定性，存在不同理解，有不同看法，进行辩解，仍属于如实供述。

其四，投案人供述犯罪事实必须主动。所谓主动，是指犯罪人出于自愿，积极供述自己的犯罪事实。其主动性体现其主观恶性的减弱。按照最高人民法院司法解释的规定，犯罪嫌疑人自动投案并如实供述自己的罪行后又翻供的，不能认定为自首；但在一审判决前又能如实供述的，应当认定为自首。

【以案说法 5-2】

李某作案后滞留现场放弃自杀案

被告人李某与前妻的男友陈某因故发生争执，相互殴打。李某用随身携带的水果刀捅向陈某腹部，致其肝脏破裂。经鉴定，陈某属重伤。案发后，李某滞留在现场，爬上阳台企图跳楼自杀。公安机关接警后，迅速控制现场。李某在接受近2个小时的劝说之后放弃自杀的念头，爬下阳台接受控制，并如实供述了自己的罪行。

本案中，李某作案后滞留现场的目的是自杀，不具有自动投案意志。公安机关接警后已发现犯罪事实，控制了案发现场，由于李某的危险举动而没有立即对其采取强制措施。李某接受2个小时的教育后放弃自杀念头，却已丧失逃离的时间和条件，故其不属于自动投案，不能成立自首。

（二）特别自首

特别自首，又称准自首，是指被采取强制措施的犯罪嫌疑人、被告人和正在服刑的罪犯，如实供述司法机关尚未掌握的本人其他罪行的行为。特别自首具有如下构成条件：

（1）适用于特定对象，即被采取强制措施的犯罪嫌疑人、被告人和正在服刑的罪犯。所谓强制措施，是指我国《刑事诉讼法》规定的拘传、拘留、取保候审、监视居住和逮捕。所谓犯罪嫌疑人，是指因涉嫌犯罪被立案侦查和审查起诉的人。被提起公诉之前的称犯罪嫌疑人，被起诉以后称被告人。所谓正在服刑的罪犯，是指已经人民法院判决、正在执行所判刑罚的罪犯。

（2）如实供述自己的其他罪行，即如实供述的罪行是犯罪人被采取强制措施或者服刑所依据的犯罪事实以外的其他罪行。这里的“其他罪行”是指和自己被抓时的罪行性质不一样，属于不同罪行。

(3)所供述的必须是司法机关尚未掌握的罪行。这是由余罪自首的案犯已经因某罪归案待审或正在服刑的特殊情况所决定的。根据上述意见的规定，其供述的其他罪行，司法机关是否已经掌握，应根据不同情况区别对待。如果该罪犯已被通缉，一般应以该司法机关是否在通缉令发布范围内作出判断，不在通缉令发布范围内的，应认定为还未掌握，在通缉令发布范围内的，应视为已掌握；如果该罪犯已录入全国公安信息网络在逃人员信息数据库，应视为已掌握。如果该罪犯未被通缉、也未录入全国公安信息网络在逃人员信息数据库，应以该司法机关是否已实际掌握该罪行为标准。

【以案说法 5-3】

莫某因放火被归案后，交代余罪成立自首案

被告人莫某经预谋在高层住宅内放火，致四人死亡和他人财产重大损失，犯罪动机卑劣，情节恶劣，社会危害性极大，后果和罪行极其严重，其行为已构成放火罪，应依法惩处。莫某多次窃取他人巨额财物，其归案后主动交代公安机关尚未掌握的盗窃罪行，系自首，对其所犯盗窃罪可依法从轻处罚。对莫某所犯数罪，应依法并罚。莫某以放火罪判处死刑，剥夺政治权利终身；以盗窃罪判处有期徒刑五年，并处罚金人民币 1 万元，决定执行死刑，剥夺政治权利终身，并处罚金人民币 1 万元。

(三)坦白

坦白，是指犯罪嫌疑人被动归案后，如实供述自己罪行的行为。一般自首与坦白的相同点是都如实供述自己的罪行，二者的区别主要是归案方式不同，一般自首是自动投案，坦白是被动归案。特别自首与坦白相同点是都被动归案，区别在于，特别自首是如实供述司法机关尚未掌握的本人其他罪行，坦白是如实供述司法机关已经掌握的本人罪行。

(四)自首、坦白的刑事责任

我国《刑法》第 67 条第 1 款后段规定："对于自首的犯罪分子，可以从轻或者减轻处罚；其中，犯罪较轻的，可以免除处罚。"第 67 条第 3 款规定："如实供述自己罪行的，可以从轻处罚；因其如实供述自己罪行，避免特别严重后果发生的，可以减轻处罚。"可见，自首、坦白只是可以型情节。对于某些情节特别恶劣、罪行特别严重的犯罪，也可以不予从宽。

【以案说法 5-4】

周某杀人后自首案

2020 年 9 月 23 日 9 时许，被告人周某在香河县其家中，趁其丈夫被害人单某闭目躺在床上之机，使用水果刀刺扎单某腹部一刀，用布绳勒单颈部，致其死亡。案发当日，周某在公安机关对其进行一般性排查询问时主动交代了自己的罪行。

法院认为，周某犯故意杀人罪，在一般性排查询问时主动交代罪行，成立自首，依法从轻处罚，判处周某无期徒刑，剥夺政治权利终身。

二、立功

(一)立功的概念

根据我国《刑法》第68条规定及司法解释，立功是指犯罪分子检举、揭发他人犯罪行为，查证属实的，或者提供重要线索，从而得以侦破其他案件等表现的，或者阻止他人犯罪活动的，或者协助司法机关抓捕其他犯罪嫌疑人的，或者具有其他有利于国家和社会的突出表现的。

我国《刑法》设立立功制度，有助于鼓励犯罪分子主动实施有利于国家和社会的行为，将功补罪，也有利于司法机关迅速侦破和处理案件，提高司法效率。

立功有一般立功与重大立功之分。“重大”，指检举揭发“重大犯罪”、侦破“重大案件”、协助抓获“重大犯罪嫌疑人”，“重大”的标准一般是指犯罪嫌疑人、被告人可能判处无期徒刑以上刑罚或者案件在本省、自治区、直辖市或者全国范围内有较大影响等情形。

(二)立功的认定

2010年12月22日《最高人民法院关于处理自首和立功若干具体问题的意见》的要点：

1. 关于立功线索来源的具体认定

犯罪分子通过贿买、暴力、胁迫等非法手段，或者被羁押后与律师、亲友会见过程中违反监管规定，获取他人犯罪线索并“检举揭发”的，不能认定为有立功表现。

犯罪分子将本人以往查办犯罪职务活动中掌握的，或者从负有查办犯罪、监管职责的国家工作人员处获取的他人犯罪线索予以检举揭发的，不能认定为有立功表现。

犯罪分子亲友为使犯罪分子“立功”，向司法机关提供他人犯罪线索、协助抓捕犯罪嫌疑人的，不能认定为犯罪分子有立功表现。

2. 关于“协助抓捕其他犯罪嫌疑人”的具体认定

犯罪分子具有下列行为之一，使司法机关抓获其他犯罪嫌疑人的，属于上述意见第5条规定的“协助司法机关抓捕其他犯罪嫌疑人”：(1)按照司法机关的安排，以打电话、发信息等方式将其他犯罪嫌疑人(包括同案犯)约至指定地点的；(2)按照司法机关的安排，当场指认、辨认其他犯罪嫌疑人(包括同案犯)的；(3)带领侦查人员抓获其他犯罪嫌疑人(包括同案犯)的；(4)提供司法机关尚未掌握的其他案件犯罪嫌疑人的联络方式、藏匿地址的，等等。

犯罪分子提供同案犯姓名、住址、体貌特征等基本情况，或者提供犯罪前、犯罪中掌握、使用的同案犯联络方式、藏匿地址，司法机关据此抓捕同案犯的，不能认定为协助司法机关抓捕同案犯。

【以案说法5-5】

杨某女友协助抓捕同案犯，不认定立功案

陈某、杨某、张某共同盗窃，杨某在被抓获后交代了共同盗窃的事实并向公安机

关提供了同案犯张某的暂住地地址，但张某已离开此暂住地。后杨某女朋友发现张某在某地出现，遂向公安人员提供了张某的具体行踪从而使公安机关得以抓捕张某。

本案中，公安机关抓获同案犯张某是基于被告人女朋友提供的线索，因此，不能认定被告人构成立功。杨某到案后主动交代了自己及同案犯共同盗窃的罪行并提供了同案犯张某的暂住地地址，这反映了杨某的悔罪态度，可在量刑时作为酌定从轻处罚情节。

(三)立功犯的刑事责任

我国《刑法》第68条规定，对于立功者应分别依以下不同情况从宽处罚：(1)一般立功的，可以从轻或者减轻处罚；(2)重大立功的，可以减轻或者免除处罚。

第三节 数罪并罚

数罪并罚，是指人民法院对犯罪分子在法定期限内所犯数罪分别定罪量刑后，按照法定的并罚原则及刑期计算方法，决定其应执行的刑罚的制度。

数罪并罚有以下特点：第一，一人犯数罪。这是数罪并罚的前提，没有这个前提，也就没有了数罪并罚。判决宣告以前发现一人犯有同种数罪的不适用并罚的原则，而作为量刑的从重处罚情节。但判决宣告以后，刑罚执行完毕以前，发现"漏罪"或者又犯新罪的，漏罪与新罪与前一个判决所认定的罪，无论是同种罪还是异种罪，均应适用数罪并罚。第二，犯罪分子所犯数罪发生在判决宣告以前或者刑罚执行完毕以前。这是适用数罪并罚的时间条件，包括两种情况：其一，所犯数罪均发生在判决宣告以前。其二，判决宣告以后，刑罚执行完毕以前，被判刑的犯罪分子又犯新罪的。新罪如果发生在刑罚执行完毕以后，对新罪依法定罪处罚，符合累犯条件的，从重处罚。第三，在对数罪分别定罪量刑的基础上，依照法定的数罪并罚的原则及刑期的计算方法，决定执行的刑罚。这是数罪并罚操作的规程，数罪并罚并不是将数罪所判的刑期简单的相加而是对犯罪分子所犯数罪，依照《刑法》分则有关条文的规定，分别定罪量刑，然后根据《刑法》总则确立的数罪并罚的原则及刑期的计算方法，决定应该执行的刑罚。

一、数罪并罚的原则

所谓数罪并罚的原则，是指对一人所犯数罪合并处罚应依据的规则。各国所采用的数罪并罚原则，可归纳为如下四种：(1)并科原则，亦称相加原则，是指将一人所犯数罪分别宣告的各罪刑罚绝对相加、合并执行的合并处罚规则。(2)吸收原则，是指对一人所犯数罪采用重罪吸收轻罪或者重罪刑吸收轻罪刑的合并处罚规则。(3)限制加重原则，是指以一人所犯数罪中应当判处或已判处的最重刑罚为基础，再在一定限度之内对其予以加重作为执行刑罚的合并处罚规则。(4)折中原则，亦称混合原则，是指对一人所犯数罪的合并处罚不单纯采用并科原则、吸收原则或限制加重原则，而是根据法定的刑罚性质及特点兼采并科原则、吸收原则或限制加重原则，以分别适用于不同刑种和宣告刑结构的合并处罚规则。

【重点法条】

我国《刑法》第 69 条规定："判决宣告以前一人犯数罪的，除判处死刑和无期徒刑的以外，应当在总和刑期以下、数刑中最高刑期以上，酌情决定执行的刑期，但是管制最高不能超过三年，拘役最高不能超过一年，有期徒刑总和刑期不满三十五年的，最高不能超过二十年，总和刑期在三十五年以上的，最高不能超过二十五年。

数罪中有判处有期徒刑和拘役的，执行有期徒刑。数罪中有判处有期徒刑和管制，或者拘役和管制的，有期徒刑、拘役执行完毕后，管制仍须执行。

数罪中有判处附加刑的，附加刑仍须执行，其中附加刑种类相同的，合并执行，种类不同的，分别执行。"

我国《刑法》第 69 条规定，确立了以限制加重原则为主，以吸收原则和并科原则为补充的折中原则。具体适用范围及基本适用规则如下：

(1)判决宣告的数个主刑中有数个死刑或最重刑为死刑的，采用吸收原则，仅应决定执行一个死刑，而不得决定执行两个以上的死刑或其他主刑。

(2)判决宣告的数个主刑中有数个无期徒刑或最重刑为无期徒刑的，采用吸收原则，只应决定执行一个无期徒刑，而不得决定执行两个以上的无期徒刑，或者将两个以上的无期徒刑合并升格执行死刑，或者决定执行其他主刑。

(3)判决宣告的数个主刑为同种有期自由刑即有期徒刑、拘役、管制的，采取限制加重原则合并处罚。根据我国《刑法》第 69 条第 1 款的规定，采取限制加重原则合并处罚，具体的限制加重规则为以下三种：

①判决宣告的数个主刑均为有期徒刑的，应当在总和刑期以下，数刑中最高刑期以上，酌情决定执行的刑期；但是总和刑期不满 35 年的，最高不能超过 20 年，总和刑期在 35 年以上的，最高不超过 25 年。

②判决宣告的数个主刑均为拘役的，应当在总和刑期以下，数刑中最高刑期以上，酌情决定执行的刑期；但是最高不能超过 1 年。

③判决宣告的数个主刑均为管制的，应当在总和刑期以下，数刑中最高刑期以上，酌情决定执行的刑期；但是最高不能超过 3 年。

(4)判决宣告的数个主刑为不同种有期自由刑的，根据我国《刑法》第 69 条第 2 款的规定，有期徒刑和拘役实行吸收原则，即执行有期徒刑。数罪中有判处有期徒刑和管制，或者拘役和管制的，实行并科原则，即有期徒刑、拘役执行完毕后，管制仍须执行。

(5)数罪中有判处附加刑的，采用并科原则，附加刑仍须执行，其中附加刑种类相同的，合并执行，种类不同的，分别执行。

例如，甲因 A 罪被判处 15 年有期徒刑，剥夺政治权利 5 年；因 B 罪被判处 14 年有期徒刑，并处没收财产 5 万元，剥夺政治权利 3 年；因 C 罪被判处 10 年有期徒刑，并处罚金 20 万元。那么，对甲应在 15 年以上 25 年以下决定有期徒刑刑罚，并且没收财产 5 万元，罚金 20 万元，剥夺政治权利 8 年。

二、我国《刑法》中数罪并罚的适用

根据《刑法》第 69 条、第 70 条、第 71 条的规定，不同条件下适用数罪并罚原则的具体规则分为以下三种：

（一）判决宣告以前一人犯数罪的并罚规则

《刑法》第 69 条规定表明，我国刑法规定的数罪并罚原则及由此而决定的基本适用规则，是以判决宣告以前一人犯数罪的情形为标准确立的。因此，判决宣告以前一人犯数罪的合并处罚规则，以限制加重为主，吸收和并科原则为补充的折中原则。

（二）刑罚执行期间发现漏罪的并罚规则

我国《刑法》第 70 条规定："判决宣告以后，刑罚执行完毕以前，发现被判刑的犯罪分子在判决宣告以前还有其他罪没有判决的，应当对新发现的罪作出判决，把前后两个判决所判处的刑罚，依照本法第 69 条的规定，决定执行的刑罚。已经执行的刑期，应当计算在新判决决定的刑期以内。"这种情况可概括为"先并后减"，具体特点如下：

（1）必须是在判决宣告以后并已经发生法律效力，刑罚尚未执行完毕以前，发现犯罪分子还有漏罪，才能实行数罪并罚。

（2）对新发现的漏罪，不论是一罪还是数罪，也不论与前罪的性质是否相同，都应当单独作出判决。

（3）应当把前罪所判的刑罚同漏罪所判处的刑罚，按照相应的数罪并罚的原则，决定执行的刑罚。

（4）在计算刑期的时候，应当把已经执行的刑期，计算在新判决决定的刑期之内。

（三）刑罚执行期间又犯新罪的并罚规则

我国《刑法》第 71 条规定："判决宣告以后，刑罚执行完毕以前，被判刑的犯罪分子又犯罪的，应当对新犯的罪作出判决，把前罪没有执行的刑罚和后罪所判处的刑罚，依照本法第 69 条的规定，决定执行的刑罚。"这种情况可概括为"先减后并"，具体特点如下：

（1）被判刑的犯罪分子是在判决宣告以后、刑罚执行完毕以前又犯新罪。

（2）对犯罪分子所犯新罪，不论是一罪还是数罪，也不论新罪与前罪的性质是否相同，都应该单独作出判决。

（3）在计算刑期的时候，应当先从前罪判决决定执行的刑罚中减去已经执行的刑罚，然后将前罪没有执行的刑罚和新罪所判处的刑罚，依据相应的数罪并罚的原则，决定执行的刑罚。

三、数罪并罚中应该注意的问题

（一）适用《刑法》第 70 条规定的并罚方法应注意的问题

（1）原判认定犯罪分子犯有数罪且已经予以合并处罚，在判决宣告后，刑罚执行完毕以前，又发现犯罪分子有漏罪的并罚。这种情况下，应当将漏罪所判刑罚与原判决决定执行的刑罚实行并罚，依照《刑法》第 69 条的规定，决定执行的刑罚。因为原来所作的数罪并罚的判决，是已经发生法律效力的判决，对其效力应该予以肯定。

(2)原判决宣告以后刑罚执行完毕以前，发现犯罪分子还有数个漏罪的并罚。这种情况下，应当先对数个漏罪分别定罪量刑，然后将所判处的数个刑罚与前罪所判处的刑罚实行并罚，最后决定执行的刑罚。

(3)犯罪分子刑满释放后又犯罪，并发现他还有漏罪的并罚。犯罪分子刑满释放后又犯罪的案件时，发现他在前罪判决宣告前，或者在前罪判处的刑罚执行期间，犯有其他罪行，未经处理，并且依照刑法的规定应当追诉的，如果漏罪和新罪分属于不同种罪行的，即应对漏罪与刑满释放后又犯的新罪分别定罪量刑，并依照《刑法》第 69 条的规定，实行数罪并罚；如果漏罪与新罪属于同种罪的，可以判处一罪从重处罚，不必实行数罪并罚。

(二)适用《刑法》第 71 条规定的并罚方法应注意的问题

(1)决定执行刑罚的最低期限较高。犯罪分子被判刑后，已经执行一定刑期的刑罚，如果再犯新罪的，且新罪所判的刑期比前罪尚未执行的刑期长的条件下，决定执行刑罚的最低期限提高了。

(2)实际执行的刑罚可能超过数罪并罚时法定最高刑期的期限。在前罪与新罪都被判处较长刑期的情况下，用先减后并的方法并罚，犯罪分子实际执行的有期徒刑的刑期可能超过 20 年、25 年。

(3)犯罪分子在刑罚执行期间又犯新罪，其执行刑罚的时间越长，决定执行刑罚的最低期限越高。如某乙前罪被判处有期徒刑 7 年，假设他在刑罚分别执行 1 年、3 年、6 年后又犯新罪，新罪被判处有期徒刑 5 年。若以先减后并的方法并罚，其实际执行的刑期最低限分别为 7 年、8 年、11 年。若以先并后减的方法并罚，其实际执行的刑期最低限都是 7 年。

第四节　缓　　刑

一、缓刑的概念

缓刑是对判处一定刑罚的犯罪分子，在其具备一定条件的前提下，在一定期限内附条件地不执行原判刑罚的制度。根据《刑法》第 72 条的规定，我国缓刑是指人民法院对于被判处拘役、3 年以下有期徒刑的犯罪分子，根据其犯罪情节、悔罪表现、再犯危险及对所居住社区的影响，认为暂缓执行原判刑罚，确实不致再危害社会的，规定一定的考验期，暂缓其刑罚的执行，若犯罪分子在考验期内没有发生法定撤销缓刑的情形，原判刑罚就不再执行的制度。其特点是：既判处一定刑罚，又暂不执行，但在一定期间保留执行可能性。缓刑不是一种独立的刑种。从裁量是否执行所判刑罚的意义上，缓刑是一种量刑制度；从刑罚执行的意义上说，缓刑也是一种刑罚执行制度。

缓刑的效力不及于附加刑，附加刑仍需执行。

宣告缓刑，可以根据犯罪情况，同时禁止犯罪分子在缓刑考验期限内从事特定活动，进入特定区域、场所，接触特定的人。

缓刑不同于对军人的“战时缓刑”，《刑法》第449条规定：“在战时，对于被判处3年以下有期徒刑没有现实危险宣告缓刑的犯罪军人，允许其戴罪立功，确有立功表现时，可以撤销原判刑罚，不以犯罪论处。”缓刑与战时缓刑在适用时间、适用对象、适用条件、考验内容、法律后果等方面都有明显区别。

二、缓刑的适用条件

根据我国《刑法》第72条、第74条的规定，适用缓刑必须符合下列条件：

1. 对象条件

缓刑只适用于被判处拘役或者3年以下有期徒刑的犯罪人。对此应理解为：(1)所谓“3年以下有期徒刑”是指判决确定的刑期，是就宣告刑而言，而不是指法定刑。犯罪人所犯之罪的法定刑虽然是3年以上有期徒刑，但他具有减轻处罚的情节，判决确定的刑期为3年以下有期徒刑，也可以适用缓刑。(2)对于被判处管制或者单处附加刑的，不能适用缓刑。因为管制或者单处附加刑都不存在剥夺人身自由问题，适用缓刑没有实际意义。(3)如果一人犯数罪，实行数罪并罚后，决定执行的刑罚为3年以下有期徒刑或者拘役的，也可以适用缓刑。(4)犯罪人触犯什么性质的罪名，在所不问，没有限制。例如，犯罪分子触犯危害国家安全罪触犯故意杀人罪等，只要被判处3年以下有期徒刑，符合缓刑条件，就可以适用缓刑。(5)对其中不满18周岁的人、怀孕的妇女和已满75周岁的人，符合缓刑条件的，应当宣告缓刑。

2. 实质条件

犯罪情节较轻，有悔罪表现，没有再犯罪的危险，宣告缓刑对所居住社区没有重大不良影响。《刑法修正案(八)》将缓刑的实质条件具体化了，便于实际认定操作。

3. 限制条件

必须不是累犯和犯罪集团的首要分子。累犯屡教不改、主观恶性较深，犯罪集团的首要分子主观恶性和人身危险性都较大，所以，即使其被判处拘役或3年以下有期徒刑，也不能适用缓刑。

【以案说法5-6】

周某过失致人死亡适用缓刑案

2020年4月3日15时许，在某建材有限公司制砖车间内，被告人周某在其工友王某进入停止运行的搅拌机检测故障时，因疏忽触碰搅拌机操纵台开关，致使搅拌机启动，将检测故障的王某搅拌致伤，王某经抢救无效死亡。

法院认为，被告人周某行为构成过失致人死亡罪，应予惩处。鉴于被告人周某案发后有悔罪表现，坦白罪行，与被害人近亲属达成和解，取得被害人近亲属的谅解，认罪认罚，故判处周某有期徒刑三年，缓刑三年。

三、缓刑的考验期限

《刑法》第 73 条规定："拘役的缓刑考验期限为原判刑期以上一年以下，但是不能少于二个月。有期徒刑的缓刑考验期限为原判刑期以上五年以下，但是不能少于一年。"根据这一规定，在确定考验期限时应注意以下几点：

1. 缓刑考验期限的长短应以原判刑罚的长短为前提

缓刑的考验期可以等于或适当长于原判刑期，但以不超过原判刑期一倍为宜，也不能短于原判刑期。过长或过短都不能充分发挥缓刑的作用。规定这样的期限是为了有利于对犯罪分子进行考察教育，如果考察期限过短，不利于对考察教育，也有失缓刑的可行性；考验期限过长也会影响犯罪分子改造的积极性。

2. 在确定具体的缓刑考验期限时，应注意原则性与灵活性相结合

根据犯罪情节和犯罪分子个人的具体情况，在法律规定的范围内决定适当的考验期限。根据《刑法》第 73 条第 3 款的规定，缓刑的考验期限，从判决确定之日起计算。所谓"判决确定之日"，即判决发生法律效力之日。判决以前先行羁押的日期，不能折抵缓刑考验期。

四、缓刑考验期限内的考察

缓刑考验期限内的考察，主要涉及以下内容：

(一)被宣告缓刑者应当遵守的规定

我国《刑法》第 75 条规定，被宣告缓刑的犯罪分子应当遵守下列规定：(1)遵守法律、行政法规，服从监督；(2)按照考察机关的规定报告自己的活动情况；(3)遵守考察机关关于会客的规定；(4)离开所居住的市、县或者迁居，应当报经考察机关批准。

(二)缓刑的考察内容

《刑法》第 76 条规定："被宣告缓刑的犯罪分子，在缓刑考验期限内，依法实行社区矫正。如果没有本法第 77 条规定的情形，缓刑考验期满，原判的刑罚就不再执行，并公开予以宣告。"

根据《刑法》第 76 条的规定，缓刑考察的内容，就是考察被宣告缓刑的犯罪分子，在缓刑考验期限内，是否具有《刑法》第 77 条规定的情形，即是否再犯新罪或者发现漏罪，以及是否有违反法律、行政法规或者国务院有关部门有关缓刑的监督管理规定，或者违反人民法院判决中的禁止令，情节严重的行为。若没有发生《刑法》第 77 条规定的情形，缓刑考验期满，原判的刑罚就不再执行，并公开予以宣告。

五、缓刑的法律后果

根据《刑法》第 76 条、第 77 条的规定，缓刑的法律后果有以下两种：

(一)成功的缓刑：原判刑罚不再执行

被宣告缓刑的犯罪分子，在缓刑考验期限内，没有《刑法》第 77 条规定的情形，缓刑考验期满，原判的刑罚就不再执行，并公开予以宣告。

（二）失败的缓刑：撤销缓刑

1. 在考验期间又犯新罪

被宣告缓刑的犯罪分子，在缓刑考验期内又犯新的罪，说明其并未真诚悔改，表明其主观恶性较大，不执行刑罚难以达到预防犯罪的目的，因而应当撤销缓刑，对新犯的罪作出判决，把前罪的刑罚与新罪所判处的刑罚，按照《刑法》第 69 条的规定进行数罪并罚。只要在缓刑考验期内犯新罪，无论是缓刑考验期间发现，还是缓刑考验期后才发现，都应撤销缓刑，数罪并罚。

2. 在考验期间发现漏罪

被宣告缓刑的犯罪分子，在缓刑考验期限内发现判决宣告以前还有其他罪没有判决的，应当撤销缓刑，对漏罪作出判决，把前罪和后罪所判处的刑罚，依照《刑法》第 69 条的规定，进行数罪并罚。如果在缓刑考验期满后才发现漏罪的，不能撤销缓刑，只能对漏罪另行起诉审判。

3. 违反法律、行政法规或者国务院有关部门有关缓刑的监督管理规定，或者违反人民法院判决中的禁止令，情节严重的

被宣告缓刑的犯罪分子，在缓刑考验期限内，违反法律、行政法规或者国务院有关部门有关缓刑的监督管理规定，或者违反人民法院判决中的禁止令，情节严重的，应当撤销缓刑，执行原判刑罚。这里，已经经过的缓刑考验期，不算已经执行的刑期，但原判决以前先行羁押的，羁押日期应当折抵刑期。

☞ 思考与练习

1. 简述累犯的概念和条件。
2. 如何理解一般自首的条件？
3. 如何适用数罪并罚？
4. 试述缓刑的概念、条件及法律后果。
5. 判断分析题

（1）下列关于从重处罚的表述哪些是正确的？（　　）

A. 从重处罚是指应当在犯罪所适用刑罚幅度的中线以上判处。

B. 从重处罚是在法定刑以上判处刑罚。

C. 从重处罚是指在法定刑的限度以内判处刑罚。

D. 从重处罚不一定判处法定最高刑。

（2）关于累犯，下列哪一判断是正确的？（　　）

A. 甲因抢劫罪被判处有期徒刑十年，并被附加剥夺政治权利三年。甲在附加刑执行完毕之日起五年之内又犯罪。甲成立累犯。

B. 甲犯抢夺罪于 2005 年 3 月假释出狱，考验期为剩余的二年刑期。甲从假释考验期满之日起五年内再故意犯重罪。甲成立累犯。

C. 甲犯危害国家安全罪五年徒刑期满，六年后又犯杀人罪。甲成立累犯。

D. 对累犯可以从重处罚。

(3)关于自首中的"如实供述"，下列哪些选项是错误的？(　　)

A. 甲自动投案后，如实交代自己的杀人行为，但拒绝说明凶器藏匿地点的，不成立自首。

B. 乙犯有故意伤害罪 、抢夺罪，自动投案后，仅如实供述抢夺行为，对伤害行为一直主张自己是正当防卫的，仍然可以成立自首。

C. 丙虽未自动投案，但办案机关所掌握线索针对的贪污事实不成立，在此范围外丙交代贪污罪行的，应当成立自首。

D. 丁自动投案并如实供述自己的罪行后又翻供，但在二审判决前又如实供述的，应当认定为自首。

(4)关于缓刑的适用，下列哪一选项是错误的？(　　)

A. 被宣告缓刑的犯罪分子，在考验期内再犯罪的，应当数罪并罚，且不得再次宣告缓刑。

B. 对于被宣告缓刑的犯罪分子，可以同时禁止其从事特定活动，进入特定区域、场所，接触特定的人。

C. 对于黑社会性质组织的首要分子，不得适用缓刑。

D. 被宣告缓刑的犯罪分子，在考验期内由公安机关考察，所在单位或者基层组织予以配合。

第六章 刑罚执行

【学习目标】

○能够说出刑罚执行的适用原则、刑罚执行的机关，能够解释减刑、假释、赦免的条件和程序。

○在允许查阅相关资料的条件下，分析出相关案例是否符合减刑、假释的条件；能够说出减刑、假释的程序；能够计算出减刑的幅度和假释的期限。

○内化以人为本的刑罚执行理念，培养依法减刑、假释的罪刑法定意识。

所谓刑罚执行，是指有行刑权的专门机关将人民法院生效的判决、裁定所确定的刑罚付诸实施的刑事司法活动。我国刑法主要规定了减刑、假释、特赦制度。

在刑罚执行过程中，应主要坚持以下原则：

1. 人道性原则

人道性原则，是指刑罚执行，应尊重犯罪分子的人格，禁止使用非人道的残酷的刑罚手段，应注重对犯罪分子的刑罚效果，关心犯罪分子的实际困难，积极寻求有效措施，促进其早日成为自食其力的新人。

2. 区别对待原则

所谓区别对待，是指在刑罚执行过程中，根据犯罪分子的具体情况，给予相应处遇措施。即根据犯罪分子的年龄、性别、性格特点、文化程度、生理状况、犯罪性质及特点、罪行严重程度及人身危险性大小等，给予不同的处遇，如：根据犯罪分子的犯罪性质不同分别关押、采取不同的教育改造方式；根据犯罪分子身体条件和文化程度，分配适当工种，制定合理定额等。

3. 教育性原则

在刑罚执行过程中，不论是监禁刑，还是非监禁刑的执行，都要既重视对犯罪分子的惩罚，又要重视对其进行教育和帮扶。如果仅对犯罪分子实施惩罚与威慑，而不对其以教育矫正，则刑罚的目的就难以实现，因此，在行刑过程中，还应根据每个犯罪分子的基本情况，进行相应的法制教育、心理教育、文化教育、职业技术教育等恢复性教育。

4. 社会性原则

即在刑罚执行过程中，要依靠社会力量对受刑人进行帮教，使之复归社会。特别是在非监禁刑的执行过程中，要充分发挥社区、社会工作者、社会志愿者等社会力量的积极作用，为服刑人员提供教育、就业指导等帮扶工作。

刑罚执行的主体，即各种刑罚的执行机关，指行使刑罚执行权的专门国家机关。根据刑罚内容的不同，其执行机关亦不同。

【特别提示】

监督机关是检察机关。

执行禁止令的机关是社区矫正专门机关，违反禁止令的处理机关是公安机关。

第一节 减 刑

减刑是指对于被判处管制、拘役、有期徒刑、无期徒刑的犯罪分子，在执行期间，如果认真遵守监规，接受教育改造，确有悔改表现或者有立功表现的，适当减轻其原判刑罚的制度。即主刑中除死刑(包含死缓)不能减刑外，其余四种主刑均属于减刑范围之内。例外情况是，《刑法》第383条第4款和第386条规定，对犯贪污、受贿罪，被判处死刑缓期执行的，人民法院根据犯罪情节等情况可以同时决定在其死刑缓期执行二年期满依法减为无期徒刑后，终身监禁，不得减刑。死刑立即执行，没有减刑的空间和可能。死缓二年考验期满减为无期徒刑属于死缓制度的法定的变更，与减刑的法律根据不同，不属于减刑制度。有期徒刑、拘役缓期考验不是刑罚执行，缓刑犯有重大立功表现的对有期徒刑、拘役可以适当减刑。

我国《刑法》第79、80、81条分别规定了减刑的条件、限度、程序和无期徒刑减刑的计算。减刑制度是惩罚与教育相结合的刑事政策的具体体现，是我国同犯罪作斗争的经验总结，是我国刑事立法的创举，是实现刑罚目的的重要手段。减刑有别于减轻处罚，也不同于改判。减轻处罚是人民法院根据犯罪分子所具有的法定或者酌定减轻处罚情节，依法在法定刑以下判处刑罚，其适用对象是判决确定前的未决犯，属于刑罚的裁量环节；减刑则是在判决确定以后的刑罚执行期间，对正在服刑的犯罪分子，依法对原判刑罚予以适当减轻，是一种刑罚执行制度，其适用对象为判决确定以后的已决犯。改判，是在原判决认定事实或者适用法律上确有错误时，依法对原判决错误的纠正；减刑则是在肯定原判决的基础上，按照法定条件和程序，将原判刑罚予以适当减轻。

一、减刑的条件

(一)对象条件

减刑的适用对象是被判处管制、拘役、有期徒刑、无期徒刑的犯罪分子。

《刑法》第78条明确规定，被判处管制、拘役、有期徒刑、无期徒刑的犯罪分子，在执行期间，认真遵守监规，接受教育改造，确有悔改表现或者有立功表现的，可以适用减刑。

(二)实质条件

适用减刑的实质条件可分为可以减刑和应当减刑两种情形。

1. 可以减刑的实质性条件是犯罪分子在刑罚执行期间，认真遵守监规，接受教育改造，确有悔改表现或者有立功表现

(1)“确有悔改表现”的认定。依据2016年《最高人民法院关于办理减刑、假释案件具

体应用法律的规定》①，“确有悔改表现”是指同时具备以下四个方面的情形：认罪悔罪；认真遵守法律法规及监规，接受教育改造；积极参加思想、文化、职业技术教育；积极参加劳动，努力完成劳动任务。罪犯积极执行财产刑和履行附带民事赔偿义务的，可视为有认罪悔罪表现；而对于罪犯在刑罚执行期间确有执行、履行能力而不执行、不履行的，在减刑、假释时应当从严掌握。

对职务犯罪、破坏金融管理秩序和金融诈骗犯罪、组织(领导、参加、包庇、纵容)黑社会性质的组织犯罪等罪犯，不积极退赃、协助追缴赃款赃物、赔偿损失，或者服刑期间利用个人影响力和社会关系等不正当手段意图获得减刑、假释的，不认定其“确有悔改表现”。

罪犯在刑罚执行期间的申诉权利应当依法保护，对其正当申诉不能不加分析地认为是不认罪悔罪。

【以案说法 6-1】

张某坚不予减刑案

◎**基本案情：**

张某坚，男，原安徽省滁州市人大常委会副主任(副厅级)，1994 年 6 月至 2008 年 12 月间先后任滁州市南谯区常务副区长、区长、区委书记、人大常委会主任以及明光市委书记、市人大常委会主任等职。因犯受贿罪于 2011 年 5 月被判处无期徒刑，剥夺政治权利终身，并处没收个人全部财产，受贿所得现金 428.3 万元、购物卡 7.08 万元予以追缴。判决生效后交付执行。2014 年 11 月，执行机关安徽省巢湖监狱向安徽省高级人民法院提出减刑建议，该院立案后将减刑建议书等材料通过互联网向社会公示，同年 12 月 4 日在巢湖监狱公开开庭审理本案，并邀请市人大代表旁听庭审。

安徽省高级人民法院经审理查明，罪犯张某坚虽然在狱内遵守监规，积极劳动，服刑期间受到表扬 3 次，记功 3 次，表现较好，但庭审中，张某坚对原审认定的受贿事实仅承认不足 10 万元的礼金和购物卡，其他部分拒不认罪。另查明，案发后张某坚实际退出赃款 163 万余元。

◎**裁判结果：**

安徽省高级人民法院认为，罪犯张某坚在服刑期间遵守法律和监规，积极参加劳动，表现较好，但在原判事实清楚、证据确实充分的情况下，仍否认原判认定的绝大部分犯罪事实，未能认识所犯罪行的严重性和社会危害性，不能认定其“认罪悔罪”。张某坚不符合法律规定的减刑条件，依法裁定不予减刑。(该案减刑裁定书已在中国裁判文书网公布)

---

① 《最高人民法院关于办理减刑、假释案件具体应用法律的规定》，2016 年 9 月 19 日最高人民法院审判委员会第 1693 次会议通过，自 2017 年 1 月 1 日起施行。

(2)“立功表现”的认定。《最高人民法院关于办理减刑、假释案件具体应用法律的规定》第4条规定：“具有下列情形之一的，应当认定为有‘立功表现’：

(一)阻止他人实施犯罪活动的；

(二)检举、揭发监狱内外犯罪活动，或者提供重要的破案线索，经查证属实的；

(三)协助司法机关抓捕其他犯罪嫌疑人的；

(四)在生产、科研中进行技术革新，成绩突出的；

(五)在抗御自然灾害或者排除重大事故中，表现积极的；

(六)对国家和社会有其他较大贡献的。

第(四)项、第(六)项中的技术革新或者其他较大贡献应当由罪犯在刑罚执行期间独立或者为主完成，并经省级主管部门确认。”

2. 应当减刑的实质条件是犯罪分子在刑罚执行期间，确有重大立功表现

结合《刑法》第78条、最高人民法院《关于办理减刑、假释案件具体应用法律的规定》的内容，具有下列情形之一的，应当认定为有“重大立功表现”：(1)阻止他人实施重大犯罪活动的；(2)检举监狱内外重大犯罪活动，经查证属实的；(3)协助司法机关抓捕其他重大犯罪嫌疑人的；(4)有发明创造或者重大技术革新的；(5)在日常生产、生活中舍己救人的；(6)在抗御自然灾害或者排除重大事故中，有突出表现的；(7)对国家和社会有其他重大贡献的。

第(4)项中的发明创造或者重大技术革新应当是罪犯在刑罚执行期间独立或者为主完成并经国家主管部门确认的发明专利，且不包括实用新型专利和外观设计专利；第(7)项中的其他重大贡献应当由罪犯在刑罚执行期间独立或者为主完成，并经国家主管部门确认。

【特别提示】

对在报请减刑前的服刑期间不满18周岁，且所犯罪行不属于《刑法》第81条第2款规定情形(累犯以及因故意杀人、强奸、抢劫、绑架、放火、爆炸、投放危险物质或者有组织的暴力性犯罪被判处10年以上有期徒刑、无期徒刑的犯罪分子)的罪犯，认罪悔罪，遵守法律法规及监规，积极参加学习、劳动，应当视为确有悔改表现。

对上述罪犯减刑时，减刑幅度可以适当放宽，或者减刑起始时间、间隔时间可以适当缩短，但放宽的幅度和缩短的时间不得超过本规定中相应幅度、时间的三分之一。

老年罪犯、患严重疾病罪犯或者身体残疾罪犯减刑时，应当主要考察其认罪悔罪的实际表现。“老年罪犯”，是指报请减刑、假释时年满65周岁的罪犯。“患严重疾病罪犯”，是指因患有重病，久治不愈，而不能正常生活、学习、劳动的罪犯。“身体残疾罪犯”，是指因身体有肢体或者器官残缺、功能不全或者丧失功能，而基本丧失生活、学习、劳动能力的罪犯，但是罪犯犯罪后自伤致残的除外。

对基本丧失劳动能力，生活难以自理的上述罪犯减刑时，减刑幅度可以适当放宽，或者减刑起始时间、间隔时间可以适当缩短，但放宽的幅度和缩短的时间不得超过本规定中相应幅度、时间的三分之一。

人民法院按照审判监督程序重新审理的案件，裁定维持原判决、裁定的，原减刑裁定继续有效。

再审裁判改变原判决、裁定的，原减刑裁定自动失效，执行机关应当及时报请有管辖权的人民法院重新作出是否减刑的裁定。重新作出减刑裁定时，不受本规定有关减刑起始时间、间隔时间和减刑幅度的限制。重新裁定时应综合考虑各方面因素，减刑幅度不得超过原裁定减去的刑期总和。再审改判为死刑缓期执行或者无期徒刑的，在新判决减为有期徒刑之时，原判决已经实际执行的刑期一并扣减。再审裁判宣告无罪的，原减刑、假释裁定自动失效。

(三)限度条件

减刑的限度条件，是指犯罪分子经过减刑以后，应当实际执行的刑罚的最低要求。依据《刑法修正案(八)》第 78 条规定，减刑以后实际执行的刑期不能少于下列期限：

(1)判处管制、拘役、有期徒刑的，不能少于原判刑期的 1/2；

(2)判处无期徒刑的，不能少于 13 年；

(3)人民法院依照本法第 50 条第 2 款规定限制减刑的死刑缓期执行的犯罪分子，缓期执行期满后依法减为无期徒刑的，不能少于 25 年，缓期执行期满后依法减为 25 年有期徒刑的，不能少于 20 年。

二、减刑的幅度与减刑后刑期的计算

减刑的幅度，根据其原判刑种的不同和服刑期间的悔改或立功表现而有所区别。

依据《最高人民法院关于办理减刑、假释案件具体应用法律的规定》：

(1)有期徒刑犯罪分子在刑罚执行期间，确有悔改表现，或者有立功表现，符合减刑条件的，减刑幅度为：确有悔改表现或者有立功表现的，一次减刑不超过 9 个月有期徒刑；确有悔改表现并有立功表现的，一次减刑不超过 1 年有期徒刑；有重大立功表现的，一次减刑不超过 1 年 6 个月有期徒刑；确有悔改表现并有重大立功表现的，一次减刑不超过 2 年有期徒刑。

被判处有期徒刑的罪犯减刑起始时间为：不满 5 年有期徒刑的，应当执行 1 年以上方可减刑；5 年以上不满 10 年有期徒刑的，应当执行 1 年 6 个月以上方可减刑；10 年以上有期徒刑的，应当执行 2 年以上方可减刑。有期徒刑减刑的起始时间自判决执行之日起计算。

有期徒刑犯罪分子的减刑间隔时间为：被判处不满 10 年有期徒刑的罪犯，两次减刑间隔时间不得少于 1 年；被判处 10 年以上有期徒刑的罪犯，两次减刑间隔时间不得少于 1 年 6 个月。减刑间隔时间不得低于上次减刑减去的刑期。

罪犯有重大立功表现的，可以不受上述减刑起始时间和间隔时间的限制。

对符合减刑条件的职务犯罪罪犯，破坏金融管理秩序和金融诈骗犯罪罪犯，组织、领导、参加、包庇、纵容黑社会性质组织犯罪罪犯，危害国家安全犯罪罪犯，恐怖活动犯罪罪犯，毒品犯罪集团的首要分子及毒品再犯，累犯，确有履行能力而不履行或者不全部履行生效裁判中财产性判项的罪犯，被判处 10 年以下有期徒刑的，执行 2 年以上方可减刑，减刑幅度应当从严掌握，一次减刑不超过 1 年有期徒刑，两次减刑之间应当间隔 1 年以上。

对被判处 10 年以上有期徒刑的前款罪犯，以及因故意杀人、强奸、抢劫、绑架、放火、爆炸、投放危险物质或者有组织的暴力性犯罪被判处10年以上有期徒刑的罪犯，数罪并罚且其中两罪以上被判处10年以上有期徒刑的罪犯，执行2年以上方可减刑，减刑幅度应当从严掌握，一次减刑不超过1年有期徒刑，两次减刑之间应当间隔1年6个月以上。

罪犯有重大立功表现的，可以不受上述减刑起始时间和间隔时间的限制。

(2)无期徒刑犯罪分子在刑罚执行期间，确有悔改表现，或者有立功表现的，服刑2年以后，可以减刑。减刑幅度为：确有悔改表现或者有立功表现的，可以减为22年有期徒刑；确有悔改表现并有立功表现的，可以减为21年以上22年以下有期徒刑；有重大立功表现的，可以减为20年以上21年以下有期徒刑；确有悔改表现并有重大立功表现的，可以减为19年以上20年以下有期徒刑。无期徒刑罪犯减为有期徒刑后再减刑时，减刑幅度参照有期徒刑的减刑幅度处理，两次减刑间隔时间不得少于2年。罪犯有重大立功表现的，可以不受上述减刑起始时间和间隔时间的限制。无期徒刑罪犯经过一次或几次减刑后，其实际执行的刑期不能少于13年，起始时间应当自无期徒刑判决确定之日起计算。

对被判处无期徒刑的职务犯罪罪犯，破坏金融管理秩序和金融诈骗犯罪罪犯，组织、领导、参加、包庇、纵容黑社会性质组织犯罪罪犯，危害国家安全犯罪罪犯，恐怖活动犯罪罪犯，毒品犯罪集团的首要分子及毒品再犯，累犯以及因故意杀人、强奸、抢劫、绑架、放火、爆炸、投放危险物质或者有组织的暴力性犯罪的罪犯，确有履行能力而不履行或者不全部履行生效裁判中财产性判项的罪犯，数罪并罚被判处无期徒刑的罪犯，符合减刑条件的，执行3年以上方可减刑，减刑幅度应当从严掌握，减刑后的刑期最低不得少于20年有期徒刑；减为有期徒刑后再减刑时，减刑幅度从严掌握，一次不超过1年有期徒刑，两次减刑之间应当间隔2年以上。罪犯有重大立功表现的，可以不受上述减刑起始时间和间隔时间的限制。

(3)被判处死刑缓期执行的罪犯减为无期徒刑后，符合减刑条件的，执行3年以上方可减刑。减刑幅度为：确有悔改表现或者有立功表现的，可以减为25年有期徒刑；确有悔改表现并有立功表现的，可以减为24年以上25年以下有期徒刑；有重大立功表现的，可以减为23年以上24年以下有期徒刑；确有悔改表现并有重大立功表现的，可以减为22年以上23年以下有期徒刑。

被判处死刑缓期执行的罪犯减为有期徒刑后再减刑时，减刑幅度参照有期徒刑的减刑幅度处理，两次减刑间隔时间不得少于2年。

对被判处死刑缓期执行的职务犯罪罪犯，破坏金融管理秩序和金融诈骗犯罪罪犯，组织、领导、参加、包庇、纵容黑社会性质组织犯罪罪犯，危害国家安全犯罪罪犯，恐怖活动犯罪罪犯，毒品犯罪集团的首要分子及毒品再犯，累犯以及因故意杀人、强奸、抢劫、绑架、放火、爆炸、投放危险物质或者有组织的暴力性犯罪的罪犯，确有履行能力而不履行或者不全部履行生效裁判中财产性判项的罪犯，数罪并罚被判处死刑缓期执行的罪犯，减为无期徒刑后，符合减刑条件的，执行3年以上方可减刑，一般减为25年有期徒刑，有立功表现或者重大立功表现的，可以减为23年以上25年以下有期徒刑；减为有期徒刑后再减刑时，减刑幅度比照有期徒刑减刑幅度从严掌握，一次不超过一年有期徒刑，两次减刑之间应当间隔2年以上。

死刑缓期执行罪犯经过一次或几次减刑后，其实际执行的刑期不能少于 15 年，死刑缓期执行期间不包括在内。死刑缓期执行罪犯在缓期执行期间抗拒改造，尚未构成犯罪的，此后减刑时可以适当从严。

(4)被限制减刑的死刑缓期执行罪犯，减为无期徒刑后，符合减刑条件的，执行 5 年以上方可减刑。减刑间隔时间和减刑幅度从严掌握。

被限制减刑的死刑缓期执行罪犯，减为有期徒刑后再减刑时，一次减刑不超过 6 个月有期徒刑，两次减刑间隔时间不得少于 2 年。有重大立功表现的，间隔时间可以适当缩短，但一次减刑不超过 1 年有期徒刑。

对被判处终身监禁的罪犯，在死刑缓期执行期满依法减为无期徒刑的裁定中，应当明确终身监禁，不得再减刑或者假释。

(5)判处管制、拘役的犯罪分子，以及判决生效后剩余刑期不满 2 年有期徒刑的罪犯，符合减刑条件的，可以酌情减刑，其实际执行的刑期不能少于原判刑期的 1/2。

(6)有期徒刑犯罪分子减刑时，对附加剥夺政治权利的期限可以酌减。酌减后剥夺政治权利的期限，不能少于 1 年。

被判处死刑缓期执行、无期徒刑的罪犯减为有期徒刑时，应当将附加剥夺政治权利的期限减为 7 年以上 10 年以下，经过一次或者几次减刑后，最终剥夺政治权利的期限不得少于 3 年。

(7)判处拘役或者 3 年以下有期徒刑并宣告缓刑的犯罪分子，一般不适用减刑。

犯罪分子在缓刑考验期限内有重大立功表现的，可以参照《刑法》第 78 条的规定，予以减刑，同时应依法缩减其缓刑考验期限。拘役的缓刑考验期限不能少于 2 个月，有期徒刑的缓刑考验期限不能少于 1 年。

【以案说法 6-2】

吴某减刑案

◎基本案情：

罪犯吴某，男，农民，因犯交通肇事罪于 2012 年 1 月被判处有期徒刑三年，缓刑三年，在湖南省汨罗市桃林镇接受社区矫正。缓刑考验期自 2012 年 1 月 28 日起至 2015 年 1 月 27 日止。

2014 年 4 月，汨罗市司法局向湖南省岳阳市中级人民法院提出对罪犯吴某减刑的建议。岳阳中院立案后将减刑建议书等材料在吴某接受矫正的桃林镇社区和互联网同步公示，并于同年 6 月 24 日在桃林镇公开开庭审理了本案。当地居民及在该镇接受社区矫正的其他罪犯共四十余人参加了旁听。

岳阳中院经审理查明，罪犯吴某在社区矫正期间服从监管，接受教育改造，积极参加集中教育及社区服务等活动，表现良好。2013 年 5 月 4 日，吴某在经过桃林镇枫树塘时，发现一名儿童溺水，遂不顾危险，跳入两米多深的水中将儿童救起。同年 8 月，吴某被汨罗市综治委授予“见义勇为”称号。2014 年 2 月湖南省司法厅社区矫正管理局给予吴某重大立功奖励 1 次。

◎**裁判结果：**

岳阳中院认为，罪犯吴某在缓刑考验期间积极参加社区矫正部门组织的集中教育和社区服务活动，确有悔改表现并有重大立功表现，对其依法应予减刑。遂当庭宣告对吴某减刑七个月零三天并相应缩短缓刑考验期。社区矫正机关亦于当天为吴某办理了解除社区矫正的手续。(该减刑裁定书已在中国裁判文书网公布)

(8)被判处有期徒刑、无期徒刑的罪犯在刑罚执行期间又故意犯罪，新罪被判处有期徒刑的，自新罪判决确定之日起3年内不予减刑；新罪被判处无期徒刑的，自新罪判决确定之日起4年内不予减刑。罪犯在死刑缓期执行期间又故意犯罪，未被执行死刑的，死刑缓期执行的期间重新计算，减为无期徒刑后，5年内不予减刑。被判处死刑缓期执行罪犯减刑后，在刑罚执行期间又故意犯罪的，依照有期徒刑、无期徒刑的罪犯在刑罚执行期间又故意犯罪的处理。

三、减刑的程序

依据《刑法》第79条、2018年修正的《刑事诉讼法》和2014年《最高人民法院关于减刑、假释案件审理程序的规定》，被判处管制、拘役、有期徒刑或者无期徒刑的罪犯，在执行期间确有悔改或者立功表现，应当依法予以减刑的时候，由执行机关提出减刑建议书，报请人民法院审核裁定。其中，对被判处死刑缓期执行、无期徒刑的罪犯的减刑，由罪犯服刑地的高级人民法院在收到同级监狱管理机关审核同意的减刑建议书后法定期间内作出裁定；对被判处有期徒刑和被减为有期徒刑的罪犯以及被判处拘役、管制的罪犯的减刑，由罪犯服刑地的中级人民法院在收到执行机关提出的减刑建议书后法定期间内作出裁定。减刑建议书副本要同时抄送人民检察院，人民检察院可以向人民法院提出书面意见。人民检察院对执行机关执行刑罚的活动是否合法实行监督。如果发现有违法的情况，应当通知执行机关纠正。

中级以上人民法院对确有悔改或者立功事实的，裁定予以减刑。

人民法院审理减刑、假释案件，可以采取开庭审理或者书面审理的方式。但下列减刑、假释案件，应当开庭审理：(1)因罪犯有重大立功表现报请减刑的；(2)报请减刑的起始时间、间隔时间或者减刑幅度不符合司法解释一般规定的；(3)公示期间收到不同意见的；(4)人民检察院有异议的；(5)被报请减刑、假释罪犯系职务犯罪罪犯，组织(领导、参加、包庇、纵容)黑社会性质组织犯罪罪犯，破坏金融管理秩序和金融诈骗犯罪罪犯及其他在社会上有重大影响或社会关注度高的；(6)人民法院认为其他应当开庭审理的。人民法院作出减刑裁定前，执行机关书面提请撤回减刑建议的，是否准许，由人民法院决定。

减刑的裁定，应当在裁定作出之日起7日内送达有关执行机关、人民检察院以及罪犯本人。

人民检察院认为人民法院减刑、假释裁定不当，在法定期限内提出书面纠正意见的，人民法院应当在收到纠正意见后另行组成合议庭审理，并在1个月内作出裁定。

人民法院发现本院已经生效的减刑、假释裁定确有错误的，应当依法重新组成合议庭进行审理并作出裁定；上级人民法院发现下级人民法院已经生效的减刑、假释裁定确有错误的，应当指令下级人民法院另行组成合议庭审理，也可以自行依法组成合议庭进行审理并作出裁定。

非经法定程序不得减刑。

第二节 假　　释

假释是指对被判处有期徒刑或无期徒刑的犯罪分子，在刑罚执行一定时间后，确有悔改表现，不致再危害社会，因而将其附条件提前释放的制度。简言之，假释就是对犯罪分子附条件地提前释放。所谓附条件，是指被假释的犯罪人如果在考验期内遵守一定的条件，就认为原判刑罚已经执行完毕；如果没有遵守一定的条件，就收监执行原判刑罚或者予以数罪并罚。我国《刑法》第81、82、83、84、85、86条明确规定了假释的适用条件、程序、考验期限、假释犯应遵守的规定、假释考验及其积极后果、假释的撤销与处理，假释制度是我国刑罚执行制度的重要内容。正确适用假释制度，对于促进犯罪分子积极改造，争取早日回归社会，预防其重新犯罪，具有十分重要的意义。

假释

一、假释的条件

（一）对象条件

假释的适用对象是被判处有期徒刑或无期徒刑的犯罪分子。死缓减为无期徒刑或者有期徒刑后，符合假释条件的，可以假释。被判处管制的，因为本来就在社会上监管执行，没有假释的必要。被判处拘役的犯罪分子刑期太短，若认为犯罪人连拘役这样短期的关押也没必要，可以适用缓刑，不适用假释。

对累犯以及因故意杀人、强奸、抢劫、绑架、放火、爆炸、投放危险物质或者有组织的暴力性犯罪被判处10年以上有期徒刑、无期徒刑的罪犯，不得假释。因上述情形和犯罪被判处死刑缓期执行的犯罪分子，被减为无期徒刑、有期徒刑后，也不得假释。

（二）时间条件

被判处有期徒刑、无期徒刑的犯罪分子，必须执行一定的刑期之后，才能适用假释。

被判处有期徒刑的犯罪分子，执行原判刑期1/2以上，被判处无期徒刑的犯罪分子，实际执行13年以上，符合法定条件的，可以假释，被判处死刑缓期执行的罪犯减为无期徒刑或者有期徒刑后，实际执行15年以上，方可假释。如果有特殊情况，经最高人民法院核准，可以不受上述执行刑期的限制。“特殊情况”，是指与国家、社会利益有重要关系的情况。

有期徒刑犯罪分子的假释，执行原判刑期1/2以上的起始时间，应当从判决执行之日起计算，判决执行以前先行羁押的，羁押1日折抵刑期1日。被判处无期徒刑的罪犯假释时，刑法中关于实际执行刑期不得少于13年的时间，应当从判决生效之日起计算。判决生效以前先行羁押的时间不予折抵。被判处死刑缓期执行的罪犯减为无期徒刑或者有期徒刑后，实际执行15年的起算，应当从死刑缓期执行期满之日起计算。死刑缓期执行期间不包括在内，判决确定以前先行羁押的时间不予折抵。

(三)实质条件

被判处有期徒刑的犯罪分子，执行原判刑期1/2以上，被判处无期徒刑的犯罪分子，实际执行13年以上，如果认真遵守监规，接受教育改造，确有悔改表现，没有再犯罪的危险的，可以假释。

依据《最高人民法院关于办理减刑、假释案件具体应用法律的规定》，办理假释案件，判断“没有再犯罪的危险”，除符合《刑法》第81条规定的情形外，还应根据犯罪的具体情节、原判刑罚情况，在刑罚执行中的一贯表现，罪犯的年龄、身体状况、性格特征，假释后生活来源以及监管条件等因素综合考虑。

对犯罪分子决定假释时，应当考虑其假释后对所居住社区的影响。

【以案说法6-3】

黎某泉不予假释案

◎基本案情：

罪犯黎某泉，男，原中山火炬工业联合总公司工程经理，因犯受贿罪于2010年10月被判处有期徒刑八年，并处没收财产人民币5万元。判决生效后交付执行。广东省肇庆市中级人民法院于2012年10月30日对其减去有期徒刑一年零四个月。

执行机关广东省四会监狱以罪犯黎某泉在考核期间，确有悔改表现为由，报请对其予以假释。广东省肇庆市中级人民法院于2014年4月立案后，将假释建议书等材料通过互联网予以公示，并于同年5月15日公开开庭审理了本案。肇庆市、四会市六名人大代表受邀旁听庭审。

广东省肇庆市中级人民法院经审理查明，罪犯黎某泉虽在考核期间共获表扬6次，改造积极分子1次，但原判并处没收财产5万元，只缴纳1万余元，另外还有受贿所得赃款82万余元未退出。该犯未能提供个人家庭经济困难的证据材料证实其无能力履行财产刑。从黎某泉狱内的收支明细看，其服刑期间往来钱款较多，月零花消费超过400元，高于一般狱内消费水平，有一定的退赔履行能力。

◎裁判结果：

广东省肇庆市中级人民法院认为，罪犯黎某泉虽在服刑期间改造表现较好，但其系职务犯罪罪犯，未通过主动退赃、积极履行财产刑，消除其犯罪行为所产生的社会影响，尚不能认定为确有悔改表现，不符合假释条件，对黎某泉不予假释。(该案生效法律文书已通过互联网向社会公布)

【特别提示】

对下列罪犯适用假释时可以依法从宽掌握：(1)过失犯罪的罪犯、中止犯罪的罪犯、被胁迫参加犯罪的罪犯；(2)因防卫过当或者紧急避险过当而被判处有期徒刑以上刑罚的罪犯；(3)犯罪时未满十八周岁的罪犯；(4)基本丧失劳动能力、生活难以自理，假释后生活确有着落的老年罪犯、患严重疾病罪犯或者身体残疾罪犯；(5)服刑期间改造表现特别突出的罪犯；(6)具有其他可以从宽假释情形的罪犯。

罪犯既符合法定减刑条件，又符合法定假释条件的，可以优先适用假释。

对于生效裁判中有财产性判项，罪犯确有履行能力而不履行或者不全部履行的，不予假释。

犯减刑后又假释的，间隔时间不得少于1年；对一次减去1年以上有期徒刑后，决定假释的，间隔时间不得少于1年6个月。罪犯减刑后余刑不足2年，决定假释的，可以适当缩短间隔时间。

二、假释的考验期限与对假释犯的监督

(一)假释的考验期限

依据《刑法》第83、84、85条规定：有期徒刑的假释考验期限，为没有执行完毕的刑期；无期徒刑的假释考验期限为10年。假释考验期限，从假释之日起计算。

(二)对假释犯的监督

被宣告假释的犯罪分子，应当遵守下列规定：

(1)遵守法律、行政法规，服从监督；

(2)按照监督机关的规定报告自己的活动情况；

(3)遵守监督机关关于会客的规定；

(4)离开所居住的市、县或者迁居，应当报经监督机关批准。

对假释的犯罪分子，在假释考验期限内，依法实行社区矫正。

【特别提示】

假释人员社区矫正的程序和内容：

(1)确定社区矫正执行地：社区矫正执行地为社区矫正对象的居住地。社区矫正对象在多个地方居住的，可以确定经常居住地为执行地。社区矫正对象的居住地、经常居住地无法确定或者不适宜执行社区矫正的，社区矫正决定机关应当根据有利于社区矫正对象接受矫正、更好地融入社会的原则，确定执行地。

(2)报到：人民法院裁定假释的社区矫正对象，应当自判决、裁定生效之日起10日内到执行地社区矫正机构报到。

(3)矫正内容：社区矫正机构应当根据裁判内容和假释人员的性别、年龄、心理特点、健康状况、犯罪原因、犯罪类型、犯罪情节、悔罪表现等情况，制定有针对性的矫正方案，实现分类管理、个别化矫正。社区矫正机构应当根据假释人员的情况，为其确定矫正小组，负责落实相应的矫正方案。

(4)考核奖惩：社区矫正机构根据假释人员的表现，依照有关规定对其实施考核奖惩。社区矫正对象违反法律法规或者监督管理规定的，应当视情节依法给予训诫、警告、提请公安机关予以治安管理处罚，或者依法提请撤销假释。社区矫正对象具有《刑法》规定的撤销假释情形的，应当由人民法院撤销假释。

(5)社区矫正的解除：假释人员矫正期满或者被赦免的，社区矫正机构应当向社区矫正对象发放解除社区矫正证明书，并通知社区矫正决定机关、所在地的人民检察院、公安机关。

(三)假释的撤销与处理

被假释的犯罪分子，在假释考验期限内犯新罪，应当撤销假释，依照《刑法》第 71 条的规定实行数罪并罚。

在假释考验期限内，发现被假释的犯罪分子在判决宣告以前还有其他罪没有判决的，应当撤销假释，依照《刑法》第 70 条的规定实行数罪并罚。

被假释的犯罪分子，在假释考验期限内，有违反法律、行政法规或者国务院有关部门关于假释的监督管理规定的行为，尚未构成新的犯罪的，应当依照法定程序撤销假释，收监执行未执行完毕的刑罚。

三、假释的程序

依据《刑法》第 79 条、2018 年修正的《刑事诉讼法》和 2014 年《最高人民法院关于减刑、假释案件审理程序的规定》，适用假释时，由执行机关提出假释建议书，报请人民法院审核裁定，并将建议书副本抄送人民检察院。对被判处无期徒刑的罪犯的假释，由罪犯服刑地的高级人民法院在收到同级监狱管理机关审核同意的假释建议书后 1 个月内作出裁定，案情复杂或者情况特殊的，可以延长 1 个月；对被判处有期徒刑和被减为有期徒刑的罪犯的、假释，由罪犯服刑地的中级人民法院在收到执行机关提出的假释建议书后 1 个月内作出裁定，案情复杂或者情况特殊的，可以延长 1 个月。人民检察院可以向人民法院提出书面意见。人民检察院对执行机关执行刑罚的活动是否合法实行监督。如果发现有违法的情况，应当通知执行机关纠正。

中级以上人民法院对确有悔改或者立功事实的，裁定予以假释。

人民法院审理假释案件，可以采取开庭审理或者书面审理的方式。但下列假释案件，应当开庭审理：(1)因罪犯有重大立功表现报请减刑的；(2)报请减刑的起始时间、间隔时间或者减刑幅度不符合司法解释一般规定的；(3)公示期间收到不同意见的；(4)人民检察院有异议的；(5)被报请减刑、假释罪犯系职务犯罪罪犯，组织(领导、参加、包庇、纵容)黑社会性质组织犯罪罪犯，破坏金融管理秩序和金融诈骗犯罪罪犯及其他在社会上有重大影响或社会关注度高的；(6)人民法院认为其他应当开庭审理的。人民法院作出假释裁定前，执行机关书面提请撤回假释建议的，是否准许，由人民法院决定。

人民法院作出假释裁定后，应当在 7 日内送达报请减刑、假释的执行机关、同级人民检察院以及罪犯本人。作出假释裁定的，还应当送达社区矫正机构或者基层组织。减刑、假释裁定书应当通过互联网依法向社会公布。

人民检察院认为人民法院假释裁定不当，在法定期限内提出书面纠正意见的，人民法院应当在收到纠正意见后另行组成合议庭审理，并在 1 个月内作出裁定。

人民法院发现本院已经生效的假释裁定确有错误的，应当依法重新组成合议庭进行审理并作出裁定；上级人民法院发现下级人民法院已经生效的假释裁定确有错误的，应当指令下级人民法院另行组成合议庭审理，也可以自行依法组成合议庭进行审理并作出裁定。非经法定程序不得假释。

【特别提示】

人民法院受理减刑、假释案件，应当审查执行机关是否移送下列材料：

(1)减刑或者假释建议书。

(2)终审法院的裁判文书、执行通知书、历次减刑裁定书的复制件。

(3)罪犯确有悔改或者立功、重大立功表现的具体事实的书面证明材料。

(4)罪犯评审鉴定表、奖惩审批表等。

(5)其他根据案件的审理需要移送的材料。

提请假释的，应当附有社区矫正机构关于罪犯假释后对所居住社区影响的调查评估报告。

第三节 特 赦

一、特赦的含义

特赦是指对特定的犯罪分子免除其部分或全部刑罚的法律制度。其主要特征为：

(1)特赦对象是特定的犯罪分子。

(2)特赦只赦刑不赦罪。

(3)特赦后再犯罪的，可能构成累犯。

(4)特赦往往公布被赦人的名单。

二、我国特赦的表现和特征

从1959年至今，我国共实行过九次特赦。

(一)前七次特赦的内容和特点

第一次是1959年9月17日对蒋介石集团和伪满洲国的战争罪犯、反革命犯和普通刑事罪犯特赦。第二次、第三次特赦分别是1960年1月19日和1961年12月16日对蒋介石集团和伪满洲国的战争罪犯的特赦。第四次、第五次、第六次特赦是分别于1963年3月30日、1964年12月12日和1966年3月29日对蒋介石集团、伪满洲国和伪蒙疆自治政府的战争罪犯的特赦。第七次特赦是1975年3月17日对全部在押战争罪犯的特赦。从中，表现出如下特征：

(1)程序较为严格。我国已经实行的七次特赦，都是由党中央或国务院提出建议，由全国人大常委会决定，国家主席发布特赦令，并由最高人民法院或高级人民法院执行的。

(2)特赦的对象不是针对个别罪犯，而主要是针对战争罪犯。

(3)特赦不是免除犯罪分子的全部刑罚，而只是免除其余刑罚的执行。

(4)特赦的条件，关键是要看犯罪分子在服刑期间的表现，对确实已经改恶从善的罪犯才予以特赦。

(二)第八次特赦的内容和特点

第八次特赦时间是2015年，正值中国人民抗日战争暨世界反法西斯战争胜利70周年，特赦对象是2015年1月1日前人民法院作出的生效判决正在服刑，释放后不具有现实社会危险性的四类人员：一是参加过中国人民抗日战争、中国人民解放战争的；二是中华人民共和国成立以后，参加过保卫国家主权、安全和领土完整对外作战的，但犯贪污受贿犯罪，故意杀人、强奸、抢劫、绑架、放火、爆炸、投放危险物质或者有组织的暴力性犯罪，黑社会性质的组织犯罪，危害国家安全犯罪，恐怖活动犯罪的，有组织犯罪的主犯以及累犯除外；三是年满75周岁、身体严重残疾且生活不能自理的；四是犯罪的时候不满18周岁，被判处3年以下有期徒刑或者剩余刑期在1年以下的，但犯故意杀人、强奸等严重暴力性犯罪，恐怖活动犯罪，贩卖毒品犯罪的除外。

对前两类人员的特赦，是本次特赦最显著的特征，既缅怀和致敬了为保卫国家主权、安全和领土完整、建立新中国而被迫进行的历次战争和参战的将士们，又契合了庆祝中国人民抗日战争暨世界反法西斯战争胜利70周年的喜庆氛围；针对后两类人员的赦免，体现了我国尊老爱幼的传统美德，彰显了"教育为主、惩罚为辅"的刑罚理念。

（三）第九次特赦的内容和特点

第九次特赦时间是2019年，适逢中华人民共和国成立70周年，特赦对象是2019年1月1日前人民法院作出的生效判决正在服刑的九类罪犯：一是参加过中国人民抗日战争、中国人民解放战争的；二是中华人民共和国成立以后，参加过保卫国家主权、安全和领土完整对外作战的；三是中华人民共和国成立以后，为国家重大工程建设做过较大贡献并获得省部级以上"劳动模范""先进工作者""五一劳动奖章"等荣誉称号的；四是曾系现役军人并获得个人一等功以上奖励的；五是因防卫过当或者避险过当，被判处3年以下有期徒刑或者剩余刑期在1年以下的；六是年满75周岁、身体严重残疾且生活不能自理的；七是犯罪的时候不满18周岁，被判处3年以下有期徒刑或者剩余刑期在1年以下的；八是丧偶且有未成年子女或者有身体严重残疾、生活不能自理的子女，确需本人抚养的女性，被判处3年以下有期徒刑或者剩余刑期在1年以下的；九是被裁定假释已执行五分之一以上假释考验期的，或者被判处管制的。

本次特赦中的第一、二、六、七类特赦对象与第八次特赦相同；第三、四、五、八、九类特赦对象是新增加的。其中，第三、四类对象是为国家强大和综合国力提升，或者巩固国防、保卫祖国和社会主义现代化建设作出过贡献；对第五类对象实行特赦，有利于鼓励人民群众同违法犯罪做斗争，积极参与抢险、救灾等工作，在全社会营造见义勇为的良好氛围；对第八类对象实行特赦，体现了党和国家对女性的特殊关怀，有利于纾解这类家庭中未成年子女或者身体有严重残疾、生活不能自理的子女抚养方面面临的特殊困难，易为社会所理解和支持，也有利于她们感恩党和政府，妥善照顾家庭，积极回报社会；第九类对象已经在社区，社会危险性小，特赦有利于他们真正融入社会、回报社会。这九类特赦对象，既包括中国籍罪犯，也包括外国籍罪犯；既包括在监狱、看守所服刑的罪犯，也包括正在进行社区矫正的罪犯。

本次特赦九类对象中，具有以下情形之一的，不得特赦：一是第二、三、四、七、八、九类对象中系贪污受贿犯罪，军人违反职责犯罪，故意杀人、强奸、抢劫、绑架、放火、爆炸、投放危险物质或者有组织的暴力性犯罪，黑社会性质的组织犯罪，贩卖毒品犯罪，危害国家安全犯罪，恐怖活动犯罪的罪犯，其他有组织犯罪的主犯，累犯的；二是第二、三、四、九类对象中剩余刑期在10年以上的和仍处于无期徒刑、死刑缓期执行期间的；三是曾经被特赦又因犯罪被判处刑罚的；四是不认罪悔改的；五是经评估具有现实社会危险性的。

其主要考虑是：当前，反腐败斗争形势依然严峻，为始终保持反腐败高压态势，对贪污受贿等职务犯罪的罪犯不宜特赦；为防止影响人民群众安全感，对严重刑事犯罪等罪犯不宜特赦；为维护国家安全，对危害国家安全犯罪的罪犯不宜特赦。

【特别提示】

赦免包括大赦和特赦两种。大赦是国家对犯有一定罪行的犯罪分子免予追诉或者免除其刑罚执行的制度，其效力及于罪与刑两个方面。大赦和特赦都是国家行为，通常是由国家元首或国家最高权力机关以大赦令、特赦令的方式宣告。

☞ 思考与练习

1. 关于减刑，下列哪一选项是正确的？（ ）

   A. 减刑只适用于被判处拘役、有期徒刑、无期徒刑和死缓的犯罪分子。

   B. 对一名服刑犯人的减刑不得超过 3 次，否则有损原判决的权威性。

   C. 被判处无期徒刑的罪犯减刑后，实际执行时间可能超过 15 年。

   D. 对被判处无期徒刑、死缓的罪犯的减刑，需要报请高级人民法院核准。

2. 关于假释，下列哪一选项是错误的？（ ）

   A. 对累犯以及因故意杀人、强奸、抢劫、绑架、放火、爆炸、投放危险物质或者有组织的暴力性犯罪被判处 10 年以上有期徒刑、无期徒刑的犯罪分子，不得假释。

   B. 被判处无期徒刑的犯罪分子，实际执行 10 年以上，如认真遵守监规，接受教育改造，确有悔改表现，没有再犯罪的危险的，可以假释。

   C. 对犯罪分子决定假释时，应当考虑其假释后对所居住社区的影响。

   D. 对假释的犯罪分子，在假释考验期限内，依法实行社区矫正。

3. 讨论：假释期间，再犯新罪或者发现漏罪的处理方式和缓刑期间再犯新罪或者发现漏罪的处理方式有何不同？为什么？

第七章　侵犯国家权益罪

【学习目标】

〇掌握叛逃罪，间谍罪，为境外窃取、刺探、收买、非法提供国家秘密、情报罪，贪污罪，受贿罪，挪用公款罪，行贿罪，滥用职权罪，徇私枉法罪等重点犯罪的构成特征和认定标准，了解其他罪的概念和基本特征。

〇能够运用所学知识准确区分罪与非罪、此罪与彼罪，具有探知具体犯罪现象的能力。

〇树立国家整体安全观，爱国敬业，具备法律思维能力、法律表达能力等职业素养。

侵犯国家权益罪，是指侵害中华人民共和国国家权益，触犯刑律，应受刑罚处罚的行为。本类犯罪侵犯的客体是国家权益。其中，国家权益，是指法律意义上所应有的国家安全、廉政建设制度和国家机关从事正常管理活动的良好秩序等方面的权利和利益。国家行使主权，自主进行政治、经济、文化等方面建设，为广大民众文明生存营造公平、平等、和谐的社会环境，促进和带动民众共同发展和进步，离不开国家工作人员恪尽职守、廉洁自律、依法行政，需要国家机关正常管理活动的良性运行，如果国家的安全、廉政建设制度、国家机关从事正常管理活动的良好秩序被破坏或被侵害，就会损害国家尊严，危害国家利益，最终损害广大人民群众的根本利益。本类犯罪的客观要件表现是行为人实施了侵犯中华人民共和国国家权益的行为。具体包括危害国家安全的行为、贪污贿赂行为和国家机关工作人员的渎职行为等。本类犯罪的主体，大多数犯罪的主体为特殊主体。如贪污贿赂犯罪中多数犯罪的主体是国家工作人员。渎职犯罪中大部分犯罪的主体限定为国家机关工作人员，包括触犯了《全国人民代表大会常务委员会关于〈中华人民共和国刑法〉渎职罪主体适用问题的解释》规定的“在依据法律、法规规定行使国家行政管理职权的组织中从事公务的人员，或者在受国家机关委托代表国家机关行使职权的组织中从事公务的人员，或者虽未列入国家机关人员编制但是国家机关中从事公务的人员，在代表国家机关行使职权时，有渎职行为，构成犯罪的，依据刑法关于渎职罪的规定追究刑事责任”的相关人员。最高人民法院在《全国法院审理经济犯罪案件工作座谈会纪要》中指出，在乡(镇)以上中国共产党机关、人民政协机关中从事公务的人员，司法实践中也应当视为国家机关工作人员。本类犯罪的主观要件大多由故意构成，少数由过失构成。

结合《刑法》规定，本章的具体犯罪可分为危害国家安全罪、贪污贿赂罪和渎职罪三种类型。

第一节　危害国家安全罪

该类犯罪可以分为危害国家政权和分裂国家方面的犯罪，叛变、叛逃方面的犯罪和间谍、资敌的犯罪。

一、叛逃罪

(一)构成要件

本罪是指国家机关工作人员或者掌握国家秘密的国家工作人员在履行公务期间，擅离岗位，叛逃境外或者在境外叛逃的行为。

本罪侵犯的客体是中华人民共和国的国家安全。国家安全是国家赖以存在和发展的主权、政治、经济等方面的安全的总称。主要包括国家的主权独立，国家的领土完整和安全，国家的统一和民族团结，人民民主专政政权和社会主义制度的稳固以及国家的其他基本权益的安全。

本罪客观要件表现为行为人在履行公务期间，擅离岗位，叛逃境外或者在境外叛逃的行为。"履行公务期间"，是指在职国家机关工作人员执行职务或者执行某项工作任务期间，包括在境内履行职责、从事公务期间或者在境外因公进行访问考察、参加会议或在我国驻外机构工作期间，例如我国驻外使领馆的外交人员以及国家派驻国外进行公务活动和执行某项工作任务的人员在执行职务期间。对于国家机关工作人员离职到境外读学位的，则不属于"履行公务期间"。"擅离岗位"，是指未经批准，擅自离开自己的工作岗位；"叛逃境外"，是指通过欺骗、偷渡、伪造证件等方式背叛祖国，由境内逃离到境外；"在境外叛逃"，是指在境外合法履行公务期间，背叛祖国，离开岗位，逃往境外势力。不论是投奔敌对势力还是友好的一方，只要在履行公务期间，实施了擅离岗位，叛逃境外或者在境外叛逃的行为，就可构成本罪。危害国家安全，是叛逃行为的实质内容，也是叛逃的必然结果。叛逃行为一旦发生，就必然损害或威胁国家安全。

本罪主体是特殊主体，即国家机关工作人员以及掌握国家秘密的国家工作人员。

本罪主观要件必须具有叛逃的故意。至于行为人的动机如何，不影响本罪的成立。

(二)司法认定

本罪与投敌叛变罪的界限。这两种犯罪都是故意犯罪，都具有反叛祖国的性质，但二者有所不同。其主要区别在于：一是犯罪主体不同。叛逃罪的主体只能是履行公务期间的国家机关工作人员以及掌握国家秘密的国家工作人员，而投敌叛变罪则只要是已满16周岁具有刑事责任能力的中国公民均可构成。二是客观要件不同。叛逃罪的叛逃行为，投奔的对象是境外势力，不一定是敌方；而投敌叛变罪中投奔的敌方，是敌对营垒或敌对武装力量，其既可以是境外的，也可以是境内的。

(三)本罪处罚

《刑法》第109条规定，犯本罪的，处5年以下有期徒刑、拘役、管制或者剥夺政治权利；情节严重的，处5年以上10年以下有期徒刑。掌握国家秘密的国家工作人员叛逃境外或者在境外叛逃的，依照本罪从重处罚。

二、间谍罪

（一）构成要件

本罪是指参加间谍组织或者接受间谍组织及其代理人的任务，或者为敌人指示轰击目标，危害中华人民共和国国家安全的行为。

本罪侵犯的客体是中华人民共和国的国家安全，其主要指向的是人民民主专政的政权。

本罪客观要件表现为进行间谍活动，危害国家安全的行为。具体包括：

（1）参加间谍组织或者接受间谍组织及其代理人的任务的。这里所说的“间谍组织”，是指外国政府或者国内外敌对势力建立的旨在收集我国情报，进行颠覆破坏活动等，危害我国国家安全和利益的组织。“参加间谍组织”，就是指行为人通过履行一定手续加入间谍组织，成为间谍组织成员的行为；“接受间谍组织及其代理人的任务”，是指接受间谍组织及其代理人的命令、派遣、指使、委托，为间谍组织服务，从事进行危害我国国家安全的活动。其行为主要表现在为间谍组织窃取、刺探、收买或者提供我国的国家秘密或情报。

（2）为敌人指示轰击目标的行为。这种行为，一般是发生在战前、战后或者是交战期间。“敌人”，主要是指战时与我方交战的敌对国或者敌对方组织，也包括平时采用轰击方式袭击我国领土的敌国、敌对方组织。“指示”，包括用各种手段向敌人明示所要轰击的目标，如发电报、写信、点火堆、放信号弹等，以使敌人能够准确地打击我方目标。这里的“轰击目标”，可以是军事设施所在地、武装力量所在地、国家机关所在地，可以是工厂、学校、医院所在地，也可以是重要建筑物的所在地等。本罪属于行为犯。

（3）本罪主体为一般主体，包括中国公民、外国人和无国籍人。

（4）本罪主观要件是故意。至于行为人的动机可以多种多样，但动机如何不影响本罪的成立。

（二）本罪处罚

《刑法》第110条、第113条和第56条规定，犯本罪的，处10年以上有期徒刑或者无期徒刑；情节较轻的，处3年以上10年以下有期徒刑；对国家和人民危害特别严重，情节特别恶劣的，可以判处死刑。犯本罪的，应当附加剥夺政治权利，可以并处没收财产。

三、为境外窃取、刺探、收买、非法提供国家秘密、情报罪

（一）构成要件

本罪是指为境外的机构、组织或个人窃取、刺探、收买、非法提供国家秘密或情报的行为。

本罪侵犯的客体是我国的国家安全和利益。犯罪对象是国家秘密或情报。这里的“情报”，是指关系国家安全和利益，尚未公开或者依照有关规定不应公开的事项。

本罪客观要件表现为实施了为境外机构、组织、个人、窃取、刺探、收买、非法提供国家秘密或者情报的行为。所谓“窃取”，是指采取各种非法手段秘密取得国家秘密或者情报，如偷拍、偷录、盗窃等；所谓“刺探”，是指通过各种途径和手段非法探知国家秘

密或者情报；所谓“收买”，是指行为人以给予金钱、财物或者其他物质性利益的方法非法得到国家秘密或情报；所谓“非法提供”，是指掌握国家秘密或情报的人，将其非法出售、交付、告知给不应知悉该秘密或情报的人。

本罪主体为一般主体，即中国公民、外国公民或无国籍人均可成为本罪的主体。

本罪主观要件为故意。如果行为人不是故意而是过失泄露了国家秘密，情节严重的，应以过失泄露国家秘密罪定罪。

（二）本罪处罚

《刑法》第111条、第113条和第56条规定，犯本罪的，处5年以上10年以下有期徒刑；情节特别严重的，处10年以上有期徒刑或者无期徒刑；情节较轻的，处5年以下有期徒刑、拘役、管制或者剥夺政治权利；对国家和人民危害特别严重、情节特别恶劣的，可以判处死刑。

其他危害国家安全罪还有背叛国家罪，分裂国家罪，煽动分裂国家罪，武装叛乱、暴乱罪，颠覆国家政权罪，煽动颠覆国家政权罪，资助危害国家安全犯罪活动罪，投敌叛变罪，资敌罪。

【以案说法7-1】

黄某为境外刺探、非法提供国家秘密案

◎基本案情：

黄某，案发前系婚纱摄影师。2019年7月，被告人黄某通过微信聊天与境外人员“琪姐”结识。在“琪姐”的指示下，于2019年7月至2020年5月间，黄某利用在某军港附近海滩从事婚纱摄影的便利，使用专业照相器材、手机等远景拍摄军港周边停泊的军舰，为了避免暴露自己，黄某还采用欺骗、金钱引诱等方式委托他人为自己拍摄该军港附近海湾全景。黄某以每周2~3次的频率，累计拍摄达90余次，其中涉及军港军舰照片384张。黄某将拍摄的照片通过网络以共用网盘、群组共享等方式发送给境外人员“琪姐”，共收取对方提供的报酬人民币4万余元。经鉴定，涉案照片涉及绝密级秘密3项，机密级秘密2项。

◎裁判结果：

黄某因犯为境外刺探、非法提供国家秘密罪被判处有期徒刑十四年，剥夺政治权利五年，并处没收个人财产人民币4万元。（案例来源于中华人民共和国最高人民检察院官网）

第二节　贪污贿赂罪

该类犯罪具体可以分为贪污型犯罪和贿赂犯罪。其中，贪污型犯罪，即国家工作人员及国有单位以非权钱交易的方式实施的侵犯国家廉政建设制度，并与贪污罪具有某种内在联系的犯罪。贿赂犯罪，即由国家工作人员或国有单位实施或以国家工作人员或国有单位为对象实施的权钱交易型犯罪。

一、贪污罪

(一) 构成要件

本罪是指国家工作人员和受国家机关、国有公司、企业、事业单位、人民团体委托管理、经营国有财产的人员，利用职务上的便利，侵吞、窃取、骗取或者以其他手段非法占有数额较大的公共财物的行为。①

本罪侵犯的客体是复杂客体，即同时侵犯了国家工作人员公务行为的廉洁性和公共财产所有权。其中，国家工作人员公务行为的廉洁性是本罪的主要客体。本罪的犯罪对象是公共财物。根据《刑法》第 91 条的规定，公共财产，即指国有财产、劳动群众集体所有的财产；用于扶贫和其他公益事业的社会捐助或专项基金的财产。在国家机关、国有公司、企业、集体企业和人民团体管理、使用或者运输中的私人财产，以公共财产论。此外，根据《刑法》第 394 条的规定，在国内公务活动或者对外交往中接受的礼物，也可以成为贪污罪的对象。

本罪客观要件表现为行为人利用职务上的便利，以侵吞、窃取、骗取或者以其他方法非法占有公共财物的行为。所谓“利用职务上的便利”，是指国家工作人员利用职务范围内的权力和地位所形成的主管、管理、经手公共财物的有利条件，而不是指利用与其职务无关的仅因工作关系对作案环境比较熟悉、凭其身份便于进出某些单位、易于接近作案目标的方便条件。所谓“侵吞”，是指国家工作人员利用职务上的便利，将暂时由自己合法管理、支配、使用或者经手的公共财物非法据为己有。如将自己合法管理或使用的公共财物加以扣留，应交而隐匿不交，应支付而不支付，应入账而不入账。所谓“骗取”，是指国家工作人员利用职务上的便利，采用虚构事实、隐瞒真相的方法，非法占有公共财物。如采购人员谎报差旅费或者多报出差费骗取公款即是。“其他手段”，是指国家工作人员利用职务上的便利，使用侵吞、窃取、骗取以外的其他手段、方法占有公共财物。如利用职权，巧立名目，私分大量公款、公物；冒名借出公款，存入银行取息归己等。

本罪主体是特殊主体。依据《刑法》第 93 条、第 382 条及有关司法解释的相关规定，本罪主体包括：一是国家工作人员。具体包括：国家机关中从事公务的人员、国有公司、企业、事业单位、人民团体中从事公务的人员和国家机关、国有公司、企业、事业单位委派到非国有公司、企业、事业单位、社会团体从事公务的人员以及其他依照法律从事公务的人员。其中，依照法律从事公务的人员，含在基层组织中协助人民政府从事法定的行政

① 这只是就《刑法》第 382 条第 1 款所规定的贪污罪的典型情况（普通贪污罪、狭义贪污罪）对贪污罪的定义所作的表述。实际上，《刑法》第 183 条第 2 款规定的贪污罪的对象包含非国有保险公司赔付的“保险金”；第 271 条第 2 款规定的贪污罪的对象包含其中含有公共财产成分的混合制经济组织的财物；第 394 条规定的贪污罪的对象是国家工作人员在国内公务活动或者对外交往中接受的，应当交公而不交公的礼物。据此，我国《刑法》并没有将所有贪污罪的对象均限定为公共财物。据此，广义贪污罪的定义应当表述为：国家工作人员及其他管理、经营国有财产的人员，利用职务上的便利，非法占有所在单位的公共财物或其他财物或依法应当交公的礼物，数额较大的行为。参见王作富著：《刑法论衡》，法律出版社 2004 年版，第 461 页。

管理工作的人员；如：村民委员会等村基层组织协助人民政府从事救灾、抢险、防汛、优抚、扶贫、移民、救济款物的管理，社会捐助公益事业款物的管理，国有土地的经营和管理，土地征收、征用补偿费用的管理，代征、代缴税款，有关计划生育、户籍、征兵工作的人员等。二是受国家机关、国有公司、企业、事业单位、人民团体委托管理、经营国有财产的人员。三是不具有特殊身份的一般公民与国家工作人员或者受国家机关、国有公司、企业、事业单位、人民团体委托管理、经营国有财产的人员勾结，伙同贪污的，构成本罪的共犯。

本罪主观要件表现为故意，并且具有非法占有的目的。

(二)司法认定

1. 贪污罪数额认定

(1)贪污罪数额较大标准：3 万~20 万元；(2)贪污罪数额巨大标准：20 万~300 万元；(3)贪污罪数额特别巨大标准：300 万元以上。

2. 既遂与未遂的界限

贪污罪是一种以非法占有为目的的财产性职务犯罪，与盗窃、诈骗、抢夺等侵犯财产罪一样，应当以行为人是否实际控制财物作为区分贪污罪既遂与未遂的标准。对于行为人利用职务上的便利，实施了虚假平账等贪污行为，但公共财物尚未实际转移，或者尚未被行为人控制就被查获的，应当认定为贪污未遂。行为人控制公共财物后，是否将财物据为己有，不影响本罪既遂的认定。

3. 本罪与职务侵占罪的界限

两罪的相同点：主观要件都表现为故意，并且都以非法占有为目的；客观上都以利用职务上的便利为必备要件。两罪的主要区别：一是犯罪主体不同。贪污罪的主体是国家工作人员以及受国家机关、国有公司、企业、事业单位、人民团体委托管理、经营国有财产的人员，职务侵占罪的主体是公司、企业或者其他单位中除国家工作人员以外的其他工作人员。二是犯罪客体不同。贪污罪侵犯的是复杂客体，职务侵占罪则仅侵犯了公司、企业或者其他单位的财产所有权。《刑法》第 183 条第 2 款规定，国有保险公司的工作人员和国有保险公司委派到非国有保险公司从事公务的人员利用职务上的便利，故意编造未曾发生的保险事故进行虚假理赔，骗取保险金归自己所有的，应当以贪污罪论处。《刑法》第 271 条第 1 款规定，公司、企业或者其他国有单位的人员，利用职务上的便利，将本单位财物非法占为己有，数额较大的，构成职务侵占罪。该条第 2 款规定，“国有公司、企业或者其他国有单位中从事公务的人员和国有公司、企业或者其他国有单位委派到非国有公司、企业以及其他单位从事公务的人员有前款行为的”，依照贪污罪的规定定罪处罚。而对于在公司、企业或者其他单位中，非国家工作人员与国家工作人员勾结，分别利用各自的职务便利，共同将本单位财物非法占有的，应当尽量区分主从犯，按照主犯的犯罪性质定罪。

(三)本罪处罚

《刑法》第 383 条规定：“对犯贪污罪的，根据情节轻重，分别依照下列规定处罚：(一)贪污数额较大或者有其他较重情节的，处三年以下有期徒刑或者拘役，并处罚金。(二)贪污数额巨大或者有其他严重情节的，处三年以上十年以下有期徒刑，并处罚金或者没收财产。(三)贪污数额特别巨大或者有其他特别严重情节的，处十年以上有期徒刑或者无期徒刑，并处罚金或者没收财产；数额特别巨大，并使国家和人民利益遭受特别重大损失的，处无期徒刑或者死刑，并处没收财产。

对多次贪污未经处理的，按照累计贪污数额处罚。

犯第一款罪，在提起公诉前如实供述自己罪行、真诚悔罪、积极退赃，避免、减少损害结果的发生，有第一项规定情形的，可以从轻、减轻或者免除处罚；有第二项、第三项规定情形的，可以从轻处罚。

犯第一款罪，有第三项规定情形被判处死刑缓期执行的，人民法院根据犯罪情节等情况可以同时决定在其死刑缓期执行二年期满依法减为无期徒刑后，终身监禁，不得减刑、假释。”

终身监禁不同于无期徒刑。终身监禁适用于犯贪污罪、受贿罪，犯罪数额特别巨大，并使国家和人民利益遭受特别重大损失，依法被判处死刑缓期执行的犯罪分子。《中华人民共和国刑法修正案(九)》第44条第4款规定，犯第1款罪，有第3项规定情形被判处死刑缓期执行的，人民法院根据犯罪情节等情况可以同时决定在其死刑缓期执行2年期满依法减为无期徒刑后，终身监禁，不得减刑、假释。第57条规定，对于被判处死刑、无期徒刑的犯罪分子，应当剥夺政治权利终身。在死刑缓期执行减为有期徒刑或者无期徒刑减为有期徒刑的时候，应当把附加剥夺政治权利的期限改为3年以上10年以下。

【以案说法7-2】

苏某贪污案

◎**基本案情**：

2014年5月至2017年2月，被告人苏某利用担任某国有公司总经理及实际负责人期间，利用职务之便，采取虚开发票、虚列支出等方式在公司报销私人开支，贪污公司公款总计人民币37.413万元，其中，通过该公司出纳曾某帮助虚开发票贪污人民币15.203万元，被告人苏某个人虚报贪污人民币22.21万元。具体犯罪事实如下：

(1)2014年5月至2017年2月，被告人苏某安排某公司出纳被告人曾某用公司公款为其支付党费、购车费、家庭电费个人、家庭生活开支及支付其朋友的餐费、烟酒费、旅游费、修车费等私人开支53笔共计人民币15.203万元，被告人曾某明知被告人苏某的以上费用为私人开支情况下，仍以虚开发票、虚列支出等方式在公司报销平账。

(2)2014年12月至2017年1月，苏某以虚构宣传营销、拜年支出等名义，在某公司出纳曾某处支取公司公款44笔共计人民币22.21万元人民币用于个人开支后，分别以虚开发票、虚列支出等方式在公司报销平账。

另外，苏某在被采取强制措施后，有主动交代案件事实、认错忏悔的情节。

◎**裁判结果：**

被告人苏某犯贪污罪判处有期徒刑三年，并处罚金人民币 20 万元。

二、挪用公款罪

（一）构成要件

本罪是指国家工作人员利用职务上的便利，挪用公款归个人使用，进行非法活动，或者挪用公款数额较大、进行营利活动，或者挪用公款数额较大、超过 3 个月未还的行为。①

本罪侵犯的客体是复杂客体，侵犯的是国家工作人员职务行为的廉洁性和公款的部分所有权。该罪的对象不限于公款，还包括特定公物。挪用非特定公物归个人使用的行为不构成挪用公款罪；如构成其他犯罪的，依照《刑法》的相关规定定罪处罚。

本罪客观要件表现为行为人利用职务上的便利，挪用公款归个人使用，进行非法活动，或者挪用公款数额较大进行营利活动，或者挪用公款超过 3 个月不归还的行为。具体包括以下内容：

第一，行为人利用了职务上的便利。所谓利用职务上的便利，是指行为人利用自己主管、管理、经手公款的职权或者职务的便利条件。这既包括行为人直接经手、管理公款的便利条件，也包括行为人因其职务关系而具有的调拨、支配、使用公款的便利条件。

第二，挪用公款归个人使用。根据全国人大常委会 2002 年 4 月 28 日通过的《关于刑法第三百八十四条第一款的解释》，有下列情形之一的，属于挪用公款"归个人使用"：将公款供本人、亲友或者其他自然人使用的；以个人名义将公款供其他单位使用的；个人决定以单位名义将公款供其他单位使用，谋取个人利益的。"个人决定"既包括行为人在职权范围内决定，也包括超越职权范围决定。"谋取个人利益"，既包括行为人与使用人事先约定谋取个人利益实际尚未获取的情况，也包括虽未事先约定但实际已获取了个人利益的情况。其中的"个人利益"，既包括不正当利益，也包括正当利益；既包括财产性利益，也包括非财产性利益，但这种非财产性利益应当是具体的实际利益，如升学、就业等。

第三，挪用公款行为的具体表现形式包括：其一，挪用公款进行非法活动的。所谓进行非法活动，即挪用公款归个人使用，进行国家法律、法规明令禁止的违法犯罪活动，包括犯罪活动和一般违法活动。这种挪用公款行为构成犯罪，既不要求达到数额较大的标准，也不要求挪用时间超过 3 个月未还。挪用公款给他人使用，不知道使用人将公款用于

---

① 这只是就《刑法》第 384 条第 1 款所规定的挪用公款罪的典型情况（普通挪用公款罪、狭义挪用公款罪）对挪用公款罪的定义所作的表述。实际上，《刑法》第 384 条第 1 款所规定的挪用公款罪的对象是用于救灾、抢险、防汛、优抚、扶贫、移民、救济款物；《刑法》第 185 条第 2 款规定的挪用公款罪的对象包含非国有金融的资金或者客户资金；第 272 条第 2 款规定的挪用公款罪的对象包含其中含有公款成分的混合制经济组织的资金。据此，我国《刑法》并没有将所有挪用公款罪的对象均限定为公款。据此，广义挪用公款罪的定义应当表述为：国家工作人员利用职务上的便利，挪用公款、特定款物或者其他资金归个人使用，进行非法活动，或者挪用公款数额较大、进行营利活动，或者挪用公款数额较大、超过 3 个月未还的行为。

非法活动，数额较大，超过 3 个月未还的，构成挪用公款罪；明知使用人将公款用于非法活动的，应当认定为挪用人挪用公款进行非法活动。其二，挪用公款数额较大，进行营利活动的。营利活动，是指国家法律、法规允许的牟利活动，例如挪用公款存入银行、用于集资、购买股票和国债、炒股、开商店、办工厂等。对所获取的利息、收益等违法所得，应当追缴，但不计入挪用公款的数额。这种挪用公款行为构成犯罪，要求挪用数额较大，但不受挪用时间和是否归还的限制。挪用公款给他人使用，不知道使用人将公款用于营利活动，数额较大、超过 3 个月未还的，构成挪用公款罪；明知使用人将公款用于营利活动的，应当认定为挪用人挪用公款进行营利活动。其三，挪用公款数额较大、超过 3 个月未还的。这种挪用公款行为是指挪用公款用于非法活动、营利活动以外的用途，如建私人住宅、还债、支付医药费、购置家具等。该种情况下，只要挪用公款超过 3 个月，不管案发前是否归还，都构成挪用公款罪，但案发前已归还的情况可以作为从宽处罚的情节。

本罪主体是国家工作人员。

本罪主观要件表现为故意。行为人不具有将公款完整的所有权非法占为己有的目的，这是挪用公款罪与贪污罪在主观方面的根本区别。至于挪用的动机是多种多样的，有的是为了进行非法活动，有的是为了进行营利活动，有的则是出于生活上的某种需要。

（二）司法认定

1. 本罪与合法借贷的界限

区分的关键在于行为人是否利用职务上的便利，未履行必要的借款手续即占有公款。挪用公款，是指国家工作人员利用主管、经手或管理公款的职务便利，不经合法批准擅自动用公款归个人使用，准备用毕归还的行为。

2. 本罪追诉期限的计算

挪用公款归个人使用，进行非法活动的，或者挪用公款数额较大、进行营利活动的，其追诉期限从挪用行为实施完毕之日起计算；挪用公款数额较大、超过 3 个月未还的，其追诉期限从挪用公款罪成立之日起计算。挪用公款行为有连续状态的，其追诉期限从最后一次挪用行为实施完毕之日或者犯罪成立之日起计算。

3. 共犯问题

挪用公款给他人使用，使用人与挪用人共谋，指使或者参与策划取得挪用款的，以挪用公款罪的共犯定罪处罚。

4. 本罪与贪污罪的界限

两罪在构成特征上有一定的共同之处：例如，两罪的主体都是国家工作人员；主观要件都是出于故意；犯罪对象都包括公款；客观方面都利用了职务上的便利，因而容易混淆两罪。两者的主要区别在于：一是犯罪主体的范围不完全相同。本罪的主体仅限于国家工作人员，而贪污罪的主体除国家工作人员外，还包括受国家机关、国有公司、企业、事业单位、人民团体委托管理、经营国有财产的人员。二是犯罪目的不同，本罪的犯罪目的是暂时挪用公款归个人使用，具有归还的意图，而贪污罪的犯罪目的则是永久地非法占有公共财物。三是客观要件不同。本罪客观要件表现为，行为人利用职务上的便利，挪用公款归个人使用，进行非法活动，或者挪用公款数额较大、进行营利活动，或者挪用公款数额较大、超过 3 个月未还，贪污罪客观要件表现是利用职务上的便利，以侵吞、窃取、骗取或者以其他手段非法占有公共财物的行为，贪污财物的用途对定罪没有影响。在具体行为方式上，本罪一般不存在做假账、虚报账目等行为，而贪污罪则往往需要做假账、虚报账目。四是侵犯的客体不完全相同。本罪只是暂时侵犯公款的部分所有权，而贪污罪则是永久地侵犯公共财物的全部所有权。五是犯罪对象不完全相同。本罪的犯罪对象除了7种特定款物外，一般不包括公物，而是限于公款，而贪污罪的犯罪对象则既可以是公款，也可以是公物。

【特别提示】

本罪在一定条件下可以向贪污罪转化。挪用公款是否转化为贪污，应当按照主客观相一致的原则，具体判断和认定行为人主观上是否具有非法占有公款的目的。

如果行为人先行实施了挪用公款的行为，案发前有能力归还，出于非法占有的目的而拒不归还的，其行为则由挪用公款罪转化为贪污罪。在司法实践中，具有以下情形之一的，可以认定行为人具有非法占有公款的目的：(1)根据《最高人民法院关于审理挪用公款案件具体应用法律若干问题的解释》第6条的规定，行为人"携带挪用的公款潜逃的"，对其携带挪用的公款部分，以贪污罪定罪处罚。但是，如果行为人在挪用公款后因丧失还款能力而无力归还的，则仍应以挪用公款罪论处。(2)行为人挪用公款后采取虚假发票平账、销毁有关账目等手段，使所挪用的公款已难以在单位财务账目上反映出来，且没有归还行为的，应当以贪污罪定罪处罚。(3)行为人截取单位收入不入账，非法占有，使所占有的公款难以在单位财务账目上反映出来，且没有归还行为的，应当以贪污罪定罪处罚。(4)有证据证明行为人有能力归还所挪用的公款而拒不归还，并隐瞒挪用的公款去向的，应当以贪污罪定罪处罚。

(三)本罪处罚

《刑法》第384条规定，犯本罪的，处5年以下有期徒刑或者拘役；情节严重的，处5年以上有期徒刑。挪用公款数额巨大不退还的，处10年以上有期徒刑或者无期徒刑。挪用用于救灾、抢险、防汛、优抚、扶贫、移民和救济款物归个人使用的，从重处罚。这里的"挪用公款数额巨大不退还的"，是指挪用公款数额巨大，因客观原因在一审宣判前不能退还的。这里的挪用救灾、抢险、防汛、优抚、扶贫、移民、救济款物归个人使用的数额标准，参照挪用公款归个人使用进行非法活动的数额标准。

【以案说法 7-3】

"90后"法警沉迷网络挪用公款421万元

原法院法警胡某沉迷网络赌博，挪用单位公款421万余元获刑11年一案引发关注。2020年以来，胡某因个人债务较多，同时染上了网络赌博的习惯，他先试图通过网络赌博营利偿还个人债务，在无力偿还债务时就产生了挪用其管理的公款进行网络赌博的想法。

2020年7月26日至2021年5月13日，胡某担任了县人民法院法警兼出纳，他利用自己持有的网银U盾、保管单位会计审核U盾、法人印章、县人民法院财务专用章等重要财务工具的便利，采取虚构资金用途、支票转账、伪造银行客户交易明细账单、资金明细账单和手机银行转账等方式，多次挪用县人民法院基本账户、县人民法院诉讼费及案款专户和县人民法院工会账户公款共计人民币421万余元，这些公款都被用于网络赌博以及个人开支，截至案发均未能归还。

胡某的行为应如何处理？

三、巨额财产来源不明罪

（一）构成要件

本罪是指国家工作人员的财产或者支出明显超过合法收入，且差额巨大，经责令说明来源，而本人不能说明其来源合法的行为。本罪是一个补充性罪名，只有在没有证据证明行为人拥有的巨额财产是其他犯罪如贪污罪、受贿罪等的犯罪所得时，才能以本罪论处。

本罪侵犯的客体是国家工作人员职务行为的廉洁性。国家工作人员作为人民的公仆，应当严格遵守国家法律和法规，保持清正廉明。国家工作人员拥有来源不明的巨额财产，不能向组织和司法机关说明来源，本身就会损害国家工作人员职务行为的廉洁性。

本罪客观要件表现为行为人的财产或支出明显超过合法收入，且差额巨大，而本人又不能说明其来源是合法的行为。具体包括以下内容：一是行为人的财产或者支出明显超过合法收入，且差额巨大。依据《最高人民检察院关于人民检察院直接受理立案侦查案件立案标准的规定》，涉嫌巨额财产来源不明，数额在30万元以上的，应予立案。二是“不能说明”，具体包括以下情况：(1)行为人拒不说明财产来源；(2)行为人无法说明财产的具体来源；(3)行为人所说的财产来源经司法机关查证并不属实；(4)行为人所说的财产来源因线索不具体等原因，司法机关无法查实，但能排除存在来源合法的可能性和合理性的。

本罪主体是特殊主体，即只能是国家工作人员。

本罪主观要件是直接故意。

（二）本罪处罚

《刑法》第395条第1款规定，犯本罪的，处五年以下有期徒刑或者拘役；差额特别巨大的，处五年以上十年以下有期徒刑。财产的差额部分以非法所得论，予以追缴。“非法所得”，一般是指行为人的全部财产与能够认定的所有支出的总和减去能够证实的有真实来源的所得。

四、受贿罪

受贿罪

（一）构成要件

本罪是指国家工作人员利用职务上的便利，索取他人财物的，或者非法收受他人财物，为他人谋取利益的行为。

本罪侵犯的客体是国家工作人员职务行为的廉洁性，因索取他人财物而构成的受贿罪在主要侵犯职务行为的廉洁性的同时，还侵犯了被迫交付财物的他人的财产权利。受贿罪是腐败的一种主要形式，禁止受贿是我国廉政建设的基本内容。受贿行为严重腐蚀国家肌体，妨碍国家职能的正常发挥。

本罪客观要件表现为行为人利用职务上的便利，索取他人财物，或者非法收受他人财物，为他人谋取利益的行为。“利用职务上的便利”，是指利用本人现有职务范围内的权力，即利用本人职务上主管、负责或者承办某项公共事务的权力所形成的便利条件。它包括两种形式：第一，直接利用本人职权、职务范围内的权力，即行为人直接利用本人职务范围内主管、管理、经办钱、物或者人事等各种权力，强调的是权钱交易的直接性。在这种情况下，行为人有独立的处理问题并作出一定行为的资格，无须他人的配合，就可以利用自己的职权，以实施或不实施自己的职务行为，为请托人谋取利益。第二，利用与职务有关的便利条件，即虽然不是直接利用职权，但将本人的职权或地位，作用于他人的职权或职务，通过他人的职权或职务，为他人谋取利益。最典型的是通过命令、指示、指挥等方式，利用与自己有直接隶属关系的下级国家工作人员职务上的行为，为请托人谋取利益。所谓“索取他人财物”，即索贿，是指行为人在公务活动中主动向他人索要财物，包括向他人勒索财物。不论行为人在索取他人财物后是否为他人谋取利益，均应以受贿罪论处。索贿行为可以是明示的，即明确地向他人表达索取的要求，也可以是暗示的，即拐弯抹角地使他人领会其索取的意向；可以是本人直接索取，也可以是通过他人间接索取。所谓“非法收受他人财物为他人谋取利益”，是指在行贿人主动向行为人提供财物时，行为人不予拒绝，而予以非法接受，并许诺、着手或者已经实施了在公务活动中为行贿人谋取利益的行为。其中，许诺的方式可以是多种多样的。至于为他人谋取的利益是否正当，为他人谋取的利益是否兑现，为他人谋取利益是否在收受贿赂之前、当时，还是之后，均不影响本罪的构成。被动的收受贿赂行为构成受贿罪必须同时具备“非法收受他人财物”和“为他人谋取利益”两个要件，只收受他人财物而没有为他人谋取利益的，不能构成本罪。明知他人有具体请托事项而收受其财物的，视为承诺为他人谋取利益。对于司法实践中有的人主动向国家工作人员给付财物，但并没有提出要求，国家工作人员收受了财物的行为，不能按受贿罪处理。谋取的利益，可以是正当利益，也可以是不正当利益；可以是物质性利益，也可以是非物质性利益。

此外，本罪在客观方面还有两种表现形式：(1)收受回扣、手续费。《刑法》第 385 条第 2 款规定，国家工作人员在经济往来中，违反国家规定，在账外私自收受各种名义的回扣、手续费，归个人所有的，应当以受贿论处。所谓“回扣”，是指在商品交易中，卖方在收取的价款中扣出一部分返还给买方或者买方经办人的现金。所谓“手续费”是指多种费用的统称，如好处费、辛苦费、介绍费、酬劳费、活动费、信息费等。所谓账外暗中收受各种名义的回扣、手续费，是指未在依法设立的财务账目上按照财务会计制度如实记载。(2)斡旋贿赂。根据《刑法》第 388 条的规定，所谓斡旋贿赂，是指国家工作人员利用本人职权或者地位形成的便利条件，通过其他国家工作人员职务上的行为，为请托人谋取不正当利益，索取请托人财物或者收受请托人财物的行为。斡旋受贿，符合受贿罪的数额和情节要求的，按受贿罪定罪处罚。构成斡旋受贿，需要具备以下条件：其一，行为人利用的是其他国家工作人员的职务行为。如果行为人利用的是不具有国家工作人员身份的公司、企业管理人员职务上的行为，那就不能构成斡旋受贿。其二，行为人利用了本人职权或者地位所形成的便利条件。“利用本人职权或者地位形成的便利条件”，是指行为人与被其利用的国家工作人员之间在职务上虽然没有隶属、制约关系，但是行为人利用了本人职权或者地位产生的影响和一定的工作联系，如单位内不同部门的国家工作人员之间、上下级单位没有职务上隶属、制约关系的国家工作人员之间、有工作联系的不同单位的国家工作人员之间等。其他国家工作人员如果不按照行为人的要求为请托人谋利益，可能带来不利的后果。无论是利用本人职权还是利用本人地位形成的便利条件，都是源于本人的职务。如果行为人利用自己与其他国家工作人员的亲友关系，则不属于斡旋受贿行为。其三，必须是为请托人谋取不正当利益。所谓谋取不正当利益，是指谋取违反法律、法规、国家政策和国务院各部门规章规定的利益，以及要求国家工作人员或者有关单位提供违反法律、法规、国家政策和国务院各部门规章规定的帮助或方便条件。如果行为人通过其他国家工作人员职务上的行为为请托人谋取的是正当利益，从中索取或者收受了请托人的财物，则不能构成斡旋受贿。行为人必须事实上索取或者非法收受了他人财物，并且数额较大或者情节较重的，才能构成本罪。数额较大是指在30000元人民币以上。本罪属于结果犯。

本罪主体是特殊主体，即必须是国家工作人员。已经离退休的国家工作人员，利用经办人原有职权或者地位所形成的便利条件，通过在职的国家工作人员职务上的行为，为请托人谋取利益，而本人从中向请托人收取财物的，不能构成本罪。但是，国家工作人员利用职务上的便利为请托人谋取利益，并与请托人事先约定，在其离退休后收受请托人财物，构成犯罪的，以本罪定罪处罚。

本罪主观要件表现为故意，即行为人明知其利用职务上的便利，索取他人财物或者非法收受他人财物并为他人谋取利益的行为会损害国家工作人员职务行为的廉洁性而仍然决意为之。

(二)司法认定

1. 本罪与非罪的界限

(1)本罪与接受正当馈赠、取得合法报酬的区别。第一，给予方与接受方是否存在亲友关系；第二，给予方是否要求接受方为其谋取利益，接受方是否许诺、着手或者已经为其谋取利益；第三，接受方是否利用了职务上的便利；第四，给予与接受的方式是否具有隐蔽性；第五，接受的财物的数额与价值。国家工作人员在其本职工作以外，在法律、政策允许的范围内，利用业余时间为他人提供智力或者体力的劳动，获得报酬的，是合法行为，不能成立受贿罪。但是，如果国家工作人员在业余时间，利用职务上的便利为他人谋取利益，获得报酬的，则应以受贿论处。(2)本罪与一般受贿行为的区别。关键在于查明受贿的数额大小和情节轻重。对受贿罪的数额的认定：(1)数额较大标准，3万~20万元。数额在1万元以上不满3万元，涉嫌下列情形之一的，为"其他较重情节"，应予立案，处3年以下有期徒刑或者拘役，并处罚金：多次索贿的；为他人谋取不正利益，致使公共财产、国家和人民利益遭受损失的；为他人谋取职务提拔、调整的。(2)数额巨大标准，20万~300万元。(3)数额特别巨大标准，300万元以上。

2. 本罪与贪污罪的界限

两罪的主体都是特殊主体，主观方面都是故意。二罪的区别在于：其一，犯罪主体的范围不同。本罪主体只限于国家工作人员，而贪污罪的主体除国家工作人员外，还包括受国家机关、国有公司、企业、事业单位、人民团体委托管理、经营国有资产的人员。其二，犯罪目的不同。本罪的犯罪目的是非法获取他人的财物，而贪污罪则是非法占有本人主管、管理或者经手的公共财物。其三，犯罪的客观要件不同。本罪的客观要件表现为行为人利用职务上的便利，索取他人财物或者非法收受他人财物并为他人谋取利益；贪污罪的客观要件面则表现为行为人利用职务上的便利，使用侵吞、窃取、骗取或者其他方法非法占有公共财物。其四，犯罪客体和犯罪对象不同。本罪侵犯的客体在一般情况下只是公务行为的廉洁性，只有在索贿时才同时侵犯他人的财产权利。而贪污罪则是同时侵犯公务行为的廉洁性和公共财产所有权。本罪的犯罪对象是他人的公私财物，而贪污罪的犯罪对象则是公共财物。

3. 以索贿方式构成的本罪与敲诈勒索罪的界限

二者的界限一般不难区分，容易混淆的是表现为索贿形式的受贿罪与敲诈勒索罪的界限。其主要区别在于：(1)犯罪主体不同。本罪的主体是特殊主体，而敲诈勒索罪的主体则是一般主体。(2)客观要件不同。是否利用职务上的便利勒索他人的财物，是区分本罪与敲诈勒索罪的关键。本罪表现为行为人利用职务上的便利，主动向请托人索要或者勒索财物，而敲诈勒索罪则表现为行为人单纯使用威胁或者要挟的手段，迫使被害人交付财物。(3)犯罪客体不同。以索贿方式构成的受贿罪侵犯的客体主要是公务行为的廉洁性，同时也侵犯了他人的财产权利。而敲诈勒索罪侵犯的客体则主要是他人的财产权利，同时侵犯了他人的人身权利或者其他利益。

(三)本罪处罚

《刑法》第386条规定，犯本罪的，根据受贿所得数额及情节，依照《刑法》第383条关于贪污罪的处罚规定处罚。索贿的从重处罚。

其他贪污贿赂罪还有单位受贿罪、利用影响力受贿罪、行贿罪、对单位行贿罪、介绍贿赂罪、单位行贿罪、隐瞒境外存款罪、私分国有资产罪、私分罚没财物罪。

【以案说法7-4】

刘某云一审获刑14年

1998年至2021年，被告人刘某云利用担任市公安局副局长、市人民政府副市长、市公安局局长等要职期间，利用职务上的便利以及本人职权、地位形成的便利条件，为有关单位和个人在企业经营、子女入学、案件办理等方面提供帮助，非法收受相关人员财物共计折合人民币1333万余元，构成受贿罪。

第三节 渎 职 罪

依据犯罪主体的具体身份，本类犯罪大致可以分为一般国家机关工作人员渎职罪、司法工作人员渎职罪和特定国家机关工作人员渎职罪。其中，一般国家机关工作人员渎职罪，是指所有的国家机关工作人员都可以实施的渎职罪。司法工作人员渎职罪，是指负有侦查、检察、审判、监管职责的工作人

渎职罪

员才能实施的渎职罪。特定国家机关工作人员渎职罪，是指只有在特定部门、负有特定职责的国家机关工作人员才能实施的渎职罪。

一、滥用职权罪

（一）构成要件

本罪是指国家机关工作人员滥用职权，致使公共财产、国家和人民利益遭受重大损失的行为。

本罪侵犯的客体是国家机关的正常管理活动，即各级各类国家机关对于社会生活各领域的管理活动，如各级政府机关、政府机关的各级职能部门对社会各方面的管理活动。国家机关工作人员正当地行使其职权，就会使国家机关的各项活动得以正常、有序地进行；反之，国家机关工作人员滥用其职权，就会使国家机关的正常活动受到破坏。

本罪客观要件表现为滥用职权，致使公共财产、国家和人民利益遭受重大损失的行为。滥用职权，是指不正当行使职权或超越职权的范围行使职权。超越职权，即越权行为，是指行为人超出自己职务权限，擅自决定或处理其没有决定、处理权限的事项。根据《刑法》规定，滥用职权行为，只有在造成公共财产、国家和人民利益的重大损失时，才能成立犯罪。这里的“重大损失”既包括有形的损失，也包括无形的损失。

本罪主体为特殊主体，即国家机关工作人员。非国家机关工作人员滥用职权，致使公共财产、国家和人民利益遭受重大损失，构成其他犯罪的，按其他犯罪处理，而不成立本罪。

本罪主观要件必须出于故意，即行为人明知自己的滥用职权行为会造成公共财产、国家和人民利益遭到重大损失的结果而希望或放任这种危害结果的发生。

（二）本罪处罚

《刑法》第 397 条规定，犯本罪的，处 3 年以下有期徒刑或者拘役；情节特别严重的，处 3 年以上 7 年以下有期徒刑。徇私舞弊犯本罪的，处 5 年以下有期徒刑或者拘役；情节特别严重的，处 5 年以上 10 年以下有期徒刑。本法另有规定的，依照规定。

二、玩忽职守罪

（一）构成要件

本罪是指国家机关工作人员玩忽职守，致使公共财产、国家和人民利益遭受重大损失的行为。

本罪侵犯的客体是国家机关的正常管理活动。

本罪客观要件表现为玩忽职守，致使公共财产、国家和人民利益遭受重大损失的行为。玩忽职守，是指行为人在工作中严重不负责任，不履行或不正当履行自己的职责的行为。这里的“重大损失”既包括有形的损失，也包括无形的损失。依据《最高人民检察院关于人民检察院直接受理立案侦查案件立案标准的规定》，玩忽职守，涉嫌下列情形之一的，应予立案：(1)造成死亡 1 人以上，或者重伤 3 人以上，或者轻伤 10 人以上的；(2)造成直接经济损失 30 万元以上的，或者直接经济损失不满 30 万元，但间接经济损失超过 100 万元的；(3)徇私舞弊，造成直接经济损失 20 万元以上的；(4)造成有关公司、企业等单位停产、严重亏损、破产的；(5)严重损害国家声誉，或者造成恶劣社会影响的；

(6)海关、外汇管理部门的工作人员严重不负责任，造成巨额外汇被骗或者逃汇的；(7)其他致使公共财产、国家和人民利益遭受重大损失的情形；(8)徇私舞弊，具有上述情形之一的。据此，玩忽职守罪中的“重大损失”可以分为人身伤亡、财产损失和政治影响三类。

本罪主体为特殊主体，即国家机关工作人员。根据全国人大常委会《关于惩治骗购外汇、逃汇和非法买卖外汇犯罪的决定》，海关、外汇管理部门的工作人员严重不负责任，造成大量外汇被骗购或者逃汇，致使国家利益遭受重大损失的，以玩忽职守罪论处。

本罪主观要件为过失，即应当预见到自己玩忽职守的行为可能发生使公共财产、国家和人民利益遭受重大损失的危害结果，因为疏忽大意而没有预见，或者已经预见而轻信能够避免。

(二)司法认定

1. 本罪与滥用职权罪的界限

二者的区别在于：一是主观要件不同，滥用职权罪因故意构成，本罪由过失构成。二是客观要件的行为表现不一样，滥用职权是指不正当行使职权或超越职权的范围行使职权，大多表现为作为的形式，有时也有不作为形式，而本罪是指在工作中严重不负责任，不履行或不正当履行自己的职责的行为，大多表现为不作为形式，有时也有作为形式。

2. 本罪与重大责任事故罪的区别

二者的区别在于：一是二者侵犯的客体不同。重大责任事故罪侵犯的直接客体是厂矿等企事业单位的生产作业安全，而玩忽职守罪侵犯的直接客体是国家机关的正常管理活动。二是二者的客观要件不同。重大责任事故罪发生在生产、作业中或者直接指挥生产、作业的过程中，而玩忽职守罪发生在国家机关工作人员管理国家事务的职务活动中。三是二者的主体不同。重大责任事故罪的主体由法律规定的工厂、矿山、林场、建筑企业或者其他企业、事业单位的职工构成；玩忽职守罪的主体由国家机关工作人员构成。

(三)本罪处罚

《刑法》第 397 条规定，犯本罪的，处 3 年以下有期徒刑或者拘役；情节特别严重的，处 3 年以上 7 年以下有期徒刑。徇私舞弊犯本罪的，处 5 年以下有期徒刑或者拘役；情节特别严重的，处 5 年以上 10 年以下有期徒刑。本法另有规定的，依照规定。

三、故意泄露国家秘密罪

(一)构成要件

本罪是指国家机关工作人员或者非国家机关工作人员违反保守国家秘密法的规定，故意泄露国家秘密，情节严重的行为。犯罪对象是国家秘密。“泄露国家秘密”，是指使国家秘密被不应该知悉的人知悉，或者使国家秘密超出了限定的接触范围，而不能证明未被不应知悉者知悉。泄露行为可以是作为，也可以是不作为。如果行为人仅仅认识到其行为的对象是国家秘密，但对自己的行为会造成国家秘密被泄露的后果没有预见或者已经预见到而轻信能够避免的，则可能构成过失泄露国家秘密罪。成立本罪要求达到情节严重。

(二)本罪处罚

《刑法》第 398 条规定，国家机关工作人员犯本罪的，处 3 年以下有期徒刑或者拘役；情节特别严重的，处 3 年以上 7 年以下有期徒刑。非国家机关工作人员犯本罪的，依照上述法定刑酌情处罚。

四、徇私枉法罪

（一）构成要件

本罪是指司法工作人员徇私枉法、徇情枉法，对明知是无罪的人而使他受追诉、对明知是有罪的人而故意包庇不使他受追诉，或者在刑事审判活动中故意违背事实和法律进行枉法裁判的行为。

本罪侵犯的客体是国家机关的正常管理活动。

本罪客观要件表现为行为人在刑事诉讼活动中实施了枉法的行为。枉法行为具体表现为：其一，对明知是无罪的人而使其受追诉。其二，对明知是有罪的人而加以包庇不使其受追诉。其三，在刑事审判活动中违背事实和法律作枉法裁判。这种行为只能发生在人民法院的刑事审判过程中。

本罪主体是特殊主体，即司法工作人员。司法工作人员，是指有侦查、检察、审判、监管职责的工作人员。

本罪主观要件是故意，即明知他人无罪而故意使其受追诉，或者明知他人有罪而故意包庇使其不受追诉，或者明知裁判违背事实和法律而故意为之。

（二）本罪处罚

《刑法》第 399 条第 1 款规定，犯本罪的，处 5 年以下有期徒刑或者拘役；情节严重的，处 5 年以上 10 年以下有期徒刑；情节特别严重的，处 10 年以上有期徒刑。根据该条第 4 款规定，司法工作人员犯本罪而又收受贿赂因而构成受贿罪的，依照处罚较重的规定定罪处罚。

其他渎职犯罪还有过失泄露国家秘密罪，民事、行政枉法裁判罪，执行判决、裁定失职罪，执行判决、裁定滥用职权罪，枉法仲裁罪，私放在押人员罪，失职致使在押人员脱逃罪，徇私舞弊减刑、假释、暂予监外执行罪，徇私舞弊不移交刑事案件罪，滥用管理公司、证券职权罪，徇私舞弊不征、少征税款罪，徇私舞弊发售发票、抵扣税款、出口退税罪，违法提供出口退税凭证罪，国家机关工作人员签订、履行合同失职被骗罪，违法发放林木采伐许可证罪，环境监管失职罪，食品监管渎职罪，传染病防治失职罪，非法批准征用、占用土地罪，非法低价出让国有土地使用权罪，放纵走私罪，商检徇私舞弊罪，商检失职罪，动植物检疫徇私舞弊罪，动植物检疫失职罪，放纵制售伪劣商品犯罪行为罪，办理偷越国（边）境人员出入境证件罪，放行偷越国（边）境人员罪，不解救被拐卖、绑架妇女、儿童罪，阻碍解救被拐卖、绑架妇女、儿童罪，帮助犯罪分子逃避处罚罪，招收公务员、学生徇私舞弊罪，失职造成珍贵文物损毁、流失罪。

【以案说法 7-5】

傅某华受贿、徇私枉法案

◎基本案情：

2005 年至 2021 年，被告人傅某华利用担任北京市公安局副局长、局长，北京市委常委，公安部副部长，中央政法委员会委员，司法部部长及全国政协社会和法制委员会副主任等职务上的便利，以及职权或者地位形成的便利条件，为有关单位和个人在企业经营、职务调整、案件处理等方面提供帮助，本人直接或者通过其亲属非法收受财物，共计折合人民币 1.17 亿余元。2014 年至 2015 年，傅某华在担任北京市公安局局长期间，对其弟弟傅某华涉嫌严重犯罪问题线索隐瞒不报，不依法处置，致傅某华长期未被追诉。

长春市中级人民法院认为，被告人傅某华的行为构成受贿罪和徇私枉法罪。傅某华受贿数额特别巨大，犯罪情节特别严重，社会影响特别恶劣，使国家和人民利益遭受特别重大损失，论罪应当判处死刑；傅某华徇私枉法，情节特别严重，社会影响特别恶劣，亦应依法惩处，并与其所犯受贿罪并罚。鉴于傅某华归案后如实供述罪行，尚能认罪悔罪，积极退赃，提供其他重大案件线索经查证属实，有重大立功表现，具有法定、酌定从轻处罚情节，对其判处死刑，可不立即执行。根据傅某华犯罪的事实、情节和对国家、社会造成的严重危害，决定在其死刑缓期执行二年期满依法减为无期徒刑后，终身监禁，不得减刑、假释。法庭遂作出上述判决。

◎裁判结果：

长春市中级人民法院认为，被告人傅某华的行为构成受贿罪和徇私枉法罪。傅某华受贿数额特别巨大，犯罪情节特别严重，社会影响特别恶劣，使国家和人民利益遭受特别重大损失，论罪应当判处死刑；傅某华徇私枉法，情节特别严重，社会影响特别恶劣，亦应依法惩处，并与其所犯受贿罪并罚。鉴于傅某华归案后如实供述罪行，尚能认罪悔罪，积极退赃，提供其他重大案件线索经查证属实，有重大立功表现，具有法定、酌定从轻处罚情节，对其判处死刑，可不立即执行。根据傅某华犯罪的事实、情节和对国家、社会造成的严重危害，决定在其死刑缓期执行二年期满依法减为无期徒刑后，终身监禁，不得减刑、假释。法庭遂作出上述判决。（案例来源于中华人民共和国最高人民检察院官网）

☞ 思考与练习

1. 什么是叛逃罪？它同投敌叛变罪有什么区别？

2. 滥用职权罪与玩忽职守罪的主要区别是什么？

3. 贪污罪的构成要件是什么？受贿罪与贪污罪的主要区别是什么？

4. 张某在国家机关任职，李某有求于他，给张某送去 5 万元的好处费，张某答应给李某办事，但因故未成。李某见事未成，要求张某退还好处费，张某拒不退还，并威胁李某如果再来要钱就告李某行贿。应当如何定性张某的行为？试分析理由。

第八章　危害公共安全罪

【学习目标】

〇明确危害公共安全罪的构成要件和种类，掌握放火罪，失火罪，破坏交通工具罪，组织、领导、参加恐怖组织罪，劫持航空器罪，非法制造、买卖、运输、邮寄、储存枪支、弹药、爆炸物罪，交通肇事罪，重大责任事故罪的构成要件及司法认定。

〇了解其他罪名的构成要件。

〇具备运用所学知识分析案例的能力，能够准确区分罪与非罪、此罪与彼罪。

〇增强安全观念，维护公共安全，培养规矩意识、法律思维能力、法律表达能力，辨识具体犯罪的能力和职业使命。

危害公共安全罪，是指故意或过失地实施危害不特定多数人的生命、健康和重大公私财产安全的行为。本类犯罪侵犯的客体是公共安全。公共安全是指不特定多数人的生命、健康或重大公私财产的安全。“不特定”，一是指犯罪对象不特定，危害行为指向多大范围的对象不明确，行为人无法预料、无法控制；二是指危害结果的不特定，行为人难以预料和控制，而且危害结果的范围可能随时扩大或增加。确定特定与不特定的标准，主要看该行为是否危害公共安全。在司法实践中，即使行为人为追求某种特定犯罪目的而实施危害行为，但客观上具有危害或足以危害公共安全的不特定性，对损害的可能范围有一定认识，就可认定危害公共安全。例如，某男欲杀害前妻，将自制炸药包放置到前妻住宅的楼下，点燃导火索，炸死了前妻和楼上数十名居民，应定爆炸罪，不定故意杀人罪。如果行为人虽然使用了放火、爆炸等危害公共安全的危险方法，但侵害对象是特定的，其实际可能造成的损害后果也限制在一定范围内，不可能危及公共安全，则不属于危害公共安全犯罪。例如，甲欲杀乙，在乙的茶杯中放入足量毒药，乙中毒身亡，应定故意杀人罪，不应定投放危险物质罪。本类犯罪的客观要件表现为行为人实施了某种危害或足以危害公共安全的行为。既可以是作为方式，也可以是不作为方式。危害公共安全是指客观上已经或者足以危害公共安全，并非已经造成实害结果的才构成犯罪。本章有些犯罪只要实施法律规定的行为，即使尚未造成严重后果，但具有足以发生某种严重后果的危险性，足以危害公共安全，就可构成犯罪。《刑法》把这类造成危险状态的犯罪称为危险犯，如破坏交通工具罪等。对于过失危害公共安全的行为，如失火罪等，依照法律规定必须是已经造成严重后果的才构成犯罪。本类犯罪多数是一般主体，少数是特殊主体。例如铁路运营安全事故罪的主体只能是铁路职工，丢失枪支不报罪的主体只能是依法配备公务用枪的人员。有的犯罪只能由自然人构成，如组织、领导、参加恐怖组织罪等；有的犯罪只能由单位构成，如违规制造、销售枪支罪；有的犯罪自然人或单位均可构成，如非法制造、买卖、运输、储存危险物质罪等。本类犯罪的主观要件既包括故意也包括过失。部分犯罪只能由故意构成，如抢劫枪支、弹药、爆炸物、危险物质罪等；部分犯罪只能由过失构成，如交通肇事罪等；有些犯罪的危害后果既可以由故意构成，也可以由过失构成，如破坏交通设施罪等。本章共有 54 个具体罪名。

第一节　以危险方法危害公共安全犯罪

以危险方法危害公共安全罪

一、放火罪

(一) 构成要件

放火罪是指故意放火焚烧公私财物，危害公共安全的行为。

本罪侵犯的客体是公共安全。犯罪对象是公私财物，通常是国家的、集体的或者他人的财物。放火焚烧自己或家庭所有的财物，如果行为不足以危害公共安全，不会给公共的或者他人的财产造成严重损失的，不构成犯罪。如果行为足以造成火灾，危害公共安全，而且符合放火罪的主观条件的，则构成放火罪。

本罪客观要件表现为行为人实施了危害或者足以危害公共安全的放火焚烧公私财物的行为。所谓放火，是指采取各种方法、使用引燃物引起公私财物等目的物的燃烧、制造火灾的行为。既可以用作为的方式实施，如用火源、引火物将公私财物点燃，也可以用不作为的方式实施，但是，在以不作为方式实施的犯罪中，行为人必须负有防止火灾发生的特定义务。放火是一种社会危险性、危害性很大的犯罪，只要行为人实施了足以危害公共安全的放火行为，即使尚未造成严重后果，也构成犯罪。如果通过对放火焚烧的对象和时间、地点、环境等全面、综合考察，确实不足以危害公共安全的，则不构成放火罪。

本罪主体为一般主体，已满 14 周岁的人应当负刑事责任。

本罪主观要件为故意，即行为人明知自己的放火行为会危及公共安全，并且希望或者放任这种结果的发生。

(二) 司法认定

1. 既遂与未遂

一般而言，放火行为的目的是把目的物烧毁。由于放火的社会危害性很大，应以危险犯处理，判断放火罪的既遂与未遂，不应以犯罪目的是否达到为标准。通说是“独立燃烧说”，即行为人只要实施了放火行为，点着了目的物，引起目的物独立燃烧，使公共安全处于危险状态，即使由于意志以外的原因，目的物未被焚毁，没有造成实际严重后果，也是既遂。如果正要点火时被抓获，或者点火时因风吹、下雨而没有引燃目的物，以致点火未得逞的，则应视为未遂。

2. 本罪与用放火的方法实施的其他犯罪的界限

司法实践中行为人常用放火方法达到犯罪目的，如为烧死他人而对住宅放火，为毁坏他人财物而放火焚烧等，区分是放火罪还是其他犯罪，关键看放火行为是否危及公共安全。如果为杀人、毁坏某特定财产等目的而放火，对公共安全造成严重威胁，应定为放火罪；如果放火行为没有危害公共安全的危险性，应按故意杀人罪或故意毁坏财物罪等论处。

（三）本罪处罚

《刑法》第114条、第115条规定，犯本罪，尚未造成严重后果的，处3年以上10年以下有期徒刑；致人重伤、死亡或者使公私财产遭受重大损失的，处10年以上有期徒刑、无期徒刑或者死刑。

【以案说法8-1】

罗某放火案

罗某系浙江省慈溪市一家电器公司员工。因工作任务分配事宜，罗某与车间主管林某产生矛盾。2021年2月28日，罗某又因工作事宜对林某心生不满，随后产生通过放火的方式报复林某、让林某被领导责骂的想法。当天晚上，罗某来到工厂后门附近，将后门处堆放的一小堆塑料点燃后离开，以为这样既不会造成太大的影响，又能让林某被老板责骂，甚至被开除。然而没想到的是，小塑料堆点燃后引发大火，整个工厂都被殃及。得知消息后的罗某偷偷搭上了回老家的客车，打算找个住处暂避风头，后被公安机关抓获。火灾造成上述工厂及相邻企业的厂房、机器设备、产品及原材料等被烧毁，总过火面积约4900平方米。经价格认定，上述财物受损价值合计288万余元。法院判处其有期徒刑十二年。（案例来源于2022年8月3日《人民法院报》）

二、失火罪

（一）构成要件

本罪是指由于过失引起火灾，造成严重后果，危害公共安全的行为。本罪侵犯的客体是公共安全。本罪客观要件表现为引起火灾发生，造成严重后果的行为。第一，必须有失火行为，如果火灾不是行为人的失火行为引起的，而是自然原因引起的，则不构成失火罪；第二，这种行为危害的是不特定多数人的生命、健康、重大公私财产的安全；第三，必须造成严重后果，即致人重伤、死亡或者使公私财产遭受重大损失。本罪是实害犯，必须造成严重后果才构成犯罪，如果失火行为没有造成严重后果，则不构成失火罪，而属于一般失火行为。根据2008年最高人民检察院、公安部《关于公安机关管辖的刑事案件立案追诉标准的规定(一)》，立案标准是下列情形之一：造成死亡一人以上，或者重伤三人以上的；造成公共财产或者他人财产直接经济损失50万元以上的；造成十户以上家庭的房屋以及其他基本生活资料烧毁的；造成森林火灾，过火有林地面积二公顷以上，或者过火疏林地、灌木林地、未成林地、苗圃地面积四公顷以上的；其他造成严重后果的情形。"有林地""疏林地""灌木林地""未成林地""苗圃地"按照国家林业主管部门的有关规定确定。本罪主体是一般主体，即年满16周岁、具有刑事责任能力的自然人。本罪主观要件为过失，行为人应当预见自己的行为可能引起火灾，造成危害公共安全的严重后果，由于疏忽大意而没有预见，或者已经预见而轻信能够避免，以致造成严重后果的发生。判断本罪的过失，不是根据行为人对行为本身的认识，而是根据对行为可能引起的危害社会的结果的认识和所持的态度。很多失火犯罪，都是行为人有意点火引起的；行为人对用火是有意的，但其对自己行为可能发生危害社会的严重结果，则是应当预见而没有预见，或者已经预见而轻信能够避免，所以主观上是过失。

(二)司法认定

1. 本罪与一般失火行为的区分

关键看是否造成危害公共安全的严重后果，是否致人重伤、死亡，或者使公私财产遭受重大损失。

2. 本罪与放火罪的区别

一是主观罪过不同。失火罪的主观罪过是过失，即行为人在日常生活中因疏忽大意或过于自信而引起火灾，危害了公共安全，如乱扔烟头、使用电炉后忘断电等；放火罪则是故意。二是成立犯罪的要求不同。失火行为只有造成严重后果危害公共安全的，才构成失火罪；而放火罪中行为人只要实施了放火行为足以危害公共安全，不论是否造成严重后果都构成放火罪。三是刑事责任年龄不同。失火罪是16周岁以上，放火罪是已满14周岁。

(三)本罪处罚

《刑法》第115条规定，犯失火罪的，处3年以上7年以下有期徒刑；情节较轻的，处3年以下有期徒刑或者拘役。

三、投放危险物质罪

本罪是指故意投放毒害性、放射性、传染病病原体等物质，危害公共安全的行为。本罪侵犯的客体是公共安全。本罪客观要件表现为行为人实施了投放毒害性、放射性、传染病病原体等物质，危害公共安全的行为。“毒害性物质”是指能对肌体产生化学或物理作用而损害肌体、引起功能障碍、疾病甚至死亡的物质，如砒霜、剧毒农药、氯化钾、氰化钠等。“放射性物质”是指含有核素的核材料或其他可自然衰变、同时放射一种或多种致电离射线、能造成人员伤亡或对财产、环境造成重大损害的物质。“传染病病原体”是指能够引起人与人、动物与动物或人与动物之间相互传播疾病的致命微生物或寄生虫。“投放”是指向公共饮用水源、食品或者公共场所、设施投放能够致人死亡或严重危害人体健康的上述物质的行为，包括投送、放置、邮寄等。本罪主体是已满14周岁的人。本罪主观要件是故意。本罪处罚同放火罪。

四、以危险方法危害公共安全罪

本罪是指故意使用放火、决水、爆炸、投放危险物质以外的其他危险方法，危害公共安全的行为。本罪侵犯的客体是公共安全。本罪客观要件表现为行为人故意使用放火、决水、爆炸、投放危险物质以外的其他危险方法，危害公共安全的行为。“其他危险方法”是指放火、决水、爆炸、投放危险物质四种危险方法以外的，危险性质、程度与之相当的，一经实施就可能造成不特定多数人死伤或者公私财产遭受重大损失的危险方法。如在公共场所开车撞向人群、非法架设电网、向人群开枪扫射、破坏矿井通风设备、破坏放射性装置等。根据2003年最高人民法院、最高人民检察院《关于办理妨害预防、控制突发传染病疫情等灾害的刑事案件具体应用法律若干问题的解释》，故意传播突发传染病病原体，危害公共安全的，按照本罪定罪处罚。司法实践中应严格掌握“其他危险方法”的标准，不能任意扩大其适用范围。本罪主体是一般主体，即年满16周岁、具有辨认和控制能力的自然人。本罪主观要件是故意。本罪与过失以危险方法危害公共安全罪的区别，一是犯罪主观要件不同，前罪是故意，后罪是过失；二是前罪的成立不要求发生严重后果，后罪则只有发生严重后果才能构成。本罪处罚同放火罪。

其他以危险方法危害公共安全的犯罪还有决水罪、过失决水罪、爆炸罪、过失爆炸罪、过失投放危险物质罪、过失以危险方法危害公共安全罪。

【以案说法 8-2】

傅某以危险方法危害公共安全案

2010年5月26日20时30分许，傅某驾驶一辆红色奔腾轿车从住处外出接朋友。途中停车并在车内吸食随车携带的毒品氯胺酮，后继续驾车前行。当车行至一超市附近时，傅某出现轻微头晕、亢奋等反应，但仍继续驾车前行。20时50分许，傅某停车后(未熄火)，出现严重意识模糊、严重头晕等反应，并产生幻觉。随后驾车前行，连续与两辆三轮车发生轻微碰撞。稍作停顿后又驾车前行，与一辆行驶的三轮车迎面相撞，将三轮车主及多名行人撞倒在地，并将三轮车压于轿车左下方。傅某的驾车冲撞行为共造成20人受伤，其中1人重伤、4人轻伤、15人轻度伤，并造成共计1.6万余元的财产损失。案发后，被告人傅某认罪、悔罪，其家属与25名被害人达成调解协议。法院以危险方法危害公共安全罪判处傅某有期徒刑五年。(2011年6月21日《最高人民法院公布五起涉毒犯罪典型案例》第4号)

第二节　破坏公共设备、设施危害公共安全犯罪

一、破坏交通工具罪

(一)构成要件

本罪是指故意破坏火车、汽车、电车、船只、航空器，已经造成严重后果或者足以使其发生倾覆、毁坏危险，危害公共安全的行为。

本罪侵犯的客体是交通运输安全。侵犯对象仅限于火车、汽车、电车、船只和航空器。破坏自行车、三轮车、马车、手扶拖拉机等简单交通工具的，一般不足以危害公共安全，不构成本罪。行为人破坏的对象必须是正在使用中的交通工具。“正在使用的交通工具”，不仅指正在行驶或航运中的交通工具，也包括交付使用期间停机待用的交通工具，如已经交付使用停放在车库、码头、机场上的车辆、船只和飞机等已经交付使用、随时都可在开动后执行任务的交通工具。如果破坏的是正在制造、修理的交通工具，或者虽已制

造完毕，但尚未检验出厂、交付使用的交通工具，不足以危害交通运输安全，不构成本罪。但是，生产、维修人员为危害交通安全，故意在生产、维修的交通工具中制造隐患，使之在使用中发生倾覆、毁坏的，应以本罪论处。

本罪客观要件表现为实施了破坏交通工具，足以使其发生倾覆、毁坏危险或者已经造成严重后果的行为。“足以”是指破坏行为如不被发现、排除、制止，交通工具就会发生倾覆或毁坏。“倾覆”是指火车出轨，汽车、电车翻车，船只翻沉，航空器坠毁等。“毁坏”是指使交通工具的性能丧失、报废或者重大破损，以致不能或难以修复的毁损，如炸毁、坠毁等。如果虽有破坏，但破坏的并非足以使交通工具发生倾覆、毁坏的装置、部件，如破坏交通工具的门窗、座椅、卫生、照明、供水等一般性辅助设施，交通工具仍能正常运行，不会危害交通运输安全的，则不构成本罪。破坏交通工具，只要达到足以使交通工具发生倾覆、毁坏危险的程度，不管是否造成实际的危害后果，即可构成本罪的既遂。如果造成严重后果的，犯罪性质没有改变，但其社会危害性更大，处罚更重。“严重后果”是指破坏交通工具，使火车、汽车、电车、船只、航空器倾覆、毁坏或者致人重伤、死亡，或者使公私财产遭受重大损失。

本罪主体是一般主体，即年满16周岁、具有刑事责任能力的自然人。

本罪主观要件是故意，即明知自己的行为会使火车、汽车、电车、船只、航空器发生倾覆、毁坏的危险，危害交通运输安全，并且希望或者放任这种结果的发生。

（二）司法认定

1. 本罪与破坏交通设施罪的区别

两罪在犯罪客体、客观要件、主观要件及犯罪主体上基本相同，区别在于犯罪对象不同：前者是交通工具；后者是交通设施，如桥梁、轨道、隧道、公路、灯塔、标志、机场、航道等。区分关键看破坏行为的直接指向，如直接指向交通设施，使交通工具发生倾覆、毁坏的危险或者造成严重后果，构成破坏交通设施罪；如直接指向交通工具，使交通工具发生倾覆、毁坏的危险或者造成严重后果，构成本罪。

2. 本罪与盗窃罪、故意毁坏财物罪的区别

当盗窃罪、故意毁坏财物罪侵犯的对象是交通工具时，是定本罪还是盗窃罪、故意毁坏财物罪，关键看行为人实施的行为是否足以危害交通运输安全。当行为人以非法占有为目的，将火车、汽车、电车、船只或航空器上的一般设备或附属部件拆下运走，不足以危害交通安全的，应以盗窃罪论处；如果是对交通工具的门窗、座椅、卧具等辅助性设施进行破坏，情节严重的，应以故意毁坏财物罪论处。如果行为人盗窃或故意毁坏交通工具的重要部件、装置，足以危害交通安全的，应以本罪论处。

（三）本罪处罚

《刑法》第116条、第119条规定，犯本罪，尚未造成严重后果的，处3年以上10年以下有期徒刑；造成严重后果的，处10年以上有期徒刑、无期徒刑或者死刑。

二、破坏交通设施罪

本罪是指故意破坏轨道、桥梁、隧道、公路、机场、航道、灯塔、标志或者进行其他

破坏活动，足以使火车、汽车、电车、船只、航空器发生倾覆、毁坏危险，或者已经造成严重后果的行为。破坏对象是交通工具赖以安全运行的轨道、桥梁、隧道、公路、机场、航道、灯塔、标志等交通设施，且交通设施是正在使用的。破坏交通设施的方式如拆卸铁轨、拔掉道钉、枕木，在轨道上放置巨石、木头，在公路、机场跑道上挖坑掘穴，熄灭灯塔灯光等。通过其他行为使上述交通设施无法正常发挥作用，足以使交通工具发生倾覆或毁坏危险的其他破坏活动，例如任意改动航空器、火车、船只的停发时间，使其标志等交通设施难以正常工作，交通运输安全受到威胁的，也构成本罪。处罚同破坏交通工具罪。

其他破坏公共设备、设施危害公共安全的犯罪还有过失损坏交通工具罪、过失损坏交通设施罪、破坏电力设备罪、过失损坏电力设备罪、破坏易燃易爆设备罪、过失损坏易燃易爆设备罪。

第三节　实施恐怖、危险活动危害公共安全犯罪

一、组织、领导、参加恐怖组织罪

本罪是指组织、领导或者参加恐怖活动组织的行为。

本罪侵犯的客体是公共安全。

本罪客观要件表现为组织、领导、参加恐怖活动组织的行为。根据 2011 年全国人大常委会《关于加强反恐怖工作有关问题的决定》，“恐怖活动是指以制造社会恐慌、危害公共安全或者胁迫国家机关、国际组织为目的，采取暴力、破坏、恐吓等手段，造成或者意图造成人员伤亡、重大财产损失、公共设施损坏、社会秩序混乱等严重社会危害的行为，以及煽动、资助或者以其他方式协助实施上述活动的行为。恐怖活动组织是指为实施恐怖活动而组成的犯罪集团。恐怖活动人员是指组织、策划、实施恐怖活动的人和恐怖活动组织的成员”。恐怖组织有国际和国内之分。“组织”是指鼓动、发起和召集多人成立恐怖活动组织。“领导”是指在恐怖活动组织中起策划、指挥、布置和协调作用。“参加”恐怖活动组织有两种情况，一是积极参加，二是其他参加。“积极参加”是指有参加的强烈愿望，是恐怖活动组织的骨干、中坚力量。“其他参加”主要指恐怖组织中的一般成员。“参加”不以履行一定的手续、仪式为必要。本罪是选择性罪名，只要行为人实施了组织、领导、参加行为之一的，即可构成本罪；同时实施上述两种或两种以上行为的，仍然构成一罪。如果行为人既实施了本罪，又实施了杀人、爆炸、绑架等恐怖犯罪活动的，则应数罪并罚。

本罪主体是一般主体，即年满 16 周岁、具有刑事责任能力的自然人。

本罪主观要件是故意，其目的是实施恐怖活动。

《刑法》第 120 条规定，犯本罪的，处 10 年以上有期徒刑或者无期徒刑，并处没收财产；积极参加的，处 3 年以上 10 年以下有期徒刑，并处罚金；其他参加的，处 3 年以下有期徒刑、拘役、管制或者剥夺政治权利，可以并处罚金。

【以案说法 8-3】

“3·01”暴恐案

2014 年 3 月 1 日，一伙暴徒在云南省昆明火车站持刀砍杀无辜群众，造成 31 人死亡，141 人受伤，其中 40 人重伤。法院经依法审理，以组织、领导恐怖组织罪和故意杀人罪数罪并罚判处依斯坎达尔·艾海提、吐尔洪·托合尼亚孜、玉山·买买提死刑；以参加恐怖组织罪和故意杀人罪数罪并罚判处帕提古丽·托合提无期徒刑。(2018 年 4 月 16 日《最高人民法院发布三起涉国家安全典型案例》第 1 号)

二、劫持航空器罪

(一)构成要件

本罪是指以暴力、胁迫或者其他方法强夺或控制航空器，危害航空运输安全的行为。

本罪侵犯的客体是航空运输安全，即不特定旅客和机组人员的人身、财产安全以及航空器的安全。侵害的对象为航空器，实践中多为飞机。航空器是指空间飞行的各种器具，如人造卫星、航天飞机、宇宙飞船、运载火箭、飞机或其他航空器具。这里的航空器必须是正在飞行或使用中的航空器。根据 1971 年《蒙特利尔公约》(全称为《制止危害民用航空安全的非法行为的公约》)，“正在飞行中”是指“航空器从装载完毕，机舱外部各门均已关闭时起，直至打开任一机舱门以便卸载时为止”；“航空器被迫降落时，在主管当局接管对该航空器及其所载人员和财产的责任以前，应被认为仍在飞行中”。“正在使用中”是指“从地面人员或机组为某一特定飞行而对航空器进行飞行前的准备时起，直到降落后二十四小时止，该航空器应被认为是在使用中；在任何情况下，使用的期间应包括……航空器是在飞行中的整个时间”。如果对处于飞行或使用两种状态之外的航空器进行破坏的，只能构成其他犯罪，如破坏交通工具罪、故意毁坏财物罪等。

本罪客观要件表现为使用暴力、胁迫或者其他方法劫持航空器，危害航空运输安全的行为。所谓“暴力”，是指行为人对航空器上的人员，尤其是驾驶人员、机组人员实施人身打击或强制的行为，如殴打、伤害、杀害、捆绑、扣押、监禁等。所谓“胁迫”，是指对航空器上的人员进行精神恐吓和强制，使其不敢反抗的行为，如以炸毁飞机、杀害人质相威胁等。所谓“其他方法”，是指使用暴力、胁迫以外的使航空器内驾驶、操作人员不能反抗、不知反抗的各种方法，如使用药物麻醉机组人员，使其不能抗拒、不知抗拒等。所谓“劫持”，是指行为人按照自己的意志，强夺或控制航空器的行为，如强迫航空器改变飞行路线、强迫航空器改变着陆地点等。

本罪主体为一般主体。

本罪主观要件是直接故意，主观上具有强行控制航空器的目的。犯罪动机如为“政治避难”，逃避法律制裁，追求境外生活方式等，动机如何不影响本罪成立。

(二)司法认定

本罪与破坏交通工具罪的界限。一是犯罪目的不同，本罪是以劫持航空器为目的，即按照自己的意志强行控制航空器；而后者的目的是意图使交通工具倾覆、毁坏。二是犯罪客观方面的表现形式不同，本罪是使用暴力、胁迫或其他方法劫持航空器，航空器本身不一定遭受毁坏，而后者则是用一定的方法将交通工具毁坏。从犯罪既遂形态上看，本罪是行为犯，而后者则是危险犯。

（三）本罪处罚

《刑法》第121条规定，犯本罪的，处10年以上有期徒刑或者无期徒刑；致人重伤、死亡或者使航空器遭受严重破坏的，处死刑。

其他实施恐怖、危险活动危害公共安全犯罪还有帮助恐怖活动罪，准备实施恐怖活动罪，宣扬恐怖主义、极端主义、煽动实施恐怖活动罪，利用极端主义破坏法律实施罪，强制穿戴宣扬恐怖主义、极端主义服饰、标志罪，非法持有宣扬恐怖主义、极端主义物品罪，劫持船只、汽车罪，暴力危及飞行安全罪，破坏广播电视设施、公用电信设施罪，过失损坏广播电视设施、公用电信设施罪。

第四节　违反枪支、弹药、爆炸物、危险物质管理规定犯罪

一、非法制造、买卖、运输、邮寄、储存枪支、弹药、爆炸物罪

（一）构成要件

本罪是指违反国家有关枪支、弹药、爆炸物管理的法律、法规，非法制造、买卖、运输、邮寄、储存枪支、弹药、爆炸物，危害公共安全的行为。

本罪侵犯的客体是公共安全和国家对枪支、弹药、爆炸物的管理制度。犯罪对象是枪支、弹药、爆炸物。《枪支管理法》规定，“本法所称枪支，是指以火药或者压缩气体等为动力，利用管状器具发射金属弹丸或者其他物质，足以致人伤亡或者丧失知觉的各种枪支”。包括各种军用枪支，如手枪、步枪、机枪、冲锋枪等，也包括民用枪支，如射击运动枪、狩猎用的有膛线猎枪、火药枪、霰弹枪、自制土枪等。弹药是指上述枪支发射专用的足以致人伤亡或者丧失知觉的金属弹丸或者其他物质。爆炸物既包括火药、手榴弹、地雷、炸弹等军用爆炸物，也包括《民用爆炸物管理条例》规定的各类炸药、雷管、导火索、导爆索、非电导爆系统、起爆药、爆破剂等，但不包括烟花爆竹等娱乐性物品。

本罪客观要件是指行为人实施了非法制造、买卖、运输、邮寄、储存枪支、弹药、爆炸物的行为。“非法制造”是指未经国家有关部门批准，私自制造。其中既包括用机器成批生产，也包括用手工制作。“制造”包括制作、组装、修理、改装和拼装上述物品。不论制造是否成功，是为了自用或非法出售，均可构成本罪。“非法买卖”是指未经国家有关部门批准，以金钱或者实物作价，私自购买或者销售。至于为自用、为出售还是为其他用途而买，从谁处买的，卖给谁，均不影响本罪成立，但为走私而购买枪支、弹药，或明知是走私进口的枪支、弹药而直接向走私者购买，或者明知是走私者购买枪支、弹药走私出口而卖给他枪支、弹药，应以走私武器、弹药罪论处。“非法运输”，是指未经国家有关部门批准，非法转送，将枪支、弹药、爆炸物由一地送至他地，使其在空间上发生位移。是陆运、空运还是水运，不影响本罪成立。“非法邮寄”，是指违反国家邮电部门规定，以邮件形式夹寄的行为。如果非法运输、邮寄枪支、弹药的同时又逃避海关监管的，

则应以走私枪支、弹药罪论处。“非法储存”，是指明知是他人非法制造、买卖、运输、邮寄的枪支、弹药而为其存放的行为，或者非法存放爆炸物的行为。本罪是选择性罪名，只要行为人实施了非法制造、买卖、运输、邮寄、储存行为中的一种，侵犯枪支、弹药、爆炸物三种对象中的一种，即可构成犯罪；同时实施上述五种行为中数个行为，侵犯上述对象中数个对象的，也只定一罪，不数罪并罚。

本罪主体为一般主体，即年满16周岁、具有刑事责任能力的自然人。单位也可以成为本罪主体。

本罪主观要件是故意，即明知是枪支、弹药、爆炸物而故意非法制造、买卖、运输、邮寄或储存。如果受他人蒙骗、利用，不知是枪支、弹药、爆炸物而实施上述行为的，不构成本罪。

（二）司法认定

非法储存枪支、弹药、爆炸物罪与非法持有、私藏枪支、弹药罪的区别。(1)犯罪对象范围不同。前者的犯罪对象可以是枪支、弹药、爆炸物；后者只能是枪支或弹药，不包括爆炸物。(2)主体要求不同。前者的犯罪主体可以是自然人，也可以是单位；后者的主体仅限于自然人。(3)非法持有、私藏枪支、弹药应是有证据表明不是因非法制造、买卖、运输、邮寄等犯罪活动(包括盗窃、抢夺、抢劫枪支、弹药的犯罪活动)而持有、私藏枪支、弹药。如果是因非法制造、买卖、运输等犯罪活动而持有、私藏枪支、弹药，则应当构成本罪，而不构成非法持有、私藏枪支、弹药罪。

（三）本罪处罚

《刑法》第125条规定，犯本罪的，处3年以上10年以下有期徒刑；情节严重的，处10年以上有期徒刑、无期徒刑或者死刑。单位犯本罪的，实行双罚制。

根据2009年《最高人民法院关于修改〈最高人民法院关于审理非法制造、买卖、运输枪支、弹药、爆炸物等刑事案件具体应用法律若干问题的解释〉的决定》，具有下列情形之一的，以本罪定罪处罚：(1)非法制造、买卖、运输、邮寄、储存军用枪支一支以上的；(2)非法制造、买卖、运输、邮寄、储存以火药为动力发射枪弹的非军用枪支一支以上或者以压缩气体等为动力的其他非军用枪支二支以上的；(3)非法制造、买卖、运输、邮寄、储存军用子弹十发以上、气枪铅弹五百发以上或者其他非军用子弹一百发以上的；(4)非法制造、买卖、运输、邮寄、储存手榴弹一枚以上的；(5)非法制造、买卖、运输、邮寄、储存爆炸装置的；(6)非法制造、买卖、运输、邮寄、储存炸药、发射药、黑火药一千克以上或者烟火药三千克以上、雷管三十枚以上或者导火索、导爆索三十米以上的；(7)具有生产爆炸物品资格的单位不按照规定的品种制造，或者具有销售、使用爆炸物品资格的单位超过限额买卖炸药、发射药、黑火药十千克以上或者烟火药三十千克以上、雷管三百枚以上或者导火索、导爆索三百米以上的；(8)多次非法制造、买卖、运输、邮寄、储存弹药、爆炸物的；(9)虽未达到上述最低数量标准，但具有造成严重后果等其他恶劣情节的。介绍买卖枪支、弹药、爆炸物的，以买卖枪支、弹药、爆炸物罪的共犯论处。具有下列情形之一的，属于“情节严重”：(1)非法制造、买卖、运输、邮寄、储存枪支、弹药、爆炸物的数量达到本解释第1条第(1)、(2)、(3)、(6)、(7)项规定的最低数量标准五倍以上的；(2)非法制造、买卖、运输、邮寄、储存手榴弹三枚以上的；(3)

非法制造、买卖、运输、邮寄、储存爆炸装置，危害严重的；(4)达到本解释第1条规定的最低数量标准，并具有造成严重后果等其他恶劣情节的。非法制造、买卖、运输、邮寄、储存、盗窃、抢夺、持有、私藏、携带成套枪支散件的，以相应数量的枪支计；非成套枪支散件以每三十件为一成套枪支散件计。因筑路、建房、打井、整修宅基地和土地等正常生产、生活需要，以及因从事合法的生产经营活动而非法制造、买卖、运输、邮寄、储存爆炸物，数量达到本解释第一条规定标准，没有造成严重社会危害，并确有悔改表现的，可依法从轻处罚；情节轻微的，可以免除处罚。具有上述情形，数量虽达到规定标准的，也可以不认定为“情节严重”。在公共场所、居民区等人员集中区域非法制造、买卖、运输、邮寄、储存爆炸物，或者因非法制造、买卖、运输、邮寄、储存爆炸物三年内受到两次以上行政处罚又实施上述行为，数量达到规定标准的，不适用上述两项量刑的规定。实施非法制造、买卖、运输、邮寄、储存、盗窃、抢夺、持有、私藏其他弹药、爆炸物品等行为，参照上述定罪量刑标准处罚。

【以案说法8-4】

蒋某重大责任事故、非法采矿、非法储存爆炸物案

蒋某2008年4月购得金山沟煤矿所有权。2016年9月7日，因当地发生一起爆炸刑事案件，为防止民爆物品被封停导致停产，蒋某指使邹某在公安机关封库前将部分民爆物品转移至井下。同年9月下旬，因临近国庆节，为防止民爆物品被封停导致停产，蒋某再次决定将部分民爆物品转移至井下，指使邹某安排人员分两次将大量炸药和雷管违规转移至煤矿井下和地面浴室更衣室柜子内储存，后于同年10月15日前使用完毕。同年10月31日11时24分，金山沟煤矿K13煤层一采煤工作面在实施爆破落煤时发生瓦斯爆炸，造成33名井下作业人员死亡。法院对蒋某以重大责任事故罪判处有期徒刑七年；以非法采矿罪判处有期徒刑六年，并处罚金人民币150万元；以非法储存爆炸物罪判处有期徒刑八年，决定执行有期徒刑二十年，并处罚金人民币150万元。(2021年12月31日最高人民法院发布平安中国建设第一批典型案例)

二、盗窃、抢夺枪支、弹药、爆炸物、危险物质罪

本罪是指以非法占有为目的，秘密窃取或者公然夺取枪支、弹药、爆炸物，或者毒害性、放射性、传染病病原体等危险物质，危害公共安全的行为。本罪主体是一般主体，即年满16周岁、具有刑事责任能力的自然人。本罪主观要件是故意，即明知是枪支、弹药、爆炸物、危险物质而故意盗窃、抢夺，且以非法占有为目的。如果行为人为了窃取一般财物而实际上窃取了本罪对象，由于行为人并不明知，只能构成盗窃罪。

《刑法》第127条规定，犯本罪的，处3年以上10年以下有期徒刑；情节严重的，处10年以上有期徒刑、无期徒刑或者死刑；盗窃、抢夺国家机关、军警人员、民兵的枪支、弹药、爆炸物的，处10年以上有期徒刑、无期徒刑或者死刑。根据上述司法解释，具有下列情形之一的，以本罪定罪处罚：盗窃、抢夺以火药为动力的发射枪弹非军用枪支一支

以上或者以压缩气体等为动力的其他非军用枪支二支以上的；盗窃、抢夺军用子弹十发以上、气枪铅弹五百发以上或者其他非军用子弹一百发以上的；盗窃、抢夺爆炸装置的；盗窃、抢夺炸药、发射药、黑火药一千克以上或者烟火药三千克以上、雷管三十枚以上或者导火索、导爆索三十米以上的；虽未达到上述最低数量标准，但具有造成严重后果等其他恶劣情节的。具有下列情形之一的，属于"情节严重"：盗窃、抢夺枪支、弹药、爆炸物的数量达到本条第 1 款规定的最低数量标准五倍以上的；盗窃、抢夺军用枪支的；盗窃、抢夺手榴弹的；盗窃、抢夺爆炸装置，危害严重的；达到本条第 1 款规定的最低数量标准，并具有造成严重后果等其他恶劣情节的。

三、非法持有、私藏枪支、弹药罪

本罪是指违反枪支、弹药管理规定，非法持有、私藏枪支、弹药的行为。"非法持有"是指不符合配备、配置枪支、弹药条件的人员，违反枪支管理法律、法规的规定，擅自持有枪支、弹药的行为。"私藏"是指依法配备、配置枪支、弹药的人员，在配备、配置枪支、弹药的条件消除后，违反枪支管理法律、法规的规定，私自藏匿所配备、配置的枪支、弹药且拒不交出的行为。本罪为一般主体，只有自然人才能构成。本罪主观要件为直接故意。

《刑法》第 128 条规定，犯本罪的，处 3 年以下有期徒刑、拘役或者管制；情节严重的，处 3 年以上 7 年以下有期徒刑。根据上述司法解释，具有下列情形之一的，以本罪定罪处罚：非法持有、私藏军用枪支一支的；非法持有、私藏以火药为动力发射枪弹的非军用枪支一支或者以压缩气体等为动力的其他非军用枪支二支以上的；非法持有、私藏军用子弹二十发以上，气枪铅弹一千发以上或者其他非军用子弹二百发以上的；非法持有、私藏手榴弹一枚以上的；非法持有、私藏的弹药造成人员伤亡、财产损失的。具有下列情形之一的，属于"情节严重"：非法持有、私藏军用枪支二支以上的；非法持有、私藏以火药为动力发射枪弹的非军用枪支二支以上或者以压缩气体等为动力的其他非军用枪支五支以上的；非法持有、私藏军用子弹一百发以上，气枪铅弹五千发以上或者其他非军用子弹一千发以上的；非法持有、私藏手榴弹三枚以上的；达到本条第 1 款规定的最低数量标准，并具有造成严重后果等其他恶劣情节的。

其他违反枪支、弹药、爆炸物、危险物质管理规定犯罪还有非法制造、买卖、运输、储存危险物质罪，违规制造、销售枪支罪，抢劫枪支、弹药、爆炸物、危险物质罪，非法出租、出借枪支罪，丢失枪支不报罪，非法携带枪支、弹药、管制刀具、危险物品危及公共安全罪。

第五节 重大责任事故犯罪

一、交通肇事罪

(一) 构成要件

本罪是指违反交通运输管理法规，因而发生重大事故，致人重伤、死亡或者使公私财产遭受重大损失的行为。

本罪侵犯的客体是陆路、水上交通运输安全。由于《刑法》就发生在铁路、航空运输中由特殊主体违规而发生的重大责任事故专门设立了独立的犯罪，所以，本罪发生的范围，不包括空中运输和铁路运输，而仅限于陆路和水上(包括海上和内河)交通运输。

本罪客观要件表现为在陆路、水路交通运输活动中，违反交通运输管理法规，因而发生重大事故，致人重伤、死亡或者使公私财产遭受重大损失的行为。由以下四个因素组成：(1)必须有违反交通运输管理法规的行为。这是指违反同保证交通运输安全有直接关系的各种管理法规，如《道路交通安全法》《城市交通管理条例》《道路交通安全法实施条例》等。例如，汽车司机酒后开车、无证驾驶、强行超车、超载、超高、超宽、超速等均属公路运输违章行为；船只强行横越、超速、超挡、偏离航道等属于水运违章行为。如果行为人没有违反交通运输管理法规，即使造成了严重后果也不负刑事责任。(2)必须发生重大事故，致人重伤、死亡或者使公私财产遭受重大损失的严重后果。行为人虽然违反了交通运输管理法规，但未造成上述严重后果的，不构成本罪。(3)严重后果必须是由违反交通运输管理法规行为引起的，二者之间存在因果关系。如果严重后果确实不是行为人的违章行为引起的，不构成本罪。在使用非机动性的交通运输工具如马车、自行车等从事交通运输活动，因违章肇事造成重大危害后果，危害公共安全的，应以本罪论处；如果驾驶非机动车辆与交通运输活动无关，因行为人过失而导致他人重伤或者死亡的，应以过失致人死亡罪或者过失致人重伤罪论处。(4)交通肇事行为必须发生在实行公共交通管理的范围内。空间上必须发生在公共交通管理范围内的公路、城镇道路和水路上；时间上必须发生在正在进行的交通运输活动中。如果发生在农田、工厂、矿山、林场、建筑工地、企事业单位、院落内作业，或者进行其他非交通运输活动如检修、冲洗车辆等活动中发生的，不构成本罪。2000 年 11 月《最高人民法院关于审理交通肇事刑事案件具体应用法律若干问题的解释》指出，在实行公共交通管理的范围内发生重大交通事故的，依照本罪处理。在公共交通管理的范围外，驾驶机动车辆或者使用其他交通工具致人伤亡或者致使公共财产或者他人财产遭受重大损失，构成犯罪的，分别依照重大责任事故罪、重大劳动安全事故罪、过失致人死亡罪定罪处罚。

本罪主体是一般主体，即已满 16 周岁、具有刑事责任能力的自然人。根据司法解释，为练习开车、游乐等目的偷开机动车辆，在偷开过程中发生交通肇事构成犯罪的，成立交通肇事罪。单位主管人员、机动车辆所有人或者机动车辆承包人指使、强令他人违章驾驶造成重大交通事故，构成犯罪的，以交通肇事罪定罪处罚。交通肇事后，单位主管人员、机动车辆所有人、承包人或者乘车人指使肇事人逃逸，致使被害人因得不到救助而死亡的，以交通肇事罪的共犯论处。

本罪主观要件是过失，即应当预见自己违反交通运输管理法规的行为可能发生重大事故，致人重伤、死亡或者使公私财产遭受重大损失，由于疏忽大意而没有预见，或者虽然已经预见但轻信能够避免的心理态度。由此可见，这种过失仅是就行为人对发生严重后果的心理态度而言的，而行为人对违反交通运输管理法规的注意义务，则可能是明知故犯，如强行超车、超速行驶、酒后驾车等。行为人违章虽是故意的，但对严重后果的发生，则只能是过失。

(二)司法认定

1. 罪与非罪的界限

(1)本罪与意外事件、不可抗力的界限。关键在于行为人是否违反了交通运输管理法规，主观上有无过失。如果行为人违反交通运输管理法规，对严重后果的发生应当预见而没有预见，或者已经预见而轻信能够避免，则构成交通肇事罪；如果行为人没有违反交通运输管理法规，完全是正常行驶，发生重大事故后果是由于不能抗拒或者不能预见的原因引起的，就不构成犯罪。(2)本罪与一般交通事故的界限。关键在于危害程度不同。行为人的违章行为必须造成重大事故，发生致人重伤、死亡或者使公私财产遭受重大损失的严重后果，才能构成本罪；而一般交通事故，行为人违章造成的危害结果则没有达到构成犯罪的严重程度。

2. 本罪与用交通工具进行的故意犯罪的界限

本罪往往造成人身伤亡的结果，与故意杀人、故意伤害及以驾车撞人的危险方法危害公共安全的犯罪等在结果上具有相似性，主要区别在于主观心理态度及侵害的客体不同。本罪只能是过失，侵犯的客体是交通运输安全。而故意杀人罪、故意伤害罪及以驾车撞人的危险方法危害公共安全的犯罪，主观上都是故意，即都希望或放任死伤结果的发生。如果行为人利用交通工具杀伤特定的人，侵害的是他人的生命或健康权利，不足以危害公共安全的，应以故意杀人罪或故意伤害罪论处。如果行为人利用驾驶的交通工具，在大街上或其他公共场所横冲直撞，造成或可能造成多人重伤、死亡或者使公私财产遭受重大损失的，则应按以危险方法危害公共安全罪论处。

3. 本罪与过失致人死亡罪、过失致人重伤罪的界限

关键在于发生的场合不同。交通肇事罪必须发生在公共交通管理范围以内的交通运输过程中。否则，凡在公共交通管理范围以外，即在供行人、车辆、船舶来往的道路和其他交通线以外发生，因行为人驾驶车辆不慎而发生伤亡事故的，应定为过失致人死亡罪或过失致人重伤罪。例如，行为人出于好奇或逞能而乱开停放在院中挂倒挡的汽车，不慎将车后之人撞死的，应定过失致人死亡罪；行为人开拖拉机在田间耕作时，因不慎将他人撞成重伤的，应以过失致人重伤罪论处。

(三)本罪处罚

《刑法》第133条规定，犯本罪的，处3年以下有期徒刑或者拘役；交通肇事后逃逸或者有其他特别恶劣情节的，处3年以上7年以下有期徒刑；因逃逸致人死亡的，处7年以上有期徒刑。具有下列情形之一的，构成本罪：(1)死亡1人或者重伤3人以上，负事故全部或者主要责任的；(2)死亡3人以上，负事故同等责任的；(3)造成公共财产或者他人财产直接损失，负事故全部责任或者主要责任，无能力赔偿数额在30万元以上的。交通肇事致1人以上重伤，负事故全部或者主要责任，并具有下列情形之一的，以本罪定罪处罚：(1)酒后、吸食毒品后驾驶机动车辆的；(2)无驾驶资格驾驶机动车辆的；(3)明知是安全装置不全或者安全机件失灵的机动车辆而驾驶的；(4)明知是无牌证或者已报废的机动车辆而驾驶的；(5)严重超载驾驶的；(6)为逃避法律追究逃离事故现场的。“交通肇事后逃逸”是指行为人具有上述情形之一，在发生交通事故后，为逃避法律追究而逃跑的行为。“其他特别恶劣情节”是指：(1)死亡2人以上或者重伤5人以上，负事故全部

或者主要责任的；(2)死亡6人以上，负事故同等责任的；(3)造成公共财产或者他人财产直接损失，负事故全部或者主要责任，无能力赔偿数额在60万元以上的。“因逃逸致人死亡”，是指行为人在交通肇事后为逃避法律追究而逃跑，致使被害人因得不到救助而死亡的情形。如果行为人在交通肇事后为逃避法律追究，将被害人带离事故现场后隐藏或者遗弃，致使被害人无法得到救助而死亡或者严重残疾的，应当分别以故意杀人罪或者故意伤害罪定罪处罚。

二、危险驾驶罪

本罪是指在道路上驾驶机动车追逐竞驶，情节恶劣，在道路上醉酒驾驶机动车，从事校车业务或者旅客运输，严重超过额定乘员载客或者严重超过规定时速行驶的，或者在道路上驾驶机动车违反危险化学品安全管理规定运输危险化学品，危及公共安全的行为。

危险驾驶罪

本罪侵犯的客体是交通运输安全。《道路交通安全法》规定，“道路”是指公路、城市道路和虽在单位管辖范围但允许社会机动车通行的地方，包括广场、公共停车场等用于公众通行的场所。“机动车”是指以动力装置驱动或者牵引，上道路行驶的供人员乘用或者用于运送物品以及进行工程专项作业的轮式车辆。

本罪客观要件表现为四类行为，一是在道路上驾驶机动车追逐竞驶，情节恶劣的行为，“追逐竞驶”俗称“飙车”，是指在道路上以同行的其他车辆为竞争目标进行追逐行驶，“情节恶劣”应从追逐竞驶的时间、场地、对交通运输安全的危害程度以及社会影响等因素去综合判定；二是在道路上醉酒驾驶机动车的行为，“醉酒驾驶”是指车辆驾驶人员血液中的酒精含量大于或者等于80毫克/100毫升的驾驶行为；三是从事校车业务或者旅客运输，严重超过额定乘员载客，或者严重超过规定时速行驶的行为；四是在道路上驾驶机动车违反危险化学品安全管理规定运输危险化学品，危及公共安全的行为。行为人有本罪行为，同时构成其他犯罪的，依照处罚较重的规定定罪处罚。本罪属于行为犯，不以发生严重后果为构成要件。

本罪主体为一般主体，即机动车驾驶人员。机动车所有人、管理人对上述第三项、第四项行为负有直接责任的，依照本罪的规定处罚。

本罪主观要件为故意，即明知实施危险驾驶行为可能发生危害结果而仍然实施该行为。

2023年《最高人民法院、最高人民检察院、公安部、司法部关于办理醉酒危险驾驶刑事案件的意见》第4条规定：“在道路上驾驶机动车，经呼气酒精含量检测，显示血液酒精含量达到80毫克/100毫升以上的，公安机关应当依照刑事诉讼法和本意见的规定决定是否立案。对情节显著轻微、危害不大，不认为是犯罪的，不予立案。公安机关应当及时提取犯罪嫌疑人血液样本送检。认定犯罪嫌疑人是否醉酒，主要以血液酒精含量鉴定意见作为依据。犯罪嫌疑人经呼气酒精含量检测，显示血液酒精含量达到80毫克/100毫升以上，在提取血液样本前脱逃或者找人顶替的，可以以呼气酒精含量检测结果作为认定其醉酒的依据。犯罪嫌疑人在公安机关依法检查时或者发生道路交通事故后，为逃避法律追究，在呼气酒精含量检测或者提取血液样本前故意饮酒的，可以以查获后血液酒精含量鉴定意见作为认定其醉酒的依据。”第5条规定：“醉驾案件中‘道路’‘机动车’的认定适用道路交通安全法有关‘道路’‘机动车’的规定。对机关、企事业单位、厂矿、校园、居民小区等单位管辖范围内的路段是否认定为‘道路’，应当以其是否具有‘公共性’，是否‘允许社会机动车通行’作为判断标准。只允许单位内部机动车、特定来访机动车通行的，可以不认定为‘道路’。”第10条规定：“醉驾具有下列情形之一，尚不构成其他犯罪的，从重处理：(一)造成交通事故且负事故全部或者主要责任的；(二)造成交通事故后逃逸的；(三)未取得机动车驾驶证驾驶汽车的；(四)严重超员、超载、超速驾驶的；(五)服用国家规定管制的精神药品或者麻醉药品后驾驶的；(六)驾驶机动车从事客运活动且载有乘客的；(七)驾驶机动车从事校车业务且载有师生的；(八)在高速公路上驾驶的；(九)驾驶重型载货汽车的；(十)运输危险化学品、危险货物的；(十一)逃避、阻碍公安机关依法检查的；(十二)实施威胁、打击报复、引诱、贿买证人、鉴定人等人员或者毁灭、伪造证据等妨害司法行为的；(十三)两年内曾因饮酒后驾驶机动车被查获或者受过行政处罚的；(十四)五年内曾因危险驾驶行为被判决有罪或者作相对不起诉的；(十五)其他需要从重处理的情形。”第11条规定：“醉驾具有下列情形之一的，从宽处理：(一)自首、坦白、立功的；(二)自愿认罪认罚的；(三)造成交通事故，赔偿损失或者取得谅解的；(四)其他需要从宽处理的情形。”第12条规定：“醉驾具有下列情形之一，且不具有本意见第10条规定情形的，可以认定为情节显著轻微、危害不大，依照刑法第13条、刑事诉讼法第16条的规定处理：(一)血液酒精含量不满150毫克/100毫升的；(二)出于急救伤病人员等紧急情况驾驶机动车，且不构成紧急避险的；(三)在居民小区、停车场等场所因挪车、停车入位等短距离驾驶机动车的；(四)由他人驾驶至居民小区、停车场等场所短距离接替驾驶停放机动车的，或者为了交由他人驾驶，自居民小区、停车场等场所短距离驶出的；(五)其他情节显著轻微的情形。醉酒后出于急救伤病人员等紧急情况，不得已驾驶机动车，构成紧急避险的，依照刑法第21条的规定处理。”第13条规定：“对公安机关移送审查起诉的醉驾案件，人民检察院综合考虑犯罪嫌疑人驾驶的动机和目的、醉酒程度、机动车类型、道路情况、行驶时间、速度、距离以及认罪悔罪表现等因素，认为属于犯罪情节轻微的，依照刑法第37条、刑事诉讼法第177条第2款的规定处理。”第14条规定：“对符合刑法第72条规定的醉驾被告人，依法宣告缓刑。具有下列情形之一的，一般不适用缓刑：(一)造成交通事故致他人轻微伤或者轻伤，且负事故全部或者主要责任的；(二)造成交通事故且负事故全部或者主要责任，未赔偿损失的；(三)造成交通事故后逃逸的；(四)未取得机动车驾驶证驾驶汽车的；(五)血液酒精含量超过180毫克/100毫升的；(六)服用国家规定管制的精神药品或者麻醉药品后驾驶的；(七)采取暴力手段抗拒公安机关依法检查，或者实施妨害司法行为的；(八)五年内曾因饮酒后驾驶机动车被查获或者受过行政处罚的；(九)曾因危险驾驶行为被判决有罪或者作相对不起诉的；(十)其他情节恶劣的情形。”第15条规定：“对被告人判处罚金，应当根据醉驾行为、实际损害后果等犯罪情节，综合考虑被告人缴纳罚金的能力，确定与主刑相适应的罚金数额。起刑点一般不应低于道路交通安全法规定的饮酒后驾驶机动车相应情形的罚款数额；每增加一个月拘役，增加一千元至五千元罚金。”第16条规定：“醉驾同时构成交通肇事罪、过失以危险方法危害公共安全罪、以危险方法危害公共安全罪等其他犯罪的，依照处罚较重的规定定罪，依法从严追究刑事责任。醉酒驾驶机动车，以暴力、威胁方法阻碍公安机关依法检查，又构成妨害公务罪、袭警罪等其他犯罪的，依照数罪并罚的规定处罚。”第 17 条规定：“犯罪嫌疑人醉驾被现场查获后，经允许离开，再经公安机关通知到案或者主动到案，不认定为自动投案；造成交通事故后保护现场、抢救伤者，向公安机关报告并配合调查的，应当认定为自动投案。”

《刑法》第 133 条之一规定，犯本罪的，处拘役，并处罚金。行为人实施危险驾驶行为，同时构成其他犯罪的，依照处罚较重的规定定罪处罚。当本罪与以危险方法危害公共安全罪或者交通肇事罪出现想象竞合犯的情形时，应从一重处罚。

三、妨害安全驾驶罪

本罪是指行为人实施妨害安全驾驶行为，危及公共安全的行为。

本罪侵犯的客体是交通运输安全和人民群众的生命财产安全。本罪的客观方面表现为对行驶中的公共交通工具的驾驶人员使用暴力或者抢控驾驶操纵装置，干扰公共交通工具正常行驶，危及公共安全的行为。即行为人的行为足以导致公共交通工具不能安全行驶，车辆失控，随时可能发生乘客、道路上的行人、车辆伤亡或者财产损失的现实危险。如果行为人只是辱骂、轻微拉扯驾驶人或者轻微争抢方向盘，并没有影响车辆的正常行驶，不宜作为犯罪处理，违反《治安管理处罚法》规定的，依法予以治安处罚。驾驶人员在行驶的公共交通工具上擅离职守，与他人互殴或者殴打他人，危及公共安全的，依照本罪定罪处罚。有妨害安全驾驶行为，同时构成其他犯罪的，依照处罚较重的规定定罪处罚。

司法实践中，要区分以危险方法危害公共安全罪与妨害安全驾驶罪的关系。根据最高人民法院、最高人民检察院、公安部发布实施的《关于依法惩治妨害公共交通工具安全驾驶违法犯罪行为的指导意见》(公通字〔2019〕1 号)，实践中，对于行为的社会危害性和行为人的主观恶性均不大的妨害安全驾驶行为应当按照妨害安全驾驶罪进行处理。对于个别情况下，行为人妨害公共交通工具安全驾驶行为的社会危害性和行为人的主观恶性均较大，判处一年有期徒刑明显偏轻，符合《刑法》第 114 条规定的，可以按照以危险方法危害公共安全罪立案侦查。

本罪的犯罪主体是一般主体。本罪的犯罪主观方面是故意。

犯本罪的，处 1 年以下有期徒刑、拘役或者管制，并处或者单处罚金。

【以案说法 8-5】

张某妨害安全驾驶案

张某在乘坐公交车时，因不满公交车没有开启空调质问公交车司机，司机在多次解释无果后不再回应张某。随后，情绪激动的张某伸手拉开驾驶室的安全门，并多次拖拽司机手臂，导致正常行驶中的公交车失控撞击路边的护栏后停下，造成车辆受损无法正常运营的严重后果。法院一审判决张某犯妨害安全驾驶罪，判处有期徒刑六个月并处罚金 2000 元。

四、重大责任事故罪

（一）构成要件

本罪是指在生产、作业中违反有关安全管理的规定，因而发生重大伤亡事故或者造成其他严重后果的行为。

本罪侵犯的客体是生产、作业安全。

本罪客观要件表现为在生产、作业活动中违反有关安全管理的规定，因而发生重大伤亡事故或者造成其他严重后果的行为。具体包含下述四个因素：（1）必须有违反有关安全管理规定的行为。这是造成事故的直接原因，是构成本罪的前提条件，也是行为人承担刑事责任的客观依据。“违反有关安全管理的规定”，是指违反有关保证生产、作业安全和产品质量的规章制度，既包括国家有关主管部门制定的安全法规和规章，如《安全生产法》《劳动法》等，也包括本单位根据行业管理的特点而制定的各种安全规则，还包括一些虽无明文规定，但却长期为群众所公认的行之有效的正确的操作习惯和惯例。违反规章制度的行为，可以是作为，也可以是不作为。前者如冒险蛮干、违规操作等；后者如擅离职守，遇有险情不采取相应措施等。（2）必须发生重大伤亡事故或者造成其他严重后果。这是构成本罪的必要条件。如果没有造成严重后果，即使行为人违反了规章制度，也不构成本罪。根据2015年《最高人民法院、最高人民检察院关于办理危害生产安全刑事案件适用法律若干问题的解释》，具有下列情形之一的，应当认定为“造成严重后果”或者“发生重大伤亡事故或者造成其他严重后果”，对相关责任人员，处3年以下有期徒刑或者拘役：造成死亡一人以上，或者重伤三人以上的；造成直接经济损失一百万元以上的；其他造成严重后果或者重大安全事故的情形。（3）违反规章制度与严重后果之间存在因果关系。即严重后果是由于违反规章制度的行为引起的。（4）必须发生在生产、作业过程中，并同有关职工及从业人员的生产、作业活动有直接的联系。

本罪主体是特殊主体，即直接从事生产、作业的人员。2015年最高人民法院、最高人民检察院司法解释规定，本罪主体包括对生产、作业负有组织、指挥或者管理职责的负责人、管理人员、实际控制人、投资人等人员，以及直接从事生产、作业的人员。

本罪主观要件是过失。行为人对严重后果的发生是过失，违反规章制度违章作业的行为则可能是明知故犯。

（二）司法认定

本罪与失火罪、过失爆炸罪的界限。虽然都是过失犯罪，在客观上都造成了重大伤亡或重大财产损失。区别在于本罪为特殊主体，而且行为人是在生产、作业活动中，由于违反安全管理的规章制度而发生重大伤亡事故或其他严重后果的；而后者的主体是一般主体，行为人一般是在日常生活中忽视安全，因用火、用电不慎而发生火灾、爆炸的，与生产、作业活动无关。

（三）本罪处罚

《刑法》第134条规定，犯本罪的，处3年以下有期徒刑或者拘役；情节特别恶劣的，处3年以上7年以下有期徒刑。根据2015年《最高人民法院、最高人民检察院关于办理危害生产安全刑事案件适用法律若干问题的解释》，具有下列情形之一的，对相关责任人员，处三年以上七年以下有期徒刑：造成死亡三人以上或者重伤十人以上，负事故主要责任的；造成直接经济损失五百万元以上，负事故主要责任的；其他造成特别严重后果、情节特别恶劣或者后果特别严重的情形。在安全事故发生后，直接负责的主管人员和其他直接责任人员故意阻挠开展抢救，导致人员死亡或者重伤，或者为了逃避法律追究，对被害人进行隐藏、遗弃，致使被害人因无法得到救助而死亡或者重度残疾的，分别依照《刑法》第232条、第234条的规定，以故意杀人罪或者故意伤害罪定罪处罚。实施本罪行为，具有下列情形之一的，从重处罚：(1)未依法取得安全许可证件或者安全许可证件过期、被暂扣、吊销、注销后从事生产经营活动的；(2)关闭、破坏必要的安全监控和报警设备的；(3)已经发现事故隐患，经有关部门或者个人提出后，仍不采取措施的；(4)一年内曾因危害生产安全违法犯罪活动受过行政处罚或者刑事处罚的；(5)采取弄虚作假、行贿等手段，故意逃避、阻挠负有安全监督管理职责的部门实施监督检查的；(6)安全事故发生后转移财产意图逃避承担责任的；(7)其他从重处罚的情形。实施上述第五项规定的行为，同时构成《刑法》第389条规定的行贿犯罪的，依照数罪并罚的规定处罚。实施本罪行为，在安全事故发生后积极组织、参与事故抢救，或者积极配合调查、主动赔偿损失的，可以酌情从轻处罚。国家工作人员违反规定投资入股生产经营，构成本罪的，或者国家工作人员的贪污、受贿犯罪行为与安全事故发生存在关联性的，从重处罚；同时构成贪污、受贿犯罪和危害生产安全犯罪的，依照数罪并罚的规定处罚。对于实施危害生产安全犯罪适用缓刑的犯罪分子，可以根据犯罪情况，禁止其在缓刑考验期限内从事与安全生产相关联的特定活动；对于被判处刑罚的犯罪分子，可以根据犯罪情况和预防再犯罪的需要，禁止其自刑罚执行完毕之日或者假释之日起三年至五年内从事与安全生产相关的职业。

【以案说法 8-6】

印某四、印某二、陆某、张某学、孔某能、封某华重大责任事故案

印某四、印某二等人将共同投资开办的贵州省盘县金银煤矿承包给张某学和陆某开采，印某四负责煤矿全面管理工作，印某二参与管理，印某四、印某二安排孔某能负责煤矿安全管理，实际上履行安全矿长职责，安排封某华担任金银煤矿技术员，负责煤矿生产技术规划管理。2011年3月12日0时许，金银煤矿在生产过程中放炮时母线短路产生火花，导致发生重大瓦斯爆炸事故，造成19名工人死亡、15名工人受伤的严重后果。六被告人明知金银煤矿被有关部门公告关闭并被注销采矿权证，又经煤炭管理部门和安监部门多次查处并严禁生产，仍在安全管理不到位、不具备安全生产条件的情况下违反法律、法规和企业规章制度的规定，组织工人生产，导致发生重大责任事故，其行为均已构成重大责任事故罪，且情节特别恶劣。法院以重大责任事故罪，分别判处印某四有期徒刑六年六个月，印某二、孔某能、陆某有期徒刑四年六个月，张某学有期徒刑四年，封某华有期徒刑三年。(2015年12月15日《最高人民法院发布三起危害生产安全犯罪典型案例》第1号)

五、强令、组织他人违章冒险作业罪

本罪是指强令他人违章冒险作业，或者明知存在重大事故隐患而不排除，仍冒险组织作业，因而发生重大伤亡事故或者造成其他严重后果的行为。

本罪侵犯的客体是生产、作业安全。

本罪在客观方面表现为强令他人违章冒险作业，或者明知存在重大事故隐患而不排除，仍冒险组织作业，因而发生重大伤亡事故或者造成其他严重后果的行为。强令他人违章冒险作业，是指生产、施工、作业等工作的管理人员，明知自己的决定违反安全生产、作业的规章制度，可能会发生事故，却心存侥幸，自认为不会发生事故，而强行命令他人违章作业的行为。《最高人民法院、最高人民检察院关于办理危害生产安全刑事案件适用法律若干问题的解释》(法释〔2015〕22号)规定，明知存在事故隐患、继续作业存在危险，仍然违反有关安全管理的规定，实施下列行为之一的，应当认定为“强令他人违章冒险作业”：利用组织、指挥、管理职权，强制他人违章作业的；采取威逼、胁迫、恐吓等手段，强制他人违章作业的；故意掩盖事故隐患，组织他人违章作业的；其他强令他人违章作业的行为。

明知存在重大事故隐患而不排除，仍冒险组织作业，是指企业对其存在的重大事故隐患和安全问题知情，或者在接到有关部门的整改通知后，在未消除安全隐患、未有效整改的情况下，继续冒险组织作业，因而发生重大伤亡事故或者造成其他严重后果。

本罪的成立以发生重大伤亡事故或者造成其他严重后果为前提。实施本罪的行为，因而发生安全事故，具有下列情形的，应当认定为“发生重大伤亡事故或者造成其他严重后果”，对相关责任人员，处五年以下有期徒刑或者拘役：造成死亡一人以上，或者重伤三人以上的；造成直接经济损失100万元以上的；其他造成严重后果或者重大安全事故的情形。实施本罪的行为，因而发生安全事故，具有下列情形的，对相关责任人员，处五年以上有期徒刑：造成死亡三人以上或者重伤十人以上，负事故主要责任的；造成直接经济损失500万元以上，负事故主要责任的；其他造成特别严重后果、情节特别恶劣或者后果特别严重的情形。

本罪的主体，包括对生产、作业负有组织、指挥或者管理职责的负责人、管理人员、实际控制人、投资人等人员。

本罪的主观方面是过失。

六、危险作业罪

本罪是指在生产、作业中违反有关安全管理的规定，具有发生重大伤亡事故或者其他严重后果的现实危险的行为。

本罪侵犯的客体是生产、作业安全。本罪的客观方面表现为，在生产、作业中违反有关安全管理的规定，具有发生重大伤亡事故或者其他严重后果的现实危险的行为，具体包括：(1)关闭、破坏直接关系生产安全的监控、报警、防护、救生设备、设施，或者篡改、隐瞒、销毁其相关数据、信息的；(2)因存在重大事故隐患被依法责令停产停业、停止施工、停止使用有关设备、设施、场所或者立即采取排除危险的整改措施，而拒不执行的；(3)涉及安全生产的事项未经依法批准或者许可，擅自从事矿山开采、金属冶炼、建筑施工，以及危险物品生产、经营、储存等高度危险的生产作业活动的。本罪的犯罪主体是一般主体。

本罪的犯罪主观方面是故意。

《刑法》第134条之一规定，犯本罪的，处1年以下有期徒刑、拘役或者管制。

【以案说法8-7】

潘某某危险作业案

2020年5月至2021年4月，潘某某在未经有关部门依法批准、未取得危险化学品经营许可证的情况下，利用自行改装的装有塑料油桶的苏F0D9K5和苏E79V3Y金杯面包车以及装有不锈钢油桶的苏FP33G6东风汽车，采用外置电瓶搭电驱动油泵方式为他人汽车加油作业，共计销售汽油6000余升。2021年4月14日，潘某某被公安机关抓获，次日被取保候审。取保候审期间，将储存有汽油的苏E79V3Y改装金杯面包车停放至路边，经联系后于同月27日15时许从该车中取出装有十余升汽油的塑料油桶为他人驾驶的汽车加油，加完油后再次进行加油作业过程中，违规用电瓶为油泵搭电，导致苏E79V3Y面包车起火，现场附近三辆汽车和一辆电动自行车受损，临近住户的两台空调外机受损，损失共计价值26734元。法院以危险作业罪判处潘某某有期徒刑六个月，缓刑一年。(2021年12月31日最高人民法院发布平安中国建设第一批典型案例)

其他重大责任事故犯罪还有重大飞行事故罪，铁路运营安全事故罪，妨害安全驾驶罪，强令、组织他人违章冒险作业罪，重大劳动安全事故罪，大型群众性活动重大安全事故罪，危险物品肇事罪，工程重大安全事故罪，教育设施重大安全事故罪，消防责任事故罪，不报、谎报安全事故罪。

☞ 思考与练习

1. 什么是危害公共安全罪？其构成特征是什么？

2. 在放火、爆炸、投放危险物质的案件中，如何认定是危害公共安全罪，还是故意杀人罪或者故意毁坏财物罪？

3. 如何区分破坏交通工具罪与故意毁坏财物罪的界限？

4. 如何认定交通肇事罪？如何理解“因逃逸致人死亡”的含义？

5. 被告人李某15岁，为某地农村中学生，经常被其班主任常某辱骂，性格又内向，遂生恶念，欲害死常某来报复。一日夜晚，李某在常某独住的山林边的平房放了一把火，当夜由于突起大风，常某住的平房又有不少引火物，从而引起山林着火，造成山林火灾，损失达数百万元人民币，常某也被烧死。李某的行为如何定性？试分析理由。

6. 被告人金某，男，27岁，为某厂硬胶板加工车间工人。一日，金某在加工硬胶板过程中，厂里突然停电。金某便掏出烟点燃坐着抽烟，等着来电。突然，金某想起与他人相约通电话，于是扔掉烟头离去。他走后，扔在地上的烟头引燃硬胶板碎末，引起火灾，烧毁加工车间，造成直接经济损失65万元。如何定性本案？试分析理由。

第九章　破坏社会主义市场经济秩序罪

【学习目标】

○明确破坏社会主义市场经济秩序罪的构成要件和种类。

○掌握生产、销售伪劣产品罪，走私普通货物、物品罪，伪造货币罪，洗钱罪，集资诈骗罪，保险诈骗罪，逃税罪，抗税罪，假冒注册商标罪，侵犯著作权罪，合同诈骗罪的构成要件及认定。

○了解其他罪名的构成要件。

○具备运用所学知识分析案例的能力。强化市场经济是法治经济意识，树立规矩意识、法治思维能力、法律表达能力、辨识具体犯罪的能力和职业使命。

破坏社会主义市场经济秩序罪，是指违反国家市场经济管理法规，破坏社会主义市场经济秩序，依法应受刑罚处罚的行为。本类犯罪侵犯的客体是社会主义市场经济秩序，即国家通过法律对由市场进行资源配置的经济运行过程进行调节所形成的正常、协调和有序的状态。市场经济从某种意义上讲就是法治经济，市场经济秩序包括企业行为秩序，商品的生产、流通、分配、消费秩序以及政府对国民经济的管理制度等，都应当依法运行。本类犯罪的客观要件表现为违反国家市场经济管理法规，破坏社会主义市场经济秩序，对经济秩序、国民经济造成严重侵害的行为。包括两个方面：其一，违反有关的市场经济管理法规是构成本章犯罪的前提。我国已经初步建立起社会主义市场经济法律体系，如产品质量法律制度、公司企业法律制度、金融法律制度、知识产权法律制度等。其二，实施本章犯罪的行为是依法应受刑罚处罚的行为。刑法作为最严厉的法律，具有补充性和最后性的特征，刑法作为民事、经济、行政法律的后盾法，只在其他法律无法有效遏制某种不法行为时，才有必要动用刑罚手段。因此，只有破坏社会主义市场经济秩序的行为达到法定的严重程度(如数额较大、情节严重、后果严重等)，才能以犯罪论处。本类犯罪的主体有的只能由自然人构成，如变造货币罪；有的只能由单位构成，如逃汇罪、妨害清算罪；有的既可以由单位也可以由自然人构成，如生产、销售伪劣产品罪。自然人犯罪主体大多是一般主体，如伪造货币罪等；少数是特殊主体，如非法经营同类营业罪的主体仅限于国有公司、企业的董事、经理。本类犯罪的主观要件大多是故意，只有少数犯罪是过失，如签订、履行合同失职被骗罪等。在故意犯罪中，大多数犯罪没有将犯罪目的规定为主观方面的必备构成要件，也有少数犯罪以行为人具备特定犯罪目的为要件，如《刑法》第 152 条的走私淫秽物品罪要求“以牟利或者传播为目的”。本节共有 110 个具体罪名。

第一节　生产、销售伪劣商品罪

生产、销售伪劣产品罪的认定

一、生产、销售伪劣产品罪

(一)构成要件

本罪是指生产者、销售者故意在产品中掺杂、掺假，以假充真、以次充好或者以不合格产品冒充合格产品，销售金额5万元以上的行为。

本罪侵犯的客体是国家对产品质量的监督管理制度和消费者的合法权益。犯罪对象是伪劣产品。《产品质量法》规定，“产品”是指经过加工、制作、用于销售的产品，但不包括建筑工程。狭义的伪劣产品是指其质量和性能指标达不到规定要求，甚至是失去了使用价值的产品，主要包括：不符合保障人体健康，人身、财产安全的国家标准、行业标准的产品；掺杂、掺假，以假充真，以次充好的产品；不合格的产品；失效、变质的产品等。广义的伪劣产品还包括假冒产品。假冒产品是指制造的产品逼真地模仿别人的产品外形，或未经授权，对受知识产权保护的产品进行复制和销售，借以冒充别人的产品。假冒产品和狭义伪劣产品之间存在交叉关系，有的假冒产品同时也是伪劣产品，但并非所有的假冒产品都是伪劣产品。本罪的伪劣产品是指狭义的伪劣产品。生产、销售质量、性能有保障的单纯的假冒产品，可能构成假冒注册商标罪等侵犯知识产权犯罪，不以本罪论处。

本罪客观要件表现为在产品中掺杂、掺假，以假充真、以次充好或者以不合格产品冒充合格产品，销售金额5万元以上的行为。第一，根据司法解释，四种行为方式包括“在产品中掺杂、掺假”“以假充真”“以次充好”“以不合格产品冒充合格产品”。“掺杂、掺假”是指在产品中掺入杂质或异物，致使产品质量不符合国家法律、法规或者产品明示质量标准规定的质量要求，降低、失去应有使用性能的行为。“以假充真”是指以不具有某种使用性能的产品冒充具有该种使用性能的产品的行为。“以次充好”是指以低等级、低档次产品冒充高等级、高档次产品，或者以残次、废旧零配件组合、拼装后冒充正品或者新产品的行为。“以不合格产品冒充合格产品”，是指以不符合《产品质量法》规定的质量要求的产品冒充合格产品的行为。《产品质量法》规定，产品质量应当符合下列要求：不存在危及人身、财产安全的不合理的危险，有保障人体健康和人身、财产安全的国家标准、行业标准的，应当符合该标准；具备产品应当具备的使用性能，但是，对产品存在使用性能的瑕疵作出说明的除外；符合在产品或者其包装上注明采用的产品标准，符合以产品说明、实物样品等方式表明的质量状况。对上述行为难以确定的，应当委托法律、行政法规规定的产品质量检验机构进行鉴定。第二，销售金额5万元以上。这是本罪的既遂要件。根据2008年《最高人民检察院、公安部关于公安机关管辖的刑事案件立案追诉标准的规定(一)》，有下列情形之一的，应予立案：伪劣产品销售金额5万元以上的；伪劣产品尚未销售，货值金额15万元以上的；伪劣产品销售金额不满5万元，但将已销售金额乘以3倍后，与尚未销售的伪劣产品货值金额合计15万元以上的。“销售金额”是指生产者、销售者出售伪劣产品后所得和应得的全部违法收入。“货值金额”以违法生产、销售的伪劣产品的标价计算；没有标价的，按照同类合格产品的市场中间价格计算。货值金额难以确定的，按照《扣押、追缴、没收物品估价管理办法》的规定，委托估价机构进行确定。多次实施生产、销售伪劣产品行为，未经处理的，伪劣产品的销售金额或者货值金额累计计算。2021年《最高人民法院、最高人民检察院关于办理危害食品安全刑事案件适用法律若干问题的解释》规定，生产、销售不符合食品安全标准的食品添加剂，用于食品的包装材料、容器、洗涤剂、消毒剂，或者用于食品生产经营的工具、设备等，构成犯罪的，以生产、销售伪劣产品罪定罪处罚。

本罪主体是一般主体，自然人或单位均可构成，包括生产者和销售者，即产品的制造者和产品的批量或零散经销售卖者。

本罪主观要件是故意，即明知是伪劣产品而生产或销售。

（二）司法认定

1. 罪与非罪的界限

（1）主观上对伪劣产品是否存在明知。如确实不知是伪劣产品而予以生产、销售的，由于其主观上不具有犯罪的故意，不构成犯罪。（2）与一般违法行为的界限。如果行为人生产、销售伪劣产品，销售金额未达到5万元以上的，属于一般违法行为，不以犯罪论处。但是，根据2001年《最高人民法院、最高人民检察院关于办理生产、销售伪劣商品刑事案件具体应用法律若干问题的解释》规定，生产伪劣产品尚未销售，货值金额达到15万元以上的，以生产、销售伪劣产品罪（未遂）定罪处罚，而不能以无罪处理。

2. 本罪与生产、销售特定伪劣产品犯罪的界限

《刑法》在规定本罪的同时，还在第141～148条将生产、销售八种特定伪劣产品的行为规定为独立犯罪。本罪与其他八种犯罪之间是一种法条竞合的关系。《刑法》第149条对这一法条竞合关系规定了“重法优于轻法”原则。生产、销售《刑法》第141条至第148条所列产品，不构成各该条规定的犯罪，但是销售金额在5万元以上的，依照《刑法》第140条的规定以生产、销售伪劣产品罪定罪处罚。生产、销售《刑法》第141条至第148条所列产品，构成各该条规定的犯罪，同时又构成第140条规定的生产、销售伪劣产品罪的，依照处罚较重的规定定罪处罚。

3. 共同犯罪

根据司法解释规定，知道或者应当知道他人实施生产、销售伪劣产品罪，而为其提供贷款、资金、账号、发票、证明、许可证件，或者提供生产、经营场所或者运输、仓储、保管、邮寄等便利条件，或者提供制假生产技术的，以生产、销售伪劣商品犯罪的共犯论处。

4. 罪数

实施生产、销售伪劣商品犯罪，同时构成侵犯知识产权、非法经营等其他犯罪的，依照处罚较重的规定定罪处罚。实施生产、销售伪劣商品犯罪，又以暴力、威胁方法抗拒查处，构成其他犯罪（如妨害公务罪）的，数罪并罚。

（三）本罪处罚

《刑法》第140条规定，生产、销售伪劣产品，销售金额5万元以上不满20万元的，处2年以下有期徒刑或者拘役，并处或者单处销售金额50%以上2倍以下罚金；销售金额20万元以上不满50万元的，处2年以上7年以下有期徒刑，并处销售金额50%以上2倍

以下罚金；销售金额50万元以上不满200万元的，处7年以上有期徒刑，并处销售金额50%以上2倍以下罚金；销售金额在200万元以上的，处15年有期徒刑或者无期徒刑，并处销售金额50%以上2倍以下罚金或者没收财产。《刑法》第150条规定，单位犯本罪的，对单位判处罚金，并对其直接负责的主管人员和其他直接责任人员，依照上述规定处罚。国家机关工作人员参与生产、销售伪劣商品犯罪的，从重处罚。

【以案说法9-1】

华某某药业公司销售伪劣产品案

2020年1月22日，被告单位安徽省马鞍山市华某某药业连锁有限公司法定代表人管甲向徐某购买口罩并支付20000元，次日徐某从张某处购进“飘某”牌一次性使用口罩5万只后，通过快递发给管甲，管甲于当月24日、26日签收。2020年1月26日，被告人管甲与荣某某联系购买口罩，荣某某通过微信朋友圈求购口罩，并得知被告人曹某有口罩销售的信息后，将收货人管甲的联系方式、公司地址告知曹某。曹某从徐某某处以0.4元/只购买“飘某”牌一次性使用口罩8万只，以0.75元/只的价格销售给荣某某，荣某某再以1.2元/只销售给管甲，管甲于当月29日至31日签收。马鞍山市华某某药业连锁有限公司将涉案口罩通过公司及门店销售给本市相关单位和普通民众，累计销售口罩61368只，销售金额148512.40元。案发后，公安机关查扣尚未销售的“飘某”牌一次性使用口罩46750只。经鉴定，上述口罩的过滤效果不符合标准要求。经河南飘某集团有限公司鉴定系假冒其公司产品。（安徽省高级人民法院发布2021年十件司法保护刑事典型案例）

二、生产、销售、提供假药罪

本罪是指生产、销售、提供假药的行为。

本罪侵犯的客体是国家药品管理制度和人民群众的生命、健康权利。犯罪对象为假药。假药，是指依照《药品管理法》的规定属于假药和按假药处理的药品、非药品。有下列情形之一的，为假药：药品所含成分与国家药品标准规定的成分不符的；以非药品冒充药品或者以他种药品冒充此种药品的；变质的药品；药品所标明的适应症或者功能主治超出规定范围。这里的药品仅限于人用药品。

本罪客观要件表现为生产、销售、提供假药的行为。本罪属于行为犯，不要求必须出现严重的危害后果。依据2017年《立案追诉标准的规定(一)》，生产（包括配制）、销售假药，有下列情形之一的，应予立案：含有超标准的有毒有害物质的；不含所标明的有效成分，可能贻误诊治的；所标明的适应症或者功能主治超出规定范围，可能造成贻误诊治的；缺乏所标明的急救必需的有效成分的；其他足以严重危害人体健康或者对人体健康造成严重危害的情形。依据2020年《刑法修正案（十一）》，药品使用单位的人员明知是假药而提供给他人使用的，构成本罪。第142条之一第2款规定，有妨害药品管理行为，同时又构成生产、销售、提供假药罪，生产、销售、提供劣药罪或者其他犯罪的，依照处罚较重的规定定罪处罚。

本罪主体是一般主体，自然人和单位均可构成。

本罪主观要件是故意。如果行为人确实不知道所生产、销售、提供的是假药的，不构成犯罪。

《刑法》第 141 条规定，生产、销售、提供假药的，处 3 年以下有期徒刑或者拘役，并处罚金；对人体健康造成严重危害或者有其他严重情节的，处 3 年以上 10 年以下有期徒刑，并处罚金；致人死亡或者有其他特别严重情节的，处 10 年以上有期徒刑、无期徒刑或者死刑，并处罚金或者没收财产。单位犯本罪的，实行双罚制。

三、妨害药品管理罪

本罪是指违反药品管理法规，实施妨害药品管理秩序，足以严重危害人体健康的行为。

本罪是《刑法修正案(十一)》新增罪名，侵犯的客体是国家药品管理制度和人民群众的生命健康。犯罪客观方面是行为人实施了妨害药品管理的行为，具体包括：生产、销售国务院药品监督管理部门禁止使用的药品的；未取得药品相关批准证明文件生产、进口药品或者明知是上述药品而销售的；药品申请注册中提供虚假的证明、数据、资料、样品或者采取其他欺骗手段的；编造生产、检验记录的。本罪的主体是一般主体，自然人和单位均可构成。本罪的主观方面是故意。第 142 条之一第 2 款规定，有妨害药品管理行为，同时又构成生产、销售、提供假药罪，生产、销售、提供劣药罪或者其他犯罪的，依照处罚较重的规定定罪处罚。

《刑法》第 142 条之一规定，犯本罪的，处 3 年以下有期徒刑或者拘役，并处或者单处罚金；对人体健康造成严重危害或者有其他严重情节的，处 3 年以上 7 年以下有期徒刑，并处罚金。

四、生产、销售不符合安全标准的食品罪

(一)构成要件

本罪是指生产、销售不符合食品安全标准的食品，足以造成严重食物中毒事故或者其他严重食源性疾病的行为。

本罪侵犯的客体是国家对食品安全的管理规定。《食品安全法》规定，在中华人民共和国境内从事下列活动，应当遵守本法：食品生产和加工，食品流通和餐饮服务；食品添加剂的生产经营；用于食品的包装材料、容器、洗涤剂、消毒剂和用于食品生产经营的工具、设备的生产经营；食品生产经营者使用食品添加剂、食品相关产品；对食品、食品添加剂和食品相关产品的安全管理。食品生产经营者应当依照法律、法规和食品安全标准从事生产经营活动，对社会和公众负责，保证食品安全，接受社会监督，承担社会责任。

本罪客观要件是指行为人生产、销售不符合食品安全标准的食品，足以造成严重食物中毒事故或者其他严重食源性疾病的行为。

本罪主体是一般主体。

本罪主观要件是故意。

（二）本罪处罚

《刑法》第143条规定，犯本罪的，处3年以下有期徒刑或者拘役，并处罚金；对人体健康造成严重危害或者有其他严重情节的，处3年以上7年以下有期徒刑，并处罚金；后果特别严重的，处7年以上有期徒刑或者无期徒刑，并处罚金或者没收财产。单位犯本罪的，实行双罚制。

2021年《最高人民法院、最高人民检察院关于办理危害食品安全刑事案件适用法律若干问题的解释》规定，具有下列情形之一的，应当认定为“足以造成严重食物中毒事故或者其他严重食源性疾病”：含有严重超出标准限量的致病性微生物、农药残留、兽药残留、重金属、污染物质以及其他危害人体健康的物质的；属于病死、死因不明或者检验检疫不合格的畜、禽、兽、水产动物及其肉类、肉类制品的；属于国家为防控疾病等特殊需要明令禁止生产、销售的；婴幼儿食品中生长发育所需营养成分严重不符合食品安全标准的；其他情形。具有下列情形之一的，应当认定为“对人体健康造成严重危害”：造成轻伤以上伤害的；造成轻度残疾或者中度残疾的；造成器官组织损伤导致一般功能障碍或者严重功能障碍的；造成十人以上严重食物中毒或者其他严重食源性疾病的；其他情形。具有下列情形之一的，应当认定为“其他严重情节”：（1）生产、销售金额20万元以上的；（2）生产、销售金额10万元以上不满20万元，不符合食品安全标准的食品数量较大或者生产、销售持续时间6个月以上的；（3）生产、销售金额10万元以上不满20万元，属于特殊医学用途配方食品，专供婴幼儿的主辅食品的；（4）生产、销售金额10万元以上不满20万元，且在中小学校园、托幼机构、养老机构及周边面向未成年人、老年人销售的；（5）生产、销售金额10万元以上不满20万元，曾因危害食品安全犯罪受过刑事处罚或者2年内因危害食品安全违法行为受过行政处罚的；（6）其他情节严重的情形。具有下列情形之一的，应当认定为“后果特别严重”：致人死亡或者重度残疾的；造成三人以上重伤、中度残疾或者器官组织损伤导致严重功能障碍的；造成十人以上轻伤、五人以上轻度残疾或者器官组织损伤导致一般功能障碍的；造成三十人以上严重食物中毒或者其他严重食源性疾病的；其他后果。在食品加工、销售、运输、贮存等过程中，违反食品安全标准，超限量或者超范围滥用食品添加剂，足以造成严重食物中毒事故或者其他严重食源性疾病的，依照本罪定罪处罚。在食用农产品种植、养殖、销售、运输、贮存等过程中，违反食品安全标准，超限量或者超范围滥用添加剂、农药、兽药等，足以造成严重食物中毒事故或者其他严重食源性疾病的，依照本罪定罪处罚。“足以造成严重食物中毒事故或者其他严重食源性疾病”“有毒、有害非食品原料”难以确定的，司法机关可以根据检验报告并结合专家意见等相关材料进行认定。必要时，人民法院可以依法通知有关专家出庭作出说明。

五、生产、销售有毒、有害食品罪

（一）构成要件

本罪是指在生产、销售的食品中掺入有毒、有害的非食品原料的，或者销售明知掺有有毒、有害的非食品原料的食品的行为。根据上述2021年司法解释，下列物质应当认定为“有毒、有害的非食品原料”：法律、法规禁止在食品生产经营活动中添加、使用的物质；国务院有关部门公布的《食品中可能违法添加的非食用物质名单》《保健食品中可能非法添加的物质名单》上的物质；国务院有关部门公告禁止使用的农药、兽药以及其他有毒、有害物质；其他危害人体健康的物质。一般认为，有毒、有害的非食品原料包括对人体具有生物、化学毒性，食用后会引起不良反应的，损害机体健康的不能食用的原料，如含有甲醇的工业酒精勾兑的白酒等。根据2002年《最高人民法院、最高人民检察院关于办理非法生产、销售、使用禁止在饲料和动物饮用水中使用的药品等刑事案件具体应用法律若干问题的解释》，使用盐酸克仑特罗(俗称“瘦肉精”)等禁止在饲料和动物饮用水中使用的药品或者含有该类药品的饲料养殖供人食用的动物，或者销售明知是使用该类药品或者含有该类药品的饲料养殖的供人食用的动物的，以本罪追究刑事责任。明知是使用盐酸克仑特罗等禁止在饲料和动物饮用水中使用的药品或者含有该类药品的饲料养殖的供人食用的动物，而提供屠宰等加工服务，或者销售其制品的，以本罪追究刑事责任。

上述2021年司法解释规定，在食品加工、销售、运输、贮存等过程中，掺入有毒、有害的非食品原料，或者使用有毒、有害的非食品原料加工食品的，依照本罪定罪处罚。在食用农产品种植、养殖、销售、运输、贮存等过程中，使用禁用农药、兽药等禁用物质或者其他有毒、有害物质的，依照本罪定罪处罚。在保健食品或者其他食品中非法添加国家禁用药物等有毒、有害物质的，适用第1款的规定定罪处罚。生产、销售不符合食品安全标准的食品，有毒、有害食品，符合《刑法》第143条、第144条规定的，以生产、销售不符合安全标准的食品罪或者生产、销售有毒、有害食品罪定罪处罚。同时构成其他犯罪的，依照处罚较重的规定定罪处罚。生产、销售不符合食品安全标准的食品，无证据证明足以造成严重食物中毒事故或者其他严重食源性疾病，不构成生产、销售不符合安全标准的食品罪，但是构成生产、销售伪劣产品罪等其他犯罪的，依照该其他犯罪定罪处罚。明知他人生产、销售不符合食品安全标准的食品，有毒、有害食品，具有下列情形之一的，以生产、销售不符合安全标准的食品罪或者生产、销售有毒、有害食品罪的共犯论处：提供资金、贷款、账号、发票、证明、许可证件的；提供生产、经营场所或者运输、贮存、保管、邮寄、网络销售渠道等便利条件的；提供生产技术或者食品原料、食品添加剂、食品相关产品的；提供广告等宣传的。

(二)司法认定

本罪与生产、销售不符合安全标准的食品罪的界限。(1)犯罪对象不同。“不符合安全标准的食品”所掺入的原料也可能有毒、有害，但其本身并不必然有害，而是通常情况下允许作为食品原料或添加剂使用，之所以有毒、有害，是因为被污染或者腐败变质所导致；而“有毒、有害食品”之所以有毒、有害，是由于掺入了“有毒、有害的非食品原料”，所掺入的是不允许掺入食品中的非食品原料，这些东西本身就有毒、有害。(2)犯罪既遂形态不同。本罪属于行为犯，只要实施了生产、销售有毒、有害食品行为就可达到犯罪既遂；而生产、销售不符合安全标准的食品罪是危险犯，以“足以造成严重食物中毒事故或者其他严重食源性疾患”的法定危险状态作为既遂标志。

(三)本罪处罚

《刑法》第144条规定，犯本罪的，处5年以下有期徒刑，并处罚金；对人体健康造成严重危害或者有其他严重情节的，处5年以上10年以下有期徒刑，并处罚金；致人死亡或者有其他特别严重情节的，依照第141条的规定，处10年以上有期徒刑、无期徒刑或者死刑，并处罚金或者没收财产。单位犯本罪的，实行双罚制。上述2021年司法解释规定，具有下列情形之一的，应当认定为“对人体健康造成严重危害”：造成轻伤以上伤害的；造成轻度残疾或者中度残疾的；造成器官组织损伤导致一般功能障碍或者严重功能障碍的；造成十人以上严重食物中毒或者其他严重食源性疾病的；其他对人体健康造成严重危害的情形。具有下列情形之一的，应当认定为“其他严重情节”：(1)生产、销售金额20万元以上不满50万元的；(2)生产、销售金额10万元以上不满20万元，有毒、有害食品的数量较大或者生产、销售持续时间6个月以上的；(3)生产、销售金额10万元以上不满20万元，属于特殊医学用途配方食品、专供婴幼儿的主辅食品；(4)生产、销售金额10万元以上不满20万元，且在中小学校园、托幼机构、养老机构及周边面向未成年人、老年人销售的；(5)生产、销售金额10万元以上不满20万元，曾因危害食品安全犯罪受过刑事处罚或者2年内因危害食品安全违法行为受过行政处罚的；(6)有毒、有害的非食品原料毒害性强或者含量高的；(7)其他情节严重的情形。生产、销售有毒、有害食品，生产、销售金额50万元以上，或者具有本解释第4条规定的情形之一的，应当认定为《刑法》第144条规定的“致人死亡或者有其他特别严重情节”。犯生产、销售不符合安全标准的食品罪，生产、销售有毒、有害食品罪，一般应当依法判处生产、销售金额2倍以上的罚金。对实施本解释规定之犯罪的犯罪分子，应当依照刑法规定的条件严格适用缓刑、免予刑事处罚。根据犯罪事实、情节和悔罪表现，对于符合《刑法》规定的缓刑适用条件的犯罪分子，可以适用缓刑，但是应当同时宣告禁止令，禁止其在缓刑考验期限内从事食品生产、销售及相关活动。

其他生产、销售伪劣商品罪还有生产、销售、提供劣药罪，妨害药品管理罪，生产、销售不符合标准的医用器材罪，生产、销售不符合安全标准的产品罪，生产、销售伪劣农药、兽药、化肥、种子罪，生产、销售不符合卫生标准的化妆品罪。

【以案说法9-2】

张某某生产、销售有毒、有害食品案

2014年起，被告人张某某在未取得食品生产许可证的情况下，在山东省日照市经济技术开发区一封闭院落内，使用购进的两套净水设备生产桶装饮用水(纯净水)并对外销售。2015年3月6日，日照经济技术开发区市场监督管理局在执法检查时发现，张某某未取得食品生产许可证而生产、销售桶装饮用水，且所生产的桶装饮用水经检测菌落总数超标，遂对张某某作出行政处罚。此后，张某某仍继续非法生产、销售桶装饮用水。因其中一套净水设备不带杀菌消毒功能，张某某遂在生产过程中使用工业甲醛对净水设备进行清洗杀菌。2017年3月4日，日照经济技术开发区市场监督管理局根据群众举报，与市公安局日照经济技术开发区分局对张某某经营的水厂进行联合执法检查，在生产车间内提取1个甲醛溶液瓶。经鉴定，该甲醛溶液瓶内液体检出甲醛成分，含量为264350mg/L；该水厂水井内的原水未检出甲醛成分；抽检的两种桶装饮用水中甲醛含量分别为0.05mg/L和0.08mg/L。日照经济技术开发区人民法院以生产、销售有毒、有害食品罪判处张某某有期徒刑二年，并处罚金人民币5万元。（2021年12月31日最高人民法院、最高人民检察院联合发布危害食品安全刑事典型案例）

第二节　走　私　罪

一、走私武器、弹药罪

本罪是指违反海关法规，逃避海关监管，非法运输、携带、邮寄武器、弹药进出国（边）境的行为。本罪侵犯的客体是国家的海关监督管理制度和枪支、弹药管理制度。走私对象是武器、弹药。武器、弹药的种类，依据《海关进口税则》《禁止进出境物品表》的规定来确定。本罪的“武器”不包括仿真手枪，对走私仿真手枪情节严重的，可按走私普通货物、物品罪论处。客观要件表现为违反海关法规，逃避海关监管，非法运输、携带、邮寄武器、弹药进出国（边）境的行为。主体是一般主体。主观要件是故意。本罪与走私文物罪、走私核材料罪等其他走私犯罪的区别在于走私对象的不同。

《刑法》第151条规定，犯本罪的，处7年以上有期徒刑，并处罚金或者没收财产；情节特别严重的，处无期徒刑或者死刑，并处没收财产；情节较轻的，处3年以上7年以下有期徒刑，并处罚金。单位犯本罪的，实行双罚制。第157条规定，行为人以暴力、威胁方法抗拒缉私的，以本罪和妨害公务罪进行数罪并罚。

二、走私普通货物、物品罪

（一）构成要件

本罪是指违反海关法规，逃避海关监管，非法运输、携带、邮寄普通货物、物品进出国（边）境，偷逃应缴税额较大，或者一年内曾因走私被给予二次行政处罚后又走私的行为。

本罪侵犯的客体是国家对普通货物、物品进出口的监管制度和海关税收征管制度。普通货物、物品，是指武器、弹药、核材料、假币、国家禁止出口的文物、黄金、白银和其他贵重金属、珍贵动物及其制品、珍稀植物及其制品、淫秽物品、国家禁止进口的固体废物、毒品以外的其他货物、物品。《海关法》《进出口关税管理条例》等规定了海关对普通货物、物品进出境进行监管、征收关税及其他税收的制度。2014年《最高人民法院关于审理走私刑事案件具体应用法律若干问题的解释》规定，走私非淫秽的影片、影碟、录像带、录音带、音碟、图片、书刊、电子出版物等物品的，依照本罪定罪处罚。

本罪客观要件表现为违反海关法规，逃避海关监管，非法运输、携带、邮寄普通货物、物品进出国（边）境，偷逃应缴税额较大，或者一年内曾因走私被给予二次行政处罚后又走私的行为。具体包括：第一，直接走私。在通过海关时采用隐瞒、隐藏、伪报、蒙混等方式或通过绕关的方式，逃避海关监管，非法运输、携带、邮寄普通货物、物品进出国（边）境。第二，后续走私。《刑法》第154条规定，未经海关许可并且未补缴应缴税额，擅自将批准进口的来料加工、来件装配、补偿贸易的原材料、零件、制成品、设备等保税货物，在境内销售牟利的；未经海关许可并且补缴应缴税额，擅自将特定减税、免税进口的货物、物品，在境内销售牟利的，应以本罪论处。“保税货物”，是指经海关批准，未办理纳税手续进境，在境内储存、加工、装配后应予复运出境的货物，包括通过加工贸易、补偿贸易等方式进口的货物，以及在保税仓库、保税工厂、保税区或者免税商店内等储存、加工、寄售的货物。“销售牟利”，是指行为人主观上为了牟取非法利益而擅自销售海关监管的保税货物、特定减免税货物。第三，以走私论。《刑法》第155条规定，直接向走私人非法收购走私进口的非国家禁止进口货物、物品，数额较大的；在内海、领、界河、界湖运输、收购、贩卖国家限制进出口货物、物品，数额较大，没有合法证明的，以本罪论处。直接向走私人非法收购国家禁止进口物品的，或者在内海、领海、界河、界湖运输、收购、贩卖国家禁止进出口物品的，应当按照走私物品的种类，分别适用《刑法》第151条、第152条、第347条的规定定罪处罚。

本罪主体是一般主体，自然人和单位均可构成。

本罪主观要件是故意，且具有偷逃关税的目的。行为人明知自己的行为违反国家法律法规，逃避海关监管，偷逃进出境货物、物品的应缴税额，并且希望或者放任危害结果发生的，应认定为具有走私的主观故意。“明知”是指行为人知道或者应当知道所从事的行为是走私行为。具有下列情形之一的，可以认定为“明知”，但有证据证明确属被蒙骗的除外：逃避海关监管，运输、携带、邮寄国家禁止进出境的货物、物品的；用特制的设备或者运输工具走私货物、物品的；未经海关同意，在非设关的码头、海（河）岸、陆路边境等地点，运输（驳载）、收购或者贩卖非法进出境货物、物品的；提供虚假的合同、发票、证明等商业单证委托他人办理通关手续的；以明显低于货物正常进（出）口的应缴税额委托他人代理进（出）口业务的；曾因同一种走私行为受过刑事处罚或者行政处罚的；其他有证据证明的情形。

（二）司法认定

1. 罪与非罪的界限

本罪与一般走私违法行为的界限是，走私偷逃应缴税额较大的，构成本罪；未达到偷逃应缴税额较大的，属于一般走私违法行为；只有一年内曾因走私被给予二次行政处罚后又走私的行为才可认定为本罪，否则属于一般走私违法行为。行为人确有证据证明其主观方面不具有逃避海关监管走私的故意的，不构成犯罪。

2. 本罪与其他走私特定物品犯罪的界限

区别在于犯罪对象的不同。走私犯罪嫌疑人主观上具有走私犯罪故意，但对其走私的具体对象不明确的，不影响走私犯罪构成，应当根据实际的走私对象定罪处罚。但是，确有证据证明行为人因受蒙骗而对走私对象发生认识错误的，可以从轻处罚。

3. 共同犯罪

《刑法》第156条规定，与走私罪犯通谋，为其提供贷款、资金、账号、发票、证明，或者为其提供运输、保管、邮寄或者其他方便的，以走私罪的共犯论处。“与走私罪犯通谋”是指犯罪行为人之间事先或者事中形成的共同的走私故意。下列情形可以认定为通谋：对明知他人从事走私活动而同意为其提供贷款、资金、账号、发票、证明、海关单证，提供运输、保管、邮寄或者其他方便的；多次为同一走私犯罪分子的走私行为提供前项帮助的。单位和个人(不包括单位直接负责的主管人员和其他直接责任人员)共同走私的，单位和个人均应对共同走私所偷逃应缴税额负责。对单位和个人共同走私偷逃应缴税额为5万元以上不满25万元的，应当根据其在案件中所起的作用，区分不同情况作出处理。单位起主要作用的，对单位和个人均不追究刑事责任，由海关予以行政处理；个人起主要作用的，对个人依照《刑法》有关规定追究刑事责任，对单位由海关予以行政处理。无法认定单位或个人起主要作用的，对个人和单位分别按个人犯罪和单位犯罪的标准处理。单位和个人共同走私偷逃应缴税额超过25万元且能区分主、从犯的，应当按照刑法关于主、从犯的有关规定，对从犯从轻、减轻或者免除处罚。

4. 罪数及其他问题

对在走私的普通货物、物品或者废物中藏匿《刑法》第151条、第152条、第347条、第350条规定的货物、物品，构成犯罪的，以实际走私的货物、物品定罪处罚；构成数罪的，实行数罪并罚。经许可进口国家限制进口的可用作原料的废物时，偷逃应缴税额，构成犯罪的，应当以走私普通货物罪定罪处罚；既未经许可，又偷逃应缴税额，同时构成走私废物罪和走私普通货物罪的，应当按照《刑法》处罚较重的规定定罪处罚。虽经许可，但超过许可数量进口国家限制进口的可用作原料的废物，超过部分以未经许可论。

(三)本罪处罚

《刑法》第153条规定，犯本罪的，根据情节轻重，分别依照下列规定处罚：走私货物、物品偷逃应缴税额较大或者一年内曾因走私被给予二次行政处罚后又走私的，处3年以下有期徒刑或者拘役，并处偷逃应缴税额1倍以上5倍以下罚金。走私货物、物品偷逃应缴税额巨大或者有其他严重情节的，处3年以上10年以下有期徒刑，并处偷逃应缴税额1倍以上5倍以下罚金。走私货物、物品偷逃应缴税额特别巨大或者有其他特别严重情节的，处10年以上有期徒刑或者无期徒刑，并处偷逃应缴税额1倍以上5倍以下罚金或者没收财产。“应缴税额”，是指进出口货物、物品应当缴纳的进出口关税和进口环节海关代征税的税额。走私货物、物品所偷逃的应缴税额，应当以走私行为案发时所适用的税则、税率、汇率和海关审定的完税价格计算，并以海关出具的证明为准。单位犯本罪的，对单位判处罚金，并对其直接负责的主管人员和其他直接责任人员，处3年以下有期徒刑或者拘役；情节严重的，处3年以上10年以下有期徒刑；情节特别严重的，处10年以上有期徒刑。《刑法》第157条规定，武装掩护走私的，依照本法第151条第1款的规定从重处罚。《刑法》第151条第1款规定，犯本罪的，处7年以上有期徒刑，并处罚金或者没收财产；情节特别严重的，处无期徒刑或者死刑，并处没收财产；情节较轻的，处3年以上7年以下有期徒刑，并处罚金。本罪的行为人以暴力、威胁方法抗拒缉私的，以本罪和妨害公务罪进行数罪并罚。对多次走私未经处理的，按照累计走私货物、物品的偷逃应缴税额处罚。“对多次走私未经处理的”，是指对多次走私未经行政处罚处理的。

其他走私罪还有走私核材料罪，走私假币罪，走私文物罪，走私贵重金属罪，走私珍贵动物、珍贵动物制品罪，走私国家禁止进出口的货物、物品罪，走私淫秽物品罪，走私废物罪。

【以案说法 9-3】

深圳市成讯电子有限公司走私普通货物案

2016 年 8 月 15 日至 2019 年 8 月 14 日，被告单位深圳市成讯电子有限公司从香港弘杰工业器材公司进口台湾全冠牌电线固定类产品在国内销售。公司法定代表人、股东、实际经营人陈某春在明知货物实际成交价格的情况下，为降低货物进口成本，牟取非法利益，采取低报价格的方式委托报关公司申报进口通关。经核定，偷逃应缴税额共计人民币 1785959. 33 元。法院判决被告单位深圳市成讯电子有限公司犯走私普通货物罪，判处罚金人民币 50 万元；陈某春犯走私普通货物罪，判处有期徒刑一年六个月，缓刑三年。

第三节　妨害对公司、企业的管理秩序罪

一、虚报注册资本罪

(一) 构成要件

本罪是指申请公司登记的单位或个人使用虚假证明文件或者采取其他欺诈手段虚报注册资本，欺骗公司登记主管部门，取得公司登记，虚报注册资本数额巨大、后果严重或者有其他严重情节的行为。

本罪侵犯的客体是国家对公司的登记管理制度。

本罪客观要件表现为使用虚假证明文件或者采取其他欺诈手段虚报注册资本，欺骗公司登记主管部门，取得公司登记，虚报注册资本数额巨大、后果严重或者有其他严重情节的行为。《公司法》第 26 条规定，有限责任公司的注册资本为在公司登记机关登记的全体股东认缴的出资额。公司全体股东的首次出资额不得低于注册资本的 20%，也不得低于法定的注册资本最低限额，其余部分由股东自公司成立之日起两年内缴足；其中，投资公司可以在五年内缴足。有限责任公司注册资本的最低限额为人民币 3 万元。法律、行政法规对有限责任公司注册资本的最低限额有较高规定的，从其规定。《公司法》第 81 条规定，股份有限公司采取发起设立方式设立的，注册资本为在公司登记机关登记的全体发起人认购的股本总额。公司全体发起人的首次出资额不得低于注册资本的 20%，其余部分由发起人自公司成立之日起两年内缴足；其中，投资公司可以在五年内缴足。在缴足前，不得向他人募集股份。股份有限公司采取募集方式设立的，注册资本为在公司登记机关登记的实收股本总额。股份有限公司注册资本的最低限额为人民币 500 万元。法律、行政法规对股份有限公司注册资本的最低限额有较高规定的，从其规定。

根据2022年《最高人民检察院、公安部关于公安机关管辖的刑事案件立案追诉标准的规定(二)》，涉嫌下列情形之一的，应予立案追诉：(1)法定注册资本最低限额在600万元以下，虚报数额占其应缴出资数额60%以上的。(2)法定注册资本最低限额超过600万元，虚报数额占其应缴出资数额30%以上的。(3)造成投资者或者其他债权人直接经济损失累计数额在50万元以上的。(4)虽未达到上述数额标准，但具有下列情形之一的：①致使公司资不抵债或者无法正常经营的；②公司发起人，股东合谋虚假出资，抽逃出资的；③2年内因虚假出资，抽逃出资受过2年以上行政处罚，又虚假出资，抽逃出资的；④利用虚假出资，抽逃出资所得资金进行违法活动的。(5)其他后果严重或者有其他严重情节的情形。

本罪主体是特殊主体，即必须是申请公司登记的个人或单位，且只适用于依法实行注册资本实缴登记制的公司。包括两类：(1)申请公司登记的个人。依据《公司法》和《公司登记管理条例》，设立有限责任公司，应当由全体股东指定的代表或者共同委托的代理人向公司登记机关申请设立登记。申请设立股份有限公司登记的，采取发起设立方式的为全体发起人选出的董事会，采取募集设立方式的为全体董事会成员。设立国有独资公司，应当由国家授权投资的机构或者国家授权的部门作为申请人。公司分立、合并需要申报设立登记的，是公司指派的代表或共同委托的代理人。(2)申请公司登记的单位，即申请设立有限责任公司或股份有限公司的法人或者非法人单位。

本罪主观要件是故意。

(二)本罪的处罚

《刑法》第158条规定，犯本罪的，处3年以下有期徒刑或者拘役，并处或者单处虚报注册资本金额1%以上5%以下罚金。单位犯本罪的，实行双罚制。

二、非国家工作人员受贿罪

本罪是指公司、企业或者其他单位的工作人员利用职务上的便利，索取他人财物或者非法收受他人财物，为他人谋取利益，数额较大的，或者在经济往来中，利用职务上的便利，违反国家规定，收受各种名义的回扣、手续费，归个人所有的行为。2008年《最高人民法院、最高人民检察院关于办理商业贿赂刑事案件适用法律若干问题的意见》规定，“公司、企业或者其他单位的工作人员”，包括国有公司、企业以及其他国有单位中的非国家工作人员；“其他单位”，既包括事业单位、社会团体、村民委员会、居民委员会、村民小组等常设性的组织，也包括为组织体育赛事、文艺演出或者其他正当活动而成立的组委会、筹委会、工程承包队等非常设性的组织；医疗机构中的非国家工作人员或者医疗机构中的医务人员，利用开处方的职务便利，以各种名义非法收受药品、医疗器械、医用卫生材料等医药产品销售方财物，为医药产品销售方谋取利益，数额较大的，以本罪定罪处罚；学校及其他教育机构中的非国家工作人员或者学校及其他教育机构中的教师，利用教学活动的职务便利，以各种名义非法收受教材、教具、校服或者其他物品销售方财物，为教材、教具、校服或者其他物品销售方谋取利益，数额较大的，以本罪定罪处罚；依法组建的评标委员会、竞争性谈判采购中谈判小组、询价采购中询价小组的组成人员，在招标、政府采购等事项的评标或者采购活动中，索取他人财物或者非法收受他人财物，为他人谋取利益，数额较大的，以本罪定罪处罚。根据2022年《最高人民检察院、公安部关于公安机关管辖的刑事案件立案追诉标准的规定(二)》，数额在3万元以上的，应予立案追诉。

国有公司、企业或者其他国有单位中从事公务的人员和国有公司、企业或者其他国有单位委派到非国有公司、企业以及其他单位从事公务的人员有本罪规定行为的，依照《刑法》第385条、第386条的规定定罪处罚。

《刑法》第163条规定，犯本罪的，处3年以下有期徒刑或者拘役；数额巨大的，处3年以上10年以下有期徒刑，并处罚金；数额特别巨大的，处10年以上有期徒刑或者无期徒刑，并处罚金。

【以案说法9-4】

刘某某非国家工作人员受贿案

2015年4月至2019年7月，被告人刘某某在担任位于上海市青浦区××路的上海夏阳湖某酒店(以下简称"某酒店")采购主管期间，利用本人可以引荐供应商、知情供应商报价等职务便利，采用引荐上海××有限公司(以下简称"××公司")加入供应商名单、对××公司的法人代表陆某(已判决)进行报价提醒等方式，为××公司谋取入选某酒店供应商名单、获得某酒店订单的不正当利益，并多次通过个人名下中国工商银行账户收取陆某给予的回扣款共计人民币201246元，用于个人挥霍。法院判决，刘某某犯非国家工作人员受贿罪，判处有期徒刑七个月，缓刑一年，并处罚金人民币2万元。扣押在案的赃款人民币201246元予以没收。

三、对非国家工作人员行贿罪

本罪是指为谋取不正当利益，给予公司、企业或者其他单位的工作人员以财物，数额较大的行为。

本罪侵犯的客体是公司、企业或者其他单位的管理制度。

本罪客观要件是行为人为谋取不正当利益，给予公司、企业或者其他单位的工作人员以财物，数额较大的行为。根据2022年《最高人民检察院、公安部关于公安机关管辖的刑事案件立案追诉标准的规定(二)》，个人行贿数额在3万元以上的，单位行贿数额在20万元以上的，应予立案追诉。

本罪主体是一般主体，自然人和单位均可构成。

本罪主观要件必须是故意，并且具有谋取不正当利益的不法目的。

行为人是否确实获取不正当利益，不影响犯罪的成立。本罪与行贿罪的区别是行贿对象的不同，本罪的行贿对象是公司、企业或者其他单位等非国家工作人员，而行贿罪的对象是国家工作人员。

《刑法》第164条第1款规定，犯本罪的，处3年以下有期徒刑或者拘役，并处罚金；数额巨大的，处3年以上10年以下有期徒刑，并处罚金。单位犯本罪的，实行双罚制。行贿人在被追诉前主动交代行贿行为的，可以减轻处罚或者免除处罚。

四、签订、履行合同失职被骗罪

本罪是指国有公司、企业、事业单位直接负责的主管人员，在签订、履行合同过程中，因严重不负责任被诈骗，致使国家利益遭受重大损失的行为。根据《最高人民检察院、公安部关于公安机关管辖的刑事案件立案追诉标准的规定(二)》，有下列情形之一应予立案追诉：造成国家直接经济损失数额在50万元以上的；造成有关单位破产，停业、停产6个月以上，或者被吊销许可证和营业执照、责令关闭、撤销、解散的；其他致使国家利益遭受重大损失的情形。金融机构、从事对外贸易经营活动的公司、企业的工作人员严重不负责任，造成100万美元以上外汇被骗购或者逃汇1000万美元以上的，应予立案追诉。这里的“诈骗”是指对方当事人的行为已经涉嫌诈骗犯罪，不以对方当事人已经被人民法院判决构成诈骗犯罪作为立案追诉的前提。

《刑法》第167条规定，犯本罪的，处3年以下有期徒刑或者拘役；致使国家利益遭受特别重大损失的，处3年以上7年以下有期徒刑。

其他妨害对公司、企业管理秩序罪还有虚假出资、抽逃出资罪，欺诈发行证券罪，违规披露、不披露重要信息罪，妨害清算罪，隐匿、故意销毁会计凭证、会计账簿、财务会计报告罪，虚假破产罪，对外国公职人员、国际公共组织官员行贿罪，非法经营同类营业罪，为亲友非法牟利罪，国有公司、企业、事业单位人员失职罪，国有公司、企业、事业单位人员滥用职权罪，徇私舞弊低价折股、出售国有资产罪，背信损害上市公司利益罪。

第四节　破坏金融管理秩序罪

一、伪造货币罪

(一)构成要件

本罪是指违反国家货币管理法规，仿照货币的式样、票面、图案、颜色等特征，制造假货币、冒充真货币的行为。

本罪侵犯的客体是国家的货币管理制度。犯罪对象是货币，货币是指可在国内市场流通或者兑换的人民币和境外货币。

本罪客观要件表现为违反国家货币管理法规、伪造货币的行为。根据2010年《最高人民法院关于审理伪造货币等案件具体应用法律若干问题的解释(二)》，仿照真货币的图案、形状、色彩等特征非法制造假币，冒充真币的行为，应当认定为“伪造货币”。对真货币采用剪贴、挖补、揭层、涂改、移位、重印等方法加工处理，改变真币形态、价值的行为，应当认定为“变造货币”。同时采用伪造和变造手段，制造真伪拼凑货币的行为，以伪造货币罪定罪处罚。以正在流通的境外货币为对象的假币犯罪，依照伪造货币罪定罪处罚。假境外货币犯罪的数额，按照案发当日中国外汇交易中心或者中国人民银行授权机构公布的人民币对该货币的中间价折合成人民币计算。中国外汇交易中心或者中国人民银行授权机构未公布汇率中间价的境外货币，按照案发当日境内银行人民币对该货币的中间价折算成人民币，或者该货币在境内银行、国际外汇市场对美元汇率，与人民币对美元汇率中间价进行套算。以中国人民银行发行的普通纪念币和贵金属纪念币为对象的假币犯罪，依照定罪处罚。假普通纪念币犯罪的数额，以面额计算；假贵金属纪念币犯罪的数额，以贵金属纪念币的初始发售价格计算。伪造的方法多种多样，如手描、拓印、机器印制、影印、复印以及高科技印制手段。根据2022年《最高人民检察院、公安部关于公安机关管辖的刑事案件立案追诉标准的规定(二)》，涉嫌下列情形之一的，应予立案追诉：(1)总面额在2000元以上或者币量在200张(枚)以上的；(2)总面额在1000元以上或者币量在100张(枚)以上，二年内因伪造货币受过行政处罚，又伪造货币的；(3)制造货币版样或者为他人伪造货币提供版样的；(4)其他伪造货币应予追究刑事责任的情形。“货币”是指流通的以下货币：人民币(含普通纪念币、贵金属纪念币)、港元、澳门元、新台币；其他国家及地区的法定货币。贵金属纪念币的面额以中国人民银行授权中国金币总公司的初始发售价格为准。货币面额应当以人民币计算，其他币种以案发时国家外汇管理机关公布的外汇牌价折算成人民币。

本罪主体是一般主体。

本罪主观要件是故意。实践中，行为人一般具有牟利的目的，但该目的并非犯罪构成的必备要件。

(二)司法认定

1. 制造、提供伪造货币材料、专用设备、技术行为的定性

伪造货币犯罪之所以能顺利得以实施，往往与非法制造、提供伪造货币材料、专用设备、技术的行为密不可分。行为人制造版样或者与他人事前通谋，为他人伪造货币提供版样的，依照伪造货币罪定罪处罚。制造、销售用于伪造货币的版样的，不认定犯罪数额，依据犯罪情节决定刑罚。

2. 一罪与数罪的界限

(1)伪造货币罪与出售、运输假币罪。《刑法》第171条第3款规定，伪造货币并出售或者运输伪造的货币的，按照伪造货币罪定罪并从重处罚，不实行数罪并罚。在此，行为人伪造和出售、运输的假币必须具有同一性，即行为人出售、运输的必须是其自己伪造的。如果行为人除了伪造货币外，还出售、运输了非共同犯罪人的他人伪造的货币的，应当以伪造货币罪和出售、运输假币罪数罪并罚。(2)伪造货币罪与持有、使用货币罪。如果行为人伪造出货币而自己持有、使用的，其持有行为属于不可罚的事后行为，其使用行为属于目的行为，与伪造行为之间构成牵连犯，伪造货币罪的处罚重于持有、使用假币罪，因而对上述情形都应以伪造货币罪定罪处罚。

3. 假币犯罪案件中行为人实施数个相关行为的认定

(1)对同一宗假币实施了法律规定为选择性罪名的行为，应根据行为人所实施的数个行为，按刑法规定的排列顺序并列确定罪名，数额不累计计算，不实行数罪并罚。(2)对不同宗假币实施法律规定为选择性罪名的行为，并列确定罪名，数额按全部假币面额累计计算，不实行数罪并罚。(3)对同一宗假币实施了《刑法》没有规定为选择性罪名的数个犯罪行为，择一重罪从重处罚。如伪造货币或者购买假币后使用的，以伪造货币罪或购买假币罪定罪，从重处罚。(4)对不同宗假币实施了《刑法》没有规定为选择性罪名的数个犯罪行为，分别定罪，数罪并罚。

（三）本罪处罚

《刑法》第 170 条规定，犯本罪的，处 3 年以上 10 年以下有期徒刑，并处 5 万元以上 50 万元以下罚金。有下列情形之一的，处 10 年以上有期徒刑、无期徒刑或者死刑，并处 5 万元以上 50 万元以下罚金或者没收财产：（1）伪造货币集团的首要分子；（2）伪造货币数额特别巨大的；（3）有其他特别严重情节的。伪造货币总面额在 3 万元以上，属于"伪造货币数额特别巨大"。

二、持有、使用假币罪

本罪是指明知是伪造的货币而持有、使用，数额较大的行为。

本罪侵犯的客体是国家的货币管理制度。

本罪客观要件是行为人明知是伪造的货币而持有、使用，数额较大的行为。持有是指将假币处于行为人事实上的支配之下，使用是指将假币作为真币而使用。根据 2022 年《最高人民检察院、公安部关于公安机关管辖的刑事案件立案追诉标准的规定（二）》，涉嫌下列情形之一的，应予立案追诉：（1）总面额在 4000 元以上或者币量在 400 张（枚）以上的；（2）总面额在 2000 元以上或者币量在 200 张（枚）以上，二年内因持有、使用假币受过行政处罚，又持有、使用假币的；（3）其他持有、使用假币应予追究刑事责任的情形。涉嫌下列情形之一的，应予立案追诉：（1）总面额在 4000 元以上或者币量在 400 张（枚）以上的；（2）总面额在 2000 元以上或者币量在 200 张（枚）以上，二年内因持有、使用假币受过行政处罚，又持有、使用假币的；（3）其他持有、使用假币应予追究刑事责任的情形。

本罪主体是一般主体，即年满 16 周岁的自然人。

本罪主观要件是故意，即明知是假币而不法持有、使用。

使用假币罪与出售假币罪的区别，一是前罪一般依照假币的面值而使用，后罪一般以低于假币的面值而出售，二是行为人使用假币时被害人一般不知情，而出售假币时购买假币者往往知情。根据 2000 年《最高人民法院关于审理伪造货币等案件具体应用法律若干问题的解释》，行为人购买假币后使用，构成犯罪的，以购买假币罪定罪，从重处罚。行为人出售、运输假币构成犯罪，同时有使用假币行为的，依照出售、运输假币罪和本罪实行数罪并罚。《刑法》第 172 条规定，犯本罪的，处 3 年以下有期徒刑或者拘役，并处或者单处 1 万元以上 10 万元以下罚金；数额巨大的，处 3 年以上 10 年以下有期徒刑，并处 2 万元以上 20 万元以下罚金；数额特别巨大的，处 10 年以上有期徒刑，并处 5 万元以上 50 万元以下罚金或者没收财产。

三、非法吸收公众存款罪

（一）构成要件

本罪是指违反国家金融管理法规，非法吸收公众存款或者变相吸收公众存款，扰乱金融秩序的行为。

本罪侵犯的客体是国家对公众存款的管理制度。吸收公众存款是国家金融机构的法定业务，行为人非法吸收公众存款的行为，扰乱了国家金融秩序。

本罪客观要件表现为非法吸收公众存款或者变相吸收公众存款，扰乱金融秩序的行为。根据2022年《最高人民法院关于审理非法集资刑事案件具体应用法律若干问题的解释》，违反国家金融管理法律规定，向社会公众(包括单位和个人)吸收资金的行为，同时具备下列四个条件的，除《刑法》另有规定的以外，应当认定为"非法吸收公众存款或者变相吸收公众存款"：未经有关部门依法批准或者借用合法经营的形式吸收资金；通过媒体、推介会、传单、手机短信等途径向社会公开宣传；承诺在一定期限内以货币、实物、股权等方式还本付息或者给付回报；向社会公众即社会不特定对象吸收资金。未向社会公开宣传，在亲友或者单位内部针对特定对象吸收资金的，不属于非法吸收或者变相吸收公众存款。实施下列行为之一，符合上述条件的，应当以本罪定罪处罚：不具有房产销售的真实内容或者不以房产销售为主要目的，以返本销售、售后包租、约定回购、销售房产份额等方式非法吸收资金的；以转让林权并代为管护等方式非法吸收资金的；以代种植(养殖)、租种植(养殖)、联合种植(养殖)等方式非法吸收资金的；不具有销售商品、提供服务的真实内容或者不以销售商品、提供服务为主要目的，以商品回购、寄存代售等方式非法吸收资金的；不具有发行股票、债券的真实内容，以虚假转让股权、发售虚构债券等方式非法吸收资金的；不具有募集基金的真实内容，以假借境外基金、发售虚构基金等方式非法吸收资金的；不具有销售保险的真实内容，以假冒保险公司、伪造保险单据等方式非法吸收资金的；以投资入股的方式非法吸收资金的；以委托理财的方式非法吸收资金的；利用民间"会""社"等组织非法吸收资金的；其他非法吸收资金的行为。

本罪主体是一般主体，包括自然人和单位。

本罪主观要件是故意，即明知自己的行为是非法吸收公众存款或者变相吸收公众存款而予以实施。

(二)本罪处罚

《刑法》第176条规定，犯本罪的，处3年以下有期徒刑或者拘役，并处或者单处罚金；数额巨大或者有其他严重情节的，处3年以上10年以下有期徒刑，并处罚金；数额特别巨大或者有其他特别严重情节的，处10年以上有期徒刑，并处罚金。单位犯本罪的，实行双罚制。犯本罪，在提起公诉前积极退赃退赔，减少损害结果发生的，可以从轻或者减轻处罚。根据2022年《最高人民检察院、公安部关于公安机关管辖的刑事案件立案追诉标准的规定(二)》，涉嫌下列情形之一的，应予立案追诉：(1)非法吸收或者变相吸收公众存款数额在500万元以上的；(2)非法吸收或者变相吸收公众存款对象150人以上的；(3)非法吸收或者变相吸收公众存款，给集资参与人造成直接经济损失数额在50万元以上的。非法吸收或者变相吸收公众存款数额在50万元以上或者给集资参与人造成直接经济损失数额在25万元以上，同时涉嫌下列情形之一的，应予立案追诉：(1)因非法集资受过刑事追究的；(2)二年内因非法集资受过行政处罚的；(3)造成恶劣社会影响或者其他严重后果的。根据2022年《最高人民法院关于审理非法集资刑事案件具体应用法律若干问题的解释》，具有下列情形之一的，属于"数额巨大或者有其他严重情节"：个人非法吸收或者变相吸收公众存款，数额在100万元以上的，单位非法吸收或者变相吸收公众存款，数额在500万元以上的；个人非法吸收或者变相吸收公众存款对象500人以上的，单位非法吸收或者变相吸收公众存款对象500人以上的；个人非法吸收或者变相吸收公众存款，给存款人造成直接经济损失数额在50万元以上的，单位非法吸收或者变相吸收公众存款，给存款人造成直接经济损失数额在250万元以上的；造成特别恶劣社会影响或者其他特别严重后果的。非法吸收或者变相吸收公众存款的数额，以行为人所吸收的资金全额计算。案发前后已归还的数额，可以作为量刑情节酌情考虑。非法吸收或者变相吸收公众存款，主要用于正常的生产经营活动，能够及时清退所吸收资金，可以免予刑事处罚；情节显著轻微的，不作为犯罪处理。

【以案说法9-5】

"昆明泛亚"非法吸收公众存款案

2011年11月至2015年8月，被告单位昆明泛亚公司董事长、总经理(总裁)单某良与主管人员郭某、王某经商议策划，违反国家金融管理法律规定，以稀有金属买卖融资融贷为名推行"委托受托"业务，向社会公开宣传，承诺给付固定回报，诱使社会公众投资，变相吸收巨额公众存款。被告单位云南天浩稀贵公司等3家公司及被告人钱某等人明知昆明泛亚公司非法吸收公众存款而帮助其向社会公众吸收资金。昆明泛亚公司非法吸收公众存款1678亿余元，涉及集资参与人13万余人，造成338亿余元无法偿还。此外，单某良、杨某红还在经营、管理昆明泛亚公司期间，利用职务之便，单独或共同将公司财物占为己有。法院以非法吸收公众存款罪判处昆明泛亚公司罚金人民币10亿元，分别判处云南天浩稀贵公司等3家被告单位罚金人民币5亿元、5000万元和500万元；以非法吸收公众存款罪、职务侵占罪判处单某良有期徒刑十八年，并处没收个人财产人民币5000万元，罚金人民币50万元。对其他被告人分别依法追究相应刑事责任。查封、扣押、冻结的涉案财物依法处置，按比例发还集资参与人；违法所得继续予以追缴，不足部分责令继续退赔，并按同等原则发还集资参与人。

四、伪造、变造金融票证罪

本罪是指仿照真金融票证制造假票证或者对金融票证进行加工改制的行为。本罪侵犯的客体是国家的金融管理秩序。本罪客观要件是指伪造、变造金融票证的行为。伪造是指行为人擅自制造外观上足以使人误认的假的金融票证，变造是指对真的金融票证进行加工，改变其数额、日期或其他内容。具体包括以下内容：伪造、变造汇票、本票、支票的；伪造、变造委托收款凭证、汇款凭证、银行存单等其他银行结算凭证的；伪造、变造信用证或者附随的单据、文件的；伪造信用卡的。根据2022年《最高人民检察院、公安部关于公安机关管辖的刑事案件立案追诉标准的规定(二)》，涉嫌下列情形之一的，应予立案追诉：(1)伪造、变造汇票、本票、支票，或者伪造、变造委托收款凭证、汇款凭证、银行存单等其他银行结算凭证，或者伪造、变造信用证或者附随的单据、文件，总面额在1万元以上或者数量在10张以上的；(2)伪造信用卡1张以上，或者伪造空白信用卡10张以上的。

本罪犯罪主体是一般主体，自然人和单位均可构成。本罪主观要件是故意。

《刑法》第177条规定，犯本罪的，处5年以下有期徒刑或者拘役，并处或者单处2万元以上20万元以下罚金；情节严重的，处5年以上10年以下有期徒刑，并处5万元以上50万元以下罚金；情节特别严重的，处10年以上有期徒刑或者无期徒刑，并处5万元以上50万元以下罚金或者没收财产。单位犯本罪的，实行双罚制。根据2018年《最高人民法院、最高人民检察院关于办理妨害信用卡管理刑事案件具体应用法律若干问题的解释》，复制他人信用卡、将他人信用卡信息资料写入磁条介质、芯片或者以其他方法伪造信用卡1张以上的，伪造空白信用卡10张以上的，应当认定为"伪造信用卡"，以伪造金融票证罪定罪处罚。伪造信用卡，有下列情形之一的属于"情节严重"：伪造信用卡5张以上不满25张的；伪造的信用卡内存款余额、透支额度单独或者合计数额在20万元以上不满100万元的；伪造空白信用卡50张以上不满250张的；其他情节严重的情形。伪造信用卡，有下列情形之一的属于"情节特别严重"：伪造信用卡25张以上的；伪造的信用卡内存款余额、透支额度单独或者合计数额在100万元以上的；伪造空白信用卡250张以上的；其他情节特别严重的情形。"信用卡内存款余额、透支额度"，以信用卡被伪造后发卡行记录的最高存款余额、可透支额度计算。

五、内幕交易、泄露内幕信息罪

(一)构成要件

本罪是指证券、期货交易内幕信息的知情人员、单位或者非法获取证券、期货交易内幕信息的人员、单位，在涉及证券的发行，证券、期货交易或者其他对证券、期货交易价格有重大影响的信息尚未公开前，买入或者卖出该证券，或者从事与该内幕信息有关的期货交易，或者泄露该信息，或者明示、暗示他人从事上述交易活动，情节严重的行为。

本罪侵犯的客体是证券、期货等金融管理秩序。

本罪客观要件表现为行为人在涉及证券的发行，证券、期货交易或者其他对证券、期货交易价格有重大影响的信息尚未公开前，买入或者卖出该证券，或者从事与该内幕信息有关的期货交易，或者泄露该信息，或者明示、暗示他人从事上述交易活动，情节严重的行为。判断"相关交易行为明显异常"，要综合以下情形，从时间吻合程度、交易背离程度和利益关联程度等方面予以认定：开户、销户、激活资金账户或者指定交易(托管)、撤销指定交易(转托管)的时间与该内幕信息形成、变化、公开时间基本一致的；资金变化与该内幕信息形成、变化、公开时间基本一致的；买入或者卖出与内幕信息有关的证券、期货合约时间与内幕信息的形成、变化和公开时间基本一致的；买入或者卖出与内幕信息有关的证券、期货合约时间与获悉内幕信息的时间基本一致的；买入或者卖出证券、期货合约行为明显与平时交易习惯不同的；买入或者卖出证券、期货合约行为，或者集中持有证券、期货合约行为与该证券、期货公开信息反映的基本面明显背离的；账户交易资金进出与该内幕信息知情人员或者非法获取人员有关联或者利害关系的；其他交易行为明显异常情形。"内幕信息敏感期"是指内幕信息自形成至公开的期间。《证券法》第67条第2款所列"重大事件"的发生时间，第75条规定的"计划""方案"以及《期货交易管理条例》第85条第11项规定的"政策""决定"等的形成时间，应当认定为内幕信息的形成之时。影响内幕信息形成的动议、筹划、决策或者执行人员，其动议、筹划、决策或者执行初始时间，应当认定为内幕信息的形成之时。内幕信息的公开，是指内幕信息在国务院证券、期货监督管理机构指定的报刊、网站等媒体披露。具有下列情形之一的，不属于从事与内幕信息有关的证券、期货交易：持有或者通过协议、其他安排与他人共同持有上市公司5%以上股份的自然人、法人或者其他组织收购该上市公司股份的；按照事先订立的书面合同、指令、计划从事相关证券、期货交易的；依据已被他人披露的信息而交易的；交易具有其他正当理由或者正当信息来源的。

本罪主体为特殊主体，即证券、期货交易内幕信息的知情人员、单位或者非法获取证券、期货交易内幕信息的人员、单位。根据2012年《最高人民法院、最高人民检察院关于办理内幕交易、泄露内幕信息刑事案件具体应用法律若干问题的解释》，下列人员应当认定为“证券、期货交易内幕信息的知情人员”：《证券法》第74条规定的人员和《期货交易管理条例》第85条第12项规定的人员。《证券法》第74条规定，证券交易内幕信息的知情人包括：发行人的董事、监事、高级管理人员；持有公司5%以上股份的股东及其董事、监事、高级管理人员，公司的实际控制人及其董事、监事、高级管理人员；发行人控股的公司及其董事、监事、高级管理人员；由于所任公司职务可以获取公司有关内幕信息的人员；证券监督管理机构工作人员以及由于法定职责对证券的发行、交易进行管理的其他人员；保荐人、承销的证券公司、证券交易所、证券登记结算机构、证券服务机构的有关人员；国务院证券监督管理机构规定的其他人。《期货交易管理条例》第85条第12项规定，内幕信息的知情人员，是指由于其管理地位、监督地位或者职业地位，或者作为雇员、专业顾问履行职务，能够接触或者获得内幕信息的人员，包括：期货交易所的管理人员以及其他由于任职可获取内幕信息的从业人员，国务院期货监督管理机构和其他有关部门的工作人员以及国务院期货监督管理机构规定的其他人员。具有下列行为的人员应当认定为“非法获取证券、期货交易内幕信息的人员”：利用窃取、骗取、套取、窃听、利诱、刺探或者私下交易等手段获取内幕信息的；内幕信息知情人员的近亲属或者其他与内幕信息知情人员关系密切的人员，在内幕信息敏感期内，从事或者明示、暗示他人从事，或者泄露内幕信息导致他人从事与该内幕信息有关的证券、期货交易，相关交易行为明显异常，且无正当理由或者正当信息来源的；在内幕信息敏感期内，与内幕信息知情人员联络、接触，从事或者明示、暗示他人从事，或者泄露内幕信息导致他人从事与该内幕信息有关的证券、期货交易，相关交易行为明显异常，且无正当理由或者正当信息来源的。

本罪主观要件是故意。

(二)本罪处罚

《刑法》第180条规定，犯本罪的，处5年以下有期徒刑或者拘役，并处或者单处违法所得1倍以上5倍以下罚金；情节特别严重的，处5年以上10年以下有期徒刑，并处违法所得1倍以上5倍以下罚金。单位犯本罪的，实行双罚制。根据2022年《最高人民检察院、公安部关于公安机关管辖的刑事案件立案追诉标准的规定(二)》，涉嫌下列情形之一的，应予立案追诉：(1)获利或者避免损失数额在50万元以上的；(2)证券交易成交额在200万元以上的；(3)期货交易占用保证金数额在100万元以上的；(4)二年内三次以上实施内幕交易、泄露内幕信息行为的；(5)明示、暗示三人以上从事与内幕信息相关的证券、期货交易活动的；(6)具有其他严重情节的。内幕交易获利或者避免损失数额在25

万元以上，或者证券交易成交额在100万元以上，或者期货交易占用保证金数额在50万元以上，同时涉嫌下列情形之一的，应予立案追诉：(1)《证券法》规定的证券交易内幕信息的知情人实施或者与他人共同实施内幕交易行为的；(2)以出售或者变相出售内幕信息等方式，明示、暗示他人从事与该内幕信息相关的交易活动的；(3)因证券、期货犯罪行为受过刑事追究的；(4)二年内因证券、期货违法行为受过行政处罚的；(5)造成其他严重后果的。

《刑法》第180条规定的"违法所得"，是指通过内幕交易行为所获利益或者避免的损失。内幕信息的泄露人员或者内幕交易的明示、暗示人员未实际从事内幕交易的，其罚金数额按照因泄露而获悉内幕信息人员或者被明示、暗示人员从事内幕交易的违法所得计算。

六、洗钱罪

(一)构成要件

洗钱罪是指为掩饰、隐瞒毒品犯罪、黑社会性质的组织犯罪、恐怖活动犯罪、走私犯罪、贪污贿赂犯罪、破坏金融管理秩序犯罪、金融诈骗犯罪的所得及其产生的收益的来源和性质的行为。

本罪侵犯的客体是国家金融管理制度和司法机关的正常活动。行为对象是毒品犯罪、黑社会性质的组织犯罪、恐怖活动犯罪、走私犯罪、贪污贿赂犯罪、破坏金融管理秩序犯罪、金融诈骗犯罪的违法所得及其产生的收益。"犯罪的违法所得"是指犯罪分子犯罪所获取的犯罪收入。"产生的收益"是指犯罪分子将以上犯罪所得收入用于合法或者非法投资、经营、储蓄、放贷所得的利息收入等孳息。

本罪客观要件表现为掩饰、隐瞒毒品犯罪、黑社会性质的组织犯罪、恐怖活动犯罪、走私犯罪、贪污贿赂犯罪、破坏金融管理秩序犯罪、金融诈骗犯罪的违法所得及其产生的收益的来源和性质的行为。具体包括：(1)提供资金账户；(2)将财产转换为现金、金融票据、有价证券；(3)通过转账或者其他支付结算方式转移资金；(4)跨境转移资产；(5)以其他方法掩饰、隐瞒犯罪所得及其收益的来源和性质。例如，行为人将犯罪分子的违法所得及其收益，以投资、购置不动产、放贷等各种方式用于合法的经营、使用，再从中获取收益或者转让、出售，从而隐瞒其违法所得的真实来源和性质。

本罪主体是一般主体，自然人和单位均能构成。上游犯罪的行为人本人和上游犯罪的行为人之外的人都可能构成本罪。

本罪主观要件是故意。

(二)司法认定

1. 洗钱罪与上游犯罪的界限

洗钱罪的上游犯罪，即毒品犯罪、黑社会性质的组织犯罪、恐怖活动犯罪、走私犯罪、贪污贿赂犯罪、破坏金融管理秩序犯罪、金融诈骗犯罪。如果行为人实施上游犯罪后，再对犯罪所得及其收益进行相关的自洗钱行为，应以上游犯罪和洗钱罪数罪并罚。

2. 洗钱罪与掩饰、隐瞒犯罪所得、犯罪所得收益罪的界限

后罪是一种妨害司法犯罪，是指明知是犯罪所得的赃物而予以窝藏、转移、收购、销

售的行为。二者的区别是：(1)主观要件对犯罪对象的认识程度要求不同。洗钱罪不仅要求行为人认识到是犯罪所得，而且必须认识到是毒品犯罪等七类犯罪的违法所得；而后者则只要求行为人认识到是犯罪所得即可。如果行为人只是认识到是犯罪所得，确实未认识到是毒品犯罪等七类犯罪的犯罪所得及其收益的，只能构成后者，而不能以洗钱罪论处。(2)犯罪主体不同。洗钱罪主体既可以是自然人，也可以是单位；而后者主体只能是自然人。(3)犯罪客观要件的行为方式不完全相同。洗钱罪行为方式广泛，包括一切掩饰、隐瞒犯罪的违法所得及其产生的收益的来源和性质的行为，而后者的行为方式只有窝藏、转移、收购、销售四种。

(三)本罪处罚

《刑法》第191条规定，犯本罪的，没收实施犯罪的违法所得及其产生的收益，处5年以下有期徒刑或者拘役，并处或者单处罚金；情节严重的，处5年以上10年以下有期徒刑，并处罚金。单位犯本罪的，对单位判处罚金，并对其直接负责的主管人员和其他直接责任人员，处5年以下有期徒刑或者拘役；情节严重的，处5年以上10年以下有期徒刑。

其他破坏金融管理秩序罪还有出售、购买、运输假币罪，金融工作人员购买假币、以假币换取货币罪，变造货币罪，擅自设立金融机构罪，伪造、变造、转让金融机构经营许可证、批准文件罪，高利转贷罪，骗取贷款、票据承兑、金融票证罪，妨害信用卡管理罪，窃取、收买、非法提供信用卡信息罪，伪造、变造国家有价证券罪，伪造、变造股票、公司、企业债券罪，擅自发行股票、公司、企业债券罪，利用未公开信息交易罪，编造并传播证券、期货交易虚假信息罪，诱骗投资者买卖证券、期货合约罪，操纵证券、期货市场罪，背信运用受托财产罪，违法运用资金罪，违法发放贷款罪，吸收客户资金不入账罪，违规出具金融票证罪，对违法票据承兑、付款、保证罪，逃汇罪，骗购外汇罪。

第五节　金融诈骗罪

一、集资诈骗罪

(一)构成要件

本罪是指以非法占有为目的，使用诈骗方法非法集资，数额较大的行为。

本罪侵犯的客体是国家的募集资金管理制度和公私财产所有权。

本罪客观要件是指以非法占有为目的，使用诈骗方法非法集资，数额较大的行为。传统诈骗方法包括虚构事实和隐瞒真相两种。集资诈骗罪中的诈骗方法具体表现为虚构集资用途，以虚假的证明文件和高回报率为诱饵，骗取集资款等。在实践中，行为人采用的诈骗手段多种多样，如有的以“共同投资”名义欺骗他人，有的采用比银行同期存款利率高出若干倍的方法诱惑他人。非法集资，是指公司、企业、其他组织或个人未经有权机关批准，违反法律法规，通过不正当渠道，向社会公众募集资金的行为。

根据2022年《最高人民法院关于审理非法集资刑事案件具体应用法律若干问题的解释》，以非法占有为目的，使用诈骗方法实施下列行为的，应当以集资诈骗罪定罪处罚：

不具有房产销售的真实内容或者不以房产销售为主要目的，以返本销售、售后包租、约定回购、销售房产份额等方式非法吸收资金的；以转让林权并代为管护等方式非法吸收资金的；以代种植(养殖)、租种植(养殖)、联合种植(养殖)等方式非法吸收资金的；不具有销售商品、提供服务的真实内容或者不以销售商品、提供服务为主要目的，以商品回购、寄存代售等方式非法吸收资金的；不具有发行股票、债券的真实内容，以虚假转让股权、发售虚构债券等方式非法吸收资金的；不具有募集基金的真实内容，以假借境外基金、发售虚构基金等方式非法吸收资金的；不具有销售保险的真实内容，以假冒保险公司、伪造保险单据等方式非法吸收资金的；以投资入股的方式非法吸收资金的；以委托理财的方式非法吸收资金的；利用民间“会”“社”等组织非法吸收资金的；其他非法吸收资金的行为。

本罪主体是一般主体，自然人和单位均可构成。

本罪主观要件是故意，并且以非法占有募集的资金为目的。

根据上述司法解释，使用诈骗方法非法集资，具有下列情形之一的，可以认定为“以非法占有为目的”：集资后不用于生产经营活动或者用于生产经营活动与筹集资金规模明显不成比例，致使集资款不能返还的；肆意挥霍集资款，致使集资款不能返还的；携带集资款逃匿的；将集资款用于违法犯罪活动的；抽逃、转移资金、隐匿财产，逃避返还资金的；隐匿、销毁账目，或者搞假破产、假倒闭，逃避返还资金的；拒不交代资金去向，逃避返还资金的；其他可以认定非法占有目的的情形。集资诈骗罪中的非法占有目的，应当区分情形进行具体认定。行为人部分非法集资行为具有非法占有目的的，对该部分非法集资行为所涉集资款以集资诈骗罪定罪处罚；非法集资共同犯罪中部分行为人具有非法占有目的，其他行为人没有非法占有集资款的共同故意和行为的，对具有非法占有目的的行为人以集资诈骗罪定罪处罚。

(二)司法认定

1. 罪与非罪的界限

(1)行为人是否具有非法占有的目的。如果行为人仅有非法集资行为，而没有非法占有目的，不能以集资诈骗罪论处，只能根据金融法律法规作为违法行为处理。(2)是否达到数额较大。集资诈骗罪以数额较大为犯罪构成要件，未达到数额较大标准的，以一般违法行为处理。根据上述司法解释，数额较大是指个人集资诈骗数额在10万元以上，单位集资诈骗数额在10万元以上的。

2. 本罪与非法吸收公款存款罪的界限

后罪是指违反国家金融管理法规，非法吸收公众存款或者变相吸收公众存款，扰乱金融秩序的行为。两罪在客观上均表现为向社会公众非法募集资金。二者的区别在于：(1)犯罪客体不同。本罪除了侵犯国家募集资金管理制度外，还侵犯他人的财产所有权；而后者仅仅侵害国家募集资金管理制度，不存在着侵犯他人财产所有权的问题。(2)犯罪行为方法不同。后罪不以行为人是否使用了诈骗方法作为构成犯罪的要件；而本罪必须使用诈骗方法，行为人只有使用虚构事实、隐瞒真相等诈骗方法的才能构成。(3)犯罪目的不同。后罪的犯罪目的是企图通过吸收公众存款的方式进行营利，主观上不具有将所吸收到的公众存款非法占为己有的目的；而本罪的犯罪目的是非法占有所募集的资金。

3. 本罪与欺诈发行股票、公司、企业债券罪的界限

两罪在客观上均表现为向社会公众非法募集资金。区别关键在于行为人是否具有非法占有的目的。对于以非法占有为目的而非法集资，或者在非法集资过程中产生了非法占有他人资金的故意，均构成本罪。应注意：一是不能仅凭较大数额的非法集资款不能返还的结果，推定行为人具有非法占有目的；二是行为人将大部分资金用于投资或生产经营活动，而将少量资金用于个人消费或挥霍的，不应仅以此认定具有非法占有目的。

（三）本罪处罚

《刑法》第192条规定，犯本罪的，处3年以上7年以下有期徒刑，并处罚金；数额巨大或者有其他严重情节的，处7年以上有期徒刑或者无期徒刑，并处罚金或者没收财产。单位犯本罪的，实行双罚制。根据上述司法解释，个人进行集资诈骗，数额在10万元以上的，应当认定为"数额较大"；数额在100万元以上的，应当认定为"数额巨大"。单位进行集资诈骗，数额在10万元以上的，应当认定为"数额较大"；数额在100万元以上的，应当认定为"数额巨大"；数额在500万元以上的，应当认定为"数额特别巨大"。集资诈骗的数额以行为人实际骗取的数额计算，案发前已归还的数额应予扣除。行为人为实施集资诈骗活动而支付的广告费、中介费、手续费、回扣，或者用于行贿、赠与等费用，不予扣除。行为人为实施集资诈骗活动而支付的利息，除本金未归还可予折抵本金以外，应当计入诈骗数额。

【以案说法9-6】

沈阳"老妈乐"集资诈骗案

2013年8月，被告人金某福在沈阳市成立沈阳老妈乐商贸有限公司（以下简称"老妈乐公司"）。2015年10月，金某福招揽被告人梁某、张某等人为公司高层管理人员，共同实施非法集资活动，以发放传单、讲课和开会等方式向公众宣传，谎称投资老妈乐公司即能在一定期限后获得高额回报，且能享受免费旅游等待遇，诱骗公众投资。至2017年11月，老妈乐公司在全国开设1000余家店铺，骗取170余万名集资参与人62亿余元，案发前返还42亿余元。法院以集资诈骗罪判处金某福无期徒刑，剥夺政治权利终身，并处没收个人全部财产；判处梁某有期徒刑十三年，剥夺政治权利三年，并处罚金人民币50万元；判处张某有期徒刑十二年，剥夺政治权利二年，并处罚金人民币50万元。

二、贷款诈骗罪

本罪是指以非法占有为目的，诈骗银行或者其他金融机构的贷款，数额较大的行为。

本罪侵犯的客体是国家的金融管理秩序和金融机构的财产所有权。

本罪客观要件表现为采取虚构事实或者隐瞒真相的方法，诈骗银行或者其他金融机构的贷款，数额较大的行为，具体是指下列情形之一：编造引进资金、项目等虚假理由的；使用虚假的经济合同的；使用虚假的证明文件的；使用虚假的产权证明作担保或者超出抵

押物价值重复担保的；以其他方法诈骗贷款的。根据2022年《最高人民检察院、公安部关于公安机关管辖的刑事案件立案追诉标准的规定(二)》，“数额较大”是指数额在2万元以上。

本罪主体是一般主体。

本罪主观要件是故意，并且以非法占有金融机构的贷款为目的。

《刑法》第193条规定，犯本罪的，处5年以下有期徒刑或者拘役，并处2万元以上20万元以下罚金；数额巨大或者有其他严重情节的，处5年以上10年以下有期徒刑，并处5万元以上50万元以下罚金；数额特别巨大或者有其他特别严重情节的，处10年以上有期徒刑或者无期徒刑，并处5万元以上50万元以下罚金或者没收财产。

三、票据诈骗罪

本罪是指以非法占有为目的，利用金融票据诈骗他人财物，数额较大的行为。

本罪侵犯的客体是国家的金融票据管理秩序和票据所有人、受益人的财产所有权。

本罪客观要件表现为利用金融票据诈骗他人财物，数额较大的行为，具体是指下列情形之一：明知是伪造、变造的汇票、本票、支票而使用的；明知是作废的汇票、本票、支票而使用的；冒用他人的汇票、本票、支票的；签发空头支票或者与其预留印鉴不符的支票，骗取财物的；汇票、本票的出票人签发无资金保证的汇票、本票或者在出票时作虚假记载，骗取财物的。成立本罪，以“数额较大”为要件，根据2022年《最高人民检察院、公安部关于公安机关管辖的刑事案件立案追诉标准的规定(二)》，“数额较大”是指个人进行金融票据诈骗活动，数额在5万元以上的；单位进行金融票据诈骗，数额在10万元以上。

本罪主体是一般主体，自然人和单位均可构成。

本罪主观要件是故意，并且以非法占有他人财物为目的。

《刑法》第194条规定，犯本罪的，处5年以下有期徒刑或者拘役，并处2万元以上20万元以下罚金；数额巨大或者有其他严重情节的，处5年以上10年以下有期徒刑，并处5万元以上50万元以下罚金；数额特别巨大或者有其他特别严重情节的，处10年以上有期徒刑或者无期徒刑，并处5万元以上50万元以下罚金或者没收财产。《刑法》第200条规定，单位犯本罪的，实行双罚制。

四、信用卡诈骗罪

本罪是指以非法占有为目的，利用信用卡骗取他人财物，数额较大的行为。具体表现为：(1)使用伪造的信用卡，或者使用以虚假的身份证明骗领的信用卡的。(2)使用作废的信用卡的。(3)冒用他人信用卡的。(4)恶意透支的。使用伪造的信用卡、以虚假的身份证明骗领的信用卡、作废的信用卡或者冒用他人信用卡，进行信用卡诈骗活动，数额在5000元以上不满5万元的，属于“数额较大”；数额在5万元以上不满50万元的，为“数额巨大”；数额在50万元以上的，为“数额特别巨大”。“冒用他人信用卡”包括以下情形：拾得他人信用卡并使用的；骗取他人信用卡并使用的；窃取、收买、骗取或者以其他非法方式获取他人信用卡信息资料，并通过互联网、通信终端等使用的；其他情形。“恶意透支”是指持卡人以非法占有为目的，超过规定限额或者规定期限透支，并且经发卡银行两次催收后超过3个月仍不归还的。以下情形属于“以非法占有为目的”：明知没有还款能力而大量透支，无法归还的；肆意挥霍透支的资金，无法归还的；透支后逃匿、改变联系方式，逃避银行催收的；抽逃、转移资金，隐匿财产，逃避还款的；使用透支的资金进行违法犯罪活动的；其他非法占有资金，拒不归还的行为。恶意透支，数额在5万元以上不满50万元的，为“数额较大”；数额在50万元以上不满500万元的，为“数额巨大”；数额在500万元以上的，为“数额特别巨大”。恶意透支的数额，是指在第1款规定的条件下持卡人拒不归还的数额或者尚未归还的数额，不包括复利、滞纳金、手续费等发卡银行收取的费用。根据2022年《最高人民检察院、公安部关于公安机关管辖的刑事案件立案追诉标准的规定(二)》，有下列情形之一的应予立案追诉：使用伪造的信用卡，或者使用以虚假的身份证明骗领的信用卡，或者使用作废的信用卡，或者冒用他人信用卡，进行诈骗活动，数额在5000元以上的；恶意透支，数额在5万元以上的。恶意透支数额在5万元以上不满50万元的，在公安机关立案前已偿还全部透支款息，情节显著轻微的，可以依法不追究刑事责任。

《刑法》第196条规定，犯本罪的，处5年以下有期徒刑或者拘役，并处2万元以上20万元以下罚金；数额巨大或者有其他严重情节的，处5年以上10年以下有期徒刑，并处5万元以上50万元以下罚金；数额特别巨大或者有其他特别严重情节的，处10年以上有期徒刑或者无期徒刑，并处5万元以上50万元以下罚金或者没收财产。

【以案说法9-7】

张某信用卡诈骗案

2008年7月，张某以其本人名义向中国工商银行怀化湖景支行申领了一张湖南公务员信用卡，并于2008年9月16日至26日共透支本金20000元。张某在透支超过规定期限后，经发卡银行多次催收仍旧拒不归还上述款项。截至2014年6月1日共欠银行本息91423.52元。案发后，截至2014年12月15日张某已陆续全部偿还透支款息共计102029.66元。湖南省怀化市鹤城区人民法院经审理认为，张某以非法占有为目的，使用信用卡恶意透支，数额较大，其行为已构成信用卡诈骗罪。张某归案后能如实供述自己的罪行，认罪态度较好，且在二审宣告前，张某已经偿还信用卡透支所欠全部本金和利息，犯罪情节轻微，依法判决被告人张某犯信用卡诈骗罪，免予刑事处罚。(2015年12月4日最高人民法院公布十一起诈骗犯罪典型案例第5号)

五、保险诈骗罪

保险诈骗罪的认定

(一)构成要件

本罪是指投保人、被保险人或受益人虚构事实或隐瞒事实真相，骗取保险金，数额较大的行为。

本罪侵犯的客体是复杂客体，即保险管理制度和保险公司的财产所有权。

本罪客观要件表现为虚构事实或者隐瞒事实真相，骗取保险金，数额较大的行为。具体包括以下情形：(1)投保人故意虚构保险标的，骗取保险金。在实践中主要表现为：虚构根本不存在的保险标的，骗取保险金；将不合格的标的伪称为合格的标的，即将不符合投保人投保要求的标的投保；故意增大保险标的金额，恶意超额投保，骗取大于保险标的数倍甚至数十倍的保险金。(2)投保人、被保险人或者受益人对发生的保险事故编造虚假的原因或者夸大损失的程度，骗取保险金。"编造虚假的原因"就是保险标的因保险责任范围以外的原因发生事故，但投保人、被保险人或者受益人谎称是保险责任范围内的原因所致，向保险人骗取保险金。"夸大损失程度"是指保险事故发生后，投保人、被保险人或者受益人故意夸大由于保险事故造成的保险标的的损失程度。(3)投保人、被保险人或者受益人编造未曾发生的保险事故，骗取保险金。(4)投保人、被保险人故意造成财产损失的保险事故，骗取保险金。(5)投保人、受益人故意造成被保险人死亡、伤残或者疾病，骗取保险金。人身保险是以人的生命安全以及健康为保险标的的保险，一般以被保险人的死亡、伤害或者发生疾病为赔偿条件。在实践中，有些投保人、受益人为了获取保险赔偿金，故意造成被保险人死亡、伤残或者疾病，获取保险金。

本罪主体是特殊主体，即只能由投保人、被保险人和受益人构成。自然人和单位均可。

本罪主观要件是故意，并且以非法占有为目的。

(二)司法认定

1. 罪与非罪的界限

(1)行为人主观要件是否具有非法占有保险金的目的。如果没有非法占有保险金的目的，不构成本罪。(2)是否达到数额较大标准。根据 2022 年《最高人民检察院、公安部关于公安机关管辖的刑事案件立案追诉标准的规定(二)》，有下列情形之一应予追诉：个人进行保险诈骗，数额在 1 万元以上的；单位进行保险诈骗，数额在 5 万元以上。未达到上述追诉标准的，以一般违法行为处理(当然犯罪未遂等犯罪停止形态不在此列)。1998 年最高人民检察院研究室《关于保险诈骗未遂能否按犯罪处理问题的批复》指出，行为人已着手实施保险诈骗行为，但由于其意志以外的原因未能获得保险赔偿的，是诈骗未遂，情节严重的，应依法追究刑事责任。

2. 共犯

《刑法》第 198 条第 4 款规定："保险事故的鉴定人、证明人、财产评估人故意提供虚假的证明文件，为他人诈骗提供条件的，以保险诈骗的共犯论处。"

3. 罪数

(1)《刑法》第 198 条第 2 款规定："有前款第 4 项、第 5 项所列行为，同时构成其他犯罪的，依照数罪并罚的规定处罚。"即投保人、被保险人故意造成财产损失的保险事故，骗取保险金，或者投保人、受益人故意造成被保险人死亡、伤残或者疾病，骗取保险金，其目的行为构成保险诈骗罪，手段行为如故意纵火、故意杀人、故意伤害等构成放火罪、故意杀人罪、故意伤害罪等犯罪的，属于牵连犯。但是，此处不再按照"择一重罪从重处断"的原则处理，而是实行数罪并罚。(2)在实施保险诈骗的过程中实施的上述以外的其他手段行为构成犯罪的(如为了骗取保险金而伪造国家机关公文、印章的)，也属于牵连犯，对此仍应按照“择一重罪从重处罚”原则处理。

4. 本罪与职务侵占罪、贪污罪的界限

《刑法》第183条规定，保险公司的工作人员利用职务上的便利，故意编造未曾发生的保险事故进行虚假理赔，骗取保险金归自己所有的，依照职务侵占罪定罪处罚。国有保险公司工作人员和国有保险公司委派到非国有保险公司从事公务的人员有前款行为的，依照贪污罪定罪处罚。

(三)本罪处罚

《刑法》第198条规定，犯本罪的，处5年以下有期徒刑或者拘役，并处1万元以上10万元以下罚金；数额巨大或者有其他严重情节的，处5年以上10年以下有期徒刑，并处2万元以上20万元以下罚金；数额特别巨大或者有其他特别严重情节的，处10年以上有期徒刑，并处2万元以上20万元以下罚金或者没收财产。单位犯本罪的，对单位判处罚金，并对其直接负责的主管人员和其他直接责任人员，处5年以下有期徒刑或者拘役；数额巨大或者有其他严重情节的，处5年以上10年以下有期徒刑；数额特别巨大或者有其他特别严重情节的，处10年以上有期徒刑。

其他金融诈骗罪还有金融凭证诈骗罪、信用证诈骗罪、有价证券诈骗罪。

第六节　危害税收征管罪

一、逃税罪

(一)构成要件

逃税罪是指纳税人、扣缴义务人采取欺骗、隐瞒手段进行虚假的纳税申报或者不申报，逃避缴纳税款数额较大并且占应纳税额10%以上的，或者五年内因逃避缴纳税款受过刑事处罚或者被税务机关给予二次以上行政处罚又逃税的行为。

本罪侵犯的客体是国家的税收管理制度。

本罪客观要件表现为行为人的多种多样的欺骗、隐瞒手段，比如伪造、变造、隐匿、擅自销毁账簿、记账凭证或者在账簿上多列支出或者少列、不列收入等，以此进行虚假的纳税申报或者不申报纳税，达到逃避缴纳税款的目的。根据《最高人民检察院、公安部关于公安机关管辖的刑事案件立案追诉标准的规定(二)》，下列情形之一应予立案：纳税人采取欺骗、隐瞒手段进行虚假纳税申报或者不申报，逃避缴纳税款，数额在10万元以上并且占各税种应纳税总额10%以上，经税务机关依法下达追缴通知后，不补缴应纳税款、不缴纳滞纳金或者不接受行政处罚的；纳税人五年内因逃避缴纳税款受过刑事处罚或者被税务机关给予二次以上行政处罚，又逃避缴纳税款，数额在10万元以上并且占各税种应纳税总额10%以上的；扣缴义务人采取欺骗、隐瞒手段，不缴或者少缴已扣、已收税款，数额在10万元以上的。纳税人在公安机关立案后再补缴应纳税款、缴纳滞纳金或者接受行政处罚的，不影响刑事责任的追究。《刑法》第201条第4款规定，有逃税行为，经税务机关依法下达追缴通知后，补缴应纳税款，缴纳滞纳金，已受行政处罚的，不予追究刑事责任；但是，五年内因逃避缴纳税款受过刑事处罚或者被税务机关给予二次以上行政处罚的除外。

本罪主体是特殊主体，即纳税人、扣缴义务人。纳税人是指法律、行政法规规定负有纳税义务的个人或单位。扣缴义务人是指法律、行政法规规定负有代扣代缴、代收代缴义务的单位或个人。代扣代缴义务人是指有义务从其持有的纳税人收入中扣除其应纳税款并代为缴纳的单位或个人；代收代缴义务人是指有义务借助经济往来向纳税人收取应纳税款并代为缴纳的单位或个人。

本罪主观要件是故意，即明知应缴税款而故意逃避纳税。

(二)司法认定

1. 罪与非罪的界限

(1)逃税与漏税、欠税的界限。漏税是纳税人因过失漏缴或者少缴应缴税款的行为；欠税是指在法定的纳税期限内，纳税人因无力缴纳税款而拖欠税款的行为。三者都表现为少缴或不缴税款，区分的关键在于行为人的主观要件：逃税是一种故意的违法行为；漏税行为人则是由于因为行为人工作粗心或者对税法的规定不熟悉，导致不报或者少报应税项目或者应税数额；欠税行为人虽然对不缴纳税款属于明知，但是因为客观上无力缴纳而未缴纳。对漏税、欠税行为不能定为偷税罪，只能根据《税收征收管理法》有关规定作出补征等处理。(2)逃税罪与一般逃税违法行为的界限。逃税情节严重者，构成犯罪，情节尚未达到严重程度的，属于一般违法行为。以下逃税行为只能视为一般违法行为，不能以犯罪论处：纳税人、扣缴义务人逃税数额未达到数额较大标准的；纳税人、扣缴义务人逃税数额较大，但是占应纳税额的比例不到10%。

2. 本罪与骗取出口退税罪的界限

《刑法》第204条第2款规定，纳税人缴纳税款后，采取假报出口或以其他欺骗手段，骗取所缴纳税款的，依照逃税罪定罪处罚；骗取税款超过所缴纳的税款部分，按照骗取出口退税罪定罪处罚。

(三)本罪处罚

《刑法》第201条规定，犯本罪，逃避缴纳税款数额较大并且占应纳税额10%以上的，处3年以下有期徒刑或者拘役，并处罚金；数额巨大并且占应纳税额30%以上的，处3年以上7年以下有期徒刑，并处罚金。《刑法》第211条规定，单位犯本罪的，实行双罚制。《刑法》第212条规定，犯本罪被判处罚金的，在执行前，应当先由税务机关追缴税款。

【以案说法9-8】

湖北某某环境工程有限公司、李某明逃税案

2003年1月至10月，申诉人李某明系某市某某化学清洗实业公司的法定代表人。2003年10月29日，某市某某化学清洗实业公司改制后，又成立了某市某某化学清洗有限公司，法定代表人仍为李某明，后该公司经多次更名，变更为湖北某某环境工程有限公司。2003年至2007年，湖北某某环境工程有限公司和原某市某某化学

清洗实业公司收入总额为7320445.51元，应缴纳税款803413.14元，已缴纳税款357120.63元，逃避缴纳税款共计446292.51元。2006年4月，某市地方税务局稽查局接原任湖北某某环境工程有限公司办公室主任黄某某实名举报开始调查本案，后在未通知补缴、未予行政处罚的情况下，作出涉税案件移送书，直接移送某区公安局立案侦查。湖北某某环境工程有限公司在侦查期间补缴了税款458069.08元，并于一审重审及宣判后全额缴纳了判处的罚金45万元。2009年2月28日，《刑法修正案(七)》施行。2009年9月19日，一审法院作出判决。一审法院认为，湖北某某环境工程有限公司及其法定代表人李某明均构成逃税罪。公司及李某明逐级申诉至最高人民法院，最高人民法院以法律适用错误为由，指令湖北省高级人民法院再审。湖北省高级人民法院再审认为，原判认定公司少缴税款446292.51元的事实清楚，证据确实、充分，但适用法律错误。本案未经行政处置程序而直接追究公司及李某明个人的刑事责任，不符合《刑法修正案(七)》相关规定。对湖北某某环境工程有限公司、李某明应当适用根据《刑法修正案(七)》修正后的《刑法》第二百零一条第四款的规定，不予追究刑事责任。据此，湖北省高级人民法院再审判决撤销原裁判，宣告湖北某某环境工程有限公司、李某明无罪。[2021年5月19日最高人民法院发布人民法院充分发挥审判职能作用保护产权和企业家合法权益典型案例(第三批)]

二、骗取出口退税罪

本罪是指以假报出口或者其他欺骗手段，骗取国家出口退税款，数额较大的行为。

本罪侵犯的客体是国家税收征管制度和国家财产。

本罪客观要件表现为以假报出口或者其他欺骗手段，骗取国家出口退税款，数额较大的行为。假报出口，是指行为人本来没有出口可以退税的商品，而假报自己出口了可以退税的商品，或者虚报出口商品的数量和价格。骗取出口退税罪，只有在没有缴纳税款的情况下才能构成。成立本罪，要求达到“数额较大”。根据2022年《最高人民检察院、公安部关于公安机关管辖的刑事案件立案追诉标准的规定(二)》，“数额较大”是指数额在10万元以上。

本罪主体是一般主体，自然人和单位均可构成。

本罪主观要件只能是故意。《刑法》第204条规定，犯本罪的，处5年以下有期徒刑或者拘役，并处骗取税款1倍以上5倍以下罚金；数额巨大或者有其他严重情节的，处5年以上10年以下有期徒刑，并处骗取税款1倍以上5倍以下罚金；数额特别巨大或者有其他特别严重情节的，处10年以上有期徒刑或者无期徒刑，并处骗取税款1倍以上5倍以下罚金或者没收财产。单位犯本罪的，实行双罚制。

三、虚开增值税专用发票、用于骗取出口退税、抵扣税款发票罪

本罪是指虚开增值税专用发票或者虚开用于骗取出口退税、抵扣税款的其他发票的行为。增值税专用发票的一个重要特点，就是在发票上可以直接说明增值税税金和不含增值税的价格，因而购货一方可以用于作为抵扣税款的一种凭证。虚开包括为他人虚开、为自

己虚开、让他人为自己虚开或介绍他人虚开行为。在实践中，有的行为人以偷税或骗取出口退税为目的而虚开增值税专用发票、用于骗取出口退税、抵扣税款发票，进而实施了偷税或骗取出口退税行为，这种情形属于牵连犯，应从一重罪处罚。根据2022年《最高人民检察院、公安部关于公安机关管辖的刑事案件立案追诉标准的规定(二)》，虚开的税款数额在10万元以上或者致使国家税款被骗数额在5万元以上的，应予立案追诉。《刑法》第205条规定，犯本罪的，处3年以下有期徒刑或者拘役，并处2万元以上20万元以下罚金；虚开税款数额较大或者有其他严重情节的，处3年以上10年以下有期徒刑，并处5万元以上50万元以下罚金；虚开的税款数额特别巨大或者有其他特别严重情节的，处10年以上有期徒刑或者无期徒刑，并处5万元以上50万元以下罚金或者没收财产。单位犯本罪的，实行双罚制。

其他危害税收征管罪还有抗税罪，逃避追缴欠税罪，虚开发票罪，伪造、出售伪造的增值税专用发票罪，非法出售增值税专用发票罪，非法购买增值税专用发票、购买伪造的增值税专用发票罪，非法制造、出售非法制造的用于骗取出口退税、抵扣税款发票罪，非法制造、出售非法制造的发票罪，非法出售用于骗取出口退税、抵扣税款发票罪，非法出售发票罪，持有伪造的发票罪。

第七节　侵犯知识产权罪

一、假冒注册商标罪

(一)构成要件

本罪是指未经注册商标所有人许可，在同一种商品、服务上使用与其注册商标相同的商标，情节严重的行为。

本罪侵犯的客体是国家对商标的管理制度和他人的注册商标专用权。犯罪对象是他人的注册商标，只包括商品商标和服务商标。

构成本罪客观要件需要同时具备以下条件：(1)未经注册商标所有人许可。《商标法》规定，商标所有人可以允许他人在其商品上使用其注册商标。未经许可，不得在相同或相似的商品上使用与他人注册商标相同或类似的商标。(2)在同一种商品上使用与他人注册商标相同的商标。所谓"同一种商品"，可以参考《商品和服务国际分类表》来确定。"相同的商标"，是指与被假冒的注册商标完全相同，或者与被假冒的注册商标在视觉上基本无差别、足以对公众产生误导的商标。"使用"，是指将注册商标或者假冒的注册商标用于商品、商品包装或者容器以及产品说明书、商品交易文书，或者将注册商标或者假冒的注册商标用于广告宣传、展览以及其他商业活动等行为。根据2011年《最高人民法院、最高人民检察院、公安部关于办理侵犯知识产权刑事案件适用法律若干问题的意见》，名称相同的商品以及名称不同但指同一事物的商品，可以认定为"同一种商品"。"名称"是指国家工商行政管理总局商标局在商标注册工作中对商品使用的名称，通常即《商标注册用商品和服务国际分类》中规定的商品名称。"名称不同但指同一事物的商品"是指在功能、用途、主要原料、消费对象、销售渠道等方面相同或者基本相同，相关公众一般认为是同一种事物的商品。认定“同一种商品”，应当在权利人注册商标核定使用的商品和行为人实际生产销售的商品之间进行比较。具有下列情形之一的，可以认定为“与其注册商标相同的商标”：改变注册商标的字体、字母大小写或者文字横竖排列，与注册商标之间仅有细微差别的；改变注册商标的文字、字母、数字等之间的间距，不影响体现注册商标显著特征的；改变注册商标颜色的；其他与注册商标在视觉上基本无差别、足以对公众产生误导的商标。(3)情节严重。根据2020年《最高人民检察院、公安部关于公安机关管辖的刑事案件立案追诉标准的规定(二)》，下列情形之一的属于“情节严重”：非法经营数额在5万元以上或者违法所得数额在3万元以上的；假冒两种以上注册商标，非法经营数额在3万元以上或者违法所得数额在2万元以上的；其他情节严重的情形。“非法经营数额”是指行为人在实施侵犯知识产权行为过程中，制造、储存、运输、销售侵权产品的价值。多次实施侵犯知识产权行为，未经行政处理或者刑事处罚的，非法经营数额、违法所得数额或者销售金额累计计算。单位实施上述行为的，按照相应个人犯罪的定罪量刑标准的3倍定罪量刑。在计算制造、储存、运输和未销售的假冒注册商标侵权产品价值时，对于已经制作完成但尚未附着(含加贴)或者尚未全部附着(含加贴)假冒注册商标标识的产品，如果有确实、充分证据证明该产品将假冒他人注册商标，其价值计入非法经营数额。明知他人实施本罪，而为其提供贷款、资金、账号、发票、证明、许可证件，或者提供生产、经营场所或者运输、储存、代理进出口等便利条件、帮助的，以本罪的共犯论处。

本罪主体是一般主体，包括自然人和单位。

本罪主观要件是故意。

(二)司法认定

1. 罪与非罪的界限

(1)犯罪对象标准。犯罪对象包括商品商标和服务商标。(2)是否经注册商标所有人许可。“未经注册商标所有人许可”是构成本罪的前提条件。如果获得注册商标所有人许可而在指定商品上和指定地域范围内使用其注册商标，是一种合法行为。(3)犯罪行为标准。在商标法上，假冒注册商标之侵权行为包括：在同一种商品上使用与他人注册商标相同的商标；在同一种商品上使用与他人注册商标相近似的商标；在类似商品上使用与他人注册商标相同的商标；在类似商品上使用与他人注册商标相近似的商标。而假冒注册商标罪之行为方式仅限于“在同一种商品上使用与他人注册商标相同的商标”，其他三种行为方式不能以犯罪论处，属于普通民事侵权行为。(4)主观要件表现。本罪主观要件是故意，如果是过失，如不知道某一商标已被他人注册，或者是自己首先使用的商标没有注册，却被他人抢先注册，自己在不知情的情况下仍继续使用的，不构成本罪。(5)犯罪情节标准。本罪是情节犯，必须达到“情节严重”的程度，方可构成犯罪。

2. 本罪与销售假冒注册商标的商品罪的界限

根据司法解释，实施假冒注册商标犯罪，又销售该假冒注册商标的商品，构成犯罪的，应当以假冒注册商标罪定罪处罚。实施假冒注册商标犯罪，又销售明知是他人的假冒注册商标的商品，构成犯罪的，应当实行数罪并罚。此外，如果假冒注册商标的商品的销售者和制造者事先无通谋，则分别定销售假冒注册商标的商品罪和假冒注册商标罪；如果事先有通谋，制造与销售只是分工的不同，则制造者与销售者构成假冒注册商标罪之共同犯罪，销售者不单独构成销售假冒注册商标的商品罪。

（三）本罪处罚

《刑法》第213条规定，犯本罪的，处3年以下有期徒刑，并处或者单处罚金，情节特别严重的，处3年以上10年以下有期徒刑，并处罚金。《刑法》第220条规定，单位犯本罪的，实行双罚制。

【以案说法9-9】

郭某甲、郭某乙、孙某某假冒注册商标案

2013年11月底至2014年6月，郭某甲为谋取非法利益，伙同被告人孙某某、郭某乙在未经三星（中国）投资有限公司授权许可的情况下，从他人处批发假冒三星手机裸机及配件进行组装，利用其在淘宝网上开设的“三星数码专柜”网店进行“正品行货”宣传，并以明显低于市场价格公开对外销售，共计销售假冒的三星手机20000余部，销售金额2000余万元，非法获利200余万元，应当以假冒注册商标罪追究其刑事责任。被告人郭某甲在共同犯罪中起主要作用，系主犯。被告人郭某乙、孙某某在共同犯罪中起辅助作用，系从犯，应当从轻处罚。江苏省宿迁市中级人民法院于2015年9月8日作出〔2015〕宿中知刑初字第0004号刑事判决，以郭某甲犯假冒注册商标罪，判处有期徒刑五年，并处罚金人民币160万元；被告人孙某某犯假冒注册商标罪，判处有期徒刑三年，缓刑五年，并处罚金人民币20万元。被告人郭某乙犯假冒注册商标罪，判处有期徒刑三年，缓刑四年，并处罚金人民币20万元。宣判后，三被告人均没有提出上诉，该判决已经生效。（最高人民法院审判委员会讨论通过2017年3月6日发布指导案例87号）

二、侵犯著作权罪

（一）构成要件

本罪是指以营利为目的，违反著作权保护、管理法律、法规，侵犯他人著作权，违法所得数额较大或者有其他严重情节的行为。

本罪侵犯的客体是国家著作权管理制度和著作权人的著作权。著作权有狭义和广义之分。前者是指作者依法享有的权利，包括著作人身权和著作财产权；后者还包括著作邻接权，即录音录像制作者、出版者等作品传播者的权利。

本罪客观要件表现为下列侵犯著作权情形之一的行为：（1）未经著作权人许可，复制发行、通过信息网络向公众传播其文字作品、音乐、美术、视听作品、计算机软件及法律、行政法规规定的其他作品；（2）出版他人享有专有出版权的图书；（3）未经录音录像制作者许可，复制发行、通过信息网络向公众传播其制作的录音录像；（4）未经表演者许可，复制发行录有其表演的录音录像制品，或者通过信息网络向公众传播其表演；（5）制作、出售假冒他人署名的美术作品；（6）未经著作权人或者与著作权有关的权利人许可，故意避开或者破坏权利人为其作品、录音录像制品等采取的保护著作权或者与著作权有关

的权利的技术措施。需要指出的是，1998年《最高人民法院关于审理非法出版物刑事案件具体应用法律若干问题的解释》规定，“复制发行”，是指行为人以营利为目的，未经著作权人许可而实施的复制、发行或者既复制又发行其文字作品、音乐、电影、电视、录像作品、计算机软件及其他作品的行为。“未经著作权人许可”，是指没有得到著作权人授权或者伪造、涂改著作权人授权许可文件或者超出授权许可范围的情形。“未经著作权人许可”一般应当依据著作权人或者其授权的代理人、著作权集体管理组织、国家著作权行政管理部门指定的著作权认证机构出具的涉案作品版权认证文书，或者证明出版者、复制发行者伪造、涂改授权许可文件或者超出授权许可范围的证据，结合其他证据综合予以认定。在涉案作品种类众多且权利人分散的案件中，上述证据确实难以一一取得，但有证据证明涉案复制品系非法出版、复制发行的，且出版者、复制发行者不能提供获得著作权人许可的相关证明材料的，可以认定为“未经著作权人许可”。但是，有证据证明权利人放弃权利、涉案作品的著作权不受我国著作权法保护，或者著作权保护期限已经届满的除外。通过信息网络向公众传播他人文字作品、音乐、电影、电视、录像作品、计算机软件及其他作品，或者通过信息网络传播他人制作的录音录像制品的行为，应当视为“复制发行”；违法所得数额在3万元以上的，属于“违法所得数额较大”；具有下列情形之一的，属于“有其他严重情节”：(1)非法经营数额在5万元以上的；(2)未经著作权人许可，复制发行其文字作品、音乐、电影、电视、录像作品、计算机软件及其他作品，复制品数量合计在1000张(份)以上的；(3)其他严重情节的情形。

根据2008年《最高人民检察院、公安部关于公安机关管辖的刑事案件立案追诉标准的规定(一)》，有下列情形之一的应予立案追诉：违法所得数额3万元以上的；非法经营数额5万元以上的；未经著作权人许可，复制发行其文字作品、音乐、电影、电视、录像作品、计算机软件及其他作品，复制品数量合计500张(份)以上的；未经录音录像制作者许可，复制发行其制作的录音录像制品，复制品数量合计500张(份)以上的；其他情节严重的情形。侵权产品的持有人通过广告、征订等方式推销侵权产品的，属于“发行”。“发行”，包括总发行、批发、零售、通过信息网络传播以及出租、展销等活动。“非法经营数额”，是指行为人在实施侵犯知识产权行为过程中，制造、储存、运输、销售侵权产品的价值。已销售的侵权产品的价值，按照实际销售的价格计算。制造、储存、运输和未销售的侵权产品的价值，按照标价或者已经查清的侵权产品的实际销售平均价格计算。侵权产品没有标价或者无法查清其实际销售价格的，按照被侵权产品的市场中间价格计算。多次实施侵犯知识产权行为，未经行政处理或者刑事处罚的，非法经营数额、违法所得数额或者销售金额累计计算。二年内多次实施侵犯知识产权违法行为，未经行政处理，累计数额构成犯罪的，应当依法定罪处罚。实施侵犯知识产权犯罪行为的追诉期限，适用《刑法》的有关规定，不受前述二年的限制。

本罪主体是一般主体，自然人和单位均可构成。明知他人实施侵犯知识产权犯罪，而为其提供生产、制造侵权产品的主要原材料、辅助材料、半成品、包装材料、机械设备、标签标识、生产技术、配方等帮助，或者提供互联网接入、服务器托管、网络存储空间、通讯传输通道、代收费、费用结算等服务的，以侵犯知识产权犯罪的共犯论处。

本罪主观要件是故意，并且必须以营利为目的。以刊登收费广告等方式直接或者间接收取费用的情形，属于“以营利为目的”。2011 年《最高人民法院、最高人民检察院、公安部关于办理侵犯知识产权刑事案件适用法律若干问题的意见》规定，除销售外，具有下列情形之一的，可以认定为“以营利为目的”：以在他人作品中刊登收费广告、捆绑第三方作品等方式直接或者间接收取费用的；通过信息网络传播他人作品，或者利用他人上传的侵权作品，在网站或者网页上提供刊登收费广告服务，直接或者间接收取费用的；以会员制方式通过信息网络传播他人作品，收取会员注册费或者其他费用的；其他利用他人作品牟利的情形。

（二）司法认定

（1）本罪与销售侵权复制品罪的界限。①本罪行为人自己销售所制作的侵权复制品的，其销售侵权复制品的行为是一种不可罚的事后行为，为前行为（侵犯著作权行为）所吸收，仅以侵犯著作权罪论处。如果其销售的侵权复制品是他人制造的，则应按本罪与销售侵权复制品罪数罪并罚。②销售侵权复制品之行为人与侵犯著作权之行为人事先无通谋的，二者分别以销售侵权复制品罪和侵犯著作权罪论处；事先有通谋的，构成侵犯著作权罪之共同犯罪。

（2）想象竞合犯行为人实施侵犯知识产权犯罪，同时构成生产、销售伪劣商品犯罪的，依照侵犯知识产权犯罪与生产、销售伪劣商品犯罪中处罚较重的规定定罪处罚。

（3）非法出版、复制、发行他人作品，侵犯著作权构成犯罪的，按照侵犯著作权罪定罪处罚，不认定为非法经营罪等其他犯罪。

（三）本罪处罚

《刑法》第 217 条规定，犯本罪的，处 3 年以下有期徒刑，并处或者单处罚金；违法所得数额巨大或者有其他特别严重情节的，处 3 年以上 10 年以下有期徒刑，并处罚金。单位犯本罪的，实行双罚制。

根据 2011 年《关于办理侵犯知识产权刑事案件适用法律若干问题的意见》，以营利为目的，未经著作权人许可，通过信息网络向公众传播他人文字作品、音乐、电影、电视、美术、摄影、录像作品、录音录像制品、计算机软件及其他作品，具有下列情形之一的，属于《刑法》第 217 条规定的“其他严重情节”：（1）非法经营数额在 5 万元以上的；（2）传播他人作品的数量合计在 500 件（部）以上的；（3）传播他人作品的实际被点击数达到 5 万次以上的；（4）以会员制方式传播他人作品，注册会员达到 1000 人以上的；（5）数额或者数量虽未达到第（1）项至第（4）项规定标准，但分别达到其中两项以上标准一半以上的；（6）其他严重情节的情形。实施前款规定的行为，数额或者数量达到前款第（1）项至第（5）项规定标准五倍以上的，属于“其他特别严重情节”。

三、侵犯商业秘密罪

本罪是指侵犯商业秘密，情节严重的行为。

本罪侵犯的客体是国家对商业秘密的管理秩序和商业秘密权利人的合法权益。犯罪对象是商业秘密。商业秘密，是指不为公众所知悉，能为权利人带来经济利益，具有实用性并经权利人采取保密措施的技术信息和经营信息。权利人，是指商业秘密的所有人和经商业秘密所有人许可的商业秘密使用人。

本罪客观要件表现为侵犯商业秘密，情节严重的行为，具体是指：(1)以盗窃、贿赂、欺诈、胁迫、电子侵入或者其他不正当手段获取权利人的商业秘密的；(2)披露、使用或者允许他人使用以前项手段获取的权利人的商业秘密的；(3)违反保密义务或者违反权利人有关保守商业秘密的要求，披露、使用或者允许他人使用其所掌握的商业秘密的。明知上述侵犯商业秘密的行为，获取、披露、使用或者允许他人使用该商业秘密的，以侵犯商业秘密论。根据2020年《最高人民检察院、公安部关于公安机关管辖的刑事案件立案追诉标准的规定(二)》，有下列情形之一应予立案追诉：给商业秘密权利人造成损失数额在30万元以上的；因侵犯商业秘密违法所得数额在30万元以上的；致使商业秘密权利人破产的；其他给商业秘密权利人造成重大损失的情形。

本罪主体是一般主体，自然人和单位均可构成。

本罪主观要件是故意。

《刑法》第219条规定，犯本罪的，处3年以下有期徒刑，并处或者单处罚金；情节特别严重的，处3年以上10年以下有期徒刑，并处罚金。单位犯本罪的，实行双罚制。根据2020年《最高人民法院、最高人民检察院关于办理侵犯知识产权刑事案件具体应用法律若干问题的解释》，给商业秘密的权利人造成损失数额在50万元以上的，属于"给商业秘密的权利人造成重大损失"，给商业秘密的权利人造成损失数额在250万元以上的，属于"造成特别严重后果"。

其他侵犯知识产权罪还有销售假冒注册商标的商品罪，非法制造、销售非法制造的注册商标标识罪，假冒专利罪，销售侵权复制品罪，为境外窃取、刺探、收买、非法提供商业秘密罪。

第八节　扰乱市场秩序罪

一、合同诈骗罪

(一)构成要件

本罪是指以非法占有为目的，在签订、履行合同过程中骗取对方当事人财物，数额较大的行为。

本罪侵犯的客体是复杂客体，即市场秩序和公私财产所有权。以人身权利为内容的合同，无法对市场交易秩序造成危害，不能侵害本罪的客体，因而本罪所指的"合同"应当限于以财产权利为内容的合同，具体包括《民法典·合同编》所指的合同和以财产权利为内容的行政合同两类。

本罪客观要件表现为在签订、履行合同中，虚构事实、隐瞒真相骗取对方当事人财物，数额较大的行为。具体行为方式包括：(1)以虚构的单位或者冒用他人名义签订合同；(2)以伪造、变造、作废的票据或者其他虚假的产权证明作担保；(3)没有实际履行能力，以先履行小额合同或者部分履行合同的方法，诱骗对方当事人继续签订和履行合同的；(4)收受对方当事人给付的货物、货款、预付款或者担保财产后逃匿的；(5)以其他方法骗取对方当事人财物的。

本罪主体是一般主体，自然人和单位均能构成。

本罪主观要件是故意，并且以非法占有为目的。在司法实践中，认定是否具有非法占有为目的，应当坚持主客观相一致的原则，既要避免单纯根据损失结果客观归罪，也不能仅凭被告人自己的供述，而应当根据案件具体情况具体分析。

(二)司法认定

罪与非罪的界限。(1)应当注意区分合同诈骗与一般合同纠纷的界限。区分关键在于行为人主观上有无非法占有的目的。如果行为人虽然在签订、履行合同的过程中存在一些虚构事实、隐瞒真相的行为，但主观上并无非法占有对方当事人财物的目的的，不能以本罪论处。(2)注意区分与一般违法行为的界限。根据《最高人民检察院、公安部关于公安机关管辖的刑事案件立案追诉标准的规定(二)》，以非法占有为目的，在签订、履行合同过程中，骗取对方当事人财物，数额在2万元以上的，应予立案。未达到上述追诉标准的合同诈骗行为，应以一般违法行为处理。

(三)本罪处罚

《刑法》第224条规定，犯本罪的，处3年以下有期徒刑或者拘役，并处或者单处罚金；数额巨大或者有其他严重情节的，处3年以上10年以下有期徒刑，并处罚金；数额特别巨大或者有其他特别严重情节的，处10年以上有期徒刑或者无期徒刑，并处罚金或者没收财产。单位犯本罪的，实行双罚制。

【以案说法9-10】

李某强合同诈骗案

2008年7月15日，云南省曲靖市某公司法定代表人夏某生以该公司的名义与以昆明某公司名义从事业务的被告人李某强通过电话约定购买钢材，夏某生按李某强的要求于同月20日从个人银行卡转账21万余元存入李某强个人银行卡账户，李某强收受货款后逃匿柬埔寨。李某强归案后赔偿全部货款和经济损失费3万元并取得夏某生的谅解。法院以合同诈骗罪判处李某强有期徒刑三年，缓刑五年，并处罚金人民币5万元。

二、非法经营罪

(一)构成要件

本罪是指违反国家规定，进行非法经营，扰乱市场秩序，情节严重的行为。

本罪侵犯的客体是国家通过治理而形成的稳定、协调、有序的市场管理秩序。

本罪客观要件是指行为人违反国家规定，进行非法经营，扰乱市场秩序，情节严重的行为。具体表现为：(1)未经许可经营法律、行政法规规定的专营、专卖物品或者其他限制买卖的物品。所谓专营、专卖物品，是指法律、行政法规规定只能由特定部门或者单位经营的物品，如烟草、食盐、麻醉药品等。其他限制买卖的物品，是指国家法律、行政法规规定的不允许在市场上自由买卖的物品，如棉花、化肥、农药、种子等。(2)买卖进出口许可证、进出口原产地证明以及其他法律、行政法规规定的经营许可证或者批准文件。(3)未经国家有关主管部门批准，非法经营证券、期货或者保险业务或者非法从事资金支付结算业务的。(4)其他严重扰乱市场秩序的非法经营行为。

本罪主体是一般主体，自然人和单位均能构成。

本罪主观要件是故意。

全国人大常委会《关于惩治骗购外汇、逃汇和非法买卖外汇犯罪的决定》规定，在国家规定的交易场所以外非法买卖外汇的，也属于非法经营行为。根据2022年1月4日施行的《最高人民法院关于审理非法集资刑事案件具体应用法律若干问题的解释》，违反国家规定，未经依法核准擅自发行基金份额募集基金，情节严重的，以非法经营罪定罪处罚。

根据2022年《最高人民检察院、公安部关于公安机关管辖的刑事案件立案追诉标准的规定(二)》，有下列情形之一应予立案：

(1)违反国家有关盐业管理规定，非法生产、储运、销售食盐，扰乱市场秩序，具有下列情形之一的：①非法经营食盐数量在20吨以上的；②曾因非法经营食盐行为受过二次以上行政处罚又非法经营食盐，数量在10吨以上的。

(2)违反国家烟草专卖管理法律法规，未经烟草专卖行政主管部门许可，无烟草专卖生产企业许可证、烟草专卖批发企业许可证、特种烟草专卖经营企业许可证、烟草专卖零售许可证等许可证明，非法经营烟草专卖品，具有下列情形之一的：①非法经营数额在5万元以上，或者违法所得数额在2万元以上的；②非法经营卷烟20万支以上的；③曾因非法经营烟草专卖品3年内受过两次以上行政处罚，又非法经营烟草专卖品且数额在3万元以上的。

(3)未经国家有关主管部门批准，非法经营证券、期货、保险业务，或者非法从事资金支付结算业务，具有下列情形之一的：①非法经营证券、期货、保险业务，数额在100万元以上的；②非法从事资金支付结算业务，数额在500万元以上的；③违反国家规定，使用销售点终端机具(POS机)等方法，以虚构交易、虚开价格、现金退货等方式向信用卡持卡人直接支付现金，数额在100万元以上的，或者造成金融机构资金20万元以上逾期未还的，或者造成金融机构经济损失10万元以上的；④违法所得数额在5万元以上的。

(4)非法经营外汇，具有下列情形之一的：①在外汇指定银行和中国外汇交易中心及其分中心以外买卖外汇，数额在20万美元以上的，或者违法所得数额在5万元以上的；②公司、企业或者其他单位违反有关外贸代理业务的规定，采用非法手段，或者明知是伪造、变造的凭证、商业单据，为他人向外汇指定银行骗购外汇，数额在500万美元以上或者违法所得数额在50万元以上的；③居间介绍骗购外汇，数额在100万美元以上或者违法所得数额在10万元以上的。

(5)出版、印刷、复制、发行严重危害社会秩序和扰乱市场秩序的非法出版物，具有下列情形之一的：①个人非法经营数额在5万元以上的，单位非法经营数额在15万元以上的；②个人违法所得数额在2万元以上的，单位违法所得数额在5万元以上的；③个人非法经营报纸5000份或者期刊5000本或者图书2000册或者音像制品、电子出版物500张(盒)以上的，单位非法经营报纸15000份或者期刊15000本或者图书5000册或者音像制品、电子出版物1500张(盒)以上的；④虽未达到上述数额标准，但具有下列情形之一的：A. 两年内因出版、印刷、复制、发行非法出版物受过行政处罚二次以上的，又出版、印刷、复制、发行非法出版物的；B. 因出版、印刷、复制、发行非法出版物造成恶劣社会影响或者其他严重后果的。

(6)非法从事出版物的出版、印刷、复制、发行业务，严重扰乱市场秩序，具有下列情形之一的：①个人非法经营数额在15万元以上的，单位非法经营数额在50万元以上的；②个人违法所得数额在5万元以上的，单位违法所得数额在15万元以上的；③个人非法经营报纸15000份或者期刊15000本或者图书5000册或者音像制品、电子出版物1500张(盒)以上的，单位非法经营报纸5万份或者期刊5万本或者图书15000册或者音像制品、电子出版物5000张(盒)以上的；④虽未达到上述数额标准，两年内因非法从事出版物的出版、印刷、复制、发行业务受过行政处罚二次以上的，又非法从事出版物的出版、印刷、复制、发行业务的。

(7)采取租用国际专线、私设转接设备或者其他方法，擅自经营国际电信业务或者涉港澳台电信业务进行营利活动，扰乱电信市场管理秩序，具有下列情形之一的：①经营去话业务数额在100万元以上的；②经营来话业务造成电信资费损失数额在100万元以上的；③虽未达到上述数额标准，但具有下列情形之一的：A. 两年内因非法经营国际电信业务或者涉港澳台电信业务行为受过行政处罚二次以上，又非法经营国际电信业务或者涉港澳台电信业务的；B. 因非法经营国际电信业务或者涉港澳台电信业务行为造成其他严重后果的。

(8)从事其他非法经营活动，具有下列情形之一的：①个人非法经营数额在5万元以上，或者违法所得数额在1万元以上的；②单位非法经营数额在50万元以上，或者违法所得数额在10万元以上的；③虽未达到上述数额标准，但两年内因同种非法经营行为受过二次以上行政处罚，又进行同种非法经营行为的；④其他情节严重的情形。

其中的“虽未达到上述数额标准”，是指接近上述数额标准且已达到该数额的80%以上的。

2021年《最高人民法院、最高人民检察院关于办理危害食品安全刑事案件适用法律若干问题的解释》规定，以提供给他人生产、销售食品为目的，违反国家规定，生产、销售国家禁止用于食品生产、销售的非食品原料，情节严重的，以非法经营罪定罪处罚。违反国家规定，生产、销售国家禁止生产、销售、使用的农药、兽药，饲料、饲料添加剂，或者饲料原料、饲料添加剂原料，情节严重的，依照前款的规定定罪处罚。实施前两款行为，同时又构成生产、销售伪劣产品罪，生产、销售伪劣农药、兽药罪等其他犯罪的，依照处罚较重的规定定罪处罚。违反国家规定，私设生猪屠宰厂(场)，从事生猪屠宰、销售等经营活动，情节严重的，以非法经营罪定罪处罚。实施前款行为，同时又构成生产、销售不符合安全标准的食品罪，生产、销售有毒、有害食品罪等其他犯罪的，依照处罚较重的规定定罪处罚。

2013年《最高人民法院、最高人民检察院关于办理利用信息网络实施诽谤等刑事案件适用法律若干问题的解释》规定，违反国家规定，以营利为目的，通过信息网络有偿提供删除信息服务，或者明知是虚假信息，通过信息网络有偿提供发布信息等服务，扰乱市场秩序，具有下列情形之一的，属于非法经营行为“情节严重”，依照《刑法》第225条第4项的规定，以非法经营罪定罪处罚：(1)个人非法经营数额在5万元以上，或者违法所得数额在2万元以上的；(2)单位非法经营数额在15万元以上，或者违法所得数额在5万元以上的。实施前款规定的行为，数额达到前款规定的数额5倍以上的，应当认定为《刑法》第225条规定的“情节特别严重”。明知他人利用信息网络实施诽谤、寻衅滋事、敲诈勒索、非法经营等犯罪，为其提供资金、场所、技术支持等帮助的，以共同犯罪论处。利用信息网络实施诽谤、寻衅滋事、敲诈勒索、非法经营犯罪，同时又构成《刑法》第221条规定的损害商业信誉、商品声誉罪，第278条规定的煽动暴力抗拒法律实施罪，第291条之一规定的编造、故意传播虚假恐怖信息罪等犯罪的，依照处罚较重的规定定罪处罚。本解释所称信息网络，包括以计算机、电视机、固定电话机、移动电话机等电子设备为终端的计算机互联网、广播电视网、固定通信网、移动通信网等信息网络，以及向公众开放的局域网络。

(二)本罪处罚

《刑法》第225条规定，犯本罪的，处5年以下有期徒刑或者拘役，并处或者单处违法所得1倍以上5倍以下罚金；情节特别严重的，处5年以上有期徒刑，并处违法所得1倍以上5倍以下罚金或者没收财产。单位犯本罪的，实行双罚制。

三、强迫交易罪

本罪是指行为人以暴力、威胁手段强迫交易，情节严重的行为。

本罪侵犯的客体是自由、平等、公正的市场交易秩序。

本罪客观要件表现为以暴力、威胁手段强迫交易，情节严重的行为。根据《刑法修正案(八)》，具体指下列行为之一：强买强卖商品的；强迫他人提供或者接受服务的；强迫他人参与或者退出投标、拍卖的；强迫他人转让或者收购公司、企业的股份、债券或者其他资产的；强迫他人参与或者退出特定的经营活动的。行为人强迫交易只有达到“情节严重”，才能构成本罪，根据2017年《最高人民检察院、公安部关于公安机关管辖的刑事案件立案追诉标准的规定(一)》，有下列情形之一的，应予立案追诉：造成被害人轻微伤或者其他严重后果的；造成直接经济损失2000元以上的；强迫交易三次以上或者强迫三人以上交易的；强迫交易数额10000元以上，或者违法所得数额2000元以上的；强迫他人购买伪劣商品数额5000元以上，或者违法所得数额1000元以上的；其他情节严重的情形。

本罪主体是一般主体，自然人和单位均能构成。

本罪主观要件是故意。

《刑法》第226条规定，犯本罪的，处3年以下有期徒刑或者拘役，并处或者单处罚金；情节特别严重的，处3年以上7年以下有期徒刑，并处罚金。

其他扰乱市场秩序罪还有损害商业信誉、商品声誉罪，虚假广告罪，串通投标罪，组织、领导传销活动罪，伪造、倒卖伪造的有价票证罪，倒卖车票、船票罪，非法转让、倒卖土地使用权罪，提供虚假证明文件罪，出具证明文件重大失实罪，逃避商检罪。

☞ 思考与练习

1. 破坏社会主义市场经济秩序的概念和特征是什么？

2. 生产、销售伪劣产品罪的概念和特征是什么？

3. 走私普通货物、物品罪的概念和特征是什么？

4. 集资诈骗罪的概念和特征是什么？认定本罪应划清哪些界限？

5. 假冒注册商标罪的概念和特征是什么？认定本罪应注意哪些问题？

6. 李某为了牟利，未经著作权人许可，私自复制了若干部影视作品的 VCD，并以批零兼营等方式销售，销售金额为 11 万元，其中纯利润 6 万元。李某的行为构成何罪？试分析理由。

7. 王某利用出国的机会，在国外购买了一批仿真手枪。由于数量较大，王某找到一起出国的同事张某，告诉张某有一批枪支要带回国，张某以为是真枪，贪图暴利，与王某一起将仿真手枪携带入境，入境时未申报，被海关工作人员查获。王某、张某的行为构成何罪？试分析理由。

第十章　侵犯公民人身权利、民主权利罪

【学习目标】

○掌握故意杀人罪，故意伤害罪，过失致人死亡罪，强奸罪，非法拘禁罪，绑架罪，拐卖妇女、儿童罪，诬告陷害罪，刑讯逼供罪，重婚罪，虐待罪等个罪的构成特征及认定标准。

○能够准确区分罪与非罪 、此罪与彼罪的界限，具备探知具体犯罪现象的能力。

○培养珍爱生命、尊重他人、自尊自爱的良好品质，具备法治思维能力、法律表达能力等职业素养。

侵犯公民人身权利、民主权利罪，是指故意或者过失地侵犯公民的人身权利和民主权利以及与人身直接有关的其他权利，依法应该受到刑罚处罚的行为。公民的人身权利和民主权利，是公民最基本、最重要的个人专属权利。国家的存在就是为了更好地保护公民个人的各种权利，侵犯国家利益的行为之所以严重，就是因为对国家权利的侵害意味着对绝大多数公民个人权利的侵害；保护好每个人的利益，是保护社会法益最好的途径；因此，不论是立法、司法，还是理论研究，都高度重视对个人权利的保护。本类犯罪侵犯的客体是公民的人身权利、民主权利以及与人身直接相关的其他非财产性权利。公民人身权利是指我国法律确认的公民的生命权、健康权、人身自由权、人格名誉权以及与人身直接相关的住宅不受侵犯权等权利。公民的民主权利，是指我国法律规定的公民享有参加国家管理和社会政治活动的选举权、被选举权、批评权、控告权、申诉权等权利。公民的其他权利，是指我国法律所保护的与公民人身权利和民主权利密切相关的婚姻自由权、受抚养权、通信自由权、保护少数民族风俗习惯权及宗教信仰自由权等权利。本类犯罪客观要件表现为非法侵害公民人身权、民主权利或者与人身权利有关的其他权利的行为。绝大多数犯罪只能表现为作为，例如强奸、侮辱、诬告陷害等，少数犯罪既可以表现为作为，也可以表现为不作为，例如故意杀人、故意伤害、侵犯通信自由等。个别犯罪只能由不作为方式构成，如遗弃罪。有些犯罪既遂标准要求有危害结果，如故意杀人罪等；有的则要求有危害行为即可，如诬告陷害罪、强奸罪等。行为方式不限，语言、文字、工具器械、国家权力及人的身体等，都可以用来实施犯罪。本类犯罪主体大多数为一般主体，少数是特殊主体，如刑讯逼供罪、报复陷害罪、非法剥夺公民宗教信仰自由罪、侵犯少数民族风俗习惯罪等只能由国家机关工作人员构成。从刑事责任年龄上看，犯罪主体一般是已满 16 周岁的人。但是根据《刑法》第 17 条第 2 款规定：“已满十四周岁不满十六周岁的人，犯故意杀人、故意伤害致人重伤或者死亡、强奸、抢劫、贩卖毒品、放火、爆炸、投放危险物质罪的，应当负刑事责任。”而《刑法修正案(十一)》对《刑法》第 17 条进行修订，将刑事

责任年龄进一步下调，增加第 3 款规定：“已满十二周岁不满十四周岁的人，犯故意杀人、故意伤害罪，致人死亡或者以特别残忍手段致人重伤造成严重残疾，情节恶劣，经最高人民检察院核准追诉的，应当负刑事责任。”本类犯罪主观要件绝大多数出于故意，仅有两种犯罪是出于过失，即过失致人死亡罪、过失致人重伤罪。

《刑法》分则第四章对侵犯公民人身权利、民主权利罪进行了规定，从第 232 条至第 262 条，共 31 个条文，一共规定了 43 个罪名。根据犯罪构成要件，大致可以作如下划分：侵犯公民生命、健康犯罪；侵犯妇女、儿童身心健康犯罪；侵犯人身自由犯罪；侵犯人格、名誉犯罪；侵犯民主权利犯罪；妨害婚姻家庭权利犯罪；借国家机关权力，侵犯人身权利犯罪；以少数民族群体为对象犯罪。

第一节　侵犯公民生命、健康犯罪

一、故意杀人罪

(一) 构成要件

故意杀人罪是指故意非法剥夺他人生命的行为。本罪具有以下特征：

本罪侵犯的客体是他人的生命权利。生命权利是人身权利中最基本、最重要的权利。故意杀人罪正是基于对这种特定客体的侵犯而成为侵犯公民人身权利罪中最严重的犯罪。人的生命权利，始于出生，终于死亡。因此故意杀人罪的对象是有生命的活人。尚未出生的胎儿和尸体，不能作为故意杀人罪的对象。如果溺婴的话，应该构成故意杀人罪，如果将尸体当成活人去杀，只能构成故意杀人罪未遂。

本罪客观要件表现为行为人非法剥夺他人的生命的行为。首先，必须具有剥夺他人生命的行为。剥夺他人生命表现为多种多样，如刀砍斧劈、拳打脚踢、手掐绳勒、投毒爆炸、放火通电、注射药物等。这种行为通常表现为作为的方式。但是，也存在不作为的方式，如行为人对防止死亡结果发生负有特定义务而没有履行这一特定义务时构成不作为犯罪，如对刚出生的婴儿拒绝抚养。其次，剥夺他人生命必须是非法的。所谓“非法”，即无法律依据、未经国家授权。如果行为人剥夺他人生命的行为具有合法性，就不能作为故意杀人罪处理，如符合正当防卫条件而杀死不法侵害者，依法对判处死刑的罪犯执行枪决等属于合法行为。但是，需要指出的是，如果使用放火、爆炸、投放危险物质方法杀人，并足以危及公共安全的，则应当按照危害公共安全罪的有关规定处理。

本罪主体是一般主体，其刑事责任年龄为已满 14 周岁。但《刑法修正案(十一)》针对《刑法》第 17 条修订后增加一款作为第 3 款，规定如下：“已满十二周岁不满十四周岁的人，犯故意杀人、故意伤害罪，致人死亡或者以特别残忍手段致人重伤造成严重残疾，情节恶劣，经最高人民检察院核准追诉的，应当负刑事责任。”

《刑法修正案(十一)》之所以将部分故意杀人案件犯罪主体下调至已满 12 周岁，主要是为了回应社会热点。近年来在社会上出现了多起不满 14 周岁未成年杀人案件，犯罪低龄化已引起全社会关注。而且这些未成年人作案手段残忍，性质恶劣，造成后果极其严重，不追诉无法保护受害人的利益，而且也不足以使犯罪分子受到教育，故在特殊情况下对故意杀人罪的犯罪主体下调至年满 12 周岁。但对已满 12 周岁未成年人犯故意杀人罪后，启动刑事追诉时规定了非常严格的限制，不但对作案手段、危害后果、犯罪性质等进行严格限制，而且在追诉程序上严格要求，即必须经过最高人民检察院核准后方可追诉，这仍旧体现了对低龄化未成年犯罪分子的保护。

本罪主观要件只能是故意，包括直接故意和间接故意。即行为人明知自己的行为会使被害人死亡，并且希望或者放任死亡结果的发生。在直接故意杀人的情况下，行为人目的明确，希望被害人死亡。一般表现为有预谋的报仇、雇凶杀人案件中。在间接故意杀人的情况下，行为人对被害人死亡的结果采取放任态度，既听之任之，不积极追求，也不加以防止。一般存在突发性的杀人案件中，其动机多种多样，如奸情杀人、报复杀人、义愤杀人、图财害命、对社会不满杀人等。

(二) 司法认定

1. 直接故意杀人和间接故意杀人的界限

直接故意杀人与间接故意杀人都是行为人明知自己的行为会发生他人死亡的结果，并且不反对这种结果的发生。但是两者在对结果发生的认识程度和接受态度上存在着差异。第一，直接故意杀人对结果的预见包括必然发生和可能发生；而间接故意杀人则是只能预见到结果可能发生。如行为人用有杀伤力的枪对着被害人头去打，显然行为人预见到死亡结果必然要发生的；如行为人在被害人经常通过的路上挖下了陷阱，并且在陷阱中放置坚硬的石头，显然行为人预见到死亡结果是可能发生的，因为存在被害人不走这条路的可能。第二，直接故意杀人积极追求被害人死亡的结果，而间接故意杀人则对死亡的结果抱着无所谓的放任态度，不积极追求，但也不加以反对，而是听之任之，漠不关心。如肇事司机将被撞成重伤的被害人拉走后，扔到了人迹罕见的山沟里，显然肇事司机在主观上是积极追求被害人死亡的结果；再如母亲将刚出生的婴儿扔到了一个热闹的集市上，显然母亲对初生婴儿死亡的后果是放任态度，即有人救起，就活；无人救起，就死。对于这个母亲来讲，什么结果都无所谓。第三，从犯罪形态上看，直接故意杀人存在未遂，而间接故意杀人不存在未遂。

2. 雇凶杀人案件的处理

雇凶杀人，也称买凶杀人，是指以一定的钱财雇佣或者收买他人杀害特定个人的共同犯罪行为。此类案件中，雇主既是教唆犯，又是案件的组织者、策划者，甚至是指挥者。而杀手是杀人行为的实行者。在司法实践中，情况比较复杂。有的是雇主直接和凶手联系，有的出现了层层雇佣，直接实行者根本不清楚真正的雇主是谁；有的是事先付款，有的事后支付报酬，有的甚至连报酬也没有兑现就落入法网；有的雇主亲自坐镇指挥，有的雇主不露面，只是暗地帮助指认受害人，提供作案地图等。不管是如何复杂的雇凶情况，也不管是否支付报酬，也不管坐镇指挥还是背后策划安排，也不管为杀人提供了帮助还是仅支付酬金，只要通过案件证据能够证明是雇凶杀人案件，雇主和杀手均构成故意杀人罪，且系共同犯罪。在处罚时，雇主一般为主谋，系主犯；凶手一般为主凶，也是主犯，两者之间没有主从之分。如果在实施杀人的过程中，凶手自己能力有限，自己又找来帮手，负责望风、准备交通工具或者是凶器，负责跟踪、盯梢等，起次要作用的，可以根据案件情况区分主从犯。

3. 本罪与有关自杀案件的界限

自杀是自己剥夺自己生命的行为，是公民对自己生命权利的一种处理方式，自杀自然不构成犯罪，更不可能构成故意杀人罪。但是，如果以自焚、自爆方式自杀危害公共安全的，应当构成以危险方法危害公共安全罪。除此之外，现实生活中的自杀情况极为复杂，特别是许多由于他人行为引起的自杀案件，往往难以定性，所以必须具体分析，正确处理。

第一，致人自杀。所谓致人自杀，是指由于行为人实施某种行为导致他人自杀身亡的情况。行为人主观上没有杀人的故意，只是在客观上实施了《刑法》分则上规定的某些犯罪行为，如强奸、虐待、非法拘禁、强迫劳动、强迫卖淫等犯罪行为，被害人则由于无法忍受行为人的犯罪行为，而自尽身亡。其实作为被害人完全有自我选择权，死亡不是唯一的选择。故行为人的危害行为与被害人自杀死亡结果之间没有刑法上的直接因果关系，这些违法犯罪行为引起被害人自杀的，不另定故意杀人罪。但是，在量刑时候，要将死亡的结果作为一个情节予以考虑。

在现实生活中，也经常出现行为人履行职责对他人进行批评或者处分，导致他人想不开而自杀，即使行为人态度生硬、粗暴或者工作方式不当，也不应该追究行为人的刑事责任。因为在主观上，行为人不具有杀人的故意，且批评和处分也不是刑法上的危害行为。比如老师对完不成作业的学生进行了批评教育，但是学生觉得自尊心受到了打击，跳楼自尽的。

第二，逼人自杀。即行为人凭借某种权势或者利用特殊关系，以暴力、威胁的方法，故意强迫他人自杀身亡。这种情形特指行为人迫使被害人自杀的，危害行为与自杀结果之间有刑法上的直接因果关系。比如，强迫被害人喝下毒药；迫使被害人跳下山崖或深水等。逼迫他人自杀实质上就是故意杀人，符合故意杀人的构成要件，应当追究行为人故意杀人罪的刑事责任。

第三，教唆自杀。即行为人采取引诱、怂恿、欺骗等方法，使他人产生自杀意图。由于与故意杀人一样，因此应当以故意杀人罪处理。如为了将被害人杀死，利用封建迷信或者其他手段教唆被害人自杀，这实际上是“借刀杀人”，应该按照故意杀人罪依法处罚。但不是出于杀人目的，而是组织和利用会道门、邪教组织或者利用迷信、愚弄、欺骗他人，如散布“世界末日来临”“死后可以升天”等谣言导致被害人绝食、自焚等自杀的，应该以组织、利用会道门、邪教组织利用迷信致人死亡罪处罚。

第四，相约自杀。即两个或者两个以上的人相互约定共同结束自己生命的行为。这需要分为以下几种情况讨论：其一，参与自杀的当事人均自杀身亡了，这就不涉及追究刑事责任的问题。其二，部分自杀身亡，部分没有死亡，未死者真心自杀，且系双方各自准备自杀凶器，且双方各自自杀，自杀意图也是双方各自产生的，因此未死者不应以故意杀人罪定罪。其三，部分自杀身亡，部分没有死亡，未死者系假自杀，以达到对方自杀的目的，显然意在剥夺他人的生命，对未死者应该以故意杀人罪追究其刑事责任。其四，在相约自杀中约定，由一方先将另外一方杀死，再行自杀。如果杀死别人后，在自杀时因信念不坚定或者于心不忍导致无法自杀成功的，对未自杀成功者，应该以故意杀人罪追究刑事责任。其五，在相约自杀中约定双方同时互杀，一方死亡，一方未死，对未死者应以故意杀人罪论处。当然，对于因相约自杀而构成故意杀人罪的，在量刑的时候要考虑到该情节对量刑的影响。

第五，帮助自杀。即行为人在他人已有自杀意图的情况下，帮助他人实现自杀意图的行为。对于帮助自杀的行为不能因为被害人有自杀意愿而排除行为人帮助行为的社会危害性，其帮助自杀行为实质上是非法剥夺他人生命的行为，仍应该按照故意杀人罪处理。需要注意的是如果行为人应他人请求而向其提供自杀工具(如凶器、毒药等)致使他人自杀死亡的，不能以故意杀人罪论处。因为虽然已经帮助提供了凶器，但是自杀的决定权仍在自杀者本人，提供凶器的人无法决定自杀者的生死。如果行为人应他人请求，将毒药送入口中让其服下或他人上吊时将脚下的凳子搬走，则构成故意杀人罪。如果行为人应他人的请求而直接动手将他人杀死的，符合故意杀人罪的特征，应当认定为故意杀人罪。

在帮助自杀的情况中，近年来引起争论较多的是“安乐死”问题。所谓安乐死是指为避免患有不治之症、濒临死亡患者的痛苦，受患者嘱托而使其无痛苦地死亡。安乐死分为积极的安乐死和消极的安乐死。积极的安乐死也称为作为安乐死，是指为了免除患有不治之症、濒临死亡的病人痛苦，受患者嘱托而采取无痛苦方法使其速死。各国的法律规定以及理论观点也不一样，有的国家已经将积极安乐死合法化，如荷兰。由于我国目前并未规定安乐死合法化的条件，并且中国医生的天职就是救死扶伤，抢救生命是医生的职责。所以，即使是出于减轻病人痛苦的人道动机，对于痛不欲生的病人仍然存在着医治的义务，不能提前结束其生命，提前结束一个人的生命，目前尚无法得到国人的认可和道德的容忍。即使存在着被害人的承诺，也不能排除此行为的社会危害性，应该以故意杀人罪论处。消极的安乐死又叫做不作为安乐死，通常是指对于已经没有任何治疗价值和可能的病人，停止继续使用医疗器械或者其他医疗手段，任其死亡，此时最终死亡不是医生停止治疗手段造成的，完全是因为病患内在的因素造成的，因而医生终止医疗措施，并不违背其义务，故诸如拔掉氧气管或者心脏维持器械管线等，也不应该认定为故意杀人罪。但是，因实施“安乐死”追究刑事责任的，在量刑时一般要适用“情节较轻的”量刑幅度。

由于我国目前并未规定安乐死合法化，即使出于减轻病人痛苦的人道动机，作为医生也不能提前结束患者的生命，即提前结束一个人的生命，即使存在被害人的承诺，也不能排除此行为的社会危害性，应该以故意杀人罪论处。

4. 故意向他人传染艾滋病病毒问题

由于艾滋病病毒感染是目前人类难以治愈的严重疾病，行为人故意向特定人传染这样的病毒，显然是具有置他人于死地的故意，符合故意杀人罪的构成要件，应当认定为故意杀人罪；如果行为人故意向不特定的多人传染这样的病毒，危害公共安全的，应当认定为以危险方法危害公共安全罪。

(三)本罪处罚

《刑法》第232条规定，犯本罪的，处死刑、无期徒刑或者10年以上有期徒刑；情节较轻的，处3年以上10年以下有期徒刑。

根据法律规定，在量刑时必须区分情节严重的故意杀人和情节较轻的故意杀人，以便准确选择相应的法定刑幅度。根据司法实践，情节严重的故意杀人主要是：手段残忍的杀人、不计后果的杀人、后果严重的杀人等；情节较轻的故意杀人主要是：当场基于义愤的杀人、因受害人长期被迫害的杀人、妇女遭受家庭暴力的杀人、基于被害人请求的杀人以及“大义灭亲”的杀人、安乐死等。

随着我国目前死刑观念的转变和死刑政策的变化，伴随着全世界废除酷刑的进程，轻刑化已经成为全球刑罚发展的趋势，随着我们死刑核准权收归最高人民法院，对死刑案件的标准要求得越来越严，不但从证据上要求，而且从具体的案件性质上及情节上进行了区别对待，另外伴随着司法实践中刑事和解制度的运用，杀人偿命的传统观念已经受到了巨大的挑战。不但要综合全部案情，正确评价罪行轻重和案件性质，而且要考虑罪犯人身危险性及再犯可能性，对罪犯处以适当的刑罚。对于因婚姻家庭、邻里纠纷等民间矛盾激化引发的故意杀人罪，应当与其他故意杀人犯罪案件有所区别，适用死刑要十分慎重。对于被害人一方有明显过错或者对矛盾激化负有直接责任，或者被告人有法定从轻处罚情节的，司法实践中一般不考虑判处死刑立即执行，大多判处死刑缓期两年执行。

【以案说法 10-1】

复旦大学投毒案

◎基本案情：

被告人林某浩与被害人黄某于 2010 年 9 月分别进入复旦大学上海医学院攻读相关医学硕士专业，并于 2011 年 8 月起共同住宿于复旦大学枫林校区西 20 宿舍楼 421 室(以下简称“421 室”)后，林某浩因琐事与黄某不和，竟逐渐对黄某怀恨在心。2012 年年底，林某浩因个人原因不再继续报考博士研究生，黄某则继续报考了博士研究生。2013 年 3 月中旬，复旦大学 2013 年博士研究生入学考试初试成绩揭晓，黄某名列前茅。2013 年 3 月底，林某浩决意采取投毒的方法杀害黄某。同年 3 月 31 日 14 时许，林某浩以取实验用品为名，从他人处取得钥匙后进入其曾实习过的复旦大学附属中山医院(以下简称“中山医院”)11 号楼二楼影像医学实验室，趁室内无人，取出装有剧毒化学品二甲基亚硝胺的试剂瓶和注射器，并装入一只黄色医疗废弃物袋内随身带离。当日 17 时 50 分许，林某浩回到其与黄某共同住宿的 421 室，趁室内无人，将随身携带的上述剧毒化学品二甲基亚硝胺全部注入室内的饮水机中，随后将注射器和试剂瓶等物丢弃。同年 4 月 1 日上午，林某浩与黄某同在 421 室内，黄某从饮水机中接取并喝下已被林某浩注入了剧毒化学品二甲基亚硝胺的饮用水。之后，黄某即发生呕吐，于当日中午至中山医院就诊，并于次日下午起留院治疗，随即因病情严重于 4 月 3 日被转至外科重症监护室治疗。此后，黄某虽经医护人员全力抢救，仍于 4 月 16 日死亡。经鉴定，黄某符合生前因二甲基亚硝胺中毒致肝脏、肾脏等多器官损伤、功能衰竭而死亡。4 月 11 日，林某浩在两次接受公安人员询问时均未供述上述投毒事实，直至次日凌晨经公安机关依法予以刑事传唤到案后，才逐步供述了上述投毒事实。

◎定性分析：

被告人林某浩系医学专业的研究生，又曾参与用二甲基亚硝胺进行有关的动物实验和研究，明知二甲基亚硝胺系剧毒物品，仍故意将明显超过致死量的该毒物投入饮水机中，致使黄某饮用后中毒。在黄某就医期间，林某浩又故意隐瞒黄某的病因，最终导致黄某因二甲基亚硝胺中毒而死亡。被告人林某浩为泄愤采用投放毒物的方法故意杀人，致被害人黄某死亡，其行为已构成故意杀人罪。

虽然被告人林某浩将剧毒化学品二甲基亚硝胺注射到饮水机中，属于向饮用水中投放了剧毒的危险物质，但被告人林某浩的目的是让被害人黄某饮用后造成伤害，故被告人林某浩只是针对特定的对象实施了犯罪行为，其投放危险物质的行为并未危害到不特定多数人的生命和健康安全，故被告人林某浩不构成投放危险物质罪。

二、过失致人死亡罪

(一)构成要件

过失致人死亡罪是指行为人由于过失导致他人死亡的行为。本罪侵犯的客体是他人生命的权利。本罪客观要件是指行为人具有致人死亡的行为，并且在实际上造成了他人死亡的结果。本罪主体是一般主体，即年满 16 周岁，具有刑事责任能力的人。本罪主观要件是行为人必须具有过失，包括过于自信的过失和疏忽大意的过失。需要指出的是，过失是对死亡结果而言的，不是针对行为人对自己的行为而言，对行为是明知的，是不反对的。如司机饮酒驾车后发生事故导致人死亡，司机饮酒是故意的，明知自己饮酒行为是违法的且可能发生交通事故；但是对交通事故造成人的死亡的结果，是反对和排斥的。

(二)司法认定

1. 本罪与故意杀人罪的界限

在实践中，过失致人死亡罪有时和故意杀人(间接故意)罪比较难以区分。因两者都预见到了自己的行为可能造成人死亡的结果，并都不希望结果发生。因此，区别两者的关键就在于查明行为人对死亡结果发生所持的态度。如果行为人对发生人死亡的结果是反对的、排斥的态度，那么就可以排除行为人主观上是故意。再结合行为人的职业、个人技术、知识、经验、能力、周围环境等，若行为人对死亡的结果有能力预见，因疏忽大意没有预见或者是已经预见到但轻信该危害结果不会发生，此时行为人就构成了过失致人死亡罪。相反，如果行为人明知自己的行为可能发生人死亡的结果，自己有能力也不去排斥或反对这种结果的发生，而是听之任之，放任结果的发生，行为人就构成了故意杀人(间接故意)罪。

过失致人死亡罪和故意杀人(直接故意)罪的区别相对比较明显。但是在实践中，经常出现这样的情况，行为人从高空抛撒物体，将被害人当场砸死。行为人为了逃避法律的制裁，否认自己要故意杀死被害人，往往说成是意外事件。在认定此类案件时，行为人的口供当然是需要考虑的，但是不能一味地相信口供，要综合全案进行分析。如要调查行为人是不是明知楼下的环境：是经常走人的人行通道还是一个很少走人的偏僻墙角；要调查行为人与被害人之间的关系如何：是素不相识还是有深仇大恨；要调查行为人高空抛撒的什么物体：是家庭日常垃圾或生活用品还是专门的利器；将人砸倒后的表现：是积极的救治，还是不闻不问，逃避责任等。其实，通过对上述问题的调查，就可以得出行为人主观心理态度是追求被害人死亡发生还是排斥被害人死亡。自然也就将二者区别开了。所以，在一些案件中，不能仅仅凭借口供去定案，一定要重证据，重调查研究。

2. 本罪与意外事件的界限

二者的相同之处，在于行为人对于死亡结果的发生都未预见，并都持反对的态度。因此实践中过失致人死亡(疏忽大意的过失)罪与意外事件致人死亡很容易混淆。二者区别的关键在于查明在当时的情况下行为人是否应该预见或者是否能够预见死亡结果的发生，即行为人是否有预见能力和预见义务。这应当根据行为人的认识能力、知识结构、生活经验、所处环境等进行综合认定。如果行为人应当预见但疏忽大意没有预见，导致他人死亡的，就应认定为过失致人死亡(疏忽大意的过失)罪；如果行为人没有预见的能力或者根据行为人的知识结构等，根本不可能预见，结果致人死亡，就应该认定为意外事件，行为人对此不负刑事责任。比如行为人将被害人带到海边来观潮，当时风浪很大，潮水汹涌，但是行为人仍旧将被害人带往海边，这时一个浪头过来将被害人卷入大海中淹死。到底如何认定本案的性质，需要看行为人是不是在当时有预见的能力和预见的义务，经过调查发现，行为人是海边居住的人，熟悉大海涨潮的规律和规模，而被害人是一个山区的山民，从来没有见过大海。所以，据此可以得出结论，行为人对潮水将被害人卷走的结果是明知的，而且当时的海浪很大，其应该预见到浪潮会将人卷入海中淹死的后果，但仍让被害人向前观潮，显然不能定为意外事件。

现实生活中有一些情况，在性质上很难认定。如被害人属于异常体质的人，比如高血压、心脏病等，平时没有发病时和正常人一样。但是一旦经过轻微的推搡或者辱骂等，引起了病情发作，最后导致死亡。对于此类案件，在处理的时候，首先要了解行为人对死者的异常体质是不是明知；其次要看行为人的行为在刑法上能否称为“危害行为”；如果行为人对死者的异常体质不明知，而且根本也没有预见到死者异常体质的义务。故若行为人的行为是单纯的辱骂和轻微的殴打或推搡而导致死者心脏病发作的，应该认定为意外事件。反之，如果行为人对死者的异常体质明知或者能够预见到死者的异常体质，即使没有预见到死者系特殊特质患病等，但是能够预见到自己的行为可能导致危害后果的发生，仍旧进行了辱骂或者是轻微的殴打或推搡，应该认定为过失致人死亡罪。

3. 本罪与过失致人重伤罪的界限

最难区别的是因过失致人重伤之后，经过抢救无效引起被害人死亡，到底是认定为过失致人死亡罪还是过失致人重伤罪，需要看行为人对死亡的结果是否具有预见性，如果综合其他因素可以认定行为人对死亡的结果具有可预见性，那么就直接认定为过失致人死亡罪。如果行为人只是预见到伤害的结果，那么即使最后被害人死亡，也不能认定为过失致人死亡罪。

(三)本罪处罚

《刑法》第233条规定，犯本罪的，处3年以上7年以下有期徒刑；情节较轻的，处3年以下有期徒刑。本法另有规定的，依照规定。所谓“本法另有规定的”是指对其他因过失致人死亡的情况，如果《刑法》分则作了专门的规定，有独立罪名与法定刑(如交通肇事致人死亡、重大责任事故致人死亡、玩忽职守致人死亡、强奸致人死亡等)，则依照《刑法》相关法条的规定定罪处罚，不再以本罪论处。

【以案说法 10-2】

赵某过失致人死亡案

◎基本案情：

曹某和邻居赵某之间因为宅基地纠纷多年来一直存在矛盾。某日曹某从地里干活回家路过赵某门口，赵某就对曹某骂骂咧咧、指指点点。曹某将干活的农具放到家后出来到赵某家门口与其理论，赵某认为曹某到自己家中给自己找事，于是就非常生气，从院子里拿起一把扫帚就往外闯，赵某的妻子马上将扫帚夺下并拉着赵某不让出去。此时街坊邻居听到了吵架声也纷纷赶来劝架，赵某见曹某在自己的门口没有走开，挣脱妻子后冲向了曹某踹了曹某一脚，街坊邻居马上将两个人分开，双方开始互相对骂。赵某见曹某不愿意离开就再次冲到门口抓住曹某的衣领，两个人开始互相推搡，赵某对曹某的头部和胸部打了几拳后将曹某打倒在地。赵某的妻子将赵某拉回到家中并关上大门，曹某躺在地上没有起来，邻居去拉他时曹某说自己不舒服，要躺在地上歇会儿。过了一阵儿，曹某还是没有起来，等着街坊邻居再过去查看时发现曹某脸色已经变白，呼吸停止。经过法医鉴定，曹某自身患有严重的冠心病，因为外力撞击及情绪激动导致急性心力衰竭而死亡。

◎定性分析：

本案中曹某死亡的直接原因是心脏病发作而不是赵某的打击，同时赵某无法预见到曹某患有如此严重的心脏病，两个人只是日常的矛盾纠纷，同时又是邻居，故赵某对于曹某的死亡持反对和排斥态度，在法律上属于过失。另外，赵某确实对曹某进行了殴打，赵某的行为是导致曹某情绪激动的直接原因，赵某在主观上应该预见到殴打他人可能造成的危害后果，故本案不属于意外事件。基于上述的客观事实，赵某的危害性行为与曹某的死亡之间具有直接必然的因果关系，赵某构成过失致人死亡罪。

三、故意伤害罪

(一)构成要件

故意伤害罪是指行为人故意非法损害他人身体健康的行为。本罪具有以下特征：

本罪侵犯的客体是他人身体健康的权利。所谓身体健康的权利，是指公民保持自身人体组织的完整和人体器官正常机能活动的权利。故意伤害罪区别于其他侵犯公民人身权利罪的本质特征，就在于它破坏了人身组织的完整性，损害了身体器官的正常活动机能，如失明、耳聋、毁容、手脚残疾等。自残是行为人自己对自己身体的伤害，一般不构成犯罪。但是，如果是军人在作战时自伤身体为了逃避军事义务的，可按照《刑法》第 434 条规定的战时自伤罪追究刑事责任。

本罪客观要件表现为行为人实施了非法损害他人身体健康的行为。损害他人身体健康的行为必须是非法的，在法律允许范围内对身体进行伤害的，不构成犯罪。如医生手术需要，为患者进行截肢；正当防卫时将不法侵害者打伤。故意伤害行为一般表现为积极的作为，个别情况下也可以表现为消极的不作为。伤害的方式、手段多种多样：可以利用行为人自身身体，也可以利用工具器械；可以利用动植物，也可以利用自然力。不管是采取什么样的手段和方法，只要是达到了一定的伤害程度，就构成了故意伤害罪。

根据《刑法》规定，故意伤害有三种危害结果：轻伤、重伤、伤害致死。对于重伤害，《刑法》第 95 条作了较为原则性的规定，即指具有下列情形之一的：(1)使人肢体残废或者毁人容貌的；(2)使人丧失听觉、视觉或者其他器官机能的；(3)其他对于人身健康有重大伤害的。最高人民法院、最高人民检察院、公安部、国家安全部、司法部于 2014 年 1 月 1 日生效的《人体损伤程度鉴定标准》规定，伤害程度由专门的鉴定机构作出鉴定。重伤鉴定应当将受伤当时的伤势同治疗后的结果结合起来综合评定。如伤害当时伤情并不严重，虽经治疗，但最终呈现重伤的，应以重伤论；伤害当时情况比较严重，后又基本恢复正常或者只造成轻伤害的，不能以重伤论。非重伤害包括轻伤和轻微伤，关于轻伤和轻微伤的认定，应严格按照《人体损伤程度鉴定标准》来确定。

本罪主体一般情况下是已满 16 周岁的一般主体，《刑法》第 17 条第 2 款规定，已满 14 周岁不满 16 周岁的人实施故意伤害致人重伤或者死亡的，应负刑事责任。同时《刑法修正案(十一)》针对《刑法》第 17 条修订后增加一款作为第 3 款，规定如下："已满十二周岁不满十四周岁的人，犯故意杀人、故意伤害罪，致人死亡或者以特别残忍手段致人重伤造成严重残疾，情节恶劣，经最高人民检察院核准追诉的，应当负刑事责任。"

《刑法修正案(十一)》之所以将部分故意伤害案件犯罪主体下调至已满 12 周岁，主要是为了回应社会热点。近年来在社会上出现了多起不满 14 周岁未成年人伤害他人的案件，犯罪低龄化引起全社会关注。而且这些未成年人作案手段残忍，性质恶劣，造成的后果极其严重，不追诉无法保护受害人的利益，而且也不足以使犯罪分子受到教育，故在特殊情况下对故意伤害罪的犯罪主体下调至年满 12 周岁。但对已满 12 周岁未成年人犯故意伤害罪后，启动刑事追诉时规定了非常严格的限制，不但对作案手段、危害后果、犯罪性质等进行严格限制，而且在追诉程序上严格要求，即必须经过最高人民检察院核准后方可追诉，这仍旧体现了对低龄化未成年犯罪分子的保护。

本罪主观要件是必须具有伤害的故意，包括直接故意与间接故意。故意内容只能是伤害，即行为人明知自己的行为会发生损害他人健康的结果，并且希望或者放任这种结果的发生。具体伤害的动机如何，则不影响定罪，对将来的量刑可能会起到一定的作用。

(二)司法认定

1. 本罪与非罪的界限

主要是指故意伤害罪与一般的伤害行为之间的界限。一般伤害行为通常是指行为人对被害人殴打之后造成了被害人轻微肉体疼痛或轻微的、暂时的肉体损伤如鼻青脸肿等，但是这些症状很快就消失，并且经过司法鉴定，只达到轻微伤的标准，有的甚至连轻微伤的标准也达不到。由于这些伤害行为情节显著轻微，危害不大，因此不能认定为犯罪。但是不能说明此种情况没有社会危害性，只是社会危害性没有达到犯罪的程度。对于这种情况，按照《中华人民共和国治安处罚法》来处理。总之，故意伤害罪与非罪的界限，目前主要依据司法鉴定结果，没有经过司法鉴定的，不能作为定罪的依据。

2. 本罪与故意杀人罪的界限

故意伤害罪与故意杀人罪在理论上很容易分清，但是在实践中，由于案件情况的复杂性和情况特殊，往往出现容易混淆的情况。

第一，故意伤害(致死)罪与故意杀人罪的界限。

虽然两者都是行为人对被害人的身体实施了伤害行为，客观上都发生了导致人死亡的严重后果，但是二者的故意内容是不一样的，因此区别两者的关键就是要查明行为人主观上的故意内容。如果行为人明知自己的行为会导致人死亡后果，并且希望或者放任这种结果发生的，就属于故意杀人；如果行为人并不希望造成他人死亡，而只是希望或者放任对他人身体健康造成损害，人的死亡属于行为人的意志外的结果，那么就属于故意伤害致死。但是，如何界定行为人的主观故意内容，这需要在实践中看具体证据材料，不能想当然推论，更不能仅凭行为人的口供，因为犯罪分子出于逃避打击的目的，经常将自己的杀人故意编造成伤害故意，所以要结合案件的其他证据综合判断。故首先要看两个人的关系如何，是素不相识还是有其他经济纠纷或者其他怨恨；其次看行为人所使用的侵害工具是什么，是专门准备的锋利尖刀还是随手拿起的一个木棍；再次，看打击部位，是在致命的头部还是在腿上、胳膊上；最后，看发生伤害后的表现，是进行了积极的救治，还是将伤者拉到人迹罕见的山沟等。综合各方面情况，全面进行分析判断，则可以将行为人的主观故意内容分析清楚。

但是，毕竟行为人主观方面属于人内心的活动，有的行为人在实施危害行为时由于种种原因，主观上到底是如何想的，确实无法知晓。如暴力行凶案件中，行为人对自己当时实施危害行为的想法无从知晓，对于这样的情况，就要结合行为人所采用的凶器、选择击打的部位、用力的强度等因素综合判断。采用杀伤力强，选择击打的部位致命、用力强度大的，一般可以认定为杀人故意；反之，可以认定为伤害故意。

对于那些大胆妄为、动辄持刀行凶、不顾他人死活地侵害他人人身权利的案件，应该根据案情区别对待：凡明显具有杀人故意的，应按故意杀人罪论处；凡明显具有伤害故意的，应按故意伤害罪论处。对于行为人故意内容不确定或不顾他人死伤的，应按实际造成的结果来确定犯罪行为的性质，凡造成死亡结果的，应按故意杀人(间接故意)罪处理；凡是造成伤害结果的，应按故意伤害罪处理。因为在这样的案件中，死亡或者伤害的结果都在行为人主观故意之内，行为人对这些结果均是听之任之，漠不关心。如果采取上述原则仍旧无法定性的，可以采取有利于被告人的原则，依照相对较轻的罪名进行追诉。

第二，故意伤害罪与故意杀人(未遂)罪的界限。

区分两者的关键是看行为人在主观上是否具有杀人的目的，如果行为人具有杀人的目的，但由于意志以外的原因没有造成他人死亡的，不论是否造成伤害的结果，不论伤害的结果如何，均应该认定为故意杀人未遂。如果行为人并没有故意杀人目的，只是希望或放任对他人身体健康的损害，就应该认定为故意伤害罪。如果行为人在实施伤害行为之后，放任了死亡结果的发生，不管死亡的结果是否发生，也只能认定为故意伤害罪，不能因为死亡结果没有发生，就认定为故意杀人未遂。

3. 故意伤害(致死)罪与过失致人死亡罪的界限

二者在客观上都造成了人死亡的结果，在主观上均无杀人的故意，并且造成他人死亡的结果都是出于过失，不免容易混淆。区分的关键就在于查明行为人有无伤害的故意。如果行为人虽无杀人的故意，但有损害他人身体健康的故意，造成了他人死亡的，属于故意伤害致死。如果行为人既无杀人的故意也无伤害的故意，完全是由于过失造成他人死亡的，则属于过失致人死亡罪。

4. 关于几种新型伤害行为的处理

实践中，已经出现通过性交、接吻、注射等方式故意使他人染上甲肝病毒、麻风病、性病、艾滋病，故意装神弄鬼使人精神失常等新的伤害方式。前者伤害人体器官的正常功能，后者是对精神造成伤害。如果行为人故意追求使特定人受到伤害的结果而实施这样的行为，符合故意伤害罪构成要件的，应当以故意伤害罪论处；如果行为人故意追求使特定人得病后医治无效后死亡的结果，符合故意杀人罪构成要件的，应当以故意杀人罪论处；如果行为人虽然产生了上述的犯罪意图，但没有付诸行动，也没有造成实际危害结果的，按照《治安管理处罚法》处理为宜，不宜作为犯罪处理。

(三)本罪处罚

《刑法》第234条规定，犯本罪的，处3年以下有期徒刑、拘役或者管制；致人重伤的，处3年以上10年以下有期徒刑；致人死亡或者以特别残忍的手段致人重伤造成严重残疾的，处10年以上有期徒刑、无期徒刑或者死刑。本法另有规定的，依照规定。

“以特别残忍的手段致人重伤造成严重残疾的”，这个情节必须符合三个条件，即特别残忍的手段、致人重伤、严重残疾。特别残忍的手段是指用硫酸泼脸、用钝器多次击打、用刀残害他人肢体等，但出于伤害的故意却造成了他人死亡，为了掩盖自己的罪行，将尸体肢解或者焚烧的，不宜认定为特别残忍的手段；致人重伤就是要达到《刑法》上规定的重伤的标准；严重残疾需要参照国家技术监督局1996年颁布的《职工工伤与职业病致残程度鉴定标准》，该标准规定残疾程度可以分为一般残疾(10~7级)、严重残疾(6~3级)、特别严重残疾(2~1级)，6级以上视为“严重残疾。实践中，并不是达到了“以特别残忍的手段致人重伤造成严重残疾的”标准就判处死刑，还要结合案件的具体情况，综合考虑犯罪情节和危害结果来决定刑罚。

“本法另有规定的，依照规定”是指行为人在实施其他犯罪过程中，例如抢劫、强奸、绑架、非法拘禁包含着伤害结果，《刑法》另有规定的，直接按照有关的条文定罪处罚。但是应当注意不同犯罪中包含的暴力、伤害的程度不同，例如抢劫、绑架罪中造成伤害的一般包含重伤在内，但是非法拘禁罪、妨碍公务罪一般包含轻伤在内，如果发生了重伤结果，通常应当转化为故意伤害罪处理。

【以案说法10-3】

刘某东故意伤害案

◎基本案情：

被告人刘某东，男，汉族，1968年7月3日出生，无业。2012年12月3日零时30分许，被告人刘某东因头部受伤，到辽宁省丹东市中医院就诊。刘某东的接诊医生宋某(被害人，男，时年46岁)称其可能颅骨骨折，宋某建议刘某东去其他医院治疗。刘某东对宋某建议其转院治疗不满，离开十几分钟后返回，拽掉宋某的眼镜，用头撞击宋某的口、鼻处，并对宋某进行殴打，致宋某2颗牙齿折断，鼻骨线形骨折，构成轻伤。

◎定性分析：

被告人刘某东故意伤害他人身体致轻伤，构成故意伤害罪。被告人刘某东对医生建议其转院不满，遂将医生打成轻伤依法应予惩处。鉴于被告人刘某东当庭自愿认罪，可酌情从轻处罚。据此，依法对被告人刘某东判处有期徒刑一年四个月。（见2014年4月25日最高人民法院公布涉医犯罪典型案例第2号）

【以案说法10-4】

翁某某故意伤害案

◎基本案情：

被告人翁某某与被害人胡某系夫妻关系，但胡某与杨某长期保持不正当关系且长期对翁某某实施家暴。案发当日晚上，胡某带着杨某回到家中，与翁某某发生口角。胡某拿出一个拖把追打翁某，后又换用衣架继续殴打。翁某某随手拿起玻璃酒柜上的一把水果刀防御。双方对打中，翁某某右手所持的水果刀刺中胡某的左侧胸部，致胡某经抢救无效后死亡。

◎定性分析：

被告人翁某某在自身遭受不法侵害时持刀防卫，并在该过程中将他人伤害导致死亡，属防卫过当。防卫过当不是一个独立的罪名，而是要结合造成的危害后果等因素确定罪名。被告人翁某某虽然遭遇到胡某的殴打，但其进行防卫时对于用水果刀防卫可能要发生的危害后果明知。虽然被告人翁某某用水果刀刺中胡某的左侧胸部导致胡某经抢救无效后死亡，但是被告人翁某某在主观上不具有杀死被害人胡某的故意。故，被告人翁某某在防卫过程中，明显超过必要限度，造成重大伤害的，应当负刑事责任，依法构成故意伤害罪。（见2015年12月4日最高人民法院公布49起婚姻家庭纠纷典型案例第22号）

四、组织出卖人体器官罪

（一）构成要件

组织出卖人体器官罪是指组织他人出卖人体器官的行为。本罪具有如下特征：

本罪侵犯的客体是公民人身健康的权利。本罪的犯罪对象是人体器官，不包括同属人体材料的人体组织和人体细胞。根据《人体器官移植条例》，人体器官移植是指摘取人体器官捐献人具有特定功能的心脏、肺脏、肝脏、肾脏或者胰腺等器官的全部或者部分，将其移植入接收人身体以代替其病损器官的过程。组成人体器官的部分包含人体细胞和人体组织，其中人体组织主要是指人体中相同或者相似细胞组成的，以承担特定功能的细胞群，比如皮肤、骨组织、角膜、心脏瓣膜等。

本罪客观要件表现为通过策划、指挥、领导、招募、雇佣、强迫、引诱他人实施出卖人体器官的行为。(1)行为方式为组织行为。所谓的组织行为是指以指挥、领导、招募、雇佣、强迫等方式，策划、安排、引诱他人实施出卖人体器官的行为。在这些行为中，出卖行为属于一个独立基本要素。根据《人体器官移植条例》规定，人体器官捐献应当遵循自愿、无偿的原则；任何个人或组织不得以任何形式买卖人体器官，不得从事与买卖人体器官有关的活动；买卖人体器官或者从事与买卖人体器官有关活动的，由设区市级以上的地方人民政府卫生主管部门依照职责分工没收违法所得，并处交易额 8 倍以上 10 倍以下的罚款。因此，出卖行为与牟利相结合，与无偿捐献人体器官的基本伦理道德相违背，必然为法律所禁止。(2)行为人实施了组织行为。这是本罪的实行行为，与《刑法》中其他组织型犯罪一样，组织者往往处于犯罪的核心位置，策划、协调整个犯罪的展开，基于此，在组织型犯罪中，要注意将组织行为和领导行为的关系进一步明确。有的犯罪中，有必要区分组织行为和领导行为，如组织、领导、参加黑社会性质组织罪，组织行为和领导行为的主体可以是一个人，也可以不是一个人。但组织出卖人体器官中的组织行为和领导行为没有区分的必要，只要是以指挥、领导、招募、雇佣、强迫等方式，安排、引诱他人实施出卖人体器官的，就可以认定为“组织行为”。

本罪主体是一般主体，即年满 16 周岁、具有完全刑事责任能力的自然人。单位不是本罪的犯罪主体。

本罪主观要件是故意，即明确认识到自己实施了组织他人出卖人体器官的行为，仍然希望该行为能够进行，只能由直接故意构成。

(二)司法认定

1. 本罪与非罪的界限

组织出卖人体器官罪打击的是组织出卖者，因为人体器官捐献有明确的规定，人体器官是不允许买卖的，只能是无偿的捐献。故要将组织出卖人体器官罪和一些正常的人体器官移植手术区别开来。实践中，有些医疗机构为了为患者移植人体器官，联络供体，向需求方收取了合理的移植费、医疗费等，并且向捐献者支付适当的营养费、补助费，这是理所当然的，不存在非法买卖人体器官的问题，更不存在谋取大量经济利益的问题。故这些行为不能作为犯罪处理。

2. 本罪与非法经营罪的界限

在《刑法修正案(八)》通过之前，对于组织出卖人体器官的行为，实践中一般是按照非法经营罪论处。其实，二者之间的区别还是比较明显的。第一，实行行为不同。组织出卖人体器官罪的实行行为是组织行为而非出卖人体器官行为；非法经营罪的四种实行行为，即未经许可经营法律、行政法规规定的专营专卖物品或者其他限制买卖的物品的；买卖进出口许可证、进出口原产地证明以及其他法律、行政法规规定的经营许可证或者批准文件的；未经国家有关主管部门批准非法经营证券、期货、保险业务的；或者非法从事资金支付结算业务的以及其他严重扰乱市场秩序的非法经营行为，都是非法经营行为的本质特征。第二，犯罪客体不同。非法组织出卖人体器官罪侵犯的客体是公民的人身健康权；非法经营罪侵犯的客体是正常的市场经济秩序。

(三)本罪处罚

《刑法》第 234 条之一规定，犯本罪的，处 5 年以下有期徒刑，并处罚金；情节严重的，处5年以上有期徒刑，并处罚金或者没收财产。未经本人同意摘取其器官，或者是摘取不满18周岁的人的器官，或者强迫、欺骗他人捐献器官的，依照本法第232条、第234条定罪处罚。违背本人生前意愿摘取其尸体器官，或者本人生前未表示同意，违背国家规定，违背其近亲属意愿摘取其尸体器官的，依照本法第302条的规定定罪处罚。

《刑法》关于组织出卖人体器官的行为，规定了三种不同的处罚方式：

1. 以组织出卖人体器官罪定罪处罚

此种情况要求，出卖器官者同意自己的器官被他人非法摘取，但是因为人体器官捐献在我国有明确的法律规定，所以即使出卖器官者自己愿意，也不影响对组织者进行依法打击。

2. 以故意伤害罪、故意杀人罪定罪处罚

组织出卖人体器官其实就是对人体健康的伤害，毕竟需要将人体的器官摘除，移植到别人的身上，所以摘取人体器官时行为人主观上包含着侵害他人身体健康或生命的故意。依照法律规定，以故意伤害罪或故意杀人罪定罪处罚的，有下列三种情形：

第一，未经本人同意摘取其器官的。因为人体器官捐献必须经过捐献人书面的捐献承诺才行，任何口头、默示不能作为捐献者的同意。

第二，摘取不满18周岁的人的器官。根据《人体器官移植条例》的规定，任何组织或者个人不得摘取未满18周岁公民的活体器官用于移植。由于未成人的身心发育尚未成熟，对于大部分事物都未形成有效的识别能力，一般情况下也难以判断某些行为的性质和后果，因此，为了保护未成年人的合法权益，不管是否征得未成年人的同意，只要是摘取了不满18周岁的人的器官，就应该按照故意伤害罪或故意杀人罪定罪处罚。

第三，强迫、欺骗他人捐献器官的。根据《人体器官移植条例》的规定，人体器官捐献应当遵循自愿、无偿原则。如果在实践中出现了使用暴力、威胁手段强迫本人捐献器官，或者是强迫捐献器官的亲属等，但是最终的影响力还是指向捐献者本人，这都是违背器官捐献者本人的真实意思表示的，并且同时侵犯了他人的健康权或者生命权。

3. 以侮辱尸体罪定罪处罚

第一，死者生前明确拒绝捐献器官的，那么死后就应当尊重其意愿，不应该摘取死者的器官。如果违背本人的意愿，摘取器官的，应该构成盗窃、侮辱尸体罪。

第二，一般情况下，死者在生前没有将捐献器官意愿进行明确表示，一般推定为不同意捐献。这时是否捐献器官就要看其近亲属的意思表示。如果近亲属也是明确拒绝捐献死者器官的，在这样的情况下，摘取死者的器官，实质上是对尸体的一种破坏，是对死者家属感情的伤害，也是对社会善良风俗的违背，所以应该依法构成盗窃、侮辱尸体罪。

【以案说法10-5】

租用医院手术室非法移植肾脏案

◎基本案情：

2018年4月，被告人孟某彬想从事非法肾脏移植挣钱，刚开始没有合适的地点，后来想起同行介绍认识过的刘某亭，就去找郑州市创伤手外科医院院长刘某亭。二人商定，被告人孟某彬使用刘某亭经营的该医院二楼手术室进行肾移植手术，使用该医院二楼的三间病房为肾移植手术患者进行术后护理，每做一台手术向刘某亭支付场地租赁费用10000元，刘某亭指派该医院护士周某红在孟某彬组织非法肾移植手术时予以配合。

被告人孟某彬伙同他人通过网络等方式联系肾脏供体和受体后，先是在2018年4月13日在新密市白寨史沟村为任某实施肾脏移植手术。此后在2018年5月4日晚至次日凌晨，孟某彬伙同蔡某安(主刀医生，另案处理)、魏某鑫、门某科、刘某、周某红等人在郑州市创伤手外科医院二楼为谢某、张某实施肾脏移植手术。5月5日晚，该团伙又为代某、李某实施肾移植手术。通过上述非法肾脏移植手术，孟某彬等人向患者谢某、张某、李某共收取各项费用141万元。

◎定性分析：

被告人孟某彬等人以非法牟利为目的，以做手术为借口组织他人出卖人体器官，构成组织出卖人体器官罪。虽然出卖人体器官的人自愿提供人体器官，但人体器官捐献有严格的规定和要求，即使提供人体器官的主体自愿将器官提供给他人，并不影响被告人孟某彬等人组织出卖人体器官罪的成立。(案例来源于中国裁判文书网)

五、过失致人重伤罪

本罪是指行为人由于过失造成他人身体重伤的行为。本罪的客体是他人的身体健康权。《刑法》第235条规定，犯本罪的，处3年以下有期徒刑、拘役或者管制。本法另有规定的，依照规定。

第二节　侵犯妇女、儿童身心健康犯罪

一、强奸罪

(一)构成要件

强奸罪是指行为人违背妇女意志，采取暴力、胁迫或者其他手段，强行与妇女发生性关系的行为以及故意同不满14周岁女性发生性关系的行为。本罪具有如下特征：

本罪侵犯的客体是妇女的性不可侵犯的自由和幼女的身心健康。强奸罪的对象是年满14周岁以上的妇女和不满14周岁的幼女。犯罪对象是14周岁以上的妇女的，主要侵犯的是性不可侵犯的自由；犯罪对象是不满14周岁的幼女，不但侵犯了女性不可侵犯的自由，同时也对幼女的身心健康造成侵害。至于女性的身体状况如何、精神状况如何，对定罪没有任何影响。我国《刑法》将强奸幼女的行为纳入强奸罪，目的是保护幼女的健康权，这是基于幼女的生理、心理和智力发育状况的特点，对幼女进行的特殊保护。另外女性尸体不能成为强奸罪的对象，奸污女性尸体的，不构成强奸罪，情节严重的，应该依照侮辱尸体罪定罪处罚。杀死妇女后又奸尸的，也不构成强奸罪，只能定故意杀人罪，量刑时考虑奸尸的情节。但是，如果误将尸体当活人去强奸的，应该构成强奸罪。

本罪客观要件因侵犯的对象不同，其表现也不同：(1)当侵犯对象为已满14周岁不满18周岁的少女和已满18周岁的妇女时，其客观方面表现为采用暴力、胁迫或者其他手段，违背妇女意志，强行与妇女发生性关系。违背妇女意志，以暴力、胁迫或者其他手段，强行与妇女发生性关系，是强奸罪的本质特征，同时也是区别于通奸、不正当男女关系及猥亵行为的根本所在。违背妇女意志是强奸行为的内部特征；犯罪手段的强制性，是强奸行为的外部特征，是违背妇女意志内部特征的客观外在表现。所谓的违背妇女意志，是指违背理智健全、能够正确表达自己意志的妇女的意愿，在妇女不同意发生性交的情况下，强行与之发生性交。如果明知妇女是不能辨别是非的痴呆妇女和精神病妇女，而与其发生性交行为，不论采取什么手段，也不论妇女的态度如何，均应以强奸罪论处。根据《刑法》第236条规定，强奸手段大致包括以下三种情况：第一，暴力手段，是指直接作用于犯罪对象，可以抑制被害人反抗的物理性强制性手段。其表现为对被害妇女采取殴打、捆绑、堵嘴、卡脖子、按倒等危害人身安全或者人身自由，使被害妇女不能反抗或不敢反抗。第二，胁迫手段，是指对被害妇女实行威胁、恐吓、将要实施暴力等方式，造成精神强制，使妇女不敢反抗的手段。如以当场杀害、伤害相恐吓或者以揭发隐私、毁坏名誉、加害亲属、毁坏财产等相威胁，或者是利用封建迷信、谣言进行恐吓、欺骗，或者利用从属关系、教养关系、职权关系以及妇女处于孤立无援的环境条件进行引诱、要挟、迫害等，使妇女因恐惧不敢反抗而屈从。第三，其他手段，是指利用暴力、胁迫以外的，足以使被害妇女不能抗拒或者不知抗拒的手段，具有与暴力、胁迫相同的性质。例如用酒灌醉或者药物麻醉的方法强奸妇女；利用妇女熟睡之际将妇女强奸；冒充妇女的丈夫或者情夫将妇女强奸；利用妇女患重病之际将妇女强奸；组织利用会道门、邪教组织或封建迷信奸淫妇女；假借看病将妇女强奸等。总之，上述手段都是为了达到让妇女不能反抗、不敢反抗和不知反抗的状态，但是不能因为后两种手段没有直接将暴力作用于被害妇女，妇女为了保全名誉等，自动放弃了反抗，就认定妇女是自愿的。认定是不是违背妇女的意志不能以妇女是否反抗作为条件，关键要看是不是违背了妇女的意志。判断是不是违背妇女意志，既不能仅仅看行为人的表现，也不能仅仅看被害人是否反抗，要结合妇女在当时发生性交时的心理、表现、当事人之间的关系、发生性关系的场合、当时的时间等综合判断。考虑到幼女的特点，《刑法》未对以幼女为对象的强奸罪的手段进行限制，即只要明知是幼女，且与幼女发生性关系，不论是否采取暴力、胁迫等手段，也不问幼女是否同意，一般都认定为强奸罪。

本罪主体是一般主体，是年满14周岁、具有刑事责任能力的男性公民。女性不能单独成为强奸罪的主体，但是妇女教唆或者帮助男子强奸其他妇女或幼女的，以强奸罪的共犯论处。

本罪主观要件只能由故意构成，且为直接故意，并且具有奸淫的目的。所谓的奸淫目的是指犯罪分子意图对妇女实施不正当的性行为的一种心理状态。

(二)司法认定

1. 本罪与未婚男女自愿发生性关系的界限

未婚男女在恋爱时基于双方自愿发生性关系的，属于道德范畴的问题，可以批评教育，但不可以用法律手段解决，更不能认定为犯罪。如果在女方已经明确断绝了恋爱关系并拒绝再发生性关系，男方采取非暴力手段与女方发生性关系的，一般要根据女方的态度来处理，如果女方提出控告的，应认定为强奸，女方基于自己的真实意思不控告或者撤回控告的，一般可以不予追究。但是，如果男方采取暴力、胁迫手段强行与女方发生性关系的，则以强奸罪论处。

随着网络的发展，很多未婚男女在网上通过聊天或者其他的方式认识，认识时间比较短，甚至来自天南海北，往往在约见网友的时候，男方乘机与女方发生性关系。到底是不是自愿发生性关系，要结合以下几个方面来综合认定：第一，两个人认识的时间长短；第二，两个人聊天的内容是否包含见面发生性关系；第三，发生性关系的场合；第四，发生性关系之前是否存在男方采取用灌酒、药物麻醉、毒品刺激等方式，对女方进行了引诱和蒙蔽；第五，看报案的时间是不是案发当时；第六，看去报案的是女方还是女方的亲属。强奸罪强调的是发生性关系当时违背妇女的意志，如果在发生性关系时女性愿意，只是后来男方拒绝对女方负责或拒绝支付一些费用，女方为了报复男方到公安机关报案的，一般不能认定为强奸罪。

2. 本罪与通奸的界限

通奸是指双方有配偶或者一方有配偶的男女之间基于自愿发生性关系。这种行为虽是不正当的，但确实没有违背妇女的意志，与强奸罪有本质的区别，因此不能认定为强奸罪。但是在实践中情况也是比较复杂，需要慎重处理。

第一，双方通奸，后来关系恶化或者被人发现，女方为了保全名誉或推卸责任，嫁祸于人，控告男方强奸，对此情况要认真甄别。如果以前确实是通奸关系，女方为了达到保全名誉的目的，那么不能认定为强奸。如果原来是通奸关系，但是后来确实已经中断了通奸关系，男方仍旧纠缠的，女方不同意继续保持通奸关系，男方采取暴力、胁迫手段与女方发生性关系的，应该认定为强奸罪。

第二，所谓半推半就的情况。男女发生性关系时，女方既未明确表示同意，也未明显表示不同意，事后女方控告男方强奸的，对于这种情况，要根据双方之间的关系，性交时的环境和条件，女方在性交后的态度以及提出控告的原因来综合认定，除非有确凿证据证明确实违背妇女意志的之外，一般均认定为通奸。

第三，女方被强奸后，没有告发，后来女方自愿与男方发生性关系，直至发展为了通奸关系，一般不宜再以强奸罪追究男方第一次强迫与女方发生性关系的刑事责任。如果女方是被男方以胁迫、要挟等手段控制，被迫继续忍辱从奸的，应该以强奸罪追究男方的刑事责任。

第四，基于双方互相利用发生性关系的。在发生性关系的男女之间处于教养、从属关系，男方就是利用教养、从属关系使女方处于受挟制、受逼迫的情况下，被迫与男方保持着性关系的，确实已经违背了妇女意志，应该认定为强奸罪。如果男方以提职、升级等目的引诱女方，女方为了达到个人目的主动与男方发生性关系的，对男方不能以强奸罪论处。

3. 奸淫幼女行为的定性

第一，已满 14 周岁不满 16 周岁的男性与幼女发生性关系的处理。根据 2000 年 2 月 24 日《最高人民法院关于审理强奸案件有关问题的解释》规定："已满 14 周岁不满 16 周岁的人，与幼女发生性关系构成犯罪的，依照刑法第十七条、第二百三十六条第二款的规定，以强奸罪定罪处罚；对于与幼女发生性关系，情节轻微、尚未造成严重后果的，不认为是犯罪。”2006 年 1 月 23 日《最高人民法院关于审理未成年人刑事案件具体应用法律若干问题的解释》第 6 条规定：“已满十四周岁不满十六周岁的人偶尔与幼女发生性行为，情节轻微，未造成严重后果的，不认为是犯罪。”这是因为已满 14 周岁不满 16 周岁的人与幼女发生性关系的情况比较复杂，对于双方都出于好奇，自愿发生性行为的，或者确实是在“恋爱”过程中自愿发生性行为的，或者幼女主动引诱已满 14 周岁不满 16 周岁的人与其发生性关系的，或者确实不知道对方是幼女，并且根据对方的身体特点也难以判断对方是幼女而与其发生性行为的，一般应视为情节轻微，对于尚未造成严重后果的，不宜以强奸罪论处。2023 年《最高人民法院、最高人民检察院、公安部、司法部关于办理性侵害未成年人刑事案件的意见》第 17 条规定：“知道或者应当知道对方是不满十四周岁的幼女，而实施奸淫等性侵害行为的，应当认定行为人‘明知’对方是幼女。对不满十二周岁的被害人实施奸淫等性侵害行为的，应当认定行为人‘明知’对方是幼女。对已满十二周岁不满十四周岁的被害人，从其身体发育状况、言谈举止、衣着特征、生活作息规律等观察可能是幼女，而实施奸淫等性侵害行为的，应当认定行为人‘明知’对方是幼女。”

第二，个别幼女染上淫乱的习性，主动与多名男子发生性关系的，对这些男子不宜按照强奸罪论处。

4. 既遂与未遂的界限

通说认为，对象为妇女的，只有双方性器官的结合(插入)时，方构成既遂，也就是插入说。但是对象为不满 14 周岁的幼女的，只要行为人的性器官与幼女的性器官接触，即为既遂，也就是接触说。

(三)本罪处罚

《刑法》第 236 条规定，犯本罪的，处 3 年以上 10 年以下有期徒刑。

奸淫不满 14 周岁的幼女的，以强奸论，从重处罚。

强奸妇女、奸淫幼女，有下列情形之一的，处 10 年以上有期徒刑、无期徒刑或者死刑：(1)强奸妇女、奸淫幼女，情节恶劣的；(2)强奸妇女、奸淫幼女多人的；(3)在公共场所当众强奸妇女、奸淫幼女的；(4)二人以上轮奸的；(5)奸淫不满 10 周岁的幼女或者造成幼女伤害的；(6)致使被害人重伤、死亡或者造成其他严重后果的。

《刑法修正案(十一)》针对《刑法》第 236 条进行修订，第 3 款中增加“在公共场所当众奸淫幼女”和“奸淫不满 10 周岁的幼女或者造成幼女伤害的”两种情形为强奸罪的加重情节，就是基于加大对幼女的保护，加大对性侵幼女犯罪分子的打击力度。在对强奸罪处罚时，需要注意如下问题：

由于对奸淫幼女从重处罚是原则规定，所以针对幼女的奸淫行为具备了上述加重情节情形之一的，应当适用加重的法定刑并从重处罚。

情节恶劣的，是指上述列举之外的恶劣情节，比如在公众场所劫持妇女并强奸的，只要是不特定或者众人可能看到、感觉到是在强奸妇女的，就属于情节恶劣；在公众场所当众强奸幼女的，属于奸淫幼女情节恶劣。

如果强奸犯出于报复、灭口等动机，在强奸过程中或者强奸后，故意伤害或者杀死被害妇女的，应该以强奸罪与故意伤害罪或故意杀人罪数罪并罚。但是出于奸淫的目的在强奸过程中，使用暴力或者药物麻醉等直接导致被害妇女性器官损害或者致使被害妇女当场死亡的，只能定强奸罪，将危害结果作为强奸罪加重量刑幅度的情节表现。

【以案说法 10-6】

王某明强奸案

◎基本案情：

1992 年 11 月，被告人王某明经人介绍与被害人钱某相识，1993 年 1 月双方登记结婚，1994 年 4 月生育一子。1996 年 6 月，王某明与钱某分居，同时向上海市青浦县人民法院起诉离婚。同年 10 月 8 日，青浦县人民法院认为双方感情尚未破裂，判决不准离婚。此后双方未曾同居。1997 年 3 月 25 日，王某明再次提起离婚诉讼。同年 10 月 8 日，青浦县人民法院判决准予离婚，并将判决书送达双方当事人。双方当事人对判决离婚无争议，虽然王某明表示对判决涉及的子女抚养、液化气处理有意见，保留上诉权利，但后一直未上诉。同月 13 日晚 7 时许(离婚判决尚未生效)，王某明到原居住的公寓，见钱某在房内整理衣物，即从背后抱住钱某，欲与之发生性关系，遭到钱某拒绝。被告人王某明说："住在这里，就不让你太平。"钱某挣脱欲离去。王某明将钱某的双手反扭住并将钱某按倒在床上，不顾钱某的反抗，采用抓、咬等暴力手段，强行与钱某发生了性行为，致钱某多处软组织挫伤、胸部被抓伤、咬伤。当晚，被害人钱某即向公安机关报案。

◎定性分析：

被告人王某明主动起诉，请求法院判决解除与钱某的婚姻，法院一审判决准予离婚后，双方对此均无异议。虽然该判决尚未发生法律效力，但被告人王某明与被害人已不具备正常的夫妻关系。在此情况下，被告人王某明违背妇女意志，采用暴力手段，强行与钱某发生性关系，其行为已构成强奸罪。(见最高人民法院刑事审判参考案例第 51 号案例)

二、负有照护职责人员性侵罪

(一)构成要件

负有照护职责人员性侵罪是指对已满 14 周岁不满 16 周岁的未成年女性负有监护、收养、看护、教育、医疗等特殊职责的人员，与该未成年女性发生性关系的行为。本罪具有如下特征：

本罪侵犯的客体是已满 14 周岁不满 16 周岁未成年女性性自主权和身心健康权。本罪保护的对象是年满 14 周岁不满 16 周岁未成年女性。如果负有照护职责的人与不满 14 周岁幼女发生性关系，则不管幼女是否同意则都要按照强奸罪论处。

本罪客观方面表现为发生场合特殊、关系特殊，具有一定的隐蔽性，不易被发现。而且行为人利用自己特殊身份也导致未成年女性不愿告发、不敢告发或者不能告发。需要说明的是，在发生性关系时行为人主要是利用未成年女性的处境导致未成年女性表现出自愿与其发生性关系。

本罪主体为特殊主体，比如具有监护关系、收养关系、教育和医疗等特殊关系主体，这些主体具有特殊身份，方便接触被照顾的未成年女性。

本罪主观方面是直接故意，行为人就是要利用这种特殊关系来实现奸淫的目的。

(二)司法认定

1. 本罪与非罪

本罪是《刑法修正案(十一)》新增加罪名，增加目的是保护未成年女性性不可侵犯权利，该罪名要求负有特定职责的人不能利用便利条件与未成年女性发生性关系。一旦发生了性关系，不管未成年女性是否同意，均应该追究特定人的刑事责任。

2. 本罪与强奸罪的界限

《刑法修正案(十一)》增加了负有照护职责人员性侵罪作为《刑法》第 236 条之一，规定如下："对已满十四周岁不满十六周岁的未成年女性负有监护、收养、看护、教育、医疗等特殊职责的人员，与该未成年女性发生性关系的，处三年以下有期徒刑；情节恶劣的，处三年以上十年以下有期徒刑。

有前款行为，同时又构成本法第二百三十六条规定之罪的，依照处罚较重的规定定罪处罚。"

即负有照护职责的人与已满 14 周岁不满 16 周岁未成年女性发生性关系，即使未成年女性同意，也构成负有特定照护职责人员性侵罪。这主要是为了打击实践中利用特定职责便利条件对未成年女性进行性侵的行为。因为负有特定照护职责的人员与未成年女性之间关系特殊且亲密，发生性关系具有便利条件和天然的优势，再加上未成年女性身心发育并未健全，往往对发生性关系也不排斥，再加上发生性关系的场合一般比较隐蔽，这就导致不法分子容易得逞。该罪的增加不但是为了更好地保护未成年女性，而且会对负有照护职责未成年女性的人起到非常大的警示作用。当然负有照护职责的人员与未成年女性发生性关系时女性不同意的，则构成强奸罪，这属于刑法理论上的想象竞合犯，按照处罚较重的强奸罪定罪处罚。

(三)本罪处罚

《刑法》第 236 条之一规定，犯本罪的，处 3 年以下有期徒刑；情节恶劣的，处 3 年以上 10 年以下有期徒刑。

有前款行为，同时又构成本法第 236 条规定之罪的，依照处罚较重的规定定罪处罚。

【以案说法 10-7】

张某性侵案

◎基本案情：

张某系某中学某班专职班主任，因为疫情期间学校封闭，部分学生只能在学校封闭学习。在学校封闭期间，张某按照学校要求到学生宿舍巡查，在多次巡查宿舍过程中与本班女班长(15 周岁)关系逐渐密切。因为张某非常优秀导致女班长对张某也产生了爱慕之情，某日张某再次去宿舍巡查期间，因为宿舍中只有女班长一个人，于是两个人发生了性关系。之后又多次发生性关系，后因为有人举报而导致案发。

◎定性分析：

在本案中张某与女学生发生性关系时，女学生是同意的，所以张某不构成强奸罪。但是张某的特殊身份导致其负有照护女学生的义务，故即使在女学生同意的情况下与女学生发生性关系也构成犯罪，即负有照护职责人员性侵罪。

三、强制猥亵、侮辱罪

(一)构成要件

强制猥亵、侮辱罪是指以暴力、胁迫或者其他方法强制猥亵他人或者侮辱妇女的行为。本罪具有如下特征：

本罪侵犯的客体是他人的性自主权。强制猥亵的对象没有限制，可以是妇女也可以是男子，强制侮辱的对象仅限于妇女。猥亵不满 14 周岁的儿童的，应以猥亵儿童罪定罪处罚。

本罪客观要件表现为行为人以暴力、胁迫或者其他方法实施了强制猥亵、侮辱行为。本罪中的“暴力、胁迫或者其他方法”，与强奸罪中的“暴力、胁迫或者其他手段”含义相同，都是使他人不能反抗、不敢反抗、不知反抗的强制方法，违背他人意志，侵犯他人性的自由决定权。这里的“猥亵”是指针对他人实施的，具有性的意义，侵害他人性的决定权的行为，如强行扣摸他人阴部，强行捏摸妇女乳房，强行脱光他人衣裤，强行接吻、搂抱，强迫他人手淫等。本罪中的侮辱行为应与猥亵行为具有同一性，即行为与性有关，侵害他人性羞耻心，损害性观念、性心理，而不是单纯侵害他人名誉。另外，猥亵行为具有相对性，针对的对象不同，猥亵行为的范围不同：猥亵妇女、女童时不包括性交，猥亵男子、男童时可包括性交。例如，男子强行与妇女性交的应认定为强奸罪；但妇女强行与男子性交的，成立强制猥亵罪；妇女与幼男性交的，则成立猥亵儿童罪。

本罪主体为一般主体，不限于男性，妇女不仅可以成为本罪的教唆犯和帮助犯，而且可以成为正犯。丈夫在公共场所公然强制猥亵妻子的，也可以构成本罪。

本罪主观要件是直接故意，犯罪的动机主要是为了寻求性刺激，满足性要求。但是不具有奸淫的目的。

(二)司法认定

1. 本罪与侮辱罪、寻衅滋事罪的界限

单纯的出于报复妇女的目的或者无事生非侮辱妇女人格的目的，向妇女身上泼脏东西、偷剪妇女的头发等，使妇女在身体上和精神上受到伤害的，因为不具有寻求性刺激、满足性欲的目的，所以只能构成侮辱罪或者是寻衅滋事罪。强制猥亵、侮辱罪侵害他人的性羞耻心，同时通过该行为也损害他人名誉的，同时触犯本罪与侮辱罪，系想象竞合，应当择一重罪处断。

2. 本罪与强奸未遂的界限

这二者的犯罪对象都是妇女，所使用的手段也几乎是一致的。但是二者之间的区别是看行为人主观上是否具有与妇女发生性关系的目的以及是否发生了性关系。如果行为人仅仅是为了满足自己的性刺激，追求性满足而去猥亵妇女，根本不具有奸淫的意图和行为，应该认定为强制猥亵、侮辱妇女罪。如果行为人主观上具有与妇女发生性关系的目的并且是实施了性交行为，无论是出于何种原因导致无法将性交完成的，应该认定为强奸未遂(奸淫幼女的除外)。

(三)本罪处罚

《刑法》第237条规定，犯本罪的，处5年以下有期徒刑或者拘役。

聚众或者在公共场所当众犯前款罪的，或者有其他恶劣情节的，处5年以上有期徒刑。

猥亵儿童的，处5年以下有期徒刑；有下列情形之一的，处5年以上有期徒刑：(1)猥亵儿童多人或者多次的；(2)聚众猥亵儿童的，或者在公共场所当众猥亵儿童，情节恶劣的；(3)造成儿童伤害或者其他严重后果的；(4)猥亵手段恶劣或者有其他恶劣情节的。

本条第3款是《刑法修正案(十一)》对《刑法》第237条强制猥亵、侮辱罪修订的内容，修订目的是明确规定猥亵儿童的加重情节，为司法实践提供明确操作依据，凡具备上述4种猥亵儿童的行为，依法应判处5年以上有期徒刑。

猥亵、侮辱行为既可以在私密空间实施，也可以在公共场合实施。在公共场所实施的，对妇女的性羞耻心侵害更为严重。同理有第三者在场实施强制猥亵、侮辱妇女的，对妇女的侵害更大，所以，在公共场所或聚众犯本罪属于法定加重处罚情节，采取较重的量刑幅度。

《刑法修正案(十一)》对《刑法》第237条进行了修订，修订内容是对猥亵儿童罪的加重情节明确规定，为司法实践提供明确法人操作依据，即《刑法》第237条第3款规定的4种猥亵儿童的情形，依法判处5年以上有期徒刑。比如之前网络报道的上海某房地产公司董事长王某华猥亵儿童案，该案发生在刑法修正案(十一)出台之前，当时《刑法》第237条第3款规定："猥亵儿童的，依照前两款的规定从重处罚。"鉴于王某华猥亵儿童不符合聚众或者在公共场合的情形，故人民法院以猥亵儿童罪从重判处被告人王某华有期徒刑5年。如果按照修订后的《刑法》第237条第3款规定，王某华猥亵儿童造成女童阴道撕裂，属于"造成儿童伤害或者其他严重后果的"，则要判处5年以上有期徒刑。

其他侵犯妇女、儿童身心健康犯罪还有猥亵儿童罪，雇用童工从事危重劳动罪，拐骗儿童罪，组织残疾人、儿童乞讨罪，组织未成年人进行违反治安管理活动罪。

【以案说法10-8】

骆某猥亵儿童案

◎基本案情：

被告人骆某，男，1993年7月出生，无业。2017年1月，被告人骆某使用化名，通过QQ软件将13岁女童小羽加为好友。聊天中得知小羽系初二学生后，骆某仍通过言语恐吓，向其索要裸照。在被害人拒绝并在QQ好友中将其删除后，骆某又通过小羽的校友周某对其施加压力，再次将小羽加为好友。同时骆某还虚构“李某”的身份，注册另一QQ号并添加小羽为好友。之后，骆某利用“李某”的身份在QQ聊天中对小羽进行威胁恐吓，同时利用周某继续施压。小羽被迫按照要求自拍裸照十张，通过QQ软件传送给骆某观看。后骆某又以在网络上公布小羽裸照相威胁，要求与其见面并在宾馆开房，企图实施猥亵行为。因小羽向公安机关报案，骆某在依约前往宾馆途中被抓获。

◎定性分析：

一审法院认为：被告人骆某强迫被害女童拍摄裸照，并通过QQ软件获得裸照的行为不构成猥亵儿童罪。但被告人骆某以公开裸照相威胁，要求与被害女童见面，准备对其实施猥亵，因被害人报案未能得逞，该行为构成猥亵儿童罪，系犯罪未遂。2017年8月14日，某区人民法院作出一审判决，认定被告人骆某犯猥亵儿童罪(未遂)，判处有期徒刑一年。后检察机关提出抗诉，二审法院认为：被告人骆某以寻求性刺激为目的，通过网络聊天对不满14周岁的女童进行言语威胁，强迫被害人按照要求自拍裸照供其观看，已构成猥亵儿童罪(既遂)，依法应当从重处罚。

猥亵儿童罪是指以淫秽下流的手段猥亵不满14周岁儿童的行为。《刑法》没有对猥亵儿童的具体方式作出列举，需要根据实际情况进行判断和认定。实践中，只要行为人主观上以满足性刺激为目的，客观上实施了猥亵儿童的行为，侵害了特定儿童人格尊严和身心健康的，应当认定构成猥亵儿童罪。

网络环境下，以满足性刺激为目的，虽未直接与被害儿童进行身体接触，但是通过QQ、微信等网络软件，以诱骗、强迫或者其他方法要求儿童拍摄、传送暴露身体的不雅照片、视频，行为人通过画面看到被害儿童裸体、敏感部位的，是对儿童人格尊严和心理健康的严重侵害，与实际接触儿童身体的猥亵行为具有相同的社会危害性，应当认定构成猥亵儿童罪。(见最高人民检察院指导案例第43号)

第三节　侵犯人身自由犯罪

一、非法拘禁罪

(一)构成要件

非法拘禁罪是指非法拘禁他人或者以其他非法方法非法剥夺他人人身自由的行为。本罪具有如下特征：

本罪侵犯的客体是他人人身自由的权利，即公民按照本人的意志自由支配自己身体活动的权利。比如将熟睡的人锁在屋里，等着其睡醒之前就已经打开锁不再控制其人身自由。对此可以理解为人熟睡之后并不清楚自己的人身自由受到限制，而且被锁在屋里期间正处于熟睡期间根本不能活动，故不构成非法拘禁罪。

本罪客观要件表现为行为人实施了非法剥夺他人人身自由的行为。客观行为必须具有两个特点，一是非法性，如果国家机关为了工作需要，对他人人身自由进行合法限制的，不构成非法拘禁；二是必须具有一定的强制性。当然这个强制性没有必要一定是打骂等，比如将正在洗澡的妇女的衣服抱走，导致妇女无法离开澡堂，也属于非法剥夺了他人的人身自由。实践中的做法是各式各样，如非法拘留、逮捕、扣押、捆绑、半封闭的“学习班”、实施“隔离审查”等。

本罪主体为一般主体。国家机关工作人员利用职权犯本罪的，从重处罚。

本罪主观要件是直接故意，即明知自己的行为会使他人失去人身自由而故意为之。但是出于何种动机，则不影响本罪的成立。

（二）司法认定

1. 本罪与非罪的界限

非法拘禁罪属于继续犯，《刑法》第 238 条并没有规定非法拘禁罪拘禁时间的长短，只要是行为人以剥夺他人人身自由为目的将他人拘禁起来的，不论时间长短，非法拘禁罪都应该成立既遂。但是，毕竟非法拘禁罪需要有一定时间剥夺他人人身自由，才能构成犯罪。故根据《刑法》第 13 条规定：“情节显著轻微危害不大的，不认为是犯罪。”故对于那些拘禁时间短，对被害人危害不大的，不应认定为犯罪。根据司法解释，国家机关工作人员涉嫌利用职权非法拘禁，具有下列情形之一的，应予立案：(1) 非法拘禁持续时间超过 24 小时的；(2) 三次以上非法拘禁他人，或者一次非法拘禁三人以上的；(3) 非法拘禁他人，并实施捆绑、殴打、侮辱等行为的；(4) 非法拘禁，致人伤残、死亡、精神失常的；(5) 为索取债务非法扣押、拘禁他人，具有上述情形之一的；(6) 司法工作人员明知是无辜的人而非法拘禁的。

2. 一罪与数罪的界限

第一，行为人在构成非法拘禁罪，往往伴随其他的违法或犯罪行为，比如在实施非法拘禁的时候，往往对被害人实施一般轻微的殴打、侮辱等，但是对于这些殴打或者侮辱行为，不另行定罪，而是包含在非法拘禁罪之中，直接以非法拘禁罪论处即可。如果被害人无法忍受被拘禁，而自己选择了跳楼、撞墙等行为，结果导致被拘禁人死亡的，因为行为人对于人死亡的结果没有主观上的故意，所以这些严重的后果也只是作为非法拘禁罪的结果加重犯，不再另行定罪。

第二，如果行为人在剥夺他人自由过程中故意使用暴力致人伤残（达到重伤的标准，不包括轻伤在内）或者死亡的，因为行为人对伤残或者死亡的结果持故意态度，所以行为人的行为已经不再是非法拘禁罪，应该以故意伤害罪或者故意杀人罪论处。需要注意的是，虽然已满 14 周岁不满 16 周岁的人对非法拘禁罪不承担刑事责任，但是对于非法拘禁过程中转化成故意伤害罪（重伤）和故意杀人罪要承担刑事责任。结合《刑法修正案（十一）》修订增加的第 17 条第 3 款规定，如果转化为故意杀人罪、故意伤害罪，且致人死亡或者以特别残忍手段致人重伤造成严重残疾，情节恶劣的，已满 12 周岁的人也应该承担刑事责任。

第三，如果行为人的非法拘禁行为与其他行为存在牵连关系，如以勒索财物为目的将他人非法关押、禁闭的，以判刑较重的绑架罪论处。如果行为人的非法拘禁行为与其他行为均独立构成犯罪的，可以采取数罪并罚的方法，比如收买被拐卖的妇女、儿童之后，防止妇女和儿童的逃跑，而对其采取非法关押的，应该以收买被拐卖的妇女、儿童罪与非法拘禁罪数罪并罚。

第四，为索取债务而非法拘禁的。为了索取债务非法扣押、拘禁他人的，构成非法拘禁罪。债务包括合法债务，同时行为人为索取高利贷、赌债等法律不予保护的债务，非法扣押、拘禁，也构成非法拘禁罪。不管是基于合法债务还是非法债务，拘禁、扣押的目的是索债，双方当事人之间存在客观的债权债务关系。行为人不是在捏造、虚构债务，借机达到其他非法目的。所以，以非法拘禁罪论处符合主客观相统一的原则。

需要提醒的是，在非法拘禁索债的过程中，索要的数额应该与债务数额大致相当，如果索要数额远远超过了债务数额甚至是任意的捏造数额，应按照绑架罪处理。

（三）本罪处罚

《刑法》第238条规定，犯本罪的，处3年以下有期徒刑、拘役、管制或者剥夺政治权利。具有殴打、侮辱情节的，从重处罚；致人重伤的，处3年以上10年以下有期徒刑；致人死亡的，处10年以上有期徒刑。使用暴力致人伤残、死亡的，依照故意伤害罪、故意杀人罪定罪处罚。为索取债务扣押、拘禁他人的，依照前两款的规定处罚。国家机关工作人员利用职权犯前三款罪的，依照前三款的规定从重处罚。

【以案说法10-9】

黄某非法拘禁案

◎基本案情：

2019年9月，被害人曾某因做生意向被告人黄某借款20万元，双方口头约定2分利息和还款期限。后黄某认为曾某还款不力，多次催促还款。曾某因无力偿还，遂拒接黄某电话并躲藏在赣县区某宾馆。2019年9月14日晚上，被告人黄某得知被害人曾某在赣县某宾馆入住，遂纠集两人驾车从宁都县出发去赣县，当晚11时许，黄某到达宾馆找到曾某后，黄某推搡曾某为何不接电话，后曾某被黄某等人强行带回宁都。在返回路上，被害人曾某因打电话佯装向朋友借钱，黄某便扇了曾某一巴掌并让其闭嘴。次日凌晨1时许，黄某等人到达宁都并入住宾馆，9月15日8时许，黄某以之前出具的借条不正规为由，逼迫曾某出具一张数额为30万元的借条后，黄某再次逼曾某还款。在上述案例中黄某伙同他人限制了曾某的人身自由，而且逼迫曾某尽快还钱，期间还对曾某进行殴打和威胁等。但黄某与曾某之间存在合法的债权债务关系。

◎定性分析：

黄某逼迫曾某偿还借款并不属于绑架罪中的“勒索财物为目的”，而是为了索要债务，故黄某采取限制人身自由的方式索要债务构成非法拘禁罪。

另外，虽然黄某让曾某写下高于借款本金的欠条，但鉴于合法债务存在且双方约定了利息，即使索要债务适当高于合法的债务，按照2000年7月13日《最高人民法院关于对为索取法律不予保护的债务非法拘禁他人行为如何定罪问题的解释》规定：“行为人为索取高利贷、赌债等法律不予保护的债务，非法扣押、拘禁他人的，依照刑法第 238 条的规定定罪处罚。”另外，黄某始终是在向曾某催要债务，而不是向曾某的近亲属等人其他人勒索财物，故本案中黄某构成非法拘禁罪而不构成绑架罪。(案例来源于人民周刊网–共有栏目–法治，2021 年 5 月 10 日)

二、绑架罪

绑架罪

(一)构成要件

绑架罪是指利用被绑架人近亲属或者其他负有保护职责的人对被绑架人安危的忧虑，以勒索财物或者满足其他不法要求为目的，使用暴力、胁迫或者其他方法劫持或以实力控制他人的行为。本罪具有如下特征：

本罪侵犯的客体是他人人身权利。绑架罪首先侵犯的是人身自由权利，往往是为了达到某种目的，将被害人置于自己的控制之下，限制被害人的人身自由。同时绑架的目的往往是勒索财物，所以，也对财产权利造成了侵害。

本罪客观要件表现为行为人使用暴力、胁迫或者其他手段劫持他人勒索财物或者劫持他人做人质的行为。所谓劫持他人是指劫掠他人人身，使人质脱离原来的住所或者不离开住所但是人身自由置于行为人的控制之下。所谓控制他人，是指在现场以强制手段使被害人失去人身自由，而置于行为人的控制之下。劫持和控制在一般情况下是采取暴力、胁迫或者麻醉手段。不管是采取什么样的手段，关键是在于控制他人作为人质，进而向相关人索取财物或者提出不法要求。相关人不是被绑架者本人，而主要是被绑架者的亲属、朋友，甚至是政府机关等。如果是本人的话，应该构成抢劫罪。

本罪主体是一般主体，即年满 16 周岁、具有刑事责任能力的自然人。但是需要指出的是，根据《刑法》第 17 条第 2 款的规定，已满 14 周岁不满 16 周岁的人，不构成绑架罪。但是在实践中出现已满 14 周岁不满 16 周岁的未成年人，绑架比自己更小的孩子，甚至出现杀害人质或者致人质死亡的严重后果。为了打击犯罪，保护被害人的利益，将此种情况以故意杀人罪论处。因为行为人在实施绑架的时候，杀害人质是直接追求人质死亡，致人质死亡是绑架时放任人的死亡，行为人在这两种情况下，在主观上包含人质死亡的应有之义，所以以故意杀人罪论处是可以的。

本罪主观要件是直接故意，并且具有勒索财物或者满足其他不法要求的犯罪目的。其他不法要求，是指勒索财物以外的政治、经济等方面的非法要求。

(二)司法认定

1. 既遂与未遂的界限

一种观点认为，行为人仅实施了绑架行为而未提出勒索或者其他不法要求的，构成未遂；另一种观点认为，行为人完成绑架行为即构成既遂，不需要勒索行为，如果在实施绑架的过程中，由于被害人挣脱或者其他原因，导致行为人无法将被害人控制的，属于犯罪未遂。后一种观点为通说。只要是绑架他人时，主观上出于勒索财物的目的或者提出不法要求的目的即可构成犯罪既遂，并不要求实际得到赎金或者达到不法的要求才能构成既遂，故本罪属于行为犯而非结果犯。勒索财物或者提出不法的要求属于犯罪的主观方面而非客观方面的内容更适宜。

2. 本罪与非法拘禁罪的界限

由于二者在使他人失去人身自由这一点上完全一致，在犯罪手段上也有许多的共同之处，所以二者不免出现混淆。二者的主要区别是：第一，侵犯的客体不同。绑架罪侵犯的客体不仅有人身权利，往往还有他人的财产权利；而非法拘禁罪侵犯的客体是他人的人身自由的权利。第二，行为方式不同。绑架罪只能以作为的方式实施，并且往往使用暴力、胁迫等强制手段；非法拘禁罪可以以作为方式实施，也可以以不作为方式实施，既可以是暴力的手段，也可以是非暴力手段。第三，主观方面不同。绑架罪的主观方面是勒索财物或提出其他非法要求；非法拘禁罪的主观方面主要是剥夺他人人身自由，也有为了索取债务的而限制人身自由的。

3. 罪数问题

绑架过程中经常出现人质受伤或死亡的情形，在以下一般情况下，不进行数罪并罚，而是直接按照绑架罪论处：第一，在绑架过程中由于使用暴力或其他手段致人质死亡的或者因为绑架引起人质自杀的；第二，在绑架过程中，先将人质控制后，向人质家属勒索财物或者得到赎金或者无法得到赎金时，将人质杀死的，俗称“撕票”。上述两种情况，均不适用数罪并罚。但是如果在绑架中实施了其他犯罪行为或者在其他犯罪过程中出现了绑架行为，该行为独立构成犯罪的，则需要依照数罪并罚的原则来处理：第一，收买被拐卖的妇女、儿童后，将妇女、儿童进行控制后，又向其近亲属或者相关人勒索财物的，应该以收买被拐卖妇女、儿童罪与绑架罪数罪并罚。第二，开始出于杀人故意将被害人杀死，之后又产生了勒索财物的目的，对死者的近亲属谎称死者在自己手上，借机向死者近亲属勒索财物的，应该以故意杀人罪与敲诈勒索罪数罪并罚。第三，在绑架过程中，对被绑架的妇女实施强奸的，应该以绑架罪与强奸罪数罪并罚。

（三）本罪处罚

《刑法》第239条规定，犯本罪的，处10年以上有期徒刑或者无期徒刑，并处罚金或者没收财产；情节较轻的，处5年以下10年以上有期徒刑，并处罚金；杀害被绑架人的，或者故意伤害被绑架人，致人重伤、死亡的，处无期徒刑或者死刑，并处没收财产。以勒索财物为目的偷盗婴幼儿的，依照绑架罪的规定处罚。

《刑法修正案（七）》对绑架罪修订增加了一个量刑幅度，即情节较轻的，处5年以上10年以下有期徒刑，并处罚金。修订的原因是在实践中有一些绑架案件发生在熟人之间，比如犯罪分子在绑架人质之后，不但没有伤害人质，反而是管吃管喝，当无法勒索到财物的时候，主动地将人质送回家中等，这已经足以证明犯罪分子的人身危险性已经丧失，主观恶性不大。因此，应适当降低量刑幅度，其目的是鼓励更多绑匪“回头是岸”。

《刑法修正案（九）》修改了绑架罪中两种法定死刑的情况，即删除了“致使被绑架人死亡”被判处死刑的规定。这主要是因为从主观恶性上看，致人死亡和故意撕票表现出行为人的人身危险性大小并不一样，但是在量刑时却是一样的，违反罪刑相适应原则。《刑法修正案(九)》增加了故意伤害被绑架人，致人重伤、死亡的，处无期徒刑或者死刑，这种修改改变了故意、过失相同刑罚的情况，又增加了刑种，丰富了法定刑幅度，更科学公平。在具体案件中，要认真把握案件情况，争取做到罚当其罪。

【以案说法 10-10】

郭某等人绑架勒索案

◎基本案情：

郭某是一个汽车站的站长助理，因为副站长和站长之间一直闹矛盾，导致站长无法正常工作，严重影响了汽车站的正常经营。站长助理郭某和站长是同学关系，于是站长就将自己与副站长之间的矛盾告诉了郭某，提出要让郭某将副站长除掉。郭某为了给站长帮忙开始制订除掉副站长的计划。因为担心自己无法完成这个任务，于是就找到之前在北京工作时认识的两个工友，郭某告诉这两个工友副站长家里特别有钱，绑架副站长可以敲诈到一笔巨款。于是两个工友就同意和郭某一起将副站长绑架后勒索财物。为了实施绑架计划，郭某专门向站长借了一辆车，郭某开着车拉着两个工友在对副站长盯梢多日后，终于在某个夜晚郭某和两个工友将副站长截住强行拽到车里，随后由郭某驾驶车辆向外地逃窜。在车上两个工友开始逼问副站长身上是否有钱以及家里的电话号码，副站长不配合而且一直挣扎，郭某就让两个工友对副站长进行殴打，而且说千万不要留活口，免得发生事端。两个工友从副站长身上搜到银行卡并逼问了取款密码，同时要了副站长家里的电话号码，随后用锤子将副站长打死。

两个工友拿着银行卡在自动柜员机上取钱时被巡逻的民警发现被抓，后站长、郭某全部抓捕到案。

◎定性分析：

在本案中站长和站长助理郭某在主观上都是出于杀人灭口的主观故意，两个人属于共同犯罪，均构成故意杀人罪。两个工友在主观上是绑架勒索财物的目的，虽然在绑架过程中将被害人杀死，但是《刑法》第 239 条第 2 款规定：“犯前款罪，杀害被绑架人的，或者故意伤害被绑架人，致人重伤、死亡的，处无期徒刑或者死刑，并处没收财产。”故，两个工友虽然在绑架中将被害人杀死仍然构成绑架罪。

三、拐卖妇女、儿童罪

(一)构成要件

拐卖妇女、儿童罪是指行为人以出卖为目的，拐骗、绑架、收买、贩卖、接送、中转妇女、儿童的行为。本罪具有如下特征：

本罪侵犯的客体是妇女、儿童的人身自由的权利。犯罪对象只限于妇女和儿童，妇女是指已满 14 周岁的少女和成年的妇女。儿童是指不满 14 周岁的男、女儿童，其中包括不满 1 周岁的婴儿，也包括 1 周岁以上不满 6 周岁的幼儿。拐卖已满 14 周岁的男性，不构成本罪，如果构成非法拘禁罪，可以按照该罪处理。实践中将自己的亲生孩子出卖的，

2010 年 3 月 15 日最高人民法院、最高人民检察院、公安部、司法部《关于依法惩治拐卖妇女儿童犯罪的意见》指出："以非法获利为目的，出卖亲生子女的，应当以拐卖妇女、儿童罪论处……对私自送养导致子女身心健康受到严重损害，或者其他恶劣情节，符合遗弃罪特征的，可以遗弃罪论处。"同时根据 1999 年 10 月 27 日最高人民法院《全国法院维护农村稳定刑事审判工作座谈会纪要》的精神，对于那些迫于生活困难、受重男轻女思想出卖亲生子女或收养子女的，可不作为犯罪处理。所以，出卖亲生子女是否构成犯罪，要具体情况具体分析。

本罪客观要件表现为行为人实施了拐骗、绑架、收买、接送或中转妇女、儿童的行为。所谓拐骗，是指利用欺骗、引诱等非强制的方法，使妇女、儿童脱离家庭或者监护人，置于行为人控制之下的行为。所谓绑架，是指采用暴力、胁迫、麻醉或其他强制性手段劫持妇女、儿童，以及以出卖为目的偷盗婴幼儿的行为。所谓收买，是指以出卖为目的，用钱财将妇女、儿童当商品买进的行为。所谓贩卖，是指将收买的妇女、儿童卖给第三者换取钱财的行为。所谓接送、中转，是指在拐卖妇女、儿童的共同犯罪活动中，分工实施藏匿、移送、接转被拐卖的妇女、儿童或将其转手交给其他人贩子的行为，也包括为人贩子介绍买主、为犯罪嫌疑人在拐卖途中窝藏被拐骗的妇女、儿童的行为。只要实施上述行为之一的，即符合本罪客观方面的要件。因为本罪是选择罪名，实施上述一种行为的或实施两种以上的行为的，仍旧构成一罪，不实施数罪并罚。如果侵害的对象是妇女的，依法构成拐卖妇女罪，如果侵害对象是儿童的，构成拐卖儿童罪，如果侵害对象是妇女和儿童的，依法构成拐卖妇女、儿童罪。

本罪主体是一般主体。

本罪主观要件必须是直接故意，并具有出卖牟利的目的。不论行为人是否将被害人出卖或是否实际上获得财物，只要是以出卖牟利为目的，实施了拐卖妇女、儿童罪的客观行为，即可认定为拐卖妇女儿童罪。但是，需要行为人对拐卖的对象必须明知才行，比如将已满 14 周岁的男性当成是不满 14 周岁儿童去拐卖的，因为认识错误，无法构成犯罪既遂。

（二）司法认定

1. 本罪与买卖婚姻的界限

第一，买卖婚姻是违反《民法典》的规定，双方自愿用钱去作为婚姻的对价，不存在双方互相欺骗的问题，是一般的违法行为；拐卖妇女罪是指妇女本身对婚姻根本不知情，而是被骗与他人结婚的。第二，买卖婚姻的当事人之间一般是有着亲属关系，婚约也是双方当事人所知情的；而拐卖妇女罪中的拐卖人只是临时地与他人确定婚约关系，将被拐卖的妇女作为妻子与他人的金钱交换。第三，买卖婚姻的当事人家长是出于结婚的目的，对于孩子未来的生活还是关心和爱护；拐卖妇女后与他人结婚的，纯属于为了牟利，将妇女卖掉之后就逃之夭夭。

2. 本罪与借婚姻索要彩礼的界限

拐卖妇女罪是行为人将妇女拐后卖给他人作为人妻，作为妇女没有选择的余地，如果反抗可能遭到威胁、殴打等；但是借婚姻索要彩礼的，妇女有选择的自主权，可以和男方结婚，也可以不结婚，如果男方不给彩礼，也就不结婚。很多地方存在结婚索要彩礼的问题，有的地方的彩礼要得很高，但是再高也是为了结婚的目的，而不是出卖妇女的目的。在高额彩礼的背后，也是双方自愿的婚姻关系，没有违反双方当事人对结婚的意愿。

3. 本罪与诈骗罪的界限

拐卖妇女罪的目的是将妇女当成商品进行出卖。这里的出卖是真的出卖，而不是假出卖。近年来实践中屡屡出现这样一种现象：行为人利用农村地区男性找对象难的特点，采取"放飞鸽"的方式，提前与妇女预谋好，假装将妇女出卖给别人做妻子，行为人拿到了钱财之后，妇女在男方家中伺机逃跑与行为人会合，这种行为构成诈骗罪，妇女构成诈骗罪的共犯。因为行为人的真正目的并不是要将妇女出卖，而是与妇女商量好诈骗钱财。

4. 本罪与绑架罪(勒索财物型)的界限

拐卖妇女、儿童罪和绑架罪的对象往往一样，并且采取的方式也是对被害人人身自由进行限制，所以有时易混淆。二者主要区别：第一，主观目的不同。拐卖妇女、儿童罪是以出卖为目的；绑架罪是出于勒索财物或其他非法目的。第二，对象范围不同。拐卖妇女、儿童罪的对象只能是妇女和儿童；绑架罪的对象可以是任何人。第三，获取利益的方式不同。拐卖妇女、儿童罪是通过将拐卖对象出卖直接获利；绑架罪是通过向被绑架人的近亲属或者相关人利害关系人索要财物。第四，侵犯的客体不同。拐卖妇女、儿童罪侵犯的客体是被害人的人身权利；绑架罪除侵犯被害人的人身权利之外，还侵犯财产权。

需要指出的是，在绑架罪和拐卖妇女、儿童罪中，都有"偷盗婴幼儿的"情节，因为婴幼儿本身没有反抗能力，并且尚不完全具备辨认是非的能力，所以针对婴幼儿不需采取暴力、胁迫等方式，就可以将婴幼儿置于行为人的控制之下。但是，偷盗婴幼儿的，如果是出于向亲属勒索财物的目的，依法构成绑架罪；如果是出于出卖的目的，则依法构成拐卖儿童罪。

5. 本罪与拐骗儿童罪的界限

两罪侵犯的都是人身权利，并且都是以儿童作为对象，也都可以采取欺骗的手段。二者区别的关键是看行为人的目的，如果是出卖的目的，构成拐卖儿童罪；如果是收养或者奴役的目的，则构成拐骗儿童罪。

(三)本罪处罚

《刑法》第240条规定，犯本罪的，处5年以上10年以下有期徒刑，并处罚金；有下列情形之一的，处10年以上有期徒刑、无期徒刑，并处罚金或者没收财产；情节特别严重的，处死刑，并处没收财产：(1)拐卖妇女、儿童集团的首要分子；(2)拐卖妇女、儿童3人以上的；(3)奸淫被拐卖的妇女的；(4)诱骗、强迫被拐卖的妇女卖淫或者将被拐卖的妇女卖给他人迫使其卖淫的；(5)以出卖为目的，使用暴力、胁迫或者麻醉方法绑架妇女、儿童的；(6)以出卖为目的，偷盗婴幼儿的；(7)造成被拐卖的妇女、儿童或者其亲属重伤、死亡或者其他严重后果的；(8)将妇女、儿童卖往境外的。

拐卖妇女、儿童罪规定了8种情节严重的量刑幅度，需要注意以下问题：

拐卖妇女、儿童三人以上，是指拐卖妇女或者儿童的数量是三人或者三人以上，不需要三个妇女或者三个儿童才行，只要是拐卖总人数是三人即可。

奸淫被拐卖的妇女的，是指在拐卖妇女的过程中，违背妇女意志与妇女强行发生性关系，不管是不是使用了暴力、胁迫或者其他手段，均不影响奸淫的成立。因为看似被拐卖的妇女是主动与行为人发生性关系的，实际上是因为妇女已经被限制了人身自由，不敢进行反抗。奸淫被拐卖的妇女，应该包括幼女在内，因为奸淫被拐卖的幼女，情节比奸淫妇女的危害性更大，如果仅仅按照拐卖儿童罪和强奸罪数罪并罚的话，刑期可能比这个情节量刑低，所以为了保护幼女权利，奸淫被拐卖的妇女包括幼女在内。需要指出的是，奸淫行为虽然单独构成了强奸罪，但是依法不数罪并罚。

诱骗、强迫被拐卖的妇女卖淫或者将被拐卖的妇女卖给他人迫使其卖淫的。虽然强迫卖淫罪是一个独立的罪名，但是由于是在拐卖的过程中，强迫妇女卖淫的行为，也就不再单独定罪，按照情节严重的量刑幅度来处罚。但是，如果是行为人先将妇女诱骗或强迫卖淫之后，又将其拐卖的，应该构成(引诱)强迫卖淫罪与拐卖妇女罪数罪并罚。同时需要指出的是“将被拐卖的妇女卖给他人迫使其卖淫的”，行为人在将妇女出卖的时候，明知收买人是为了使收买的妇女去卖淫，才能适用该量刑幅度。

“造成被拐卖的妇女、儿童或者其亲属重伤、死亡或者其他严重后果的”是指在拐卖的过程中，为了防止妇女和儿童逃跑，采取了灌药麻醉、绳绑、堵口等措施造成被拐卖的妇女、儿童重伤或者死亡的。如果是在拐卖的过程中，采取了暴力对被拐卖的妇女进行殴打、杀害的，应该构成故意伤害罪和故意杀人罪，并且要与拐卖妇女、儿童罪数罪并罚。如果对被拐卖的妇女、儿童有猥亵、侮辱行为的，构成犯罪的，与拐卖妇女、儿童罪数罪并罚。

【以案说法 10-11】

贾某出卖亲生女儿案

◎基本案情：

贾某系河北省西北部山区某村的一个村民，因为自己和丈夫长期关系不好，遂带着刚满一周岁的女儿回到娘家居住。因为贾某一个人带着孩子生活，娘家人对贾某也是很不满意。某日，贾某去公园散心遇到了之前上高中时认识的一个餐厅师傅。贾某就将自己的遭遇告诉了餐厅师傅，餐厅师傅也非常同情贾某，随口就说带着孩子生活不容易，不如将孩子送人算了。贾某当时并未同意，而是答复回去考虑几天再说。几天后，两个人再次见面，贾某同意将孩子送人，但提出要让餐厅师傅给孩子找个好的人家。餐厅师傅就开始寻找收养孩子的人。正巧，一个在河北做药材生意的安徽人没有孩子，想收养一个孩子，于是餐厅师傅带着安徽人到贾某的娘家看了孩子后，安徽人和贾某开始商量送养孩子的问题，最后商定由安徽人给贾某5万元的抚养费，等着孩子长大了双方成为亲戚继续走动。餐厅师傅就按照双方商量的条款起草了协议书，在协议书上约定双方签字协议生效，任何一方不得反悔。随后安徽人支付5万元将孩子抱回安徽老家。

几个月后贾某丈夫听说此事马上报警，公安将贾某和餐厅师傅一并抓获，并到安徽将孩子解救回来。

◎定性分析：

在本案中贾某虽然表面上是出于送人的目的将亲生女儿送人抚养收取对价，但是其行为导致孩子脱离了亲生父母，严重侵犯了孩子的合法利益，贾某在主观上属于出卖的目的，构成拐卖儿童罪。虽然双方签订了协议书，这是以合法形式掩盖非法目的，该协议书违反刑事法律强制性规定而无效。餐厅师傅虽然只是从中介绍，但按照《刑法》第25条规定，餐厅师傅和贾某属于共同犯罪，餐厅师傅也构成拐卖儿童罪。

四、强迫劳动罪

（一）构成要件

强迫劳动罪是《刑法修正案（八）》修改后的罪名，是指自然人或单位以暴力、胁迫或者限制人身自由的方式强迫他人劳动，或者明知他人以暴力、胁迫或者限制人身自由的方法强迫他人劳动，而为其招募、运送人员或者其他方式协助强迫他人劳动的行为。本罪侵犯的客体是公民的人身权利和我国的劳动管理制度。本罪的犯罪对象既包括成年人又包括未成年人；既包括我们劳动法规定的劳动者，也包含不受劳动法调整的家庭雇佣者和非法用工者等受害人。本罪客观要件有两种类型，一是直接强迫劳动；二是协助强迫劳动。协助强迫劳动的，必须对强迫劳动明知。本罪主体包括自然人和单位，既包括合法单位，也包括非法用工单位。

（二）本罪处罚

《刑法》第244条规定，以暴力、胁迫或其他方法强迫他人劳动的，处3年以下有期徒刑或者拘役，并处罚金；情节严重的，处3年以上10年以下有期徒刑，并处罚金。明知他人实施前款行为，为其招募、运送人员的，依照前款规定处罚。单位犯前两款罪的，对单位判处罚金，并对其直接负责的主管人员和其他直接责任人员，依照第一款的规定处罚。《刑法修正案（八）》修改后的变化是：量刑上增加了一个较重的量刑幅度；将协助行为进行了处罚；规定单位犯罪双罚制，不但对责任人判处刑罚，而且对单位也判处罚金，改变了过去只罚个人不罚单位的不合理状况。

其他侵犯人身自由犯罪还有收买被拐卖的妇女、儿童罪，聚众阻碍解救被收买的妇女、儿童罪。

第四节　侵犯人格、名誉犯罪

一、侮辱罪

（一）构成要件

侮辱罪是指使用暴力或者其他方法，公然贬低他人人格，破坏他人名誉，情节严重的行为。本罪具有如下特征：

本罪侵犯的客体是他人的人格和名誉权利。侵犯的对象只能是特定的个人。特定的个人既可以是一个人，也可以是数人。任何机关、单位、法人组织均不能成为本罪的侵害对象。在大庭广众下进行无端的谩骂，针对不特定的人，不构成本罪。尸体也不能成为本罪的对象，若是侮辱尸体，可以构成侮辱尸体罪。

本罪客观要件表现为行为人以暴力或者其他方法，公然贬低他人人格，破坏他人名誉的行为。第一，要有侮辱行为。侮辱方式有三种：暴力侮辱、言词侮辱、文字侮辱，其中言词侮辱和文字侮辱是指侮辱罪的“其他方法”。采取其他方法实施侮辱行为时，所用的介质可以是互联网、广播电台等。所谓暴力侮辱是指使他人人格尊严及名誉受到损害而采取的物理性强制手段，不是对被害人进行人身殴打和伤害，如当众扒掉被害人的衣服、强行给被害人嘴里灌粪便、向被害人身上泼脏东西等。言词侮辱是指对被害人进行口头上的戏弄、挖苦、辱骂、嘲笑等。文字侮辱是指采取张贴大字报、传单等形式损害他人名誉、以漫画的形式讥讽、挖苦被害人。言词和文字内容是揭发他人隐私、生理缺陷等使他人人格上受到伤害的内容。第二，侮辱行为必须是公然实施。所谓公然是指有第三人在场情况下或者在第三者看到、听到的场所进行侮辱。至于被害人者本人是否在场，不影响本罪的成立。

本罪主体是一般主体。

本罪主观要件必须是直接故意，并且具有贬低他人人格、破坏他人名誉的目的。如果不是出于上述目的，而是与他人开玩笑或者恶作剧导致他人难堪的，或无意中造成他人人格、名誉受损的，则不能以侮辱罪论处。

（二）司法认定

1. 本罪与一般侮辱行为的界限

是否构成侮辱罪，关键是看侮辱情节是否严重，所谓的情节严重是指手段恶劣，在社会上造成恶劣影响，引起被害人精神失常或者自杀等。如果出于贬低他人人格的目的，但是只是简单的当面辱骂而已，则不能以侮辱罪定罪处罚。本罪是行为犯，只要是采取了侮辱行为即可，行为人想达到的贬低被害人的人格目的没有达到，被侮辱者的人格和名誉不但没有因侮辱降低，反而出现“侮辱”变“炒作”，被害人反而名声大振，实施侮辱行为的人，仍旧构成侮辱罪。

2. 本罪与强制猥亵、侮辱罪的界限

二者的区别为：第一，侮辱罪的对象可以是任何人，不论男女老少；强制猥亵、侮辱罪的对象是男子和妇女，但不包括不满 14 周岁的儿童。第二，犯罪的场合不同。侮辱罪可以当着被害人的面实施，也可以在被害人不在场时实施；强制猥亵、侮辱罪要求必须当着被害人的面实施。第三，主观目的不同。侮辱罪的目的是贬低他人人格、破坏他人名誉；强制猥亵、侮辱罪主观目的是得到性满足。第四，案件性质不同。侮辱罪为亲告罪，强制猥亵、侮辱罪则不需要被害人“告诉”。

（三）本罪处罚

《刑法》第 246 条规定，犯本罪，处 3 年以下有期徒刑、拘役、管制或者剥夺政治权利。犯本罪，告诉的才处理，但是严重危害社会秩序和国家利益的除外。

通过信息网络实施本罪行为，被害人向人民法院告诉，但提供证据确有困难的，人民法院可以要求公安机关提供协助。

告诉才处理，是指由被害人亲自到司法机关告发，才可能启动法律程序追究行为人的刑事责任。“但是严重危害社会秩序和国家利益的除外”是指侮辱情节严重，导致被害人自杀或者精神失常，已经丧失了亲自告发的能力；或者是侮辱国家领导人、外国元首、外交代表等特定对象，既损害了他人名誉，也危害了国家利益。在这样的情况下，不需要被害人亲自告诉，而是由国家司法机关主动代表国家去追究行为人的刑事责任。

二、诽谤罪

（一）构成要件

诽谤罪是指行为人故意捏造并散布某种事实，损坏他人人格，破坏他人名誉，情节严重的行为。本罪具有如下特征：

本罪侵害的客体是公民的人格和名誉，对象是特定的人。

本罪客观要件表现为具有捏造并散布某种足以损害他人人格、名誉的虚假事实行为。具体包括以下几个方面：(1)行为人凭空捏造根本不存在的事实。(2)行为人捏造的事实必须是足以损害他人人格、名誉的事实；如果捏造的是一般的不足以损害他人人格、名誉的事实，就谈不上诽谤。(3)行为人必须以口头、文字或者其他网络、电子邮件等方式散布所捏造的事实，只有将这些捏造的事实散布出去，才可能给他人人格、名誉造成实际的损害。

本罪主体是一般主体。

本罪主观要件是直接故意，并且是出于贬低他人人格、破坏他人名誉的目的。

（二）司法认定

1. 本罪与一般诽谤行为的界限

诽谤罪和侮辱罪一样，必须情节严重才构成犯罪，一般轻微的诽谤行为，不认定为犯罪。

2. 本罪与侮辱罪的界限

诽谤罪的侵犯客体和主观目的与侮辱罪相同，区别主要表现为客观行为方式不同：(1)侮辱不一定用捏造的方式进行；诽谤必须是捏造事实，并有意加以散布。(2)侮辱往往是当着被害人的面进行的；诽谤则是当众或者向第三者散布的。(3)侮辱罪除可由口头、文字方式构成外，还可以用暴力的方法。而诽谤罪不可能用暴力的方法。

（三）本罪处罚

本罪的处罚与侮辱罪相同。

【以案说法 10-12】

取快递女子被造谣出轨案

◎基本案情：

2020年7月7日18时许，被告人郎某在杭州市余杭区良渚街道某快递驿站内，使用手机偷拍正在等待取快递的被害人谷某，并将视频发布在某微信群。被告人何某使用微信号冒充谷某与自己聊天，后伙同郎某分别使用各自微信号冒充谷某和快递员，捏造谷某结识快递员并多次发生不正当性关系的微信聊天记录。为增强聊天记录的可信度，郎某、何某还捏造“赴约途中”“约会现场”等视频、图片。2020年7月7日至16日，郎某将上述捏造的微信聊天记录截图数十张及视频、图片陆续发布在该微信群，引发群内大量低俗、淫秽评论。之后，上述偷拍的视频以及捏造的微信聊天记录截图被他人合并转发，并相继扩散到110余个微信群，群成员总数共计2万余人，引发大量低俗评论，多个微信公众号、网站等对上述聊天记录合辑转载推文，总阅读数2万余次，影响了谷某的正常工作生活。

◎定性分析：

被告人郎某、何某出于寻求刺激、博取关注等目的，捏造损害他人名誉的事实，在信息网络上散布，造成该信息被大量阅读、转发，严重侵害了被害人谷某的人格权，影响其正常工作生活，使其遭受一定经济损失，社会评价也受到一定贬损，属于捏造事实通过信息网络诽谤他人且情节严重，二被告人的行为均已构成诽谤罪。鉴于二被告人的犯罪行为已并非仅仅对被害人谷某造成影响，其对象选择的随机性，造成不特定公众恐慌和社会安全感、秩序感下降；诽谤信息在网络上大范围流传，引发大量淫秽、低俗评论，虽经公安机关辟谣，仍对网络公共秩序造成很大冲击，严重危害社会秩序，故检察机关以诽谤罪对二被告人提起公诉，符合法律规定。

三、侵犯公民个人信息罪

(一)构成要件

本罪是《刑法修正案(七)》增加的罪名，是指违反国家有关规定，向他人出售或者提供公民个人信息，或者将在履行职责或者提供服务过程中获得的公民个人信息，出售或者提供给他人，以及窃取或者以其他方法非法获取公民个人信息，情节严重的行为。作为本罪对象的“公民个人信息”包括公民的姓名、年龄、有效证件号码、婚姻状况、工作单位、学历履历、家庭住址、电话号码等能够识别公民个人身份或者涉及公民个人隐私的信息、数据资料。

(二)本罪处罚

《刑法》第253条之一规定，犯本罪的，处3年以下有期徒刑或者拘役，并处或者单处罚金；情节特别严重的，处3年以上7年以下有期徒刑，并处罚金。单位犯罪的，实行双罚制。

第五节　侵犯公民民主权利犯罪

一、非法剥夺公民宗教信仰自由罪

本罪是指国家机关工作人员非法地剥夺公民的宗教信仰自由，情节严重的行为。《刑法》第251条规定，犯本罪的，处2年以下有期徒刑或者拘役。

二、侵犯通信自由罪

本罪是指行为人故意隐匿、毁弃或者非法开拆他人信件，侵犯公民通信自由权利，情节严重的行为。《刑法》第252条规定，犯本罪的，处1年以下有期徒刑或者拘役。

三、私自开拆、隐匿、毁弃邮件、电报罪

本罪是指邮政工作人员利用职务上的便利，私自开拆或者隐匿、毁弃邮件、电报的行为。《刑法》第 253 条规定，犯本罪的，处 2 年以下有期徒刑或者拘役。邮政人员犯本罪而盗窃财物的，应当依照《刑法》第 264 条盗窃罪的规定，从重处罚。

四、报复陷害罪

本罪是指国家机关工作人员滥用职权、假公济私、对控告人、申诉人、批评人、举报人实行报复陷害的行为。本罪侵犯的客体是公民的民主权利和国家机关的正常活动。本罪侵害的对象，只限于控告人、申诉人、批评人、举报人四种人。本罪客观要件表现为滥用职权、假公济私，对控告人、申诉人、批评人、举报人实行打击报复陷害的行为。本罪主体是特殊主体，即国家机关工作人员。本罪主观要件表现为直接故意，并且具有报复陷害他人的目的。

《刑法》第 254 条规定，犯本罪的，处 2 年以下有期徒刑或者拘役；情节严重的，处 2 年以上 7 年以下有期徒刑。

五、打击报复会计、统计人员罪

本罪是指公司、企业、事业单位、机关、团体的领导人，对依法履行职责、抵制违反《会计法》《统计法》行为的会计、统计人员实行报复，情节恶劣的行为。《刑法》第 255 条规定，犯本罪的，处 3 年以下有期徒刑或者拘役。

六、破坏选举罪

本罪是指在选举各级人民代表大会代表和国家机关领导人员时，以暴力、威胁、欺骗、贿赂、伪造选举文件、虚报选举票数等手段破坏选举或者妨害选民和代表自由行使选举权和被选举权，情节严重的行为。

本罪侵犯的客体是公民的选举权利和国家的选举制度。选举权利包括选举权和被选举权。

本罪客观要件表现为在选举各级人民代表大会代表和国家机关领导人员时，采用各种手段破坏选举或者妨害选民和代表自由行使选举权和被选举权，情节严重的行为。破坏选举的方式则多种多样，既可以表现为积极的作为，又可以表现为消极的不作为。归纳起来，主要是暴力手段、威胁手段、欺骗手段、贿赂手段、伪造选举文件、虚报选举票数等。所谓情节严重主要是指破坏选举手段恶劣、后果严重或者造成恶劣影响等情况。

本罪主体是一般主体，可以是普通公民，也可以是国家工作人员。

本罪主观要件表现为故意。

《刑法》第 256 条规定，犯本罪的，处 3 年以下有期徒刑、拘役或者剥夺政治权利。

第六节　妨害婚姻家庭权利犯罪

一、重婚罪

(一)构成要件

重婚罪是指有配偶与他人结婚，或者明知他人有配偶与之结婚的行为。本罪具有如下特征：

本罪侵犯的客体是一夫一妻制的婚姻关系。重婚的实质是两个婚姻关系的重合，从而形成了一夫多妻或一妻多夫。两个法律上的婚姻关系的重合构成重婚罪是没有异议的，但是目前事实婚姻在我国已经不予承认，那么如果前婚是法律上的婚姻关系，但是配偶却与他人以夫妻名义公开同居生活的，该如何处理呢？重婚罪的规定，主要是为了保护合法的婚姻关系，即使配偶一方没有与他人再在法律上登记结婚，但是与他人以夫妻名义公开的同居也是对先前的婚姻关系造成了侵犯，1994 年 12 月 4 日《最高人民法院关于〈婚姻登记管理条例〉施行后发生的以夫妻名义非法同居的重婚案件是否以重婚罪定罪处罚给四川省高级人民法院的批复》指出："新的《婚姻登记管理条例》发布施行后，有配偶的人与他人以夫妻名义同居生活的，或者明知他人有配偶而与之以夫妻名义同居生活的，仍应按重婚罪定罪量刑。"上述的批复也是表达了这样的观点。

本罪客观要件表现为有配偶而又重婚，或者明知他人有配偶而与之结婚的行为。

本罪主体是两种，一是已经有配偶，在没有解除婚姻关系的情况下，又与他人建立婚姻关系的人；二是没有配偶，明知对方有配偶而与之结婚的人。

本罪主观要件是故意，即行为人自己有配偶而又与第三者结婚或者明知他人有配偶与之结婚的。如果一方无配偶，因为上当受骗与有配偶的人结婚的，则其不构成重婚罪。

(二)司法认定

1. 本罪与非罪的界限

由于特殊原因引起的重婚行为，不宜以重婚罪论处。如有配偶的妇女被拐卖之后被逼与他人登记结婚的；因自然灾害被迫流浪在外、为谋生与他人结婚后重婚的；为了反抗包办婚姻而外逃后并与人结婚后形成重婚的；因配偶长期下落不明、生死不明、家庭生活发生变故无法继续生活而与他人结婚后重婚的，一般不宜作为重婚罪来处理，但是对于违法的婚姻关系，应该视情节予以解除。

2. 本罪与通奸及与婚姻关系外的人同居的界限

通奸是有配偶的人与他人发生的婚外性行为，属于不道德的行为，应该受到良心上的谴责，但是不构成犯罪。与婚姻关系外的人同居包括公开以夫妻名义的同居和不以夫妻名义共同生活的姘居。这里需要注意的是，有配偶的人与他人临时姘居不构成重婚罪，如果公开以夫妻名义长期同居的，则是对合法婚姻关系的侵犯，应以重婚罪论处。

(三)本罪处罚

《刑法》第 258 条规定，犯本罪的，处 2 年以下有期徒刑或者拘役。

二、暴力干涉婚姻自由罪

(一) 构成要件

暴力干涉婚姻自由罪是指以暴力干涉他人结婚自由或离婚自由的行为。本罪具有如下特征：

本罪侵犯的客体是复杂客体，不仅侵犯了婚姻自由的权利，而且也侵犯了人身权利。

本罪客观要件表现为以暴力方法干涉他人婚姻自由的行为。所谓的暴力方法是指殴打、捆绑、扣押、禁闭、强抢等手段。行为人仅仅有干涉行为，但是没有使用暴力的或者仅仅以实施暴力相威胁，实际上没有实施暴力的，不能以本罪论处。

本罪主体为一般主体，一般情况下为被害人的父母、兄弟、子女、族人及单位的领导等。

本罪主观要件是直接故意，目的是干涉被害人婚姻自由。

(二) 司法认定

1. 本罪与非罪的界限

没有使用暴力或者采用极其轻微的暴力干涉他人婚姻自由的，属于一般违反《民法典》婚姻家庭编的行为，不构成犯罪。常见的是父母对子女的辱骂、批评教育及轻微的打骂或短暂的关押等，不能作为犯罪处理。夫妻之间一方为了限制另一方离婚而实施殴打的，考虑到夫妻之间的特殊关系，一般不按照本罪处理。如果符合虐待罪的构成要件的，可以按照虐待罪定罪处罚。

2. 本罪与少数民族抢婚的界限

某些少数民族地区存在抢婚习俗，这是结婚的一种方式，不能以犯罪论处。但是，如果求婚者已经明确遭到了女方的拒绝，仍然纠集多人使用暴力将女方劫持或者绑架到自己家中，强迫女方与自己结婚的，构成暴力干涉婚姻自由罪。如果女方已经与男方领取了结婚证，但是后来女方自己不愿意与男方同居，男方使用暴力将女方抢到自己家中的，一般不以犯罪论处。

(三) 本罪处罚

《刑法》第 257 条规定，犯本罪的，处 2 年以下有期徒刑或者拘役。犯前款罪，致使被害人死亡的，处 2 年以上 7 年以下有期徒刑。第一款罪，告诉的才处理。

致使被害人死亡的，不适用于告诉才处理的情况。致使被害人死亡是指在暴力干涉婚姻自由过程中，过失导致了被害人死亡，或者因为暴力干涉婚姻自由而引起了被害人自杀身亡。

三、虐待罪

(一) 构成要件

虐待罪是指对共同生活的家庭成员，经常以打骂、冻饿、禁闭、强迫过度劳动、有病不给治疗等方法，从肉体和精神上进行摧残迫害，情节恶劣的行为。本罪具有如下特征：本罪侵犯的客体是复杂客体，既侵犯共同生活家庭成员在家庭生活中享有的合法权益，也侵犯了被害人的人身健康。本罪客观

虐待罪，虐待被监护、看护人罪

要件表现为经常或连续折磨、摧残家庭成员身心健康的行为。虐待行为的手段多种多样，概括起来可分为两类：一是肉体摧残。如经常性的殴打、冻饿、有病不给治疗和强迫过度的劳动等；二是精神折磨，如经常性的侮辱人格，限制自由，不准参加社会活动等。从行为方式上看，既可以是积极的作为方式，也可以是消极的不作为方式。虐待行为的一个最重要特点，就是经常、连续实施虐待行为，家庭成员间偶尔发生的打骂行为，不是虐待行为。本罪主体必须是在家庭内部共同生活的成员，非家庭成员之间发生的虐待行为，不构成虐待罪。本罪主观要件只能是故意，即行为人有意识地对被害人进行肉体摧残和精神折磨。

（二）司法认定

1. 本罪与非罪的界限

第一，虐待罪是家庭成员之间才能构成的，但是不能将家庭成员之间偶尔发生的打骂等纠纷就认定为虐待罪；也不能将父母对子女的不当管教当成是虐待罪。因为虐待罪是连续犯，虐待行为必须具有连续性才行，不能因为有了一两次的殴打就认定为是犯罪。第二，虐待罪必须情节恶劣才能构成。所谓的情节恶劣是指虐待手段凶恶残忍；虐待动机十分卑鄙；虐待持续时间长；虐待行为屡教不改，引起公愤等。

2. 本罪与故意杀人罪、故意伤害罪的界限

由于虐待行为可以造成被害人伤残或死亡的后果，但是行为人并不是为了达到上述的结果，也就是说没有追求或放任上述严重后果的发生，而且虐待行为是一个日积月累的长期过程，出现伤残或死亡的后果不是一个独立虐待行为构成的，所以虽然造成了被害人死亡、重伤的，也只能按照虐待罪定罪处罚。但如果行为人主观上具有杀人或伤害他人的故意，有意识地造成了被害人伤残或者死亡后果，应该依法构成故意伤害罪或故意杀人罪。如果行为人的虐待行为一直存在，其中某一次产生了故意伤害或者杀人故意，而实施伤害或者杀人行为的，应当按照虐待罪与故意伤害罪、故意杀人罪数罪并罚。

3. 本罪与虐待被监管人罪的界限

二者的区别主要是发生的场合不同，虐待罪发生在共同生活的家庭之间；虐待被监管人罪发生在监狱或者看守所、拘留所。

（三）本罪处罚

《刑法》第 260 条规定，虐待家庭成员，情节恶劣的，处 2 年以下有期徒刑、拘役或者管制。犯前款罪，致使被害人重伤或者死亡的，处 2 年以上 7 年以下有期徒刑。第一款罪，告诉的才处理。但被害人没有能力告诉，或者因受强制、威吓无法告诉的除外。

【以案说法 10-13】

于某虐待案

◎基本案情：

被告人于某，女，1986 年 5 月出生，无业。2016 年 9 月以来，因父母离婚，父亲丁某常年在外地工作，被害人小田（女，11 岁）一直与继母于某共同生活。于某以小田学习及生活习惯有问题为由，长期、多次对其实施殴打。2017 年 11 月 21 日，

于某又因小田咬手指甲等问题，用衣服撑、挠痒工具等对其实施殴打，致小田离家出走。小田被爷爷找回后，经鉴定，其头部、四肢等多处软组织挫伤，身体损伤程度达到轻微伤等级。

◎定性分析：

被告人于某虐待未成年家庭成员，情节恶劣，其行为触犯了《中华人民共和国刑法》第260条第1款，犯罪事实清楚，证据确实充分，应当以虐待罪追究其刑事责任。(见最高人民检察院指导案例第44号)

四、虐待被监护、看护人罪

(一)构成要件

虐待被监护、看护人罪，是指对未成年人、老年人、患病的人、残疾人等负有监护、看护职责的人虐待被监护、看护的人，情节恶劣的行为。本罪的行为对象仅限于未成年人、老年人、患病的人、残疾人等没有独立生活能力或者独立生活能力低下的人。行为主体是对上述人员负有监护、看护职责的人，包括自然人与单位，如幼儿园、孤儿院、养老院等单位的工作人员等。虐待行为既包括以积极的方式给被害人造成肉体上或者精神上的痛苦的行为，也包括以消极的方式不满足未成年人、老年人、患病的人、残疾人生活需要的行为。

(二)本罪处罚

《刑法》第260条之一规定，对未成年人、老年人、患病的人、残疾人等负有监护、看护职责的人虐待被监护、看护的人，情节恶劣的，处3年以下有期徒刑或者拘役。

单位犯前款罪的，对单位判处罚金，并对其直接负责的主管人员和其他直接责任人员，依照前款的规定处罚。

有第一款行为，同时构成其他犯罪的，依照处罚较重的规定定罪处罚。

五、遗弃罪

(一)构成要件

遗弃罪，是指对于年老、年幼、患病或者其他没有独立生活能力的人，负有抚养义务而拒绝抚养，情节恶劣的行为。本罪侵犯的客体，是家庭成员之间相互抚养的权利义务关系。侵害的对象，是家庭成员中年老、年幼、患病或其他没有独立生活能力的人。本罪客观要件为对没有独立生活能力的家庭成员，具有抚养义务而拒绝抚养的行为。这里的“抚养”包括长辈对晚辈的抚养、晚辈对长辈的赡养，以及平辈之间的扶养。行为方式，是以不作为方式出现，即对丧失了劳动能力或生活不能自理的家庭成员，不履行法律规定的抚养义务。抚养义务及主体按照《民法典》上关于抚(扶)养的规定。本罪主体，必须是对被遗弃人负有法律上抚养义务而且具有履行义务能力的人。本罪主观要件只能是故意，即表现为行为人明知自己应当履行抚养义务，也有实际履行抚养义务的能力，而拒绝抚养。

(二)本罪处罚

《刑法》第261条规定，犯本罪的，处5年以下有期徒刑、拘役或者管制。

其他妨害婚姻家庭权利犯罪还有破坏军婚罪、非法搜查罪、非法侵入住宅罪。

第七节　借国家机关权力、侵犯人身权利犯罪

一、诬告陷害罪

诬告陷害罪

(一)构成要件

诬告陷害罪是指捏造犯罪事实，向国家机关或有关单位作虚假告发，意图使他人受刑事追究，情节严重的行为。本罪具有以下特征：

本罪侵犯的客体是他人的人身权利和司法机关的正常活动。侵犯的对象，即诬告的对象必须是特定的个人才行，可以是任何人，如果只是笼统地捏造并谎报某种犯罪事实，但是没有明确指出为谁，不构成诬告陷害罪。

本罪客观要件表现为捏造事实，向国家机关或有关单位虚假告发、情节严重的行为。包括三个方面：(1)捏造犯罪事实。如果告发的是真实的事实，即使在情节上有所夸大，不能认定为本罪。(2)向国家机关或有关单位作虚假告发。告发的形式，可以是口头、书面、署名或匿名的。无论采取何种形式，只要可能导致被害人受到错误的刑事追究，就构成诬告陷害罪。(3)情节严重。

另外，本罪是行为犯，只要行为人实施了捏造犯罪事实后进行告发的行为，就构成本罪的既遂。只要没有实施告发行为，根据“无行为无处罚”的原则，依法认定行为人无罪。捏造犯罪事实的行为，不属于本罪的客观方面。至于被害人是否被错误地追究刑事责任，不影响定罪，但应作为量刑的情节考虑。

本罪主体是自然人一般主体。

本罪主观要件是直接故意，并具有意图使他人受到刑事追究的目的。

(二)司法认定

1. 本罪与错告、检举失实的界限

诬告与错告、检举失实在客观上都具有告发的行为，且告发的内容均与客观事实不相符，它们之间的区别在于：第一，目的不同。前者的行为人有意图使他人受刑事追究的目的；而后者的行为人则不存在陷害他人的目的。第二，告发的内容有所不同。前者是无中生有，故意捏造事实；后者则是行为人对事实了解不全面、不准确或者道听途说即信以为真，其告发的内容并非自己捏造。

2. 本罪与诽谤罪的界限

两罪的相同点：都针对特定对象，捏造了一定事实，侵犯了他人的人身权利。两罪的不同点是：第一，犯罪客体不同，诬告陷害罪侵犯的客体是公民的人身权利和司法机关的正常活动；诽谤罪侵犯的是他人的人格和名誉权。第二，客观方面，二者捏造事实的内容和方式不同。诬告陷害罪捏造他人的“犯罪事实”后，并向国家机关或有关部门进行告发，目的是使他人受到刑事追究；诽谤罪捏造的一般是有损于他人人格和名誉的不道德的、违纪等事实，并公然散布，没有向有关部门告发。第三，主观方面不同，诬告陷害罪是意图使他人受到刑事追究；诽谤罪目的则是贬低他人人格，破坏

他人名誉。

3. 本罪与报复陷害罪的界限

这两种犯罪都有陷害他人的故意。二者的区别是：第一，侵犯的客体与对象不同。本罪侵犯的客体是公民的人身权利与司法机关的正常活动，犯罪对象是任何公民；而后者侵犯的客体是公民的民主权利和国家机关的正常活动，犯罪对象是控告人、申诉人、批评人、举报人。第二，行为方式不同。前者是捏造事实，向有关机关告发；后者是滥用职权，假公济私，进行报复陷害。第三，主体不同。前者是一般主体；后者是国家工作人员，是特殊主体。第四，主观目的不同。前者以使他人受刑事处分为目的，后者以报复陷害为目的。

4. 本罪与敲诈勒索罪的界限

在实践中行为人捏造了虚假的犯罪事实之后，不是向有关国家机关告发，而是直接通过一定的方式告知了被害人，并且声称如果不主动提出解决的话，就将这些材料交给国家机关。有的甚至假冒是国家机关的工作人员且已经受理了这些虚假的犯罪材料，要求被害人马上出具解决方案。被害人出于破财免灾的目的，主动用钱将这些虚假的材料买回。行为人的真实目的不是为了使被害人被刑事追究，但是被害人却受到这些材料的威胁，或者是遭到了假冒的国家机关工作人员的威胁，被迫出钱的，行为人应该以敲诈勒索罪论处，不构成诬告陷害罪。

(三) 本罪处罚

《刑法》第 243 条规定，犯本罪的，处 3 年以下有期徒刑、拘役或管制；造成严重后果的，处 3 年以上 10 年以下有期徒刑。国家工作人员犯诬告陷害罪的，从重处罚。

二、刑讯逼供罪

(一) 构成要件

本罪是指司法工作人员对犯罪嫌疑人、被告人使用肉刑或者变相肉刑，逼取口供的行为。本罪具有以下特征：

本罪侵犯的客体是公民的人身权利和司法机关的正常活动。犯罪对象仅限于犯罪嫌疑人、被告人，至于他们是否有罪，并不影响本罪的成立。

本罪客观要件表现为使用肉刑或者变相肉刑逼取犯罪嫌疑人、被告人口供的行为。所谓肉刑，是指直接施加于犯罪嫌疑人或被告人人身，可使其身体健康遭到损害以及肉体、精神遭受痛苦的摧残手段，如捆绑、吊打、针扎、火烫、电击、拳击、脚踢等。所谓变相肉刑，是指除上述肉刑以外的其他使犯罪嫌疑人或被告人的肉体、精神遭受痛苦折磨的各种手段和方法，如长时间罚站、罚晒、罚冻、罚饿、蹲姿抱树戴手铐、单腿站立、强光照射、长时间注视立体画面、颠倒时差、不准睡眠、"车轮战"审讯等。除了采取上述的手段之外，行为人必须有逼取口供的行为。即要在被害人已经丧失了反抗能力情况下交代行为人需要的口供。但是，有时被害人没有交代行为人需要的口供，甚至交代的是相反的口供，均不影响刑讯逼供罪的构成。如果没有采取肉刑或者变相肉刑，而是采取了威胁、欺骗、引诱等方式，逼出被害人口供的，不构成本罪。

本罪主体是特殊主体，即司法工作人员，根据《刑法》第 94 条的规定，是指具有侦查、检察、审判、监管职责的工作人员。

本罪主观要件是直接故意，并且行为人有逼取口供的目的。至于行为人逼取口供的动机如何，均不影响本罪的构成。

（二）司法认定

1. 本罪与一般逼供行为的界限

在司法实践中，并不是只要有刑讯逼供的行为就一律构成刑讯逼供罪。司法工作人员涉嫌下列情形之一的，应予立案：(1)手段残忍、影响恶劣的；(2)致人自杀或者精神失常的；(3)造成冤、假、错案的；(4)三次以上或者对三人以上进行刑讯逼供的；(5)授意、指使、强迫他人刑讯逼供的。

2. 本罪与非法拘禁罪的界限

二者的区别有：第一，犯罪的对象不同。前者的对象为犯罪嫌疑人、被告人，后者的对象不受特别限制。第二，客观行为表现不同。前者表现为使用肉刑或者变相肉刑逼取他人口供的行为，后者则表现为非法剥夺他人人身自由的行为。第三，犯罪目的不同。前者以逼取口供为目的，后者则不要求以逼取口供为目的。第四，犯罪主体不同。前者的主体为司法工作人员，后者主体则为一般主体。

3. 本罪与暴力取证罪的界限

两罪的客体相同，主体都是司法工作人员，在客观方面都可实施暴力行为。其区别主要是：第一，对象不同。前者的对象是犯罪嫌疑人或被告人，后者的对象为证人。第二，主观目的不同。前者的主观目的是逼取口供，后者的主观目的是逼取证人证言。第三，行为方式不完全相同。前者既可采取暴力方式，也可采取非暴力方式；而后者则只能采取暴力方式。

（三）本罪处罚

《刑法》第 247 条规定，犯本罪的，处 3 年以下有期徒刑或者拘役。致人伤残、死亡的，依照故意伤害罪、故意杀人罪定罪，从重处罚。

需要指出的是，“致人伤残”指的是致人重伤和残疾，如果刑讯逼供致人轻伤的，仍旧以刑讯逼供罪定罪处罚。“致人死亡的”是指由于暴力的摧残或者其他非暴力摧残，导致被害人当场死亡或者经过抢救无效死亡的。因为行为人在实施刑讯逼供的时候，主观上追求或者放任了被害人受伤或者死亡的结果，所以刑讯逼供致人伤残或死亡的，直接转化为故意伤害罪或故意杀人罪，且依法从重处罚，而不适用数罪并罚的方法。

三、暴力取证罪

本罪是指司法工作人员使用暴力逼取证人证言的行为。不具有作证资格的人和不知道案情真相的人，也可以成为本罪的对象。《刑法》第 247 条规定，犯本罪的，处 3 年以下有期徒刑、拘役或者管制。致人伤残、死亡的，依照故意伤害罪、故意杀人罪定罪，从重处罚。

四、虐待被监管人罪

本罪是指监狱、看守所、拘留所、拘役所、劳教所等监管机构的监管人员对被监管人进行殴打或者体罚虐待，情节严重的行为。《刑法》第 248 条规定，犯本罪的，处 3 年以下有期徒刑或者拘役；情节特别严重的，处 3 年以上 10 年以下有期徒刑。致人伤残、死亡的，依照故意伤害罪、故意杀人罪的规定从重处罚。如果长期存在虐待行为，但是某次出于伤害或杀人的故意针对被监管人进行殴打，致使被监管人伤残或者死亡的，依照虐待被监管人罪和故意伤害罪或故意杀人罪数罪并罚。

第八节　以少数民族群体为对象犯罪

一、煽动民族仇恨、民族歧视罪

本罪是指故意以语言、文字或者其他方式煽动民族仇恨、歧视，情节严重的行为。本罪侵犯的客体是国家的民族平等与团结。本罪客观要件表现为实施了以语言、文字或者其他方式煽动民族仇恨、歧视，情节严重的行为。这里的情节严重，是指使用侮辱、造谣等手段进行煽动的；多次进行煽动、屡教不改的；造成严重后果或者影响恶劣的等。本罪主体是一般主体。本罪主观要件为故意。《刑法》第 249 条规定，犯本罪的，处 3 年以下有期徒刑、拘役、管制或者剥夺政治权利；情节特别严重的，处 3 年以上 10 年以下有期徒刑。

二、出版歧视、侮辱少数民族作品罪

本罪是指在出版物中刊载歧视、侮辱少数民族的内容，情节恶劣，造成严重后果的行为。本罪侵犯的客体是国家的民族平等与团结。本罪客观要件表现为在出版物中刊载歧视、侮辱少数民族的内容，情节恶劣，造成严重后果的行为。所谓刊载，应作广义的理解，至于刊载的表现形式，既可以是文字、漫画，也可以是录像带、录音带、光盘中语言等。本罪主体是对出版物的出版负有直接责任的人。本罪主观要件为故意。《刑法》第 250 条规定，犯本罪的，对直接责任人员，处 3 年以下有期徒刑、拘役或者管制。

三、侵犯少数民族风俗习惯罪

本罪是指国家机关工作人员侵犯少数民族风俗习惯，情节严重的行为。本罪侵犯的客体是少数民族的信仰自由。犯罪对象是少数民族风俗习惯。本罪客观要件表现为国家工作人员以强制手段非法干涉、破坏侵犯少数民族风俗习惯，情节严重的行为。情节严重是指多次或多人侵犯、手段恶劣，引起民族纠纷、民族矛盾的，造成骚乱、示威游行或社会秩序严重混乱，产生恶劣政治影响的。本罪主体是特殊主体，为国家机关工作人员。既包括汉族的国家机关工作人员，也包括少数民族的国家机关工作人员。本罪主观要件为故意。《刑法》第 251 条规定，犯本罪的，处 2 年以下有期徒刑或者拘役。

☞ **思考与练习**

1. 如何区别故意杀人罪(间接故意)与过失致人死亡罪？
2. 在犯罪主观要件上如何区别故意杀人罪(未遂)与故意伤害罪？这一要件对成立犯

罪的影响如何？

3. 认定强奸罪和负有照护职责人员性侵罪时应注意哪些问题？

4. 侮辱罪和诽谤罪的区别是什么？

第十一章　侵犯财产罪

【学习目标】

〇掌握抢劫罪、盗窃罪、诈骗罪、抢夺罪、侵占罪、敲诈勒索罪的构成特征及认定标准，了解其他罪的构成特征。

〇具备运用所学知识分析案例的能力，能够准确区分罪与非罪、此罪与彼罪，具备探知具体犯罪现象的能力。

〇培养学生遵守社会秩序，学会规矩意识、规则意识、理性精神，具备法治思维能力、法律表达能力等职业素养。

侵犯财产罪，指《刑法》分则第四章规定的以财产权利为客体的一类犯罪，这类犯罪是指以非法占有为目的，攫取公私财物，以及挪用、毁坏公私财物或者破坏生产经营的行为。本类犯罪侵犯的客体是公私财产所有权。根据《刑法》第 91 条的规定，公共财产是指国有财产、劳动群众集体所有的财产、用于扶贫和其他公益事业的社会捐助或者专项基金的财产。另外，在国家机关、国有公司、企业、集体企业和人民团体管理、使用或者运输中的私人财产，以公共财产论。此种私人财产如果受到侵犯，将由国家或者集体承担赔偿责任，因而实际上是公共财产受到损失。根据《刑法》第 92 条的规定，公民私人所有的财产，是指公民的合法收入、储蓄、房屋和其他生活资料；依法归个人、家庭所有的生产资料；个体户和私营企业的合法财产；依法归个人所有的股份、股票、债券和其他财产。本类犯罪的客观要件表现为以暴力或非暴力、公开或者秘密的方法，攫取公私财物，挪用或者毁坏公私财物，以及破坏生产经营的行为。本类犯罪的主体多为一般主体，少数几种犯罪，如职务侵占罪、挪用资金罪、挪用特定款物罪的主体为特殊主体。本类犯罪主观要件是故意。犯罪目的具体表现为三种情况：第一种(占多数)是以非法占有为目的，即以将公私财物非法转为己有或者第三者不法所有为目的，包括抢劫罪、盗窃罪、诈骗罪等；第二种是以非法暂时使用为目的，并非意图转归己有，如挪用资金罪、挪用特定款物罪；第三种是以毁坏财物为目的，即行为人不想占有该财物，而是要毁灭该财物，或者损害其价值。

第一节　非法占有型犯罪

抢劫罪的认定

一、抢劫罪

(一)构成要件

抢劫罪是指以非法占有为目的，当场对财物的所有人、持有人实施暴力、胁迫或者其他方法，当场迫使其交出财物或者夺走其财物的行为。本罪具有以下特征：

本罪侵犯的客体是复杂客体，即主要侵犯公私财产所有权，同时侵犯被害人的人身权利。侵犯客体的双重性是本罪与其他侵犯财产罪区别的主要标志。由于本罪目的是非法占有公私财物，行为人虽然在实施犯罪过程中使用了暴力、胁迫或其他方法，侵犯了公民人身权利，但这只是为了排除障碍、使非法占有财物的目的得以实现的手段。本罪的犯罪对象，是属于国家、集体、个人所有的各种财物以及他人的人身。一般认为，本罪是以暴力、胁迫或其他强制方法，当场占有财物；不动产难以被当场劫走，所以对霸占他人不动产的行为难以按抢劫罪处理。无形财产一般不可能当场占有，因而不能成为本罪的对象。不过，将无形财产置于有形载体内(如将液化气装进钢瓶里)而抢走的，则可以成立本罪。

本罪客观要件表现为行为人以暴力、胁迫或者其他方法，当场强行劫取他人财物的行为。

所谓暴力，是指对财物的所有者、管理者的身体进行打击或者强制，包括殴打、捆绑、杀害、伤害、禁闭等强暴行为。这种暴力是犯罪分子有意用来排除被害人抵抗，针对被害人身体实施，从而劫取财物的手段行为。具体来说，对于暴力可从以下四个方面加以理解：(1)暴力必须是在取得财物的当场实施；(2)暴力必须是针对被害人的身体而采取的打击或强制；(3)暴力并不限于对财产直接持有人为之，对有权处分财物的人或其他可妨碍攫取财物的人施暴不影响本罪的成立；(4)暴力是犯罪分子有意识实施的，也就是说，犯罪分子自觉、积极地利用暴力手段为排除被害人的反抗并抢走财物创造条件。这里暴力的程度包括故意杀人，行为人为当场占有他人财物而将他人杀死的，杀人是劫取财物的手段行为，应定抢劫罪一罪。

所谓胁迫，是指以立即对被害人实施暴力相威胁，实施精神强制，使被害人恐惧而不敢反抗，被迫当场交出财物或者任其劫走财物。对胁迫可从三个方面来理解：(1)胁迫必须是当面向被害人发出；(2)胁迫的内容必须是以立即实施暴力相威胁，如果以将来施暴相威胁，不构成抢劫罪；(3)威胁的暴力是现实的，如果被害人不答应要求，就会立即实施威胁的内容。胁迫一般针对的是财物所有者、管理者，有时也可以针对在场的被害人的亲属或其他有关人员。胁迫的表现形式多种多样，可以用语言，也可以用某种手势、动作，如拿刀做杀人的动作等。如果没有任何胁迫的表现，只是被害人自己胆小感到恐惧，眼见行为人拿走其财物而不敢制止的，则不能构成本罪。与强奸罪中的胁迫不同，作为抢劫罪的胁迫，必须是以暴力为后盾的威胁，即以当场就要对被害人或者其亲属实施暴力相威胁，不包括揭发隐私等非暴力内容的胁迫。

其他方法是指暴力、胁迫以外的使被害人不知反抗或丧失反抗能力的方法，如用酒强行灌醉、用药物麻醉、使用催眠术、电击或用石灰迷眼等。对“其他方法”应当作出以下限制：(1)“其他方法”必须是与暴力、胁迫相类似的侵害人身的方法，而不包括欺骗等不侵害人身的方法；(2)“其他方法”是针对被害人实施的暴力、胁迫之外的用来排除被害人反抗的方法；(3)采用其他方法的目的是当场占有被害人的财物。行为人处于不知或不能反抗的状态，必须是行为人实施了“其他方法”造成的。如果不是行为人以某种行为使被害人处于不能反抗或不知反抗的状态，而是行为人利用被害人由于自己的原因(自己喝醉、正在熟睡、因病昏迷等)或其他原因(被他人打昏、撞伤等)所致不能反抗的状态趁机掠夺其财物的，只能构成盗窃罪或其他罪，不能构成抢劫罪。

使用暴力、胁迫或者其他方法劫取财物，是抢劫罪构成的重要组成部分。实践中，暴力方法和胁迫方法往往交替使用或同时使用，而其他方法则单独使用。但是，这里所说的暴力、胁迫或者其他方法，必须是当场实施，才能构成抢劫罪。因此，判断行为是否构成抢劫罪，在客观上应以犯罪分子是否当场使用暴力、胁迫或者其他方法并立即取走财物为标准。犯罪分子在预备阶段意图以暴力或胁迫方法抢劫财物，但到现场后由于情况发生变化或者其他原因，并没有使用暴力或胁迫就非法取得财物的，应以实施犯罪时实际取得财物的手段、方法来定罪，而不能以抢劫罪来论处。例如，甲、乙合谋抢劫一辆出租车，准备了刀具、绳索后，拦住一辆出租车，二人谎称打车去郊区某地，上车后出租车司机下车去路边商店买烟，二人乘机把车开走，甲、乙二人不能认定为抢劫罪，应该认定为盗窃罪。反之，如果犯罪分子事先只是想秘密窃取或者乘人不备夺走财物，但是在实施犯罪过程中，由于被人发觉遭到阻止或反抗，而当场使用暴力或者以暴力相威胁强取财物的，应以抢劫罪论处。

本罪主体是自然人一般主体，已满 14 周岁、应负刑事责任的自然人。

本罪主观要件是故意，并且以非法占有为目的。

（二）司法认定

1. 本罪与非罪的界限

在一般情况下，凡是以非法占有为目的，用暴力、胁迫或者其他方法，强行劫取公私财物的，就构成抢劫罪。但是，根据《刑法》第 13 条规定的精神，使用暴力手段不明显，威胁轻微，抢劫的数额又极其有限的，如强索少量财物，抢吃少量食品等行为，情节显著轻微危害不大的，不构成抢劫罪。

本罪的立案标准：

（1）《中华人民共和国刑法》第 263 条规定，以暴力、胁迫或者其他方法抢劫财物的；第 267 条第 2 款规定，携带凶器抢夺的；第 269 条规定，犯盗窃、诈骗、抢夺罪，为窝藏赃物、抗拒抓捕或者毁灭罪证而当场使用暴力或者以暴力相威胁的。

（2）《最高人民法院、最高人民检察院关于办理抢夺刑事案件适用法律若干问题的解释》（法释〔2013〕25 号）第 6 条规定："驾驶机动车、非机动车夺取他人财物，具有下列情形之一的，应当以抢劫罪定罪处罚：（一）夺取他人财物时因被害人不放手而强行夺取的；（二）驾驶车辆逼挤、撞击或者强行逼倒他人夺取财物的；（三）明知会致人伤亡仍然强行夺取并放任造成财物持有人轻伤以上后果的。"

2. 转化型抢劫罪的认定

《刑法》第 267 条第 2 款规定，携带凶器抢夺的，以抢劫罪定罪处罚。"携带凶器抢夺"，是指行为人随身携带枪支、爆炸物、管制刀具等国家禁止个人携带的器械进行抢夺或者为了实施犯罪而携带其他器械进行抢夺的行为。行为人随身携带国家禁止个人携带的器械以外的其他器械抢夺，但有证据证明该器械确实不是为了实施犯罪准备的，不以抢劫罪定罪；行为人将随身携带凶器有意加以显示、能为被害人察觉到的，直接以抢劫罪定罪处罚；行为人携带凶器抢夺后，在逃跑过程中为窝藏赃物、抗拒抓捕或者毁灭罪证而当场使用暴力或者以暴力相威胁的，适用《刑法》第 267 条第 2 款的规定以抢劫罪定罪处罚。

例如，卖肉的人卖完肉回家途中，乘人不备抢夺他人手机，没有特意暴露自己随身携带的割肉刀。因此，即使受害人看到了刀也不应认定为携带凶器抢夺，如果有意显示割肉刀意图让受害人看见，则直接以抢劫罪定罪处罚。

《刑法》第 269 条规定，犯盗窃、诈骗、抢夺罪，为窝藏赃物、抗拒逮捕或者毁灭罪证而当场使用暴力或者以暴力相威胁，以抢劫罪定罪处罚。构成《刑法》第 269 条规定的转化型抢劫罪，必须具备以下三个条件：(1)行为人必须先实施了盗窃、诈骗、抢夺行为。行为人实施盗窃、诈骗、抢夺行为，未达到“数额较大”，为窝藏赃物、抗拒抓捕或者毁灭罪证当场使用暴力或者以暴力相威胁，情节较轻、危害不大的，一般不以犯罪论处；但具有下列情节之一的，可依照《刑法》第 269 条的规定，以抢劫罪定罪处罚：①盗窃、诈骗、抢夺接近“数额较大”标准的；②入户或在公共交通工具上盗窃、诈骗、抢夺后在户外或交通工具外实施上述行为的；③使用暴力致人轻微伤以上后果的；④使用凶器或以凶器相威胁的；⑤具有其他严重情节的。(2)行为人必须是当场使用暴力或者以暴力相威胁。“当场”的范围，既包括犯罪分子实施盗窃、诈骗、抢夺行为的现场，也包括刚一离开现场就被人发现而追捕的过程中实施暴力或者以暴力相威胁的行为的场所。如果在实施盗窃、诈骗、抢夺行为以后，犯罪分子在其他场所行凶拒捕，与先前所实施的盗窃、诈骗、抢夺行为在时空上不具有连续性的，则不属于当场。所谓“使用暴力或者以暴力相威胁”，是指对阻止窝藏赃物、毁灭罪证或者抓捕犯罪嫌疑人的人员实行暴力打击、强制或者以将要立即实行暴力相威胁。(3)实施暴力或以暴力相威胁的目的是窝藏赃物、抗拒抓捕或者毁灭罪证。所谓窝藏赃物，是指为了保护已到手的赃物不被追回。所谓抗拒抓捕，是指抗拒公安司法机关或任何公民的抓捕、扭送。所谓毁灭罪证，是指消灭作案现场上遗留的痕迹、物品等可以证明犯罪的材料。

3. 既遂与未遂的界限

抢劫罪具备劫取财物或者造成他人轻伤以上后果两者之一的，均属抢劫既遂；既未劫取财物，又未造成他人人身伤害后果的，属抢劫未遂。据此，《刑法》第 263 条规定的八种处罚情节中除“抢劫致人重伤、死亡的”这一结果加重情节之外，其余七种处罚情节同样存在既遂、未遂问题，其中属抢劫未遂的，应当根据刑法关于加重情节的法定刑规定，结合未遂犯的处理原则量刑。

4. 本罪与故意杀人罪的界限

在抢劫过程中，为劫取财物而预谋故意杀人，或者在劫取财物过程中，为制服被害人反抗而故意杀人的，不定故意杀人罪，也不进行数罪并罚，应以抢劫罪定罪并按照《刑法》第 263 条所规定的加重情形处理。如果出于复仇或其他目的而杀害被害人之后临时起意，非法占有财物的，因杀人行为与取财行为两者之间缺乏手段和目的联系，因而对取财行为应单独认定为盗窃罪，与先前的故意杀人罪合并处罚。如果在抢劫财物后出于灭口、报复等原因而又起意杀害被害人的，因杀人行为已不再是抢劫的手段，属于以新的犯意支配而实施的另一犯罪，因而应另定故意杀人罪，与抢劫罪实行并罚。行为人在抢劫过程中，所使用的暴力或者其他方法致被害人死亡的，应以抢劫罪一罪论处。为了继承财产杀害被继承人，或者为霸占被害人的钱财而先将被害人杀死的，则构成故意杀人罪。

5. 本罪与绑架罪的界限

绑架罪是侵害他人人身自由权利的犯罪，其与抢劫罪的区别在于：第一，主观要件不尽相同。抢劫罪中，行为人一般出于非法占有他人财物的故意实施抢劫行为，绑架罪中，行为人既可能为勒索他人财物而实施绑架行为，也可能出于其他非经济目的实施绑架行为。第二，行为手段不尽相同。抢劫罪表现为行为人劫取财物一般应在同一时间、同一地点，具有“当场性”；绑架罪表现为行为人以杀害、伤害等方式向被绑架人的亲属或其他人或单位发出威胁，索取赎金或提出其他非法要求，劫取财物一般不具有“当场性”。绑架过程中又当场劫取被害人随身携带财物的，同时触犯绑架罪和抢劫罪两罪名，应择一重罪定罪处罚，就是说定哪个罪名处罚更重就定哪个罪名。

(三)本罪处罚

犯本罪的，处3年以上10年以下有期徒刑，并处罚金；有下列情形之一的，处10年以上有期徒刑、无期徒刑或者死刑，并处罚金或没收财产：(1)入户抢劫的。要注重审查行为人“入户”的目的，将“入户抢劫”与“在户内抢劫”区别开来。以侵害户内人员的人身、财产为目的，入户后实施抢劫，包括入户实施盗窃、诈骗等犯罪而转化为抢劫的，应当认定为“入户抢劫”。因访友办事等原因经户内人员允许入户后，临时起意实施抢劫，或者临时起意实施盗窃、诈骗等犯罪而转化为抢劫的，不应认定为“入户抢劫”。(2)在公共交通工具上抢劫的。对于虽不具有商业营运执照，但实际从事旅客运输的大中型交通工具，可认定为“公共交通工具”。接送职工的单位班车、接送师生的校车等大中型交通工具，视为“公共交通工具”。(3)抢劫银行或者其他金融机构的。(4)多次抢劫或者抢劫数额巨大的。(5)抢劫致人重伤、死亡的。抢劫数额以实际抢劫到的财物数额为依据。对以数额巨大的财物为明确目标，由于意志以外的原因，未能抢到财物或实际抢得的财物数额不大的，应同时认定“抢劫数额巨大”和犯罪未遂的情节，根据《刑法》有关规定，结合未遂犯的处理原则量刑。根据《关于审理抢劫、抢夺刑事案件适用法律若干问题的意见》第6条第1款规定，抢劫信用卡后使用、消费的，以行为人实际使用、消费的数额为抢劫数额。由于行为人意志以外的原因无法实际使用、消费的部分，虽不计入抢劫数额，但应作为量刑情节考虑。通过银行转账或者电子支付、手机银行等支付平台获取抢劫财物的，以行为人实际获取的财物为抢劫数额。(6)冒充军警人员抢劫的。(7)持枪抢劫的。(8)抢劫军用物资或者抢险、救灾、救济物资的。

所谓“入户抢劫”，是指为实施抢劫而进入他人生活的与外界相对隔离的住所，包括封闭的院落、牧民的帐篷、渔民作为家庭生活场所的渔船、生活租用的房屋等进行抢劫的行为。认定“入户抢劫”时，应当注意以下三个问题：一是“户”的范围。“户”在这里是指住所，其特征表现为供他人家庭生活和与外界相对隔离两个方面，前者为功能特征，后者为场所特征。一般情况下，集体宿舍、旅店宾馆、临时搭建工棚等不应认定为“户”，但在特定情况下，如果确实具有上述两个特征的，也可以认定为“户”。二是“入户”目的的非法性。进入他人住所须以实施抢劫等犯罪为目的。抢劫行为虽然发生在户内，但行为人不以实施抢劫等犯罪为目的进入他人住所，而是在户内临时起意实施抢劫的，不属于“入户抢劫”。三是暴力或者暴力胁迫行为必须发生在户内。入户实施盗窃被发现，行为人为窝藏赃物、抗拒抓捕或者毁灭罪证而当场使用暴力或者以暴力相威胁的，如果暴力或者暴力胁迫行为发生在户内，可以认定为“入户抢劫”；如果发生在户外，不能认定为“入户抢劫”。“在公共交通工具上抢劫”既包括在从事旅客运输的各种公共汽车、大中型出租车、火车、船舶、飞机等正在运营中的机动公共交通工具上对旅客、司售、乘务人员实施的抢劫，也包括对运行途中的机动交通工具加以拦截后，对公共交通工具上的人员实施的抢劫。“抢劫银行或者其他金融机构”是指抢劫银行或者其他金融机构的经营资金、有价证券和客户的资金等。抢劫正在使用中的银行或者其他金融机构的运钞车的，视为“抢劫银行或者其他金融机构”。抢劫金融机构的办公用品、非运钞车等财物的行为不属于“抢劫银行或者其他金融机构”。在“多次抢劫或者抢劫数额巨大的”的情形中，“多次”是指三次以上。“数额巨大”的认定标准，参照各地确定的盗窃罪数额巨大的认定标准执行。“冒充军警人员抢劫的”中的“军警人员”是指现役军人、武装警察、司法机关的公安警察、司法警察，但不包括其他执法人员或者司法人员。“冒充”是指通过着装、出示假证件或者口头宣称等形式以假充真的行为。只要行为人有冒充军警人员的表示，无论被害人是否信以为真，这种冒充行为就已成立。“持枪抢劫”是指在实施抢劫过程中，行为人使用枪支或者向被害人显示持有、佩带的枪支。如果行为人并未实际持有枪支，只是口头上宣称有枪，或者虽然随身携带枪支，但并未持枪在手，也未向被害人显示的，均不符合这一法定情形，不属于“持枪抢劫”。行为人所持有的枪支的概念和范围，应当适用枪支管理法规所规定的枪支范围，即以火药或者压缩充体等为动力，利用管状器具发射金属弹丸或者其他物质，足以致人伤亡或者丧失知觉的各种枪支，即必须是真枪，不包括玩具手枪，但不要求枪中有子弹。以假枪冒充真枪抢劫的，构成抢劫罪，但不能认定为“持枪抢劫”。“军用物资”是指武装部队(包括武警部队)使用的物资，不包括公安警察使用的物资。“抢险、救灾、救济物资”是指已经确定用于或者正在用于抢险、救灾、救济的物资，包括处于储备、运输或者使用当中的物资。对于抢劫具有上述特定用途物资的情形，应当查明行为人是否明知而实施；如果行为人事前或者事中并不知情，则不能适用本项专门规定，而仍应以一般抢劫罪或数额巨大的抢劫罪认定。

二、盗窃罪

(一)构成要件

盗窃罪是指以非法占有为目的，秘密窃取数额较大的公私财物或者多次盗窃、入户盗窃、携带凶器盗窃、扒窃的行为。本罪具有以下特征：

本罪侵犯的客体是公私财产的所有权。犯罪对象是公私所有的各种有价值的财物，但是，《刑法》另有规定的，依照规定(如盗窃商业秘密的，不以盗窃罪论处，在符合侵犯商业秘密罪的其他构成要件时，以侵犯商业秘密罪论处)。作为盗窃对象的财物，不仅包括他人合法占有的财物，也包括违禁品；不仅包括有体物，而且包括无体物，如电力、煤气、天然气、热能等。根据《刑法》第 265 条的规定，他人通信线路、他人电信码号，是一种特殊的盗窃对象。以牟利为目的，盗接他人通信线路，复制他人电信码号，或明知是盗接、复制的电信设备、设施而使用的，以盗窃罪定罪处罚。根据《刑法》第 210 条的规定，盗窃增值税专用发票或者可以用于骗取出口退税、抵扣税款的其他发票的，依照盗窃罪的规定定罪处罚。盗窃罪的对象必须是他人占有的财物，对于自己占有的他人财物，不能成立盗窃罪。窃取本人已被依法扣押的财物，或者偷回本人已交付他人合法持有或者保管的财物，以致因主张权利而使他人在负赔偿责任的情况下遭受财产损失的，以盗窃罪论处；但是秘密取回后即告知对方的，不具有非法占有的目的，不构成盗窃罪。将电信卡非法充值后使用，造成电信资费损失数额较大的，以及盗用他人公共信息网络上网账号、密码上网，造成他人电信资费损失数额较大的，以盗窃罪定罪处罚。将国家、集体、他人所有并已经伐倒的树木窃为己有以及偷砍他人房前屋后、自留地种植的零星树木，数额较大的，以盗窃罪定罪处罚；非法实施采种、采脂、挖笋、掘根、剥树皮等行为，谋取经济利益数额较大的，以盗窃罪定罪处罚，同时构成其他犯罪的，依照处罚较重的规定定罪处罚。《刑法》所特殊保护的物品不能成为盗窃罪的对象，如武器弹药、古文化遗址、古墓葬、尸体等；盗窃上述物品的，应作为其他犯罪处理，如盗窃枪支、弹药、爆炸物、危险物质罪，盗掘古文化遗址、古墓葬罪，盗窃尸体罪等。盗窃他人信用卡并使用的，以盗窃罪论处。

本罪客观要件表现为窃取数额较大的公私财物或者多次盗窃、入户盗窃、携带凶器盗窃、扒窃的行为。窃取，是指行为人采取自认为不会被财物的所有人、保管人、经手人察觉的方法，将财物非法占有的行为。窃取具有主观性、相对性和一贯性的特点。“主观性”是指行为人主观上自认为是在窃取，即使客观上已被他人发觉或注视，不影响盗窃性质的认定。“相对性”是指窃取是相对于财物所有人、保管人、经手人而言的。在窃取财物时即使被他人发觉或暗中注视，不影响盗窃罪的成立。“一贯性”是指窃取贯穿整个行为的始终。如果在窃取时遇到了被害人的抵抗而改用暴力，犯罪的性质就由盗窃罪转化为抢劫罪。窃取，可以是被害人不在场时实施，也可以是物主在场，乘其不备注意的瞬间时实施。窃取的方式是多种多样的，常见的有撬门破锁、翻墙入院、顺手牵羊等。有时行为人施展某种骗术，借以转移被害人注意力，在被害人不知道的情况下取得财物，也属于盗窃，而不是诈骗。这些窃取方式的共同特点是，随着窃取行为的实施，被窃财物在空间上发生位置移动。较为少见的是利用电子计算机、照相器材、复印机等手段实施盗窃行为。这些窃取方式，与前述的方式不同，可以在不取走原物的情况下达到窃取财物的目的。盗窃数额是指行为人窃取的公私财物的价格数额。根据 2013 年 4 月 4 日《最高人民法院、最高人民检察院关于办理盗窃刑事案件适用法律若干问题的解释》第 1 条的规定，盗窃公私财物“数额较大”“数额巨大”“数额特别巨大”的标准是：(1)个人盗窃公私财物价值人民币 1000 元至 3000 元以上的，为“数额较大”；(2)个人盗窃公私财物价值人民币 3 万元至 10 万元以上的，为“数额巨大”；(3)个人盗窃公私财物价值人民币 30 万元至 50 万元以上的，为“数额特别巨大”。所谓“多次盗窃”，是指二年内盗窃三次以上。应当注意的是，多次盗窃的总和数额没有达到“数额较大”的标准的，或者其中存在盗窃未遂情形的，均不影响“多次盗窃”的认定，但是行为人如果没有盗窃数额较大财物的意图，每次都盗窃数额很小的财物的，或根据行为方式、时间、行为性质等方面因素判断，不可能侵犯到刑法所保护的财产权的，如每次只到超市偷一袋盐，即使盗窃三次以上，也不认定为盗窃罪。

这里的“入户盗窃”的“户”，是指家庭及其成员与外界相对隔离的生活场所，包括封闭的院落、为家庭生活租用的房屋、牧民的帐篷以及渔民作为家庭生活场所的渔船等。集生活、经营于一体的处所，在经营时间内一般不视为“户”。“入户盗窃”构成犯罪不以盗窃数额和盗窃次数为要件，只要入户盗窃即构成盗窃罪，当然，情节显著轻微，危害不大的，不认定为犯罪。所谓“携带凶器盗窃”是指携带枪支、爆炸物、管制刀具等国家禁止个人携带的器械盗窃，或者为了实施违法犯罪将其他足以危害他人人身安全的器械带在身上或置于身旁附近，不要求行为人明示、暗示凶器，更不要求使用凶器。“携带凶器盗窃”构成盗窃罪没有数额和次数的限定。所谓“扒窃”是指在公共场所或公共交通工具上窃取他人随身携带的物品的行为，扒窃构成盗窃罪没有数额和次数的限定，但是，如果窃取他人携带的价值极低的物品，如从他人背包里窃得一支铅笔，不认为是犯罪。

本罪主体是一般主体，即年满16周岁，具有辨认、控制能力的自然人。单位有关人员为谋取单位利益组织实施盗窃行为，情节严重的，应当以盗窃罪追究直接责任人员的刑事责任。

本罪主观要件是故意，并且以非法占有为目的。盗接他人通信线路，复制他人电信码号，或明知是盗接、复制的电信设备、设施而使用的，必须具有“以牟利为目的”，才成立盗窃罪。这里的“以牟利为目的”，是指为了出售、出租、自用、转让等谋取经济利益的行为。

(二)司法认定

1. 本罪与非罪的界限

盗窃公私财物数额未达到较大标准，也不具备多次盗窃、入户盗窃、携带凶器盗窃、扒窃的，原则上不应认为是犯罪，属于一般违法行为，必要时可给予治安行政处罚。对盗窃未遂一般不追究刑事责任；但是，具有下列情形之一的，应当依法追究刑事责任：(1)以数额巨大的财物为盗窃目标的；(2)以珍贵文物为盗窃目标的；(3)其他情节严重的情形。偷拿自己家的财物或者近亲属的财物，获得谅解的，一般可不按犯罪处理；追究刑事责任的，应当酌情从宽。所谓近亲属，是指夫、妻、父、母、子、女、同胞兄弟姐妹。偷拿近亲属的财物，应包括偷拿已分居生活的近亲属的财物；偷拿自己家里的财物，既包括偷拿共同生活的近亲属的财物，也包括偷拿共同生活的其他非近亲属(如同居者)的财物。盗窃公私财物数额较大，行为人认罪、悔罪，退赃、退赔，且具有下列情形之一，情节轻微的，可以不起诉或者免予刑事处罚；必要时，由有关部门予以行政处罚：(1)具有法定从宽处罚情节的；(2)没有参与分赃或者获赃较少且不是主犯的；(3)被害人谅解的；(4)其他情节轻微、危害不大的。

本罪的立案标准：

《最高人民法院、最高人民检察院关于办理盗窃刑事案件适用法律若干问题的解释》(法释〔2013〕8号)

第1条规定：“盗窃公私财物价值一千元至三千元以上、三万元至十万元以上、三十万元至五十万元以上的，应当分别认定为刑法第二百六十四条规定的‘数额较大’、‘数额巨大’、‘数额特别巨大’。

各省、自治区、直辖市高级人民法院、人民检察院可以根据本地区经济发展状况，并考虑社会治安状况，在前款规定的数额幅度内，确定本地区执行的具体数额标准，报最高人民法院、最高人民检察院批准。

在跨地区运行的公共交通工具上盗窃，盗窃地点无法查证的，盗窃数额是否达到‘数额较大’、‘数额巨大’、‘数额特别巨大’，应当根据受理案件所在地省、自治区、直辖市高级人民法院、人民检察院确定的有关数额标准认定。

盗窃毒品等违禁品，应当按照盗窃罪处理的，根据情节轻重量刑。”

第 2 条规定：“盗窃公私财物，具有下列情形之一的，‘数额较大’的标准可以按照前条规定标准的百分之五十确定：(一)曾因盗窃受过刑事处罚的；(二)一年内曾因盗窃受过行政处罚的；(三)组织、控制未成年人盗窃的；(四)自然灾害、事故灾害、社会安全事件等突发事件期间，在事件发生地盗窃的；(五)盗窃残疾人、孤寡老人、丧失劳动能力人的财物的；(六)在医院盗窃病人或者其亲友财物的；(七)盗窃救灾、抢险、防汛、优抚、扶贫、移民、救济款物的；(八)因盗窃造成严重后果的。”

第 3 条规定：“二年内盗窃三次以上的，应当认定为‘多次盗窃’。

非法进入供他人家庭生活，与外界相对隔离的住所盗窃的，应当认定为‘入户盗窃’。

携带枪支、爆炸物、管制刀具等国家禁止个人携带的器械盗窃，或者为了实施违法犯罪携带其他足以危害他人人身安全的器械盗窃的，应当认定为‘携带凶器盗窃’。

在公共场所或者公共交通工具上盗窃他人随身携带的财物的，应当认定为‘扒窃’。”

2. 本罪数额的认定

如果犯罪分子盗窃的财物不是现金，应如何计算数额是一个重要问题。《最高人民法院、最高人民检察院关于办理盗窃刑事案件适用法律若干问题的解释》对此作了较为详尽的规定，对赃物计价的总原则是，既不使犯罪分子在经济上占到便宜，计价又要合情合理。被盗物品的数额，按照司法解释所列方法计算。《最高人民法院、最高人民检察院关于办理盗窃刑事案件适用法律若干问题的解释》第 4 条规定：“盗窃的数额，按照下列方法认定：(一)被盗财物有有效价格证明的，根据有效价格证明认定；无有效价格证明，或者根据价格证明认定盗窃数额明显不合理的，应当按照有关规定委托估价机构估价；(二)盗窃外币的，按照盗窃时中国外汇交易中心或者中国人民银行授权机构公布的人民币对该货币的中间价折合成人民币计算；中国外汇交易中心或者中国人民银行授权机构未公布汇率中间价的外币，按照盗窃时境内银行人民币对该货币的中间价折算成人民币，或者该货币在境内银行、国际外汇市场对美元汇率，与人民币对美元汇率中间价进行套算；(三)盗窃电力、燃气、自来水等财物，盗窃数量能够查实的，按照查实的数量计算盗窃数额；盗窃数量无法查实的，以盗窃前六个月月均正常用量减去盗窃后计量仪表显示的月均用量推算盗窃数额；盗窃前正常使用不足六个月的，按照正常使用期间的月均用量减去盗窃后计量仪表显示的月均用量推算盗窃数额；(四)明知是盗接他人通信线路、复制他人电信码号的电信设备、设施而使用的，按照合法用户为其支付的费用认定盗窃数额；无法直接确认的，以合法用户的电信设备、设施被盗接、复制后的月缴费额减去被盗接、复制前六个月的月均电话费推算盗窃数额；合法用户使用电信设备、设施不足六个月的，按照实际使用的月均电话费推算盗窃数额；(五)盗接他人通信线路、复制他人电信码号出售的，按照销赃数额认定盗窃数额。”第 5 条规定：“盗窃有价支付凭证、有价证券、有价票证，按照下列方法认定盗窃数额：(一)盗窃不记名、不挂失的有价支付凭证、有价证券、有价票证的，应当按票面数额和盗窃时应得的孳息、奖金或者奖品等可得收益一并计算盗窃数额；(二)盗窃记名的有价支付凭证、有价证券、有价票证，已经兑现的，按照兑现部分的财物价值计算盗窃数额；没有兑现，但失主无法通过挂失、补领、补办手续等方式避免损失的，按照给失主造成的实际损失计算盗窃数额。”

3. 既遂与未遂的界限

本书认为，盗窃罪是结果犯，应以盗窃行为对该罪的客体即公私财产所有权造成的损害结果的出现为既遂的标志。即以被害人失去对被盗财物的控制作为既遂的标准，至于行为人是否最终控制了财物，并不影响既遂的成立。尽管一般说来，被害人失去对被盗财物的控制同时也就意味着行为人对被盗财物的控制，但是，被害人的失控与行为人的控制也可能存在不统一的情况。例如行为人在火车上窃得一个行李包，从火车窗户扔出，准备回头去捡，这时，虽然行为人可能最终没有控制财物，但是被害人失去了对被盗财物的控制，就可以认定为既遂。在具体认定盗窃罪的既遂问题时，应当根据财物的形状、性质、体积大小、行为人对财物的占有状态以及盗窃手段等进行综合考虑。

4. 本罪与其他犯罪的界限

(1)盗窃广播电视设施、公用电信设施价值数额不大，但是危害公共安全的，依照《刑法》第124条规定的破坏广播电视设施、公用电信设施罪定罪处罚；盗窃广播电视设施、公用电信设施同时构成盗窃罪和破坏广播电视设施、公用电信设施罪的，择一重罪处罚。(2)盗窃油气或使用中的电力设备，同时构成盗窃罪和破坏易燃易爆设备罪或破坏电力设备罪的，择一重罪处罚。(3)盗窃枪支、弹药、爆炸物、危险物质的，只要行为人认识到对象可能是枪支、弹药、爆炸物、危险物质，就构成盗窃枪支、弹药、爆炸物、危险物质的犯罪。相反，行为人没有认识到对象是枪支、弹药、爆炸物、危险物质的，只能定盗窃罪。(4)为盗窃其他财物，盗窃机动车辆当犯罪工具使用的，被盗机动车辆的价值计入盗窃数额；为实施其他犯罪盗窃机动车辆的，以盗窃罪和所实施的其他犯罪实行数罪并罚；为实施其他犯罪，偷开机动车辆当犯罪工具使用后，将偷开的机动车辆送回原处或者停放到原处附近，车辆未丢失的，按照其所实施的犯罪从重处罚，不再定盗窃罪；偷开机动车辆，并将机动车辆丢失的，以盗窃罪定罪处罚。(5)实施盗窃犯罪，造成公私财物损毁的，以盗窃罪从重处罚；又构成其他犯罪的，择一重罪从重处罚；盗窃公私财物未构成盗窃罪，但因采用破坏性手段造成公私财物损毁数额较大的，以故意毁坏财物罪定罪处罚。盗窃后，为掩盖盗窃罪行或者报复等，故意破坏公私财物构成犯罪的，应当以盗窃罪和构成的其他罪实行数罪并罚。(6)盗窃技术成果等商业秘密的，按照《刑法》第219条规定的侵犯商业秘密罪定罪处罚。

(三)本罪处罚

《刑法》第264条规定，犯本罪的，处3年以下有期徒刑、拘役或者管制，并处或单处罚金；盗窃数额巨大或者有其他严重情节的，处3年以上10年以下有期徒刑，并处罚金；盗窃数额特别巨大或者有其他特别严重情节的，处10年以上有期徒刑或者无期徒刑，并处罚金或者没收财产。

【以案说法 11-1】

张某盗窃域名构成盗窃罪

◎基本案情：

被告人张四毛，男，1989年7月生，无业。2009年5月，被害人陈某在大连市西岗区登录网络域名注册网站，以人民币 11.85 万元竞拍取得“www.8.cc”域名，并交由域名维护公司维护。被告人张四毛预谋窃取陈某拥有的域名“www.8.cc”，其先利用技术手段破解该域名所绑定的邮箱密码，后将该网络域名转移绑定到自己的邮箱上。2010 年 8 月 6 日，张四毛将该域名从原有的维护公司转移到自己在另一网络公司申请的 ID 上，又于 2011 年 3 月 16 日将该网络域名再次转移到张四毛冒用“龙嫦”身份申请的 ID 上，并更换绑定邮箱。2011 年 6 月，张四毛在网上域名交易平台将网络域名“www.8.cc”以人民币 12.5 万元出售给李某。2015 年 9 月 29 日，张四毛被公安机关抓获。

◎裁判结果：

本案由辽宁省大连市西岗区人民检察院于 2016 年 3 月 22 日以被告人张四毛犯盗窃罪向大连市西岗区人民法院提起公诉。2016 年 5 月 5 日，大连市西岗区人民法院作出判决，认定被告人张四毛的行为构成盗窃罪，判处有期徒刑四年零七个月，并处罚金人民币 5 万元。一审宣判后，当事人未上诉，判决已生效。（见最高人民检察院第九批指导性案例第 37 号）

三、诈骗罪

（一）构成要件

诈骗罪是指以非法占有为目的，以虚构事实或者隐瞒事实真相的方法，骗取公私财物，数额较大的行为。本罪具有以下特征：

本罪侵犯的客体是公私财产所有权。侵犯的对象是公私财物，包括动产，也包括不动产。因为诈骗是通过欺诈骗取被害人信任的方式侵占公私财物，这样就有可能在不动产不发生位移的情况下，转移不动产的所有权，如骗取他人信任将房屋产权证过户到自己名下。因此，房屋等不动产可以成为诈骗罪的犯罪对象。但是，如果不是骗取财物或财产性利益，而是骗取其他非法利益，不能定诈骗罪。如伪造证明骗取登记而重婚的，定伪造、变造国家公文、证件、印章罪或重婚罪；利用封建迷信骗奸妇女的，定强奸罪。

本罪客观要件表现为采用虚构事实或者隐瞒事实真相的方法，骗取数额较大的公私财物行为。本罪的基本构造是行为人以不法所有为目的实施欺诈行为——对方产生错误认识——对方基于错误认识处分财产——行为人取得财产——被害人受到财产上的损害。诈骗行为最突出的特点就是行为人设法使他人产生认识上的错觉，以致“自愿地”处分财产。这里的处分指将被害人的财物交付给行为人或者使被害人放弃自己的所有权、转移财产性利益，或者免除行为人交还财物的义务。诈骗的方法多种多样，但概括起来，无非是两类。其一，虚构事实，即行为人捏造根本不存在的事实，“无中生有”地诱使他人上当受骗。其二，隐瞒真相，是指隐瞒客观上存在的事实情况，既可以是部分隐瞒事实真相，也可以是隐瞒全部事实真相。实际上，虚构事实和隐瞒真相往往交织在一起，都是以有掩盖无，隐瞒真相可以附之于虚构的事实；虚构事实同时就会隐瞒真相。行为人通过虚构事实或者隐瞒真相的方法，使他人陷入错误，信以为真，自愿地处分财产，使行为人获得财产，从而使受害人遭受到财产损失。行为人获得财产包括两种情况：一是行为人积极财产的增加，如将被害人的财产转移给行为人占有；二是消极财产的减少，如使被害人减少或免除行为人的债务。可见，这里的财产既包括有体物，也包括无体物，还包括财产性利益。使用欺骗手段骗取增值税专用发票或用于出口退税、抵扣税款的其他发票的，成立诈骗罪。以虚假、冒用的身份证件办理入网手续并使用移动电话，造成电信资费损失数额较大的，以诈骗罪定罪处罚。

依据《最高人民法院、最高人民检察院关于办理诈骗刑事案件具体应用法律若干问题的解释》，诈骗公私财物价值3000元至1万元以上、3万元至10万元以上、50万元以上的，应当分别认定为《刑法》第266条规定的“数额较大”“数额巨大”“数额特别巨大”。单位直接负责的主管人员和其他直接责任人员以单位名义实施诈骗行为，诈骗所得归单位所有，数额在5万元至10万元以上的，应以诈骗罪追究上述人员“数额较大”的刑事责任。

本罪主体是自然人一般主体，如果以单位名义实施诈骗，违法所得归单位所有的，只追究单位直接负责的主管人员和其他直接责任人员刑事责任。

本罪主观要件是故意，并且以非法占有为目的。

（二）司法认定

1. 本罪与非罪的界定

诈骗数额较大才构成诈骗罪，如果诈骗的是近亲属的财物，近亲属谅解的，一般可不按犯罪处理。诈骗近亲属的财物，确有追究刑事责任必要的，具体处理也应酌情从宽。本罪的立案标准：

（1）《最高人民法院、最高人民检察院关于办理诈骗刑事案件适用法律若干问题的解释》（法释〔2011〕7号）第1条规定：“诈骗公私财物价值三千元至一万元以上、三万元至十万元以上、五十万元以上的，应当分别认定为刑法第二百六十六条规定的‘数额较大’、‘数额巨大’、‘数额特别巨大’。

各省、自治区、直辖市高级人民法院、人民检察院可以结合本地区经济社会发展状况，在前款规定的数额幅度内，共同研究确定本地区执行的具体数额标准，报最高人民法院、最高人民检察院备案。”

第2条规定：“骗公私财物虽已达到本解释第一条规定的‘数额较大’的标准，但具有下列情形之一，且行为人认罪、悔罪的，可以根据刑法第三十七条、刑事诉讼法第一百四十二条的规定不起诉或者免予刑事处罚：（一）具有法定从宽处罚情节的；（二）一审宣判前全部退赃、退赔的；（三）没有参与分赃或者获赃较少且不是主犯的；（四）被害人谅解的；（五）其他情节轻微、危害不大的。”

第4条规定：“诈骗近亲属的财物，近亲属谅解的，一般可不按犯罪处理。

诈骗近亲属的财物，确有追究刑事责任必要的，具体处理也应酌情从宽。”

（2）《最高人民法院、最高人民检察院、公安部关于办理电信网络诈骗等刑事案件适用法律若干问题的意见》（法发〔2016〕32号）规定如下：

“四、准确认定共同犯罪与主观故意

（三）明知他人实施电信网络诈骗犯罪，具有下列情形之一的，以共同犯罪论处，但法律和司法解释另有规定的除外：1. 提供信用卡、资金支付结算账户、手机卡、通讯工具的；2. 非法获取、出售、提供公民个人信息的；3. 制作、销售、提供‘木马’程序和

‘钓鱼软件’等恶意程序的；4. 提供‘伪基站’设备或相关服务的；5. 提供互联网接入、服务器托管、网络存储、通讯传输等技术支持，或者提供支付结算等帮助的；6. 在提供改号软件、通话线路等技术服务时，发现主叫号码被修改为国内党政机关、司法机关、公共服务部门号码，或者境外用户改为境内号码，仍提供服务的；7. 提供资金、场所、交通、生活保障等帮助的；8. 帮助转移诈骗犯罪所得及其产生的收益，套现、取现的。”

(3)《最高人民法院、最高人民检察院、公安部关于办理电信网络诈骗等刑事案件适用法律若干问题的意见(二)》(法发〔2021〕22 号)第 16 条第 3 款规定：“对于电信网络诈骗犯罪集团、犯罪团伙中的从犯，特别是其中参与时间相对较短、诈骗数额相对较低或者从事辅助性工作并领取少量报酬，以及初犯、偶犯、未成年人、在校学生等，应当综合考虑其在共同犯罪中的地位作用、社会危害程度、主观恶性、人身危险性、认罪悔罪表现等情节，可以依法从轻、减轻处罚。犯罪情节轻微的，可以依法不起诉或者免予刑事处罚；情节显著轻微危害不大的，不以犯罪论处。”

诈骗公私财物虽已达到本解释规定的“数额较大”的标准，但具有下列情形之一，且行为人认罪、悔罪的，可以根据《刑法》第 37 条、《刑事诉讼法》第 142 条的规定不起诉或者免予刑事处罚：具有法定从宽处罚情节的；一审宣判前全部退赃、退赔的；没有参与分赃或者获赃较少且不是主犯的；被害人谅解的；其他情节轻微、危害不大的。诈骗公私财物达到本解释规定的数额标准，同时具有下列情形之一的，可以依法酌情从严惩处：通过发送短信、拨打电话或者利用互联网、广播电视、报刊等发布虚假信息，对不特定多数人实施诈骗的；诈骗救灾、抢险、防汛、优抚、扶贫、移民、救济、医疗款物的；以赈灾募捐名义实施诈骗的；诈骗残疾人、老年人或者丧失劳动能力人的财物的；造成被害人自杀、精神失常或者其他严重后果的。诈骗数额接近本解释规定的“数额巨大”“数额特别巨大”的标准，并具有上述规定的情形之一或者属于诈骗集团首要分子的，应当分别认定为刑法本条规定的“其他严重情节”“其他特别严重情节”。

2. 本罪与特定诈骗犯罪的界限

除侵犯财产罪一章以外的其他诈骗罪(如：集资诈骗罪、贷款诈骗罪、票据诈骗罪、金融凭证诈骗罪、信用证诈骗罪、信用卡诈骗罪、有价证券诈骗罪、保险诈骗罪、合同诈骗罪等)是特殊诈骗罪。本罪是普通诈骗罪。诈骗罪与其他各种具体诈骗犯罪是一般与特殊的关系。从本质上讲，它们是种属关系，各具体诈骗罪属于诈骗罪的范畴，只是由于其具有某些特点和立法者出于从重打击该类犯罪的需要而作出了单独规定。从刑法理论上讲，它们之间形成了一种法条竞合的关系，应按照法条竞合中特别法优于普通法的原则处理。凡行为符合刑法规定的特殊诈骗犯罪构成的，按特殊诈骗犯罪定罪处罚，而不能按本罪处理。

3. 跨境电信诈骗

2024 年《最高人民法院、最高人民检察院、公安部关于办理跨境电信网络诈骗等刑事案件适用法律若干问题的意见》规定，犯罪嫌疑人、被告人参加境外诈骗犯罪集团或犯罪团伙，实施电信网络诈骗犯罪行为，犯罪嫌疑人、被告人及所在犯罪集团、犯罪团伙的犯罪数额均难以查证，但犯罪嫌疑人、被告人一年内出境赴境外犯罪窝点累计时间 30 日以上或者多次出境赴境外犯罪窝点的，应当认定为刑法第二百六十六条规定的‘其他严重情节’，以诈骗罪依法追究刑事责任。但有证据证实其出境从事正当活动的除外。”其中，

“犯罪窝点”，是指实施电信网络诈骗犯罪活动的作案场所。对于为招募电信网络诈骗犯罪团伙而建设，或者入驻的主要是电信网络诈骗犯罪团伙的整栋建筑物、企业园区、产业园区、开发区等，可以认定为“犯罪窝点”。

(三)本罪处罚

《刑法》第266条规定，犯本罪，数额较大的，处3年以下有期徒刑、拘役或者管制，并处或者单处罚金；数额巨大或者具有其他严重情节的，处3年以上10年以下有期徒刑，并处罚金；数额特别巨大或者有其他特别严重情节的，处10年以上有期徒刑或者无期徒刑，并处罚金或者没收财产。

【以案说法11-2】

“算命大师”骗人钱财构成诈骗罪

◎基本案情：

2018年王某发现其男友对其日渐冷淡，为了挽回与男友的感情，王某四处寻求帮助。此时王某在微信群中认识了陈某，陈某称自己能做法事、会算命、可以为王某“砍桃花”来改变命运，做一次需要3800元。王某希望以此阻断男友和其他人的感情。2020年3月，王某与男友的感情再次出现问题又让陈某为其做法事。这次，陈说“砍桃花”只能解决暂时稳定，要想一生感情稳定，需要做“终身合婚”，收费35800元；王某又给了陈某35800元之后，陈某又提出功德不够厚，可以通过“修路”积攒功德，又向王某收费50999元。2020年7月，男友提出和王某分手，陈某对王某说王某的男友是被泰国的邪恶势力“下降头”，称其可以给王某“开天眼”，让王某成为自己的同门，增强法力，需付费十几万元。此时王某失业、失恋，人财两空，感觉被骗了，要求陈某退钱，被拒，遂报案，后陈某家属代替陈某退给王某14万元。

◎裁判结果：

法院经审理认为，陈某利用王某希望通过封建迷信活动寄托情感诉求的心理，虚构自己具有算命、通灵的技能，通过升级法事名目多次使王某产生错误认识，骗取他人钱财，数额巨大，其行为构成诈骗罪，依法应予惩处。故判决陈某犯诈骗罪，判处有期徒刑三年，罚金人民币3万元。

四、抢夺罪

(一)构成要件

抢夺罪是指以非法占有为目的，公然夺取数额较大的公私财物或者多次抢夺公私财物的行为。本罪具有以下特征：

(1)本罪侵犯的客体是公私财产的所有权。犯罪对象是动产，一般为有形物品。抢夺枪支、弹药、爆炸物、公文、印章的，依照《刑法》规定以抢夺枪支、弹药、爆炸物罪和抢夺公文、印章罪定罪处罚，不构成抢夺罪。

(2)本罪客观要件表现为公然夺取数额较大的公私财物或者多次公然夺取公私财物的

行为。公然夺取是指在财物的所有人、管理人或持有人在场且能够立即发觉但来不及反抗和保护的情况下，突然夺走其财物，这是抢夺罪的本质特征。是否乘人不备，不影响抢夺罪成立。

(3)本罪主体是自然人一般主体。

(4)本罪主观要件是直接故意，并具有非法占有的目的。

(二)司法认定

1. 罪与非罪的界限

抢夺公私财物数额较大的，或者多次抢夺的，才能构成本罪。但是，抢夺公私财物数额较大，但未造成他人轻伤以上伤害，行为人系初犯，认罪、悔罪，退赃、退赔，且具有下列情形之一的，可以认定为犯罪情节轻微，不起诉或者免予刑事处罚；必要时，由有关部门依法予以行政处罚：(1)具有法定从宽处罚情节的；(2)没有参与分赃或者获赃较少，且不是主犯的；(3)被害人谅解的；(4)其他情节轻微、危害不大的。

本罪的立案标准：

《最高人民法院、最高人民检察院关于办理抢夺刑事案件适用法律若干问题的解释》(法释〔2013〕25号)第1条规定："抢夺公私财物价值一千元至三千元以上、三万元至八万元以上、二十万元至四十万元以上的，应当分别认定为刑法第二百六十七条规定的'数额较大'、'数额较大'、'数额巨大'、'数额特别巨大'。

各省、自治区、直辖市高级人民法院、人民检察院可以根据本地区经济发展状况，并考虑社会治安状况，在前款规定的数额幅度内，确定本地区执行的具体数额标准，报最高人民法院、最高人民检察院批准。"

第2条规定："抢夺公私财物，具有下列情形之一的，'数额较大'的标准按照前条规定标准的百分之五十确定：(一)曾因抢劫、抢夺或者聚众哄抢受过刑事处罚的；(二)一年内曾因抢夺或者哄抢受过行政处罚的；(三)一年内抢夺三次以上的；(四)驾驶机动车、非机动车抢夺的；(五)组织、控制未成年人抢夺的；(六)抢夺老年人、未成年人、孕妇、携带婴幼儿的人、残疾人、丧失劳动能力人的财物的；(七)在医院抢夺病人或者其亲友财物的；(八)抢夺救灾、抢险、防汛、优抚、扶贫、移民、救济款物的；(九)自然灾害、事故灾害、社会安全事件等突发事件期间，在事件发生地抢夺的；(十)导致他人轻伤或者精神失常等严重后果的。"

2. 本罪与抢劫罪的界限

二者的区别主要有：(1)侵犯的客体不同。(2)客观要件表现不同。抢劫罪采用暴力、胁迫或者其他方法直接抢走财物或者迫使被害人交出财物，抢夺罪则是公然夺取财物。(3)对行为结果的要求不同。抢劫罪的成立对抢得财物的数额没有要求；而构成抢夺罪则要求抢夺公私财物数额较大，或者多次抢夺。在抢夺过程中造成被害人伤害的，是定抢劫罪还是定抢夺罪，关键要看伤害是否为犯罪人故意实施的。如果伤害结果是行为人在抢夺财物过程中因为用力过猛等原因无意造成的，构成抢夺罪；如果行为人是有意造成伤害，并以此作为取财手段的，则构成抢劫罪。抢夺罪客观上也使用了一定强力，但这种强力直接作用于财物，目的在于夺取财物，而抢劫罪使用暴力直接作用于被害人人身，目的在于排除被害人反抗。这是抢劫罪与抢夺罪区别的关键。驾驶机动车、非机动车夺取他人财物，具有下列情形之一的，应当以抢劫罪定罪处罚：(1)夺取他人财物时因被害人不放手而强行夺取的；(2)驾驶车辆逼挤、撞击或者强行逼倒他人夺取财物的；(3)明知会致人伤亡仍然强行夺取并放任造成财物持有人轻伤以上后果的。

3. 抢夺过程中过失导致被害人重伤、死亡行为的定性

实施抢夺公私财物行为，构成抢夺罪，同时造成被害人重伤、死亡等后果，构成过失致人重伤罪、过失致人死亡罪等犯罪的，属于想象竞合犯，依照处罚较重的规定定罪处罚。具体说来，抢夺罪加重构成的法定刑更重，而且犯罪的基本方面是抢夺财物，因而在抢夺数额较大的财物的情况下，以抢夺罪定罪，以抢夺罪情节严重或者情节特别严重的法定刑量刑更为合适。当然，如果抢夺的财物数额较小，不构成抢夺罪，则可以过失致人重伤罪、过失致人死亡罪定罪，抢夺行为作为量刑的一个情节考虑。

(三)本罪处罚

《刑法》第267条规定，犯本罪数额较大的，或者多次抢夺的，处3年以下有期徒刑、拘役或者管制，并处或者单处罚金；数额巨大或者有其他严重情节的，处3年以上10年以下有期徒刑，并处罚金；数额特别巨大或者有其他特别严重情节的，处10年以上有期徒刑或者无期徒刑，并处罚金或者没收财产。

根据2013年11月11日《最高人民法院、最高人民检察院关于办理抢夺刑事案件适用法律若干问题的解释》的规定，抢夺公私财物价值人民币1000元至3000元以上的，为“数额较大”；3万元至8万元以上的，为“数额巨大”；20万元至40万元以上的，为“数额特别巨大”。

五、侵占罪

(一)构成要件

侵占罪是指以非法占有为目的，将代为保管的他人财物或者将他人的遗忘物、埋藏物非法占为己有，数额较大，拒不退还或者拒不交出的行为。本罪具有以下特征：

本罪侵犯的客体是公私财产的所有权。犯罪对象是代为保管的他人财物以及遗忘物、埋藏物。从法律关系上看，侵占罪的犯罪对象不同于其他侵犯财产罪(如盗窃罪、诈骗罪)的突出特点是，该财产在其被侵占之前业已为行为人持有。因此，侵占罪实际上是一种变持有为非法所有的犯罪。

本罪客观要件表现为将代为保管的他人财物或者他人的遗忘物、埋藏物非法占为己有，数额较大，拒不退还或者拒不交出的行为。“持有他人财物”，包括以下两种情况：

其一，持有代为保管的他人财物。在理解“代为保管”时，不能过于狭隘地认为只有财物所有人主动委托行为人保管的，才属于“代为保管”，而把未经财物所有人或占有人委托而自行保管他人财物排除在外。事实上，侵占行为的本质在于将自己持有的财物非法占为己有。而持有他人财物的情况并不局限于因保管合同而产生，而是有着多种多样的法律上或者事实上的原因，其中包含通过“委托合同”“租赁合同”“借用合同”“担保合同”“承揽合同”“运输合同”“无因管理”“不当得利”等民事行为导致的对他人财产的持有。

其二，持有他人的遗忘物或者埋藏物。所谓遗忘物，通常是指财物的所有人或者占有人有意识地将自己持有的财物放置在某处，因一时疏忽忘记拿走，而暂时失去控制的财物，或非基于他人意愿的其他原因，暂时脱离他人占有的财物。例如，他人因认识错误而交付行为人占有的钱物、邮局误投的邮件、被风吹走的衣物、河流中的漂流物等只要他人没有放弃所有权的，均属《刑法》中规定的遗忘物。埋藏物，是指不归行为人所有的埋藏于地下的财物，无论其所有者是否明确(所有者不明的，归国家所有)，埋藏时间多久，财物是什么性质，只要行为人不是出于盗窃的目的，在对地面挖掘时，偶然发现地下埋藏物，明知不归本人所有，应当交出而拒不交出，非法据为己有，数额较大的，就构成侵占罪。但是，如果行为人明知某处埋藏有某人的财物，或者应归国家所有的地下文物，而以非法占有为目的进行挖掘，并将埋藏物占为己有的，则应分别以盗窃罪或者盗掘古墓葬罪论处。

本罪主体是自然人，他人财物的代为保管者或遗忘物、埋藏物的占有者。

本罪主观要件是故意，并且以非法占有为目的。

(二)司法认定

1. 本罪与非罪的界限

根据《刑法》规定，对于下列行为不以本罪论处：非法占有的他人财物没有达到较大数额的；有正当理由不退还或不交出财物的；非法占有的他人财物不是代为保管的他人财物，也不是他人的遗忘物、埋藏物的。实践中应当注意把侵占罪和借用纠纷相区别。在借用后，即使借用的财物是特定物，但由于经营不善等原因造成不能及时归还，因为行为人主观上不以非法占有为目的，客观上确实不能归还，没有实施损毁、变卖等行为的，不能构成犯罪。没有任何理由而拒不退还或交出，且主观上意图非法占有借贷财物的，构成侵占罪。

2. 本罪与盗窃罪的界限

二者的关键区别在于行为方式和主观故意产生的时间不同。从行为方式上看，本罪以持有他人财物为前提，将持有的他人财物或者遗忘物、埋藏物非法转为己有；而盗窃罪则是将他人持有、保管的财物秘密窃为己有。换句话说，前罪的行为人在实施侵占行为时被侵害之物已处在其实际控制之下，而盗窃罪的行为人在实施盗窃行为时财物仍然处在所有人或占有人的控制之下。从主观故意产生的时间上看，盗窃罪的主观故意产生于获取财物之前；而侵占罪非法占有的故意产生在合法持有他人财物之后。

(三)本罪处罚

《刑法》第270条规定，犯本罪的，处2年以下有期徒刑、拘役或者罚金；数额巨大或者有其他严重情节的，处2年以上5年以下有期徒刑，并处罚金。犯本罪的，告诉才处理。

六、敲诈勒索罪

敲诈勒索罪

(一)构成要件

敲诈勒索罪是指以非法占有为目的，对被害人使用威胁或要挟的方法，强行索取公私财物，数额较大或多次敲诈勒索的行为。本罪具有以下特征：

本罪侵犯的客体是复杂客体，即既侵犯公私财产所有权，也侵犯被害人的人身权利或其他权益。这是由本罪的特定的犯罪方法所决定的。侵犯财产权的范围，不仅包括动产，还包括不动产以及其他财产性利益。侵犯人身权的范围不仅包括生命、健康权，还包括名誉权、隐私权等。

本罪客观要件表现为对被害人使用威胁或要挟的方法，对其强行索取数额较大的财物或多次强行索取财物的行为。威胁、要挟的内容包括暴力伤害，毁坏被害人的人格、名誉，揭发被害人的隐私，毁坏被害人的重要财物，栽赃陷害等。威胁与要挟的方法可以有多种表现，从形式上看，有口头的，有书面的，如投寄恐吓信、发送威胁信息等；有公开向被害人直接提出的，有通过第三人向被害人转达的；有公开向被害人威胁的，也有以暗示的方式要挟的。从内容上看，有对被害人或其亲属的人身实施杀害或伤害相威胁的；有以揭发、张扬被害人隐私进行要挟的；有以毁坏被害人及其亲属财产相威胁的；还有以凭借、利用某种权势损害被害人切身利益(如辞退工作、侮辱被害人妻女等)进行要挟等。不论采取何种威胁、要挟方式，涉及被害人的利益是否合法，只要足以使被害人产生恐惧而被迫交出数额较大的财物即可构成敲诈勒索罪。威胁和要挟都是能够引起他人心理上恐惧的精神强制方法，但是，被害人是否确实产生恐惧并被迫交付财物，并不影响本罪的成立。威胁和要挟的方法，都属于恐吓的方法或者胁迫的方法，二者没有本质区别。略有不同的是，所谓威胁方法，通常是以将要对被害人实施暴力、破坏其名誉或毁坏其财产相威胁；所谓要挟方法，通常是指抓住被害人的某些把柄或者制造某种迫使其交付财物的借口，如以揭发贪污、盗窃等违法犯罪事实或生活作风腐败等相要挟。一般来说，威胁、要挟内容的实现不具有当场、当时性。但行为人取得财物可以是当场、当时，也可以是在限定的时间、地点。另外，敲诈勒索公私财物还必须是数额较大或多次敲诈勒索，才能构成犯罪。

本罪主体是自然人一般主体。

本罪主观要件是故意，并且具有非法占有财物的目的。

(二)司法认定

1. 本罪与非罪的界限

首先，应划清本罪与敲诈勒索公私财物的一般违法行为的界限。敲诈勒索公私财物，数额较小，又不属于多次敲诈，情节轻微，危害不大的，是一般违法行为，不构成犯罪，按《治安管理处罚法》的规定处罚。其次，要划清敲诈勒索与债务纠纷的界限。行为人为了讨还合法范围内的债务，使用了某种带有威胁性质的举动，因为主观上不具有非法占有的目的，不构成敲诈勒索罪，应按民事纠纷妥善处理。

本罪的立案标准：

《最高人民法院、最高人民检察院关于办理敲诈勒索刑事案件适用法律若干问题的解释》(法释〔2013〕10号)第1条规定："敲诈勒索公私财物价值二千元至五千元以上、三万元至十万元以上、三十万元至五十万元以上的，应当分别认定为刑法第二百七十四条规定的'数额较大'、'数额巨大'、'数额特别巨大'。

各省、自治区、直辖市高级人民法院、人民检察院可以根据本地区经济发展状况和社会治安状况，在前款规定的数额幅度内，共同研究确定本地区执行的具体数额标准，报最高人民法院、最高人民检察院批准。”

第 2 条规定：“敲诈勒索公私财物，具有下列情形之一的，‘数额较大’的标准可以按照本解释第一条规定标准的百分之五十确定：(一)曾因敲诈勒索受过刑事处罚的；(二)一年内曾因敲诈勒索受过行政处罚的；(三)对未成年人、残疾人、老年人或者丧失劳动能力人敲诈勒索的；(四)以将要实施放火、爆炸等危害公共安全犯罪或者故意杀人、绑架等严重侵犯公民人身权利犯罪相威胁敲诈勒索的；(五)以黑恶势力名义敲诈勒索的；(六)利用或者冒充国家机关工作人员、军人、新闻工作者等特殊身份敲诈勒索的；(七)造成其他严重后果的。”

第 3 条规定：“二年内敲诈勒索三次以上的，应当认定为刑法第二百七十四条规定的‘多次敲诈勒索’。”

第 4 条规定：“敲诈勒索公私财物，具有本解释第二条第三项至第七项规定的情形之一，数额达到本解释第一条规定的‘数额巨大’、‘数额特别巨大’、‘百分之八十’的，可以分别认定为刑法第二百七十四条规定的‘其他严重情节’、‘其他特别严重情节’。”

第 5 条规定：“敲诈勒索数额较大，行为人认罪、悔罪，退赃、退赔，并具有下列情形之一的，可以认定为犯罪情节轻微，不起诉或者免予刑事处罚，由有关部门依法予以行政处罚：(一)具有法定从宽处罚情节的；(二)没有参与分赃或者获赃较少且不是主犯的；(三)被害人谅解的；(四)其他情节轻微、危害不大的。”

第 6 条规定：“敲诈勒索近亲属的财物，获得谅解的，一般不认为是犯罪；认定为犯罪的，应当酌情从宽处理。

被害人对敲诈勒索的发生存在过错的，根据被害人过错程度和案件其他情况，可以对行为人酌情从宽处理；情节显著轻微危害不大的，不认为是犯罪。”

第 7 条规定：“明知他人实施敲诈勒索犯罪，为其提供信用卡、手机卡、通讯工具、通讯传输通道、网络技术支持等帮助的，以共同犯罪论处。”

2. 本罪与抢劫罪的界限

本罪与抢劫罪有许多相同之处：侵害的客体都是复杂客体；客观方面都可以用威胁的方法实施；主观方面都具有非法占有目的。二者的区别主要表现在客观方面。(1)行为的方法不同。本罪行为的方法仅限于威胁和要挟，而后者的行为方法可以是暴力、威胁，还可以是其他强制手段。(2)威胁的内容、强度不同。本罪的威胁可以是暴力威胁，也可以是以揭发隐私相威胁，还可以是以毁坏财物相威胁，而后者的威胁只能是以暴力相威胁。两罪威胁的强度也不同，敲诈勒索罪的暴力威胁只要被害人产生心理恐惧即可，而抢劫罪暴力威胁要求足以压制被害人反抗的程度。(3)威胁内容实现的时间、地点不同。本罪威胁的内容既可以扬言当场付诸实施，也可以是扬言在将来某个时间予以实施；而抢劫罪的威胁内容则是当场、当时实现。(4)威胁的方式不同。本罪的威胁可以当着被害人的面直接发出，也可以通过第三者或者其他方式间接发出；而抢劫罪的威胁是当着被害人的面直接发出。(5)从威胁索取的财物看，本罪索取的财物包括动产和不动产；而抢劫罪索取的财物只能是动产。(6)非法取得利益的时间不同。本罪非法取得利益的时间，既可以是当场，但更多的是在若干时日以后(一般是罪犯指定或同意的时间)。(7)对数额的要求不同。本罪的成立要求数额较大，而后者则没有这一要求。简而言之，两者的关键区别在于：敲诈勒索罪的显著特点是，行为人所发出的恫吓、要挟的内容的最终实施与占有财物两者中，不具备或不同时具备两个“当场”，即要么对财物所有者或保管者以日后的伤害行为或揭露隐私等相威胁，当场占有钱财；要么以日后的伤害行为或揭露隐私等相威胁，日后占有财物；抢劫罪则必须具备两个“当场”，即当场采取人身强制手段，当场获取财物。

3. 本罪与绑架罪的界限

两罪的区别在于：(1)犯罪客观要件表现不同。绑架罪是以暴力、胁迫或麻醉方法，劫持人质并限制其人身自由；敲诈勒索罪则仅仅使用威胁或要挟方法，对被害人进行精神强制，迫使其交出财物。(2)胁迫或威胁的内容不同。绑架罪胁迫的内容仅限于对被绑架人或其亲友的人身进行暴力伤害；而敲诈勒索罪威胁的内容则不限于此，还可以是揭发、张扬被害人隐私、毁损其财产等。(3)勒索财物的对象不同。绑架罪是向被绑架人的家庭或其他亲友勒索财物；敲诈勒索罪则是直接向被害人勒索财物。

(三)本罪处罚

《刑法》第274条规定，犯本罪的，处3年以下有期徒刑、拘役或者管制，并处或单处罚金；数额巨大或者有其他严重情节的，处3年以上10年以下有期徒刑，并处罚金；数额特别巨大或者有其他特别严重情节的，处10年以上有期徒刑，并处罚金。根据《最高人民法院、最高人民检察院关于办理敲诈勒索刑事案件适用法律若干问题的解释》的规定，敲诈勒索公私财物2000元至5000元以上、3万元至10万元以上、30万元至50万元以上的，应当分别认定为《刑法》第274条规定的“数额较大”“数额巨大”“数额特别巨大”。

其他非法占有型犯罪还有聚众哄抢罪、职务侵占罪、拒不支付劳动报酬罪。

第二节　挪用型犯罪

一、挪用资金罪

(一)构成要件

本罪是指公司、企业或者其他单位的工作人员，利用职务上的便利，挪用本单位资金归个人使用或者借贷给他人，数额较大、超过3个月未还的，或者虽未超过3个月，但数额较大、进行营利活动的，或者进行非法活动的行为。

本罪侵犯的客体是非国有的公司、企业或其他单位的资金的部分所有权。该罪的对象仅限于单位资金。

本罪客观要件表现为行为人利用职务上的便利，挪用本单位资金归个人使用或者借贷给他人，数额较大、超过3个月未还的或者虽未超过3个月，但数额较大、进行营利活动的，或者进行非法活动的行为，具体地说，它包含以下三种行为：(1)挪用本单位资金归个人使用或者借贷给他人，数额较大、超过3个月未还的。这是较轻的一种挪用行为。其构成特征是行为人利用职务上主管、经手本单位资金的便利条件而挪用本单位资金，其用途主要是归个人使用或者借贷给他人使用，但未用于从事不正当的经济活动，而且挪用数额较大，且时间上超过3个月而未还。根据《最高人民法院关于办理违反公司法受贿、侵占、挪用等刑事案件适用法律若干问题的解释》的规定，挪用本单位资金1万元至3万元以上的，为“数额较大”。(2)挪用本单位资金归个人使用或者借贷给他人，虽未超过3个月，但数额较大，进行营利活动的。这种行为没有挪用时间是否超过3个月以及超过3个月是否退还的限制，只要数额较大，且进行营利活动或非法活动的就构成犯罪。所谓“营利活动”主要是指进行经商、投资、购买股票或债券等活动。(3)进行非法活动的。所谓“非法活动”，就是指将挪用来的资金用来进行走私、赌博等活动。行为人只要具备上述三种行为中的一种就可以构成本罪，而不需要同时具备。上述挪用资金行为必须是利用职务上的便利，所谓利用职务上的便利，是指公司、企业或者其他单位中具有管理、经营或者经手财务职责的经理、厂长、财会人员、购销人员等，利用其具有的管理、调配、使用、经手本单位资金的便利条件，将资金挪作他用。

本罪主体为特殊主体，即公司、企业或者其他单位的工作人员。

本罪主观要件只能出于故意，即行为人明知自己在挪用或借贷本单位资金，并且利用了职务上的便利，而仍故意为之。

(二)司法认定

本罪与挪用公款罪的界限。两罪主观要件均为故意，客观行为方式均为挪用。其区别在于：其一是犯罪主体不同。本罪主体是公司、企业或者其他单位中除国家工作人员以外的其他工作人员。而挪用公款罪的主体是国家工作人员。受国家机关、国有公司、企业、事业单位、人民团体委托管理、经营国有财产的非国家工作人员，利用职务上的便利，挪用国有资金归个人使用构成犯罪的，应当依照挪用资金罪的规定定罪处罚，而不构成挪用公款罪。其二是犯罪客体和犯罪对象不同。本罪侵犯了公司、企业或者其他单位的资金的部分所有权，是单一客体。其犯罪对象既包括国有、集体公司、企业或者其他单位的资金，也包括私营公司、企业或者其他单位的资金。而挪用公款罪是复杂客体，其犯罪对象是公款和用于救灾、抢险、防汛、优抚、扶贫、移民、救济的款物；根据2000年《最高人民法院关于对受委托管理、经营国有财产人员挪用国有资金行为如何定罪问题的批复》，对于受国家机关、国有公司、企业、事业单位、人民团体委托，管理、经营国有财产的非国家工作人员，利用职务上的便利，挪用国有资金归个人使用构成犯罪的，应当依照挪用资金罪的规定定罪处罚。根据2000年4月29日全国人大常委会《关于〈中华人民共和国刑法〉第93条第2款的解释》，村民委员会等村基层组织的人员在协助人民政府从事行政管理工作时，利用职务上的便利挪用公款的，构成挪用公款罪。国有单位领导利用职务上的便利指令具有法人资格的下级单位将公款供个人使用的，属于挪用公款行为，构成犯罪的，应以挪用公款罪定罪处罚。

(三)本罪处罚

《刑法》第272条规定，犯本罪的，处3年以下有期徒刑或者拘役；挪用本单位资金数额巨大的，处3年以上7年以下有期徒刑，数额特别巨大的，处7年以上有期徒刑。在提起公诉前，将挪用的资金退还的，可以从轻或减轻处罚。其中，犯罪较轻的，可以减轻或免除处罚。

二、挪用特定款物罪

（一）构成要件

本罪是指违反特定款物专用的财经管理制度，挪用用于救灾、抢险、防汛、优抚、扶贫、移民、救济的款物，情节严重，致使国家和人民群众利益遭受重大损害的行为。犯罪构成特征有：

本罪侵犯的客体是特定款物专用的财经管理制度。挪用特定款物罪的犯罪对象是特定的，是用于救灾、抢险、防汛、扶贫、优抚、移民、救济的款物，这些特定款物必须专用，既可以是钱，也可以是物。

本罪客观要件表现为挪用国家用于救灾、抢险、防汛、优抚、扶贫、移民、救济款物，情节严重，致使国家和人民群众利益遭受重大损害的行为。所谓“挪用”，一般是指擅自将专用款物挪作他用，如用于开发经济项目、炒房地产、购置小轿车等违反专款专用的行为，这种他用不包括归个人使用的行为，如果国家工作人员利用职务便利将上述7种专款归个人使用的，则应以挪用公款罪从重处罚。因此，这里的挪用救灾、抢险、防汛、优扰、扶贫、移民、救济工作款物罪中的挪用，只能是擅自将上述特定的款物挪作其他公用的行为。达到情节严重，致使国家和人民群众利益遭受重大损害的，才构成挪用特定款物罪。之所以不仅要求“情节严重”，还要求有“重大损害”的结果才追究刑事责任，是由于本罪的挪用行为与贪污罪、挪用公款罪中获取财物行为的性质毕竟不同。通常认为，挪用特定款物而造成抗洪、抗旱、抗震、防汛等工作的重大困难和损失的；挪用特定款物数额较大，直接侵害群众生活利益或者妨害恢复生产自救的；直接导致灾情扩大的；挪用特定款物而造成群众逃荒、疾病、死亡的等，构成挪用特定款物罪。

本罪主体是特殊主体，即对保管、分配和使用特定款物直接负责的主管人员和其他直接责任人员。

本罪主观要件表现为故意。即明知是国家救灾、抢险、防汛、优抚、扶贫、移民、救济款物而故意挪用，过失不能构成本罪。

（二）司法认定

挪用公款罪与挪用特定款物罪的界限：两罪主观方面均为故意，主体也均为特殊主体，客观方面均为挪用，两罪的区别主要在于挪用的方式不同，挪用特定款物罪指擅自将特定款物挪作其他公用，例如把优抚基金用来盖办公大楼，把移民款拿去买公车等。如果挪用特定款物归个人使用则构成挪用公款罪，例如，把优抚基金借给亲戚买房子，把救济款拿去炒股票等则构成挪用公款罪。此外，两罪在犯罪客体方面也不同，挪用特定款物罪的客体是特定款物专用的财经制度，挪用公款罪的客体是公款的部分所有权。

（三）本罪处罚

《刑法》第273条规定，犯本罪的，对直接责任人员，处3年以下有期徒刑或者拘役；情节特别严重的，处3年以上7年以下有期徒刑。

第三节　毁坏型犯罪

一、故意毁坏财物罪

（一）构成要件

本罪是指故意毁灭或损坏公私财物，数额较大或者有其他严重情节的行为。

犯罪客体为公私财物所有权。犯罪对象可以是各种形式的公私财物，包括生产资料、生活资料，动产、不动产等。但是，如果行为人所故意毁坏的是本法另有规定的某些特定财物，危害其他客体要件的，应按本法有关规定处理。例如，破坏交通工具、交通设备、易燃易爆设备、广播电视、电信设施等危害公共安全的，按本法分则第 2 章有关罪名论处。

本罪客观要件表现为毁灭或者损坏公私财物数额较大或者有其他严重情节的行为。毁灭，是指用焚烧、摔砸等方法使物品全部丧失其价值或使用价值；损坏，是指使物品部分丧失其价值或使用价值。毁坏公私财物的方法，有多种多样。但是，如果行为人使用放火、决水、投毒、爆炸等危险方法破坏公私财物，危害公共安全的，应当以危害公共安全罪中的有关犯罪论处。故意毁坏公私财物行为，必须达到数额较大或有其他严重情节的才构成犯罪。所谓情节严重，是指毁坏重要物品损失严重的，毁坏手段特别恶劣的；毁坏急需物品引起严重后果的；动机卑鄙企图嫁祸于人的，等等。

本罪主体是自然人一般主体。已满 16 周岁且具备刑事责任能力的自然人均能构成本罪。

本罪主观要件表现为故意。犯罪目的不是非法获取财物而是将财物毁坏。这是侵犯财产罪中毁财型犯罪与其他贪利型犯罪的根本区别。犯罪动机各种各样，一般是出于个人报复或妒忌等心理。除本法特别规定的失火、过失决水、过失爆炸以及过失破坏交通工具、交通设备、易燃易爆设备、广播电视、电信设施等犯罪需按有关条文追究刑事责任外，过失毁坏公私财物的，不构成犯罪，属于民事赔偿问题。

（二）司法认定

本罪与破坏交通工具罪、破坏交通设备罪、破坏易燃易爆设备罪、破坏通讯设备罪等危害公共安全罪的区别在于：后者破坏的是特定的财产，侵犯的客体不仅是财产权，主要是公共安全权，《刑法》对其已单独规定有罪名，只应按本法有关规定定罪处罚，不再定故意毁坏财物罪。

（三）本罪处罚

《刑法》第 275 条规定，犯本罪的，处 3 年以下有期徒刑、拘役或者罚金；数额巨大或者有其他特别严重情节的，处 3 年以上 7 年以下有期徒刑。

二、破坏生产经营罪

（一）构成要件

本罪是指由于泄愤报复或者其他个人目的，毁坏机器设备、残害耕畜或者以其他方法破坏生产经营的行为。

本罪侵犯的客体是生产经营的正常活动。

本罪客观要件表现为以毁坏机器设备、残害耕畜或其他方法破坏生产经营的行为。其他方法则多种多样、如切断电源，破坏锅炉、供料线，颠倒冷热供给程序、破坏电脑致使生产指挥、工艺流程产生混乱，以影响工业生产、破坏农业机械、排灌设备、农具，毁坏种子、秧苗、树苗、庄稼、果树、鱼苗等，毁坏农业生产；破坏运输、储存工具，影响商业经营，等等。至于其方式，则既可以表现为积极的作为，如砸碎、烧毁，又可以表现为消极的不作为，如明知有故障而不加排除。但不论方式如何，采用的手段怎样，破坏的对象都必须与生产经营活动直接相联系，破坏用于生产经营的生产工具、生产工艺、生产对象等。如果是毁坏闲置不用或在仓库备用的机器设备、已经收获并未用于加工生产的粮食、水果，残害已经丧失畜役力的待售肉食牲畜的行为，则由于它们与生产经营活动没有直接联系，因此不能构成本罪。构成犯罪的，应以他罪如故意毁坏财物罪等定罪刑。

本罪主体为自然人一般主体。

本罪主观要件表现为直接故意，并且有泄愤报复或其他个人目的。

(二)司法认定

1. 本罪与破坏交通工具、破坏交通设备、破坏电力设备及易燃易爆设备罪的界限

破坏上述特定对象，往往会直接或者间接地使生产经营遭到破坏，对这种破坏行为定性，主要从犯罪对象和客体上分析，凡破坏生产过程中的上述工具、设备，危害的主要是生产经营的，定破坏生产经营罪，凡破坏的是用于公共生活的上述工具、设备。危害的主要是公共安全的，分别按破坏交通工具罪、破坏交通设备罪、破坏电力设备罪和破坏易燃易爆设备罪定性。

2. 本罪与故意损坏财物罪的界限

行为人往往是通过故意毁坏财物的方式来破坏生产经营，因为毁坏的是特定财物，《刑法》对此规定了特定罪名，因而不再定故意毁坏财物罪。

(三)本罪处罚

《刑法》第276条规定，犯本罪的，处3年以下有期徒刑、拘役或者管制；情节严重的，处3年以上7年以下有期徒刑。

☞ 思考与练习

1. 什么是侵犯财产罪？侵犯财产罪的构成要件有哪些？

2. 如何理解和认定转化型的抢劫罪？认定抢劫罪应注意划清哪些界限？

3. 认定侵占罪应注意划清哪些界限？

4. 敲诈勒索罪与抢劫罪、绑架罪的区别是什么？

5. 被告人董某柱，男，26岁，浙江省宁波市人，个体汽车驾驶员。1994年12月15日上午10时许，被告人董某柱在宁波市江东宁穿路交警大队门口，租乘一辆由仲某驾驶的红色“夏利”出租车，谎称要去慈城，坐在仲某旁边的副驾驶座上。途经宁徐路万信纱

厂门口时，董某柱突然叫仲某停车，并要仲某到万信纱厂财务室去叫一个人(实际上该厂并无此人)。仲某信以为真，遂将车停在距纱厂大门约五六米远的一辆中巴车旁边，自己下车去叫人。就在仲某下车后背对“夏利”车时，董某柱立即将车开离现场，驶至自己家中留用。当仲某站在万信纱厂门口看到该厂办公楼的门关着，马上转身回来时，发现车子不见了。仲某立即意识到是坐在车上的董某柱所为，并且得到了目击者中巴车驾驶员的证实，他当即到公安派出所报案，明确指出是被告人董某柱将车开走的。1995 年 1 月 9 日，董某柱在《宁波日报》上刊登“夏利”车转让启事，买主与之洽谈买卖该车时，发现该车缺少有关证件，发动机、车驾上的号码被锉去，感到可疑，未能成交。被害人仲某得知此情况后报告了公安派出所，次日晚此案被侦破，将车归还了被害人。据宁波市价格事务所证明，该车价值人民币 72000 元。被告人构成何罪？试说明理由。

6. 分析下列二案例中乙、丙的行为，试说明理由：

案例 1：甲因饮酒过量醉卧街头。乙向围观群众声称甲系其好友，将甲扶于无人之处，掏走甲身上 1000 余元离去。

案例 2：丙与丁在火车上相识，下车后同到一饭馆就餐。丙殷勤劝酒，将丁灌醉，掏走丁身上 1000 多元离去。

第十二章　妨害社会管理秩序罪

【学习目标】

〇掌握妨害公务罪，招摇撞骗罪，组织、领导、参加黑社会性质组织罪，赌博罪，伪证罪，妨害作证罪，窝藏包庇罪，掩饰、隐瞒犯罪所得、犯罪所得收益罪，脱逃罪，组织他人偷越国(边)境罪，医疗事故罪，非法行医罪，走私、贩卖、运输、制造毒品罪，强迫卖淫罪，传播淫秽物品牟利罪的构成特征及认定标准。

〇能够准确区分罪与非罪、此罪与彼罪，具备运用所学知识分析案例的能力。

〇培养学生遵守社会秩序，关注生态建设，积极保护环境，远离毒品，珍爱生命，培养法治思维能力、法律表达能力等职业素养。

妨害社会管理秩序罪是指违反国家法律法规，妨害国家机关对社会的管理活动，破坏社会秩序，情节严重的行为。本类犯罪侵犯的客体是社会管理秩序。广义的社会管理秩序包括社会任何方面的秩序，《刑法》规定的任何犯罪都从不同角度破坏了社会管理秩序，本章犯罪所侵犯的社会管理秩序是一种狭义的管理秩序，具体包括公共秩序、司法秩序、国(边)境管理秩序、文物管理秩序、公共卫生管理秩序、环境资源保护管理秩序、毒品管制秩序、风化管理秩序等。本类犯罪客观要件表现为违反国家的秩序管理法规，妨害国家对社会的管理活动，破坏社会秩序的行为。本章犯罪以违反国家有关社会管理的法律法规为前提，以“后果严重”“情节严重”等作为认定犯罪的标志。由于社会管理秩序的范围广泛，所以本章犯罪行为的具体内容与表现形式多种多样，但大多属于作为犯罪，个别属于不作为犯罪，如拒不执行判决、裁定罪，个别属于持有型犯罪，如非法持有毒品罪。本类犯罪主体多数仅限于自然人主体，个别犯罪只能由单位构成，有的犯罪主体既包括自然人也包括单位。自然人犯罪主体大多数属于一般主体，少数犯罪属于特殊主体，如伪证罪的主体为证人、鉴定人、记录人、翻译人，脱逃罪的主体只能是依法被关押的罪犯、被告人、犯罪嫌疑人等。本类犯罪主观要件大多数为故意，有的要求具备特定的犯罪目的，如赌博罪要求以营利为目的，倒卖文物罪要求以牟利为目的等；少数犯罪属于过失犯罪，如医疗事故罪等。

目前，《刑法》分则第六章“妨害社会管理秩序罪”规定了137个罪名。

第一节　扰乱公共秩序罪

一、妨害公务罪

(一)构成要件

妨害公务罪，是指以暴力、威胁方法，阻碍国家机关工作人员依法执行职务、阻碍各级人大代表依法执行代表职务、阻碍红十字会工作人员依法履行职责，或者故意阻碍国家安全机关、公安机关依法执行国家安全工作任务，虽未使用暴力、威胁方法，但造成严重后果的行为。

本罪侵犯的客体是公务。公务是指具有公共管理性质的职务或职责，区别于私人事务。公务的范围包括国家机关工作人员依法执行的职务，各级人大代表依法执行的代表职务，红十字会工作人员依法履行的职责，国家安全机关、公安机关依法执行国家安全工作任务。公务人员依法执行公务，包括实体合法和程序合法。

本罪客观要件表现为行为人以暴力、威胁方法阻碍国家机关工作人员、人大代表依法执行职务，或者在自然灾害和突发事件中，以暴力、威胁方法阻碍红十字会工作人员依法履行职责的，或者虽未使用暴力、威胁方法，但故意阻碍国家安全机关、公安机关工作人员依法执行国家安全工作任务，且造成严重后果的行为。本罪中的行为对象有四种类型：一是针对国家机关工作人员；二是针对人大代表；三是针对红十字会工作人员；四是针对国家安全机关、公安机关。针对不同的对象而实施的妨害公务行为，构成本罪的条件不同：前三种要求以暴力、威胁方法阻碍，但不要求造成严重后果。第四种阻碍国家安全机关、公安机关依法执行国家安全工作任务，不要求使用暴力、威胁方法，但要求造成严重后果。前三种如果没有使用暴力、威胁方法，即使造成严重后果，也不构成本罪。第四种使用暴力、威胁方法，没有造成严重后果的，按照第一种类型论处。根据2000年4月《最高人民检察院关于以暴力、威胁方法阻碍事业编制人员依法执行行政执法职务是否可对侵害人以妨害公务罪论处的批复》："对于以暴力、威胁方法阻碍国有事业单位人员依照法律、行政法规的规定执行行政执法职务的，或者以暴力、威胁方法阻碍国家机关中受委托从事行政执法活动的事业编制人员执行行政执法职务的，可以对侵害人以妨害公务罪追究刑事责任。"这属于扩大解释。本罪行为的内容是阻碍上述人员依法执行职务。职务是指国家机关工作人员作为公务所处理的一切事务。执行是指一般意义上的履行、实施，而非仅指强制执行。依法执行职务，指职务的执行必须具有合法性，不仅实体上合法，而且程序上合法。对其违法行为进行阻碍的，不成立本罪。必须在上述人员执行职务时进行阻碍。从保护依法执行职务的角度考虑，执行职务，不仅包括正在执行职务，而且包括将要开始执行职务的准备过程，以及与执行职务密切联系的待机状态。就一体性或连续性的职务行为而言，应从整体上认定其职务行为的开始与终了，即使外观上暂时中断或偶尔停止，也应认为是在职务执行过程中。前三种类型必须以暴力、威胁方法阻碍执行职务。暴力是指广义的暴力，可以直接对上述人员实施殴打等人身强制，也可以是通过对物行使有形力，如以强力毁坏执法工具等，以阻碍有关人员执行职务。威胁是指对上述人员以杀害、毁坏财产、破坏名誉等相恐吓，施加精神强制，使其产生恐惧心理，迫使其放弃职务行为或者不正确执行职务。本罪中暴力的程度只包括轻伤，不包括致人重伤、死亡。行为人妨害公务使用暴力致人重伤、死亡的，应以故意伤害罪、故意杀人罪论处。

本罪主体是自然人一般主体。

本罪主观要件是故意，要求行为人明知上述人员正在依法执行职务而故意阻碍。

（二）司法认定

1. 认识错误问题

(1)行为人主观上没有妨害公务故意，只有普通犯罪的故意，应定普通犯罪。例如，甲看到乙与自己的朋友丙打架，便上前帮忙，将乙打伤，实际上乙是便衣警察，正在抓捕丙。甲没有妨害公务罪的故意，但有伤害罪的故意，所以应认定为故意伤害罪。

(2)行为人主观上对公务人员身份确实没有认识，将执行人员的执行行为误认为是违法犯罪行为，而进行阻碍的，也不构成本罪。例如，甲误以为乙在追杀丙，便将乙打成重伤，乙实际上是便衣警察，正在追捕丙。甲因为没有认识到乙在执行公务，属于假想防卫。如果有过失，则是过失犯罪；如果没有过失，则无罪。

2. 罪数问题

(1)数罪并罚。在实施其他犯罪时暴力抗拒执法的，一般应当数罪并罚。实施生产、销售伪劣商品犯罪，走私犯罪，非法猎捕、杀害珍贵濒危野生动物罪，非法经营罪，以暴力、威胁方法抗拒检查的，应数罪并罚。

(2)一罪加重。如果法律将“暴力抗拒执法”行为特别规定为“加重犯”的，则不数罪并罚。实施走私毒品犯罪、组织他人偷越国边境罪、运送他人偷越国边境罪，同时触犯妨害公务罪的，属于加重情节，不再定妨害公务罪。

(三)本罪处罚

《刑法》第277条规定，犯本罪的，处3年以下有期徒刑、拘役、管制或者罚金。暴力袭击正在依法执行职务的人民警察的，依照第一款的规定从重处罚。

二、袭警罪

(一)构成要件

本罪是《刑法修正案(十一)》新增设罪名，指暴力袭击正在依法执行职务的人民警察的行为。本罪侵犯的客体是复杂客体，包括国家正常管理秩序和人民警察的人身权益。客观方面表现为实施了暴力袭击行为，但不要求造成伤害后果，同时暴力袭击的对象必须是正在依法执行职务的人民警察。犯罪主体是一般主体，属于自然人犯罪。主观方面是故意，而且只能是直接故意，要求行为人明知对方是正在执行职务的人民警察。

(二)本罪处罚

《刑法》第277条第5款规定，犯本罪的，处3年以下有期徒刑、拘役或者管制；使用枪支、管制刀具，或者以驾驶机动车撞击等手段，严重危及其人身安全的，处3年以上7年以下有期徒刑。

【以案说法 12-1】

黄某袭警案——疫苗接种过程中暴力袭击维持秩序的民警

◎基本案情：

2021年5月19日上午，在重庆市万州区北山防疫站接种新冠病毒疫苗的群众为避雨纷纷涌入防疫站大厅，导致防疫站大厅人员拥挤，现场秩序混乱，疫苗接种工作无法正常开展。该站工作人员遂向万州区钟鼓楼派出所报警求助。钟鼓楼派出所接警后，派民警黎某某、辅警曾某某前往疫苗接种现场维持秩序。雨停后，黎某某、曾某某劝导现场群众到门诊外排队等候。被告人黄某不听劝导，拒不离开大厅，曾某某遂拉黄某左臂，欲让其离开防疫站大厅。黄某用雨伞击打曾某某头部，将其警帽击落在地。黎某某见状上前，欲夺取黄某手中雨伞，黄某又用雨伞击打黎某某头面部，致黎某某左眉弓外侧发际处受伤。黄某随即被黎某某、曾某某强行带出防疫站大厅，其间黄某不停用手抓挠黎某某和曾某某。经鉴定，黎某某的损伤程度为轻微伤。

◎裁判结果：

法院经审理认为，被告人黄某暴力袭击正在依法执行职务的人民警察，其行为已经构成袭警罪。黄某到案后如实供述犯罪事实，有认罪悔罪表现，依法可从轻处罚。据此，以袭警罪判处被告人黄某有期徒刑六个月。(见最高人民法院发布五个依法惩处妨害疫情防控犯罪典型案例(2022-04-29)案例四)

三、招摇撞骗罪

(一)构成要件

本罪是指冒充国家机关工作人员骗取非法利益，损害国家机关形象，扰乱公共秩序的行为。

本罪侵犯的客体是国家机关的形象和威信，也损害了公共利益或公民的合法利益。

本罪客观要件表现为冒充国家机关工作人员，招摇撞骗的行为。“冒充国家机关工作人员”是指行为人虚构与本人实际身份不符的国家机关工作人员身份，主要表现为三种情形：一是非国家机关工作人员冒充国家机关工作人员；二是此种国家机关工作人员冒充彼种国家机关工作人员；三是职务低的国家机关工作人员冒充职务高的国家机关工作人员。本罪不包括冒充国企、事业单位人员，也不包括冒充高干子弟、海外归侨、烈士子女等身份。“招摇撞骗”是指以假冒的国家机关工作人员身份进行炫耀、欺骗，骗取非法利益。

本罪主体为自然人一般主体。

本罪主观要件是故意，具有骗取非法利益的目的。非法利益既可以是财产性利益，也可以是荣誉称号、政治地位、女色等非财产性利益。

(二)司法认定

1. 本罪与诈骗罪的关系

(1)本罪与诈骗罪分属于不同的类罪，二者侵犯的法益不同，本罪侵犯的是国家机关的形象和威信，损害了国民对国家机关的信赖；而诈骗罪侵犯的是财产，因此二者的主客观构成要件不同：一是客观要件不同，本罪必须是冒充国家机关工作人员进行招摇撞骗；而诈骗罪的行为可以是任何虚构事实、隐瞒真相的手段。二是主观要件不同，本罪不要求以骗取财物为目的；而诈骗罪以非法占有他人财物为目的。(2)本罪与诈骗罪可以产生想象竞合。当冒充国家机关工作人员骗取钱财时，就冒充而言侵害了官员形象，触犯了招摇撞骗罪；就骗取财物而言，触犯了诈骗罪，属于想象竞合犯，择一重罪论处。因此，在冒充国家机关工作人员招摇撞骗的过程中，偶尔骗取少量财物的，认定为本罪，但骗取数额特别巨大财物时，应认定为诈骗罪。

2. 冒充军警人员犯罪的处理

(1)冒充军警人员抢劫的，属于抢劫罪的加重情节；(2)冒充警察招摇撞骗的，定为招摇撞骗罪，并从重处罚；(3)冒充军人(包括武警)招摇撞骗的，成立冒充军人招摇撞骗罪(参见第372条)。

(三)本罪处罚

《刑法》第279条规定，犯本罪的，处3年以下有期徒刑、拘役、管制或者剥夺政治权利；情节严重的，处3年以上10年以下有期徒刑。冒充人民警察招摇撞骗的，从重处罚。

四、伪造、变造、买卖国家机关公文、证件、印章罪

(一)构成要件

本罪是指伪造、变造、买卖国家机关公文、证件、印章的行为。

本罪侵犯的客体是国家机关公文、证件、印章的公共信用。

本罪客观要件表现为伪造、变造、买卖国家机关公文、证件、印章的行为。伪造公文、证件既包括伪造"原件"，也包括伪造真实原件的复印件。买卖国家机关公文、证件、印章，既包括买卖真实的公文、证件、印章，也包括买卖伪造、变造的公文、证件、印章。本罪属于选择性罪名，同时实施上述行为的，只认定一个完整罪名，不实行数罪并罚。伪造、变造、买卖下列物品，也构成本罪：机动车牌证，机动车入户、过户、验证的证明文件；林木采伐许可证、木材运输证件，森林、林木、林地权属证书；野生动物允许进出口证明书、特许猎捕证、狩猎证、驯养繁殖许可证；各级人民政府设立的行使行政管理权的临时性机构的公文、证件、印章；机动车行驶证、登记证书3本以上的等。

本罪主体是一般主体。

本罪主观要件是故意。

(二)司法认定

伪造、变造、买卖国家机关公文、证件、印章的行为构成本罪，同时构成其他犯罪(如非法经营罪)的，属于想象竞合犯，从一重罪处罚。

伪造、变造、买卖国家机关公文、证件、印章后，又利用该公文、证件、印章实施其他犯罪的(如进行诈骗)，属于牵连犯，从一重罪论处。

(三)本罪处罚

《刑法》第280条第1款规定，犯本罪的，处3年以下有期徒刑、拘役、管制或者剥夺政治权利，并处罚金；情节严重的，处3年以上10年以下有期徒刑，并处罚金。

五、组织考试作弊罪

(一)构成要件

本罪侵犯的客体是国家正常的考试秩序。根据2019年9月2日《最高人民法院、最高人民检察院关于办理组织考试作弊等刑事案件适用法律若干问题的解释》的规定，本罪中的"法律规定的国家考试"，仅限于全国人民代表大会及其常务委员会制定的法律所规定的考试。根据有关法律规定，下列考试属于"法律规定的国家考试"：(1)普通高等学校招

生考试、研究生招生考试、高等教育自学考试、成人高等学校招生考试等国家教育考试；(2)中央和地方公务员录用考试；(3)国家统一法律职业资格考试、国家教师资格考试、注册会计师全国统一考试、会计专业技术资格考试、资产评估师资格考试、医师资格考试、执业药师职业资格考试、注册建筑师考试、建造师执业资格考试等专业技术资格考试；(4)其他依照法律由中央或者地方主管部门以及行业组织的国家考试。上述规定的考试涉及的特殊类型招生、特殊技能测试、面试等考试，属于“法律规定的国家考试”。本罪的客观要件表现为组织作弊以及为组织作弊提供作弊器材或者其他帮助行为。组织作弊，是指组织、策划、指挥多人进行考试作弊，或者从事考试作弊的经营行为。为组织作弊提供作弊器材或者其他帮助的，也构成本罪。为了组织考试作弊而伪造、变造身份证件的，是本罪与伪造、变造身份证件罪的牵连犯，从一重罪处罚。本罪主体为一般主体，单位实施组织考试作弊，非法出售、提供试题、答案等行为的，依照上述解释，追究组织者、策划者、实施者的刑事责任。本罪主观要件表现为故意。

(二)本罪处罚

《刑法》第 284 条之一规定：“在法律规定的国家考试中，组织作弊的，处三年以下有期徒刑或者拘役，并处或者单处罚金；情节严重的，处三年以上七年以下有期徒刑，并处罚金。

为他人实施前款犯罪提供作弊器材或者其他帮助的，依照前款的规定处罚。”

六、帮助信息网络犯罪活动罪

(一)构成要件

本罪是指明知他人利用信息网络实施犯罪，为其犯罪提供互联网接入、服务器托管、网络存储、通信传输等技术支持，或者提供广告推广、支付结算等帮助，情节严重的行为。本罪侵犯客体为信息网络秩序。本罪主体为一般主体，自然人和单位均可构成。主观要件表现为故意。

(二)司法认定

根据 2019 年 10 月 21 日《最高人民法院、最高人民检察院关于办理非法利用信息网络、帮助信息网络犯罪活动等刑事案件适用法律若干问题的解释》，为他人实施犯罪提供技术支持或者帮助，具有下列情形之一的，可以认定行为人明知他人利用信息网络实施犯罪，但是有相反证据的除外：(1)经监管部门告知后仍然实施有关行为的；(2)接到举报后不履行法定管理职责的；(3)交易价格或者方式明显异常的；(4)提供专门用于违法犯罪的程序、工具或者其他技术支持、帮助的；(5)频繁采用隐蔽上网、加密通信、销毁数据等措施或者使用虚假身份，逃避监管或者规避调查的；(6)为他人逃避监管或者规避调查提供技术支持、帮助的；(7)其他足以认定行为人明知的情形。明知他人利用信息网络实施犯罪，为其犯罪提供帮助，具有下列情形之一的，应当认定为《刑法》第 287 条之二第 1 款规定的“情节严重”：(1)为 3 个以上对象提供帮助的；(2)支付结算金额 20 万元以上的；(3)以投放广告等方式提供资金 5 万元以上的；(4)违法所得 1 万元以上的；(5)2 年内曾因非法利用信息网络、帮助信息网络犯罪活动、危害计算机信息系统安全受过行政处罚，又帮助信息网络犯罪活动的；(6)被帮助对象实施的犯罪造成严重后果的；(7)其他情节严重的情形。实施上述规定的行为，确因客观条件限制无法查证被帮助对象是否达到犯罪的程度，但相关数额总计达到前款第二项至第四项规定标准五倍以上，或者造成特别严重后果的，应当以帮助信息网络犯罪活动罪追究行为人的刑事责任。

犯本罪，同时构成其他犯罪的，依照处罚较重的规定定罪处罚。

(三)本罪处罚

第287条之二规定：犯本罪的，处三年以下有期徒刑或者拘役，并处或者单处罚金。单位犯前款罪的，对单位判处罚金，并对其直接负责的主管人员和其他直接责任人员，依照第一款的规定处罚。

【以案说法12-2】

郭某凯、刘某学、耿某云帮助信息网络犯罪活动案

◎基本案情：

郭某凯，1997年10月出生，初中文化，无固定职业。

刘某学，1999年5月出生，系某学院在校学生。

耿某云，2000年6月出生，高中文化，无固定职业。

2020年8月，刘某学办理休学手续后到河北省石家庄市打工，在网上看到收购手机卡的信息后，办理多张手机卡出售给郭某凯所在的贩卡团伙。后为尽快挣钱，刘某学主动加入该团伙成为“收卡人”。该团伙长期在北京、石家庄等地收购手机卡，贩卖给电信网络诈骗等违法犯罪团伙使用。经统计，郭某凯通过自己及其下线收购、贩卖手机卡3700张，获利人民币5.7万余元；刘某学收购、贩卖手机卡871张，获利人民币1.5万余元。

2020年8月23日，耿某云在微信兼职群内看到郭某凯团伙发布的收购手机卡信息后，用自己身份证办理9张手机卡并按照郭某凯要求交给刘某学，由刘某学验卡、拍照后通过快递寄出，耿某云获利人民币450元。其中一张手机卡被用于实施电信网络诈骗犯罪，导致河北省井陉县一名被害人被骗人民币35万余元。

◎诉讼过程：

2020年10月9日和11月16日，河北省石家庄市井陉县公安局以郭某凯、刘某学、耿某云涉嫌帮助信息网络犯罪活动罪提请批准逮捕。井陉县人民检察院经审查，决定批准逮捕郭某凯、刘某学，不批准逮捕耿某云。2021年3月10日，井陉县公安局对耿某云终止侦查，进行训诫。同年3月25日，河北省通信管理局对耿某云作出惩戒决定，2年内停止新入网业务，各基础运营商只保留1个手机号码。

2020年12月15日，井陉县公安局以郭某凯、刘某学涉嫌帮助信息网络犯罪活动罪移送起诉。2021年1月12日，井陉县人民检察院以帮助信息网络犯罪活动罪对郭某凯、刘某学提起公诉。2021年3月16日，井陉县人民法院作出一审判决，以帮助信息网络犯罪活动罪判处郭某凯有期徒刑一年十个月，并处罚金人民币2万元；判处刘某学有期徒刑八个月，并处罚金人民币1万元。郭某凯、刘某学未上诉，判决已生效。

◎**教育治理：**

井陉县人民检察院及时向刘某学所在学校制发检察建议，提示校方加强学生网络法治教育、严格日常管理，积极推动形成预防网络犯罪检校合力。校方高度重视，根据检察建议内容，立即下发通知，要求各系部、任课教师、辅导员强化对学生(包括因休学、实习等原因暂时不在学校的学生)的监督管理，及时了解、掌握学生动态；结合案例情况，完善思想政治、法律常识公共课程内容，有针对性地开展警示教育；积极对接当地司法机关，深入开展“法治进校园”活动，通过张贴海报、开展讲座、组织公开课等方式，推动法治教育走深走实。

◎**典型意义：**

当前，手机卡是犯罪分子实施电信网络诈骗犯罪的重要工具。随着网络实名制要求的落实，办理银行卡、注册网络账号等基本都需要绑定实名制手机卡。司法实践中，犯罪分子为逃避打击，往往非法收购他人手机卡来实施电信网络诈骗，绕过实名制监管要求，成为网络黑灰产业链条上的重要一环。对于明知他人利用信息网络实施犯罪，仍然收购、贩卖他人手机卡的“卡头”“卡商”，构成犯罪的，要依法追究刑事责任。对于仅出售自己手机卡的，一般不作为犯罪处理，但需要同步进行信用惩戒，强化教育管理。(见最高人民检察院和教育部联合发布五个在校学生涉“两卡”犯罪典型案例(2021-06-23)案例二)

七、高空抛物罪

(一)构成要件

本罪是《刑法修正案(十一)》新增设罪名，是指从建筑物或者其他高空抛掷物品，情节严重的行为。本罪侵犯的客体是复杂客体，高空抛物行为不仅妨害正常社会管理秩序，还侵犯他人人身、财产权益甚至公共安全。行为方式限于抛掷。具体而言，包括以投、扔动作丢弃、弃置物品的行为，不包括无意使物品从高空或者建筑物坠落的情形，也不包括因动物、自然力等原因致物品坠落的情形。主体为一般主体，主观方面表现为故意，包括直接故意和间接故意，过失不构成本罪。

(二)本罪处罚

《刑法》第291条之二的规定，犯本罪的，处1年以下有期徒刑、拘役或者管制，并处或者单处罚金。有前款行为，同时构成其他犯罪的，依照处罚较重的规定定罪处罚。

八、聚众斗殴罪

(一)构成要件

本罪侵害的客体是社会公共秩序，即社会公共生活安宁的状态，客观方面表现为聚众斗殴的行为。本罪属于必要的共犯。聚众是指纠集3人以上，不要求斗殴的各方都必须3人以上，但要求至少有一方是3人以上，例如，一方1人或2人，另一方3人以上进行斗殴的，成立本罪。聚众斗殴分为“聚众斗”与“聚众殴”，前者是指各方相互攻击对方的身体；后者是指多众一方单纯攻击对方身体。聚众斗殴要求有首要分子，但不要求双方都有首要分子。聚众斗殴并不限于双方，不排除三方、四方斗殴的情形。斗殴行为人一般是出于显示威风、图谋报复、抢占地盘等犯罪动机，但动机如何不影响本罪的成立。在公共场所或者交通要道聚众斗殴，造成社会秩序严重混乱的，成立本罪的加重情形，不成立聚众扰乱公共场所秩序、交通秩序罪。本罪的主体是一般主体。本罪主观要件是故意。

（二）本罪处罚

《刑法》第 292 条第 1 款规定，犯本罪的，对首要分子和其他积极参加的，处 3 年以下有期徒刑、拘役或者管制；有下列情形之一的，对首要分子和其他积极参加的，处 3 年以上 10 年以下有期徒刑：（1）多次聚众斗殴的；（2）聚众斗殴人数多，规模大，社会影响恶劣的；（3）在公共场所或者交通要道聚众斗殴，造成社会秩序严重混乱的；（4）持械聚众斗殴的。因聚众斗殴致人轻伤的，应以本罪定罪量刑。聚众斗殴，致人重伤、死亡的，以故意伤害罪、故意杀人罪定罪处罚。

九、寻衅滋事罪

（一）构成要件

本罪是指在公共场所肆意挑衅，无事生非，起哄闹事，破坏社会秩序的行为。本罪侵犯的客体为复杂客体，既侵犯了公共秩序，同时也侵犯了他人的人身权利、公私财产权利等。本罪客观要件表现为行为人实施了寻衅滋事、破坏社会秩序的行为。本罪主体是一般主体。本罪主观要件是故意。

（二）本罪处罚

《刑法》第 293 条规定，有下列寻衅滋事行为之一，破坏社会秩序的，处 5 年以下有期徒刑、拘役或者管制：（1）随意殴打他人，情节恶劣的；（2）追逐、拦截、辱骂、恐吓他人，情节恶劣的；（3）强拿硬要或者任意损毁、占用公私财物，情节严重的；（4）在公共场所起哄闹事，造成公共场所秩序严重混乱的。纠集他人多次实施前款行为，严重破坏社会秩序的，处 5 年以上 10 年以下有期徒刑，可以并处罚金。根据 2013 年 7 月 22 日施行的《最高人民法院、最高人民检察院关于办理寻衅滋事刑事案件适用法律若干问题的解释》，实施寻衅滋事行为，同时符合寻衅滋事罪和故意杀人罪、故意伤害罪、故意毁坏财物罪、敲诈勒索罪、抢夺罪、抢劫罪等罪的构成要件的，依照处罚较重的犯罪定罪处罚。行为人认罪、悔罪，积极赔偿被害人损失或者取得被害人谅解的，可以从轻处罚；犯罪情节轻微的，可以不起诉或者免予刑事处罚。

十、组织、领导、参加黑社会性质组织罪

（一）构成要件

本罪是指组织、领导和参加以暴力、威胁或者其他手段，有组织地进行违法犯罪活动，称霸一方，为非作恶，欺压、残害群众，严重破坏经济、社会生活秩序的黑社会性质的组织的行为。

本罪侵犯的客体是社会治安管理秩序。黑社会性质组织对经济、文化以及人民群众日常生活构成了严重的威胁。黑社会性质组织是一种高级形式的、危害更严重的犯罪集团。《修正案（八）》增设了第 5 款，明确了“黑社会性质的组织”应具备以下特征：（1）形成较

稳定的犯罪组织，人数较多，有明确的组织者、领导者，骨干成员基本固定；(2)有组织地通过违法犯罪活动或者其他手段获取经济利益，具有一定的经济实力，以支持该组织的活动；(3)以暴力、威胁或者其他手段，有组织地多次进行违法犯罪活动，为非作恶，欺压、残害群众；(4)通过实施违法犯罪活动，或者利用国家工作人员的包庇或者纵容，称霸一方，在一定区域或者行业内，形成非法控制或者重大影响，严重破坏经济、社会生活秩序。

本罪客观要件表现为组织、领导、参加黑社会性质组织的行为。“组织”是指通过策划、招揽、引诱、拉拢、胁迫等行为发起、组建黑社会性质组织的行为。“领导”是指在黑社会性质组织中居于统率、支配地位，对该组织起策划、决策、指挥作用。“参加”是指明知是黑社会性质组织而予以加入的情况。本罪是选择性罪名，只要行为人实施“组织、领导、参加”行为之一，便成立本罪。

本罪主体为自然人一般主体。

本罪主观要件是故意，即明知是黑社会性质组织而组织、领导、参加。如果行为人在参加时不知是黑社会性质组织的，不构成本罪；但行为人在参加后知道其为黑社会性质组织而仍继续参加不退出的，仍可成立本罪。

(二)司法认定

对于本罪认定，除了《刑法》第294条第5款规定的黑社会性质组织的四个特征之外，还需考虑以下司法文件：2018年1月16日，最高人民法院、最高人民检察院、公安部、司法部《关于办理黑恶势力犯罪案件若干问题的指导意见》，2019年2月28日最高人民法院、最高人民检察院、公安部、司法部《关于办理“套路贷”刑事案件若干问题的指导意见》，2019年7月23日《最高人民法院、最高人民检察院、公安部、司法部关于办理利用网络实施黑恶势力犯罪刑事案件若干问题的意见》，2019年7月23日《最高人民法院、最高人民检察院、公安部、司法部关于办理非法放贷刑事案件若干问题的意见》，2021年12月24日第十三届全国人民代表大会常务委员会第32次会议通过，2022年5月1日施行的《反有组织犯罪法》等。

(三)本罪处罚

《刑法》第294条第1款规定，组织、领导黑社会性质的组织的，处7年以上有期徒刑，并处没收财产；积极参加的，处3年以上7年以下有期徒刑，可以并处罚金或者没收财产；其他参加的，处3年以下有期徒刑、拘役、管制或者剥夺政治权利，可以并处罚金。

《刑法》第294条第4款规定，如果行为人在组织、领导、参加黑社会性质组织后，又实施其他犯罪行为的，应当依照数罪并罚的规定处罚。

【以案说法12-3】

云南昆明孙某果案

◎审理过程：

法院认为，被告人孙某果组织、领导黑社会性质组织，严重破坏经济、社会管理秩序；为获取非法经济利益，开设和经营赌场，情节严重；为扩大组织非法影响和索要高利贷，纠集他人有组织地多次殴打他人、持械在公共场所非法聚集、打砸车辆、雇佣他人非法讨债，侵犯公民人身权利、财产权利，严重破坏社会秩序；为索要高利贷，雇佣人员非法剥夺他人人身自由，且具有侮辱情节；组织人员在公共场所聚众斗殴，致人重伤；为包庇其他涉案人员的罪行及减轻自己的罪责，以贿买的方法指使他人作伪证；为包庇其他涉案人员的罪行及对其从轻处理、不被羁押，向司法工作人员行贿，情节严重。被告人顾某斌、杨某光等12人参加黑社会性质组织，并分别参与该组织实施的违法犯罪行为。

◎审判结果：

以被告人孙某果犯组织、领导黑社会性质组织罪，开设赌场罪，寻衅滋事罪，非法拘禁罪，故意伤害罪，妨害作证罪，行贿罪，数罪并罚，决定执行有期徒刑二十五年，剥夺政治权利五年，并处没收个人全部财产；以被告人顾某斌、杨某光等12人犯参加黑社会性质组织罪等罪，数罪并罚，决定执行十五年到二年零六个月不等有期徒刑，并处罚金。

2019年12月23日，云南省高级人民法院对孙某果1997年犯侵犯罪、强制侮辱妇女罪、故意伤害罪、寻衅滋事罪再审案件依法公开宣判，判决认为该院2007年9月作出的原再审判决以及1999年3月作出的二审判决对孙某果的定罪量刑确有错误，依法予以撤销，维持昆明市中级人民法院1998年2月一审对孙某果判处死刑的判决，并与其出狱后犯组织、领导黑社会性质组织等罪被判处有期徒刑二十五年的终审判决合并，决定对孙某果执行死刑，剥夺政治权利终身，并处没收个人全部财产。

十一、传授犯罪方法罪

(一)构成要件

本罪是指故意使用各种手段向他人传授犯罪方法的行为。这里的犯罪方法，是指犯罪的经验与技能，包括手段、步骤、反侦查方法，等等，如果所传授的只是一般的违法方法，则不构成本罪。行为人传授犯罪手段没有限制，包括口头传授、书面传授、动作示范传授，包括公开传授与秘密传授，直接传授与间接传授。在网络上传授犯罪方法的成立本罪。本罪的行为对象没有限制，不问是否达到刑事责任年龄、是否具有刑事责任能力。被传授人是否掌握、接受了犯罪方法，不影响本罪的成立。本罪主观方面为故意。

(二)本罪处罚

《刑法》第295条规定，犯本罪的，处5年以下有期徒刑、拘役或者管制；情节严重的，处5年以上10年以下有期徒刑；情节特别严重的，处10年以上有期徒刑或者无期徒刑。

十二、赌博罪

(一)构成要件

本罪是指以营利为目的，聚众赌博或者以赌博为业的行为。2005年《最高人民法院、最高人民检察院关于办理赌博刑事案件具体应用法律若干问题的解释》规定，以营利为目的，有下列情形之一的，属于“聚众赌博”：组织 3 人以上赌博，抽头渔利数额累计达到 5000 元以上的；组织 3 人以上赌博，赌资数额累计达到 5 万元以上的；组织 3 人以上赌博，参赌人数累计达到 20 人以上的；组织中华人民共和国公民 10 人以上赴境外赌博，从中收取回扣、介绍费的。以赌博为业是指以赌博为常业，并以赌博所得为其生活或者挥霍的基本或者主要来源的行为。本罪的主观方面是故意，而且必须具有营利的目的。应当注意上述《解释》中的几个问题：(1)不以营利为目的，进行带有少量财物输赢的娱乐活动，不以赌博论处。以赌博为业者以外的一般参与赌博者不以犯罪论处。(2)中国公民在我国领域外周边地区聚众赌博、开设赌场，以吸引中国公民为主要客源的，构成赌博罪或开设赌场罪。(3)明知他人实施赌博犯罪活动，而为其提供资金、计算机网络、通信、费用结算等直接帮助的，以共犯论处。(4)未经国家批准擅自发行、销售彩票，构成犯罪的，以非法经营罪定罪处罚，不定赌博罪。(5)通过赌博或者为国家工作人员赌博提供资金的形式实施行贿、受贿行为，构成犯罪的，依照《刑法》关于贿赂犯罪的规定定罪处罚。通过欺骗方法引诱他人参加赌博，构成赌博罪。但名为赌局实为骗局，以此诈骗钱财，如设置骗局，胜负已经被控制，并不取决于偶然，不符合赌博特征的，这种名为赌、实为骗，应定诈骗罪。

(二)本罪处罚

《刑法》第 303 条第 1 款规定，犯本罪的，处 3 年以下有期徒刑、拘役或者管制，并处罚金。上述《解释》规定，有下列情形之一的，从重处罚：(1)具有国家工作人员身份的；(2)组织国家工作人员赴境外赌博的；(3)组织未成年人参与赌博，或者开设赌场吸引未成年人参与赌博的。

十三、开设赌场罪

(一)构成要件

本罪是指以营利为目的，设立专门用于赌博的场所、提供赌具的行为。本罪侵犯的客体是社会管理秩序和社会风尚。本罪客观要件表现为提供赌博场所、提供赌具和资金、设定赌博的各种方式等组织赌博的行为。一般具有营利的目的。根据司法解释，不以营利为目的，提供棋牌室等娱乐场所只收取正常的场所和服务费用的经营行为等，不以开设赌场罪论处。以营利为目的，在计算机网络上建立赌博网站，或者为赌博网站担任代理，接受投注的，以开设赌场罪论处。明知他人开设赌场，而为其提供资金、计算机网络、通信、费用结算等服务或帮助的，以开设赌场罪的共犯论处。

(二)本罪处罚

《刑法》第 303 条第 2 款规定，开设赌场的，处 3 年以下有期徒刑、拘役或者管制，并处罚金；情节严重的，处 3 年以上 10 年以下有期徒刑，并处罚金。

第二节　妨害司法罪

一、伪证罪

(一)构成要件

伪证罪是指在刑事诉讼中，证人、鉴定人、记录人、翻译人对与案件有重要关系的情节，故意作虚假证明、鉴定、记录、翻译，意图陷害他人或者隐匿罪证的行为。

本罪侵犯的客体是国家的刑事诉讼秩序。

本罪客观要件表现为行为人在刑事诉讼中，对与案件有重要关系的情节，故意作虚假证明、鉴定、记录、翻译的行为。(1)必须发生刑事诉讼中。即从刑事案件的立案、侦查、审查起诉、提起公诉到审判等全过程。(2)必须实施作伪证的行为。即实施作虚假证明、鉴定、记录或翻译的行为。虚假，可以是无中生有，捏造或者夸大事实以诬陷人入罪；也可以是将有说成无，掩盖或者缩小事实以开脱罪责。(3)必须针对与案件有重要关系的情节作伪证。与案件有重要关系的情节，是指对案件结论有影响的情节，对行为人是否构成犯罪、犯罪的性质、罪行的轻重、量刑的轻重等有重大影响的事实情况，即影响定罪量刑的情节。

本罪主体是特殊主体。证人是指知道案件事实并向司法机关陈述的人；鉴定人是指受司法机关聘请或指派对某些专门性问题进行鉴别判断，提供鉴定意见的人；记录人是指在刑事诉讼过程中为司法机关担任案情记录工作的人；翻译人是指在刑事诉讼中受司法机关指派或委托担任外语、民族语言或哑语等翻译工作的人员。另外，本罪主体还包括被害人，因为被害人陈述也属于言词证据。但犯罪嫌疑人、被告人作虚假供述的，不构成犯罪。

本罪主观要件是故意，且以陷害他人或者隐匿罪证为目的。

(二)司法认定

本罪与诬告陷害罪的界限：

(1)伪证罪发生在刑事诉讼过程中；诬告陷害罪发生在立案侦查之前，而且是引起立案侦查的原因。(2)伪证罪是对于案件有重要关系的情节作虚假的证明、鉴定、记录、翻译；诬告陷害罪表现为捏造犯罪事实进行虚假告发。(3)伪证罪的主体是证人、鉴定人、记录人、翻译人；诬告陷害罪的主体是一般主体。(4)伪证罪的主观上既可以是意图陷害他人，也可以是意图为他人开脱罪责；诬告陷害罪的意图是使他人受到刑事追究。

行为人诬告他人犯罪，引起了司法机关的追诉活动后，在刑事诉讼中又作伪证的，从一重罪处罚。

(三)本罪处罚

《刑法》第305条规定，犯本罪的，处3年以下有期徒刑或者拘役；情节严重的，处3年以上7年以下有期徒刑。

【以案说法 12-4】

金某伪证案

◎基本案情：

在公安机关侦查胡某涉嫌故意伤害案件过程中，被告人金某以证人身份，在接受侦查人员询问时，两次作出虚假证言，证明自己看见胡某往王某脸上殴打两拳，导致胡某先后被刑事拘留、逮捕，并被移送起诉。金某接受检察人员询问时，推翻了以前关于自己看见胡某殴打王某的证言，承认自己在公安机关侦查期间作了伪证。人民法院认为，金某在刑事诉讼过程中，对与案件有重要关系的情节，故意作虚假证明，意图陷害他人，其行为构成伪证罪。鉴于金某认罪态度较好，如实供述了自己的罪行，可从轻处罚，故判处其有期徒刑六个月。

弘扬的价值：诚实守法

在诉讼中如实作证，作为每一个公民都应当履行的义务，是维护司法正常秩序，确保司法裁判公平公正的重要因素。虚假作证不但严重影响裁判结果的公正性，危害司法权威，而且直接侵害当事人的合法权益，损害社会诚信建设。本案中，金某在诉讼中故意作伪证，严重违背诚实信用原则，违反了法律义务，应受到刑事制裁。(见最高人民法院公布十起弘扬社会主义核心价值观典型案例(2016-03-10)案例八)

二、辩护人、诉讼代理人毁灭证据、伪造证据、妨害作证罪

(一)构成要件

本罪是指在刑事诉讼中，辩护人、诉讼代理人毁灭、伪造证据，帮助当事人毁灭、伪造证据，威胁、引诱证人违背事实改变证言或者作伪证的行为。本罪发生领域限于刑事诉讼中。行为方式包括三种：一是毁灭证据，指妨害证据的显现或者使证据的效力减少或者丧失的一切行为，包括从物理上损坏作为证据的物体和隐藏作为证据的物体；二是伪造证据，指制作不真实的证据的行为，包括变造证据；三是妨害作证，指威胁、引诱证人作伪证。本罪主体是特殊主体，包括两类人：一是辩护人；二是诉讼代理人，主要发生在刑事自诉案件、刑事附带民事案件中。

(二)本罪处罚

《刑法》第 306 条规定，犯本罪的，处 3 年以下有期徒刑或者拘役；情节严重的，处 3 年以上 7 年以下有期徒刑。

三、妨害作证罪

(一)构成要件

本罪是指以暴力、威胁、贿买等方法阻止证人作证或者指使他人作伪证的行为。本罪侵犯的客体是司法活动的客观公正性。犯罪对象既包括狭义的证人，也包括鉴定人、记录人、翻译人，还包括被害人，民事诉讼、行政诉讼中的当事人等其他提供言词证据者。行为方式是以暴力、威胁、贿买等方法阻止证人作证或者指使他人作伪证。发生领域包括三

大诉讼。本罪的主体是一般主体。

(二)本罪处罚

《刑法》第307条第1款规定，犯本罪的，处3年以下有期徒刑或者拘役；情节严重的，处3年以上7年以下有期徒刑。第3款规定，司法工作人员犯本罪的，从重处罚。

【特别提示】

司法工作人员犯本罪，从重处罚。

指使证人等作伪证，对指使者不能定伪证罪的教唆犯，只能定本罪的实行犯。而证人在刑事诉讼中做了虚假证言，定伪证罪。

四、帮助毁灭、伪造证据罪

(一)构成要件

本罪是指帮助当事人毁灭、伪造证据，情节严重的行为。犯罪对象是指毁灭、伪造的是他人作为当事人的案件的证据。毁灭、伪造自己是当事人的案件的证据的，因缺乏期待可能性，而没有被《刑法》规定为犯罪。本罪客观要件表现为帮助当事人毁灭、伪造证据的行为。(1)帮助毁灭、伪造证据罪中的“帮助”，是实行行为。下列行为均属于帮助毁灭、伪造证据：行为人单独为当事人毁灭、伪造证据的；行为人与当事人共同毁灭、伪造证据，这种情况，行为人与当事人并不成立共犯；行为人为当事人毁灭、伪造证据提供各种便利条件，这种情况，行为人不是帮助犯，而是正犯；行为人教唆当事人毁灭、伪造证据，这种情况，行为人不是教唆犯，而是正犯。(2)毁灭证据不限于从物理上使证据消失，包括妨碍证据显现，使证据的价值减少、消失的一切行为，因此，隐匿证据属于毁灭证据。伪造证据，是指制作出不真实的证据。变造证据属于伪造证据。(3)发生领域包括刑事诉讼、民事诉讼以及行政诉讼。帮助当事人毁灭、伪造证据的行为，既可以发生在诉讼过程中，也可以发生在诉讼活动开始之前。

(二)司法认定

当行为人与其他人均为案件当事人时，如果行为人所毁灭、伪造的证据在客观上仅对(或者主要对)其他当事人起作用，或者行为人主观上专门(或者主要)为了其他人而毁灭、伪造证据，则由于存在期待可能性，应认定为毁灭、伪造其他当事人的证据。

隐匿证人与被害人的；迫使证人、被害人改变证言的，成立妨害作证罪。

(三)本罪处罚

《刑法》第307条第2款规定，犯本罪的，处3年以下有期徒刑或者拘役。第3款规定，司法工作人员犯本罪的，从重处罚。

五、虚假诉讼罪

(一)构成要件

本罪是指以捏造的事实提起民事诉讼，妨害司法秩序或者严重侵害他人合法权益的行为。本罪的客观要件表现为行为人必须捏造事实提起民事诉讼。所谓“捏造事实”，是指行为人虚构、臆造根本不存在，与真实情况相悖的事实情况，既可以是完全捏造，毫无真实成分，也可以是存有部分真实成分，部分捏造。本罪的主体是一般主体，自然人和单位均可构成。本罪的主观要件只能是故意。2018 年 9 月 26 日,《最高人民法院、最高人民检察院关于办理虚假诉讼刑事案件适用法律若干问题的解释》第 1 条规定:“采取伪造证据、虚假陈述等手段,实施下列行为之一,捏造民事法律关系,虚构民事纠纷,向人民法院提起民事诉讼的,应当认定为刑法第三百零七条之一第一款规定的‘以捏造的事实提起民事诉讼’:(一)与夫妻一方恶意串通,捏造夫妻共同债务的;(二)与他人恶意串通,捏造债权债务关系和以物抵债协议的;(三)与公司、企业的法定代表人、董事、监事、经理或者其他管理人员恶意串通,捏造公司、企业债务或者担保义务的;(四)捏造知识产权侵权关系或者不正当竞争关系的;(五)在破产案件审理过程中申报捏造的债权的;(六)与被执行人恶意串通,捏造债权或者对查封、扣押、冻结财产的优先权、担保物权的;(七)单方或者与他人恶意串通,捏造身份、合同、侵权、继承等民事法律关系的其他行为。隐瞒债务已经全部清偿的事实,向人民法院提起民事诉讼,要求他人履行债务的,以‘以捏造的事实提起民事诉讼’论。向人民法院申请执行基于捏造的事实作出的仲裁裁决、公证债权文书,或者在民事执行过程中以捏造的事实对执行标的提出异议、申请参与执行财产分配的,属于刑法第三百零七条之一第一款规定的‘以捏造的事实提起民事诉讼’。”第 2 条规定:“以捏造的事实提起民事诉讼,有下列情形之一的,应当认定为刑法第三百零七条之一第一款规定的‘妨害司法秩序或者严重侵害他人合法权益’:(一)致使人民法院基于捏造的事实采取财产保全或者行为保全措施的;(二)致使人民法院开庭审理,干扰正常司法活动的;(三)致使人民法院基于捏造的事实作出裁判文书、制作财产分配方案,或者立案执行基于捏造的事实作出的仲裁裁决、公证债权文书的;(四)多次以捏造的事实提起民事诉讼的;(五)曾因以捏造的事实提起民事诉讼被采取民事诉讼强制措施或者受过刑事追究的;(六)其他妨害司法秩序或者严重侵害他人合法权益的情形。”2022 年 4 月《最高人民检察院 、公安部关于公安机关管辖的刑事案件立案追诉标准的规定(二)》第 78 条规定:“单独或者与他人恶意串通,以捏造的事实提起民事诉讼,涉嫌下列情形之一的,应予立案追诉:(一)致使人民法院基于捏造的事实采取财产保全或者行为保全措施的;(二)致使人民法院开庭审理,干扰正常司法活动的;(三)致使人民法院基于捏造的事实作出裁判文书、制作财产分配方案,或者立案执行基于捏造的事实作出的仲裁裁决、公证债权文书的;(四)多次以捏造的事实提起民事诉讼的;(五)因以捏造的事实提起民事诉讼被采取民事诉讼强制措施或者受过刑事追究的;(六)其他妨害司法秩序或者严重侵害他人合法权益的情形。”

(二)本罪处罚

《刑法》第 307 条之一规定,犯本罪的,处 3 年以下有期徒刑、拘役或者管制,并处或者单处罚金。情节严重的,处 3 年以上 7 年以下有期徒刑,并处罚金。单位犯前款罪,对单位判处罚金,并对其直接负责的主管人员和其他直接责任人员,依照前款的规定处罚。有前述行为,非法占有他人财产或逃避合法债务,又构成其他犯罪的,依照处罚较重的规定定罪从重处罚。司法工作人员利用职权,与他人共同实施前三款行为的,从重处罚;同时构成其他犯罪的,依照处罚较重的规定定罪从重处罚。

六、窝藏、包庇罪

窝藏、包庇罪

（一）构成要件

本罪是指明知是犯罪的人而为其提供隐藏处所、财物，帮助其逃匿或者作假证明包庇的行为。

1. 本罪侵犯的客体是司法机关追诉犯罪分子的正常活动

犯罪对象是“犯罪的人”。这里犯罪的人应从一般意义上理解，而不能从“无罪推定”的角度解释。包括：（1）犯罪嫌疑人、被告人：已被公安机关、司法机关依法作为犯罪嫌疑人、被告人而成为侦查、起诉对象的人，即使事后被法院认定无罪的，属于“犯罪的人”。（2）实际犯罪人：暂时没有被司法机关作为犯罪嫌疑人，但实施了犯罪行为，将被公安机关、司法机关作为犯罪嫌疑人、被告人而成为侦查、起诉对象的人，属于“犯罪的人”。（3）不法行为人：实施了符合客观构成要件的违法行为但没有达到法定年龄、不具有责任能力的人，属于“犯罪的人”。但如果行为人确定、案件事实清楚，公安机关、司法机关不可能介入刑事司法活动的，不成立犯罪。

2. 本罪客观要件表现是行为人实施了窝藏、包庇行为

窝藏，是指为犯罪分子提供隐蔽处所、财物，帮助其逃匿的行为。窝藏行为的根本特征是帮助犯罪人逃匿，妨害司法机关发现犯罪人。除了提供隐蔽处所、财物，其他帮助其逃匿的行为也是窝藏行为。例如，向犯罪的人通报侦查或追捕的动静、向犯罪的人提供化装的用具等，也属于帮助其逃匿的行为。“帮助”是实行行为，而非帮助行为。如犯罪人没有打算逃匿，也没有逃匿行为，但行为人使犯罪人昏迷后将其送至外地的，或者劝诱、迫使犯罪人逃匿的，属于“帮助其逃匿”。根据 2021 年 8 月 9 日《最高人民法院、最高人民检察院关于办理窝藏、包庇刑事案件适用法律若干问题的解释》（法释〔2021〕16 号，自 2021 年 8 月 11 日起施行），明知是犯罪的人，为帮助其逃匿，实施下列行为之一的，应当依照《刑法》第 310 条第 1 款的规定，以窝藏罪定罪处罚：（1）为犯罪的人提供房屋或者其他可以用于隐藏的处所的；（2）为犯罪的人提供车辆、船只、航空器等交通工具，或者提供手机等通信工具的；（3）为犯罪的人提供金钱的；其他为犯罪的人提供隐藏处所、财物，帮助其逃匿的情形；（4）其他为犯罪的人提供隐藏住所、财物，帮助其逃匿的情形。

保证人在犯罪的人取保候审期间，协助其逃匿，或者明知犯罪的人的藏匿地点、联系方式，但拒绝向司法机关提供的，应当依照《刑法》第 310 条第 1 款的规定，对保证人以窝藏罪定罪处罚。

虽然为犯罪的人提供隐藏处所、财物，但不是出于帮助犯罪的人逃匿的目的，不以窝藏罪定罪处罚；对未履行法定报告义务的行为人，依法移送有关主管机关给予行政处罚。

包庇，是指向公安、司法机关提供虚假证明掩盖犯罪的人。在司法机关追捕的过程中，行为人出于某种特殊原因为了使犯罪人逃匿，而自己冒充犯罪的人向司法机关投案或者实施其他使司法机关误认为自己为犯罪人的行为的，成立包庇罪。根据 2020 年 3 月 2 日《最高人民法院、最高人民检察院关于办理窝藏、包庇刑事案件适用法律若干问题的解释》（法释〔2021〕16 号，自 2021 年 8 月 11 日起施行），明知是犯罪的人，为帮助其逃避刑事追究，或者帮助其获得从宽处罚，实施下列行为之一的，应当依照《刑法》第 310 条第 1

款的规定，以包庇罪定罪处罚：(1)故意顶替犯罪的人欺骗司法机关的；(2)故意向司法机关作虚假陈述或者提供虚假证明，以证明犯罪的人没有实施犯罪行为，或者犯罪的人所实施行为不构成犯罪的；(3)故意向司法机关提供虚假证明，以证明犯罪的人具有法定从轻、减轻、免除处罚情节的；(4)其他作假证明包庇的行为。

3. 本罪主体是一般主体

犯罪的人教唆他人对自己窝藏、包庇的，不成立本罪，但他人成立窝藏、包庇罪。

4. 本罪主观要件是故意

即明知是犯罪的人而予以窝藏、包庇。如果不知对方是犯罪的人，则不成立本罪，但知道真相后，仍继续窝藏的，则成立本罪。

根据上述司法解释，认定的“明知”，应当根据案件的客观事实，结合行为人的认知能力，接触被窝藏、包庇的犯罪人的情况，以及行为人和犯罪人的供述等主、客观因素进行认定。行为人将犯罪的人所犯之罪误认为其他犯罪的，不影响“明知”的认定。行为人虽然实施了提供隐藏处所、财物等行为，但现有证据不能证明行为人知道犯罪的人实施了犯罪行为的，不能认定为“明知”。

(二)司法认定

在认定本罪时应当注意：

(1)单纯的知情不报或者单纯不提供证言的，不构成本罪。但如果拒不提供间谍犯罪、恐怖主义犯罪、极端主义犯罪证据的，则成立拒绝提供间谍犯罪证据罪、恐怖主义犯罪、极端主义犯罪证据罪等。

(2)根据上述司法解释，认定窝藏、包庇罪，以被窝藏、包庇的人的行为构成犯罪为前提。被窝藏、包庇的人实施的犯罪事实清楚，证据确实、充分，但尚未到案、尚未依法裁判或者因不具有刑事责任能力依法未予追究刑事责任的，不影响窝藏、包庇罪的认定。但是，被窝藏、包庇的人归案后被宣告无罪的，应当依照法定程序宣告窝藏、包庇行为人无罪。共同犯罪人之间互相实施的窝藏、包庇行为，不以窝藏、包庇罪定罪处罚，但对共同犯罪以外的犯罪人实施窝藏、包庇行为的，以所犯共同犯罪和窝藏、包庇罪并罚。

为帮助同一个犯罪的人逃避刑事处罚，实施窝藏、包庇行为，又实施洗钱行为，或者掩饰、隐瞒犯罪所得及其收益行为，或者帮助毁灭证据行为，或者伪证行为的，依照处罚较重的犯罪定罪，并从重处罚，不实行数罪并罚。

(3)《刑法》第310条第2款规定，明知是犯罪的人而予以窝藏、包庇，事前通谋的，以共同犯罪论处。“事前通谋”是指窝藏、包庇人与被窝藏、包庇的犯罪分子，在犯罪活动之前就谋划或合谋，答应犯罪分子作案后，予以窝藏或者包庇的。如果只是知道作案人要去实施犯罪，事后予以窝藏、包庇，或者事前知道作案人员要去实施犯罪，未去报案，犯罪发生后又窝藏、包庇犯罪分子，都不应以共犯论处，而单独构成窝藏、包庇罪。

(4)包庇罪与伪证罪的关系。一般认为，在刑事诉讼中，证人等作虚假陈述，意图隐匿罪证的，成立伪证罪；在刑事诉讼之外作假证明包庇犯罪人的，成立包庇罪。可见，包庇行为具有导致公安司法机关不能正常进入刑事诉讼活动的危险，其法益侵害重于伪证罪。但不排除一个行为同时触犯二罪的情形，此时属于竞合犯，从一重罪论处。

(5)包庇罪与帮助毁灭、伪造证据罪的关系。包庇罪限于作假证明包庇犯罪的人，而不包括帮助犯罪人毁灭或者伪造证据的行为。“作假证明包庇”，限于作使犯罪人逃避或减轻法律责任的假证明，单纯毁灭有罪、重罪证据的行为，不符合作假证明包庇的要件，但伪造无罪、罪轻证据并向公安、司法机关出示的行为，符合作假证明包庇的要件。因此，二罪也可能产生竞合，应从一重罪论处。

(三)本罪处罚

《刑法》第 310 条规定，犯本罪的，处 3 年以下有期徒刑、拘役或者管制；情节严重的，处 3 年以上 10 年以下有期徒刑。根据上述司法解释，窝藏、包庇犯罪的人，具有下列情形之一的，应当认定为《刑法》第 310 条第 1 款规定的“情节严重”：(1)被窝藏、包庇的人可能被判处无期徒刑以上刑罚的；(2)被窝藏、包庇的人犯危害国家安全犯罪、恐怖主义或者极端主义犯罪，或者系黑社会性质组织犯罪的组织者、领导者，且可能被判处 10 年有期徒刑以上刑罚的；(3)被窝藏、包庇的人系犯罪集团的首要分子，且可能被判处 10 年有期徒刑以上刑罚的；(4)被窝藏、包庇的人在被窝藏、包庇期间再次实施故意犯罪，且新罪可能被判处 5 年有期徒刑以上刑罚的；(5)多次窝藏、包庇犯罪的人，或者窝藏、包庇多名犯罪的人的；(6)其他情节严重的情形。前款所称“可能被判处”刑罚，是指根据被窝藏、包庇的人所犯罪行，在不考虑自首、立功、认罪认罚等从宽处罚情节时应当依法判处的刑罚。

七、掩饰、隐瞒犯罪所得、犯罪所得收益罪

(一)构成要件

本罪是指明知是犯罪所得及其产生的收益而予以窝藏、转移、收购、代为销售或者以其他方法掩饰、隐瞒的行为。

本罪侵犯的客体是司法机关的正常活动。犯罪对象是他人犯罪所得及其产生的收益。(1)“犯罪所得”，指犯罪所得的赃物(狭义的赃物)，即通过犯罪行为所获得的财物，犯罪工具不是赃物。其中的“犯罪”是指可能获取财物的犯罪。(2)犯罪所得产生的收益，指利用犯罪所得的赃物获得的利益(广义的赃物)，如贿赂存入银行后所获得的利息，利用走私犯罪所得投资房地产所获取的利润。(3)犯罪所得及其产生的收益，应限于财物与财产性利益。窝藏被拐卖的妇女、儿童的，不属于窝藏犯罪所得。(4)存在“他人的犯罪”：没有刑事责任能力的本犯，实施符合客观构成要件的违法行为(如盗窃)所取得的财物，原则上属于“犯罪”所得。犯罪人取得赃物后死亡的，该赃物仍然属于“犯罪所得”。(5)他人的犯罪应当是既遂犯罪。行为人在本犯既遂前故意参与的，成立共同犯罪。

本罪客观要件表现为窝藏、转移、收购、代为销售等掩饰、隐瞒赃物的行为。采用任何方法使司法机关难以发现赃物或者难以分辨赃物性质的，均有可能构成本罪。根据司法解释，明知是盗窃、抢劫、诈骗、抢夺的机动车，而予以窝藏、转移、买卖、介绍买卖、典当、拍卖、抵押或者用其抵债的；拆解、拼装或者组装的；修改发动机号、车辆识别代号的；更改车身颜色或者车辆外形的；提供或者出售机动车来历凭证、整车合格证、号牌以及有关机动车的其他证明和凭证的；提供或者出售伪造、变造的机动车来历凭证、整车合格证、号牌以及有关机动车的其他证明和凭证的。应以本罪论处。

本罪主体是一般主体，但限于本犯(包括共犯)以外的人。例如，甲教唆乙实施盗窃

行为，乙盗窃财物后，甲又窝藏乙所盗窃的财物的，甲只成立盗窃罪，而不成立赃物罪。

本罪主观要件是故意。“明知”包括已经知道与应当知道。明知是赃物，包括明知肯定是赃物与明知可能是赃物(赃物罪可以是间接故意犯罪)。2021 年 4 月 13 日《最高人民法院关于审理掩饰、隐瞒犯罪所得、犯罪所得收益刑事案件适用法律若干问题的解释》第 1 条规定，明知是犯罪所得及其产生的收益而予以窝藏、转移、收购、代为销售或者以其他方法掩饰、隐瞒，具有下列情形之一的，应当依照《刑法》第 312 条第 1 款的规定，以掩饰、隐瞒犯罪所得、犯罪所得收益罪定罪处罚：(1)一年内曾因掩饰、隐瞒犯罪所得及其产生的收益行为受过行政处罚，又实施掩饰、隐瞒犯罪所得及其产生的收益行为的；(2)掩饰、隐瞒的犯罪所得系电力设备、交通设施、广播电视设施、公用电信设施、军事设施或者救灾、抢险、防汛、优抚、扶贫、移民、救济款物的；(3)掩饰、隐瞒行为致使上游犯罪无法及时查处，并造成公私财物损失无法挽回的；(4)实施其他掩饰、隐瞒犯罪所得及其产生的收益行为，妨害司法机关对上游犯罪进行追究的。该司法解释第 3 条规定，掩饰、隐瞒犯罪所得及其产生的收益，具有下列情形之一的，应当认定为《刑法》第 312 条第 1 款规定的“情节严重”：(1)掩饰、隐瞒犯罪所得及其产生的收益价值总额达到 10 万元以上的；(2)掩饰、隐瞒犯罪所得及其产生的收益十次以上，或者三次以上且价值总额达到 5 万元以上的；(3)掩饰、隐瞒的犯罪所得系电力设备、交通设施、广播电视设施、公用电信设施、军事设施或者救灾、抢险、防汛、优抚、扶贫、移民、救济款物，价值总额达到 5 万元以上的；(4)掩饰、隐瞒行为致使上游犯罪无法及时查处，并造成公私财物重大损失无法挽回或其他严重后果的；(5)实施其他掩饰、隐瞒犯罪所得及其产生的收益行为，严重妨害司法机关对上游犯罪予以追究的。司法解释对掩饰、隐瞒涉及机动车、计算机信息系统数据、计算机信息系统控制权的犯罪所得及其产生的收益行为认定“情节严重”已有规定的，审理此类案件依照该规定。2009 年 11 月《最高人民法院关于审理洗钱等刑事案件具体应用法律若干问题的解释》规定，《刑法》第 312 条规定的“明知”，应当结合被告人的认知能力，接触他人犯罪所得及其收益的情况，犯罪所得及其收益的种类、数额，犯罪所得及其收益的转换、转移方式以及被告人的供述等主、客观因素进行认定。具有下列情形之一的，可以认定被告人明知系犯罪所得及其收益，但有证据证明确实不知道的除外：(1)知道他人从事犯罪活动，协助转换或者转移财物的；(2)没有正当理由，通过非法途径协助转换或者转移财物的；(3)没有正当理由，以明显低于市场的价格收购财物的；(4)没有正当理由，协助转换或者转移财物，收取明显高于市场的“手续费”的；(5)没有正当理由，协助他人将巨额现金散存于多个银行账户或者在不同银行账户之间频繁划转的；(6)协助近亲属或者其他关系密切的人转换或者转移与其职业或者财产状况明显不符的财物的；(7)其他可以认定行为人明知的情形。

(二)司法认定

行为人不知是赃物而保管的，不成立犯罪。但知道真相后继续保管的，成立本罪。如果行为人事前与本犯通谋，就事后窝藏、转移、收购、代为销售、掩饰、隐瞒犯罪赃物达成合意的，则以共同犯罪论处。

(三)本罪处罚

《刑法》第312条第1款规定，犯本罪的，处3年以下有期徒刑、拘役或者管制，并处或者单处罚金；情节严重的，处3年以上7年以下有期徒刑，并处罚金。《刑法修正案(七)》增设第312条第2款规定，单位犯前款罪的，对单位判处罚金，并对其直接负责的主管人员和其他直接责任人员，依照前款的规定处罚。

八、脱逃罪

(一)构成要件

本罪是指依法被关押的罪犯、被告人、犯罪嫌疑人逃离监管的行为。本罪侵犯的客体是国家监管机关的监管秩序。本罪客观要件表现为脱逃。脱逃，是指脱离监管机关的实力支配的行为，具体表现为逃离关押场所。行为方式没有限制，可以对监管人员使用暴力或以暴力相威胁而逃跑，也可以是趁监管人员不备而逃走或者利用依法获准回家的机会而逃跑，包含不作为的方式，例如，受到监狱(包括劳改农场等监管机构)奖励，节假日获准回家的罪犯，故意不在规定时间返回监狱，采取逃往外地等方式逃避入狱的，成立不作为方式的脱逃罪。押解途中逃脱的，也构成本罪。本罪是行为犯，行为人摆脱监管机关与监管人员的实力支配(控制)时，脱逃既遂。本罪主体是特殊主体。本罪是真正的身份犯，必须是依法被关押的罪犯(已决犯)、被告人与犯罪嫌疑人，未被关押的罪犯、被告人与犯罪嫌疑人，不是本罪主体。未被关押的人可以成立本罪的共犯(教唆犯或者帮助犯)。本罪主观要件是故意，且出于逃避监管机关监管的目的。

(二)本罪处罚

《刑法》第316条第1款规定，犯本罪的，处5年以下有期徒刑或者拘役。

其他妨害司法罪还有：虚假诉讼罪，泄露不应公开的案件信息罪，披露、报道不应公开的案件信息罪，打击报复证人罪，扰乱法庭秩序罪，拒绝提供间谍犯罪、恐怖主义犯罪、极端主义犯罪证据罪，拒不执行判决、裁定罪，非法处置查封、扣押、冻结的财产罪，破坏监管秩序罪，劫夺被押解人员罪，组织越狱罪，暴动越狱罪，聚众持械劫狱罪。

第三节　妨害国(边)境管理罪

一、组织他人偷越国(边)境罪

(一)构成要件

本罪是指违反国(边)境管理法规，组织他人偷越国(边)境的行为。“组织他人偷越国(边)境”是指领导、策划、指挥他人偷越国(边)境或者在首要分子指挥下，实施拉拢、引诱、介绍他人偷越国(边)境等行为。组织者既可以只是组织他人偷越而自己并不偷越，也可以是组织他人与自己共同偷越国边境。组织过程中，过失导致被组织人重伤、死亡的，剥夺或者限制被组织人人身自由的，以暴力、威胁方法抗拒检查的，属于本罪的加重情形，不再认定为相关犯罪；犯本罪，对被组织人有杀害、伤害、强奸、拐卖等犯罪行为，或者对检查人员有杀害、伤害等犯罪行为的，依照数罪并罚的规定处罚。

(二)本罪处罚

《刑法》第318条规定，犯本罪的，处2年以上7年以下有期徒刑，并处罚金；有下列情形之一的，处7年以上有期徒刑或者无期徒刑，并处罚金或者没收财产：(1)组织他人偷越国(边)境集团的首要分子；(2)多次组织他人偷越国(边)境或者组织他人偷越国(边)境人数众多的；(3)造成被组织人重伤、死亡的；(4)剥夺或者限制被组织人人身自由的；(5)以暴力、威胁方法抗拒检查的；(6)违法所得数额巨大的；(7)有其他特别严重情节的。

二、运送他人偷越国(边)境罪

(一)构成要件

本罪是指运送他人偷越国(边)境的行为。"运送"，是指使用车船等交通工具或者徒步带领，将他人非法送出或者接入国(边)境的行为。本罪侵犯的客体是国家有关出入国(边)境的管理制度。行为对象是除自己以外的其他人。本罪客观要件表现为非法运送他人偷越国(边)境的行为。非法，是指违反有关出入国(边)境的法律规定。本罪主体为一般主体，即为年满16周岁且具有刑事责任能力的自然人，既可以是中国人，亦可以是外国人。本罪主观要件必须出于故意，如果不知是偷越国(边)境的人员而运送其出入国(边)境的，则不构成本罪。

(二)本罪处罚

《刑法》第321条第1款规定，犯本罪的，处5年以下有期徒刑、拘役或者管制，并处罚金；有下列情形之一的，处5年以上10年以下有期徒刑，并处罚金：(1)多次实施运送行为或者运送人数众多的；(2)所使用的船只、车辆等交通工具不具备必要的安全条件，足以造成严重后果的；(3)违法所得数额巨大的；(4)有其他特别严重情节的。第2款规定，在运送他人偷越国(边)境中造成被运送人重伤、死亡，或者以暴力、威胁方法抗拒检查的，处7年以上有期徒刑，并处罚金。第3款规定，在运送他人偷越国(边)境以及以暴力、威胁方法抗拒检查的过程中，对被运送人有杀害、伤害、强奸、拐卖等犯罪行为，或者对检查人员有杀害、伤害等犯罪行为的，依照数罪并罚的规定处罚。第2款属于加重情节，第3款是罪数问题。

其他妨害国(边)境管理罪还有骗取出境证件罪，提供伪造、变造的出入境证件罪，出售出入境证件罪，偷越国(边)境罪，破坏界碑、界桩罪，破坏永久性测量标志罪。

第四节　妨害文物管理罪

一、倒卖文物罪

(一)构成要件

本罪是指以牟利为目的，倒卖国家禁止经营的文物，情节严重的行为。本罪行为对象是国家禁止经营的文物，其具体范围由国家文物部门确定。本罪客观要件表现为倒卖国家禁止买卖的文物，情节严重的行为。“倒卖”是指低价买进、高价卖出或转手贩卖文物。盗窃文物再出售的，不属于倒卖，只成立盗窃罪。将国家禁止出口的珍贵文物倒卖给外国人的，同时触犯了本罪与非法向外国人出售珍贵文物罪，应从一重罪论处。本罪主观要件是故意，要求具有牟利目的。

（二）本罪处罚

《刑法》第 326 条规定，犯本罪的，处 5 年以下有期徒刑或者拘役，并处罚金；情节特别严重的，处 5 年以上 10 年以下有期徒刑，并处罚金。单位犯本罪的，实行双罚制。

二、盗掘古文化遗址、古墓葬罪

（一）构成要件

本罪是指盗掘具有历史、艺术、科学价值的古文化遗址、古墓葬的行为。本罪的对象是具有历史、艺术、科学价值的古文化遗址、古墓葬。《文物保护法》规定，古文化遗址、古墓葬、石窟寺属于国家所有。“古文化遗址”是指清代和清代以前中华民族历史发展中由古代人类创造并留下表明其文化发展水平的地区，包括石窟、地下城、古建筑等。“古墓葬”是指清代和清代以前中华民族历史上建造并留下墓穴及有关设施。辛亥革命以后，与著名历史事件有关的遗址和纪念地、名人墓葬，如革命烈士墓等也视同古文化遗址、古墓葬，受国家保护。本罪的行为是盗掘。盗掘是指未经国家文化主管部门批准私自挖掘，集盗窃与损毁于一体。盗掘行为本身包含盗窃行为，所以盗掘过程中将掘取的文物盗走，不再定盗窃罪；盗掘行为本身也包含损毁行为，所以盗掘过程中损毁文物，也不再定损毁文物罪。盗掘结束后，出于其他目的故意损毁文物的，应另定故意损毁文物罪，两罪并罚。即使为了掩盖罪行、毁灭证据而损毁文物，也应并罚。

（二）本罪处罚

《刑法》第 328 条第 1 款规定，犯本罪的，处 3 年以上 10 年以下有期徒刑，并处罚金；情节较轻的，处 3 年以下有期徒刑、拘役或者管制，并处罚金；有下列情形之一的，处 10 年以上有期徒刑或者无期徒刑，并处罚金或者没收财产：（1）盗掘确定为全国重点文物保护单位和省级文物保护单位的古文化遗址、古墓葬的；（2）盗掘古文化遗址、古墓葬集团的首要分子；（3）多次盗掘古文化遗址、古墓葬的；（4）盗掘古文化遗址、古墓葬，并盗窃珍贵文物或者造成珍贵文物严重破坏的。

其他妨害文物管理罪还有故意损毁文物罪，故意损毁名胜古迹罪，过失损毁文物罪，非法向外国人出售、赠送珍贵文物罪，非法出售、私赠文物藏品罪，盗掘古人类化石、古脊椎动物化石罪，抢夺、窃取国有档案罪，擅自出卖、转让国有档案罪。

第五节　危害公共卫生罪

一、妨害传染病防治罪

（一）构成要件

本罪是指违反《传染病防治法》的规定，有下列情形之一，引起甲类传染病以及依法确定采取甲类传染病预防、控制措施的传染病传播或者有传播严重危险的行为：(1)供水单位供应的饮用水不符合国家规定的卫生标准的；(2)拒绝按照疾病预防控制机构提出的卫生要求，对传染病病原体污染的污水、污物、场所和物品进行消毒处理的；(3)准许或者纵容传染病病人、病原携带者和疑似传染病病人从事国务院卫生行政部门规定禁止从事的易使该传染病扩散的工作的；(4)出售、运输疫区中被传染病病原体污染或者可能被传染病病原体污染的物品，未进行消毒处理的；(5)拒绝执行县级以上人民政府、疾病预防控制机构依照传染病防治法提出的预防、控制措施的。

(二)本罪处罚

《刑法》第 330 条规定，犯本罪的，处 3 年以下有期徒刑或者拘役；后果特别严重的，处 3 年以上 7 年以下有期徒刑。

二、医疗事故罪

(一)构成要件

本罪是指医务人员由于严重不负责任，造成就诊人死亡或者严重损害就诊人身体健康的行为。

本罪侵犯的客体是医疗管理秩序，以及就诊人的生命、健康权利。

本罪客观要件表现为严重不负责任，造成就诊人死亡或者严重损害就诊人身体健康。严重不负责任是构成本罪的前提。2008 年 6 月《最高人民检察院、公安部关于公安机关管辖的刑事案件立案追诉标准的规定(一)》，具有下列情形之一的，属于本条规定的“严重不负责任”：(1)擅离职守的；(2)无正当理由拒绝对危急就诊人实行必要的医疗救治的；(3)未经批准擅自开展试验性医疗的；(4)严重违反查对、复核制度的；(5)使用未经批准使用的药品、消毒药剂、医疗器械的；(6)严重违反国家法律法规及有明确规定的诊疗技术规范、常规的；(7)其他严重不负责任的情形。本条规定的“严重损害就诊人身体健康”，是指造成就诊人严重残疾、重伤、感染艾滋病、病毒性肝炎等难以治愈的疾病或者其他严重损害就诊人身体健康的后果。

本罪主体是特殊主体，只有医务人员才能构成，包括医疗防疫人员、药剂人员、护理人员或其他专业技术人员。

本罪主观要件是过失。

(二)司法认定

本罪要求必须发生医疗事故，即造成就诊人死亡或者严重损害就诊人身体健康。国务院《医疗事故处理条例》第 2 条规定，医疗事故是指医疗机构及其医务人员在医疗活动中，违反医疗卫生管理法律、行政法规、部门规章和诊疗护理规范、常规，过失造成患者人身损害的事故。第 33 条规定，有下列情形之一的，不属于医疗事故：在紧急情况下为抢救垂危患者生命而采取紧急医学措施造成不良后果的；在医疗活动中由于患者病情异常或者患者体质特殊而发生医疗意外的；在现有医学科学技术条件下，发生无法预料或者不能防范的不良后果的；无过错输血感染造成不良后果的；因患方原因延误诊疗导致不良后果的；因不可抗力造成不良后果的。

（三）本罪处罚

《刑法》第 335 条规定，犯本罪的，处 3 年以下有期徒刑或者拘役。

三、非法行医罪

（一）构成要件

本罪是指未取得医生执业资格的人非法行医，情节严重的行为。本罪侵犯的客体是国家医疗管理制度和就诊人的人身权利。本罪客观要件表现为非法行医的行为，即行为人非法从事诊断、治疗、医务护理工作，属于典型的职业犯。本罪主体是未取得医生执业资格的人。具有医生职业资格的人，不可能成为本罪的实行犯，但可以成为教唆犯或者帮助犯。本罪主观要件是故意，即明知自己未取得医生执业资格却非法行医。本罪的犯罪构成包含行为人反复非法行医的行为，因此，不管非法行医的时间多长，只能认定为本罪一罪。即使病人承诺接受治疗，行为人非法行医也构成本罪。

（二）本罪处罚

《刑法》第 336 条第 1 款规定，犯本罪的，处 3 年以下有期徒刑、拘役或者管制，并处或者单处罚金；严重损害就诊人身体健康的，处 3 年以上 10 年以下有期徒刑，并处罚金；造成就诊人死亡的，处 10 年以上有期徒刑，并处罚金。

其他危害公共卫生罪还有妨害传染病防治罪，传染病菌种、毒种扩散罪，妨害国境卫生检疫罪，非法组织卖血罪，强迫卖血罪，非法采集、供应血液、制作、供应血液制品罪，采集、供应血液、制作、供应血液制品事故罪，非法进行节育手术罪，妨害动植物防疫、检疫罪，非法采集人类遗传资源、走私人类遗传资源材料罪，非法植入基因编辑、克隆胚胎罪。

第六节　破坏环境资源保护罪

一、污染环境罪

（一）构成要件

本罪为《刑法修正案（十一）》修改的罪名，是指自然人或者单位违反国家规定，排放、倾倒或者处置有放射性的废物、含传染病病原体的废物、有毒物质或者其他有害物质，严重污染环境的行为。本罪侵犯的客体是国家对环境保护和污染防治的管理秩序，犯罪对象具体表现为土地、水体、大气。“严重污染环境”，既包括发生了造成财产损失或者人身伤亡的环境污染事故，也包括虽然还未造成环境污染事故，但是已经使环境受到严重污染或者破坏的情形。犯罪主体为一般主体，包括自然人和单位。主观方面通常由故意构成，但也可以由过失构成。

（二）本罪处罚

《刑法》第 338 条规定，犯本罪的，处 3 年以下有期徒刑或者拘役，并处或者单处罚金；情节严重的，处 3 年以上 7 年以下有期徒刑，并处罚金；有下列情形之一的，处

7年以上有期徒刑，并处罚金：(1)在饮用水水源保护区、自然保护地核心保护区等依法确定的重点保护区域排放、倾倒、处置有放射性的废物、含传染病病原体的废物、有毒物质，情节特别严重的；(2)向国家确定的重要江河、湖泊水域排放、倾倒、处置有放射性的废物、含传染病病原体的废物、有毒物质，情节特别严重的；(3)致使大量永久基本农田基本功能丧失或者遭受永久性破坏的；(4)致使多人重伤、严重疾病，或者致人严重残疾、死亡的。有前款行为，同时构成其他犯罪的，依照处罚较重的规定定罪处罚。

二、危害珍贵、濒危野生动物罪

(一)构成要件

本罪侵犯客体为生态环境法律制度。犯罪对象是国家重点保护的珍贵、濒危野生动物及珍贵、濒危野生动物制品。依据2021年12月13日《最高人民法院、最高人民检察院关于办理破坏野生动物资源刑事案件适用法律若干问题的解释》(法释〔2022〕12号，自2022年4月9日起施行)，"国家重点保护的珍贵、濒危野生动物"包括：(1)列入《国家重点保护野生动物名录》的野生动物；(2)经国务院野生动物保护主管部门核准按照国家重点保护的野生动物管理的野生动物。

本罪行为包括两种：一是非法猎捕、杀害珍贵、濒危野生动物。非法猎捕、杀害珍贵、濒危野生动物的行为方式多种多样。根据司法解释，使用爆炸、投毒、设置电网等危险方法猎捕、杀害珍贵、濒危野生动物，构成本罪，同时也构成《刑法》第114条或者第115条规定的爆炸罪等犯罪的，依照处罚较重的规定定罪处罚。实施非法猎捕、杀害珍贵、濒危野生动物的行为，又以暴力、威胁方法抗拒查处，构成其他犯罪的，依照数罪并罚的规定处罚。故意伤害珍贵、濒危野生动物的，应以故意毁坏财物罪论处。二是非法收购、运输、出售珍贵、濒危野生动物以及珍贵、濒危野生动物制品的行为。根据上述司法解释，"收购"包括以营利、自用等为目的的购买行为；"运输"包括采用携带、邮寄、利用他人、使用交通工具等方法进行运送的行为；"出售"包括出卖和以营利为目的的加工利用行为。本罪主体是一般主体，自然人和单位均可构成。

(二)司法认定

根据上述司法解释，非法猎捕、杀害国家重点保护的珍贵、濒危野生动物，或者非法收购、运输、出售国家重点保护的珍贵、濒危野生动物及其制品，价值2万元以上不满20万元的，依照本罪应予起诉。

在认定是否构成犯罪以及裁量刑罚时，应当考虑涉案动物是否系人工繁育、物种的濒危程度、野外存活状况、人工繁育情况、是否列入人工繁育国家重点保护野生动物名录、行为手段、对野生动物资源的损害程度，以及对野生动物及其制品的认知程度等情节，综合评估社会危害性，准确认定是否构成犯罪，妥当裁量刑罚，确保罪责刑相适应；根据本解释的规定定罪量刑明显过重的，可以根据案件的事实、情节和社会危害程度，依法作出妥当处理。涉案动物系人工繁育，具有下列情形之一的，对所涉案件一般不作为犯罪处理；需要追究刑事责任的，应当依法从宽处理：(1)列入人工繁育国家重点保护野生动物名录的；(2)人工繁育技术成熟、已成规模，作为宠物买卖、运输的。

(三)本罪处罚

《刑法》第341条第1款规定，犯本罪的，处5年以下有期徒刑或者拘役，并处罚金；情节严重的，处5年以上10年以下有期徒刑，并处罚金；情节特别严重的，处10年以上有期徒刑，并处罚金或者没收财产。第346条规定，单位犯本罪的，实行双罚制。

三、非法占用农用地罪

(一)构成要件

本罪犯罪客体是国家土地管理制度。犯罪对象为农用地。根据2019年修订后的《土地管理法》第4条第3款的规定，农用地是指直接用于农业生产的土地，包括耕地、林地、草地、农田水利用地、养殖水面用地。

犯罪的客观方面表现为违反土地管理法规，非法占用农用地改作他用，数量较大，造成农用地大量毁坏的行为。所谓“违反土地管理法规”，是指违反土地管理法、森林法、草原法等法律以及有关行政法规中关于土地管理的规定。本罪属于结果犯，要求行为人的行为造成了农用地大量毁坏。

犯罪主体是一般主体，既可以是自然人，也可以是单位。

犯罪的主观要件是故意。

(二)司法认定

依据2008年6月25日《最高人民检察院、公安部关于公安机关管辖的刑事案件立案追诉标准的规定(一)》，违反土地管理法规，非法占用耕地、林地等农用地，改变被占用土地用途，造成耕地、林地等农用地大量毁坏，涉嫌下列情形之一的，应予立案追诉：(1)非法占用基本农田5亩以上或者基本农田以外的耕地10亩以上的；(2)非法占用防护林地或者特种用途林地数量单种或者合计5亩以上的；(3)非法占用其他林地10亩以上的；(4)非法占用本款第(2)项、第(3)项规定的林地，其中一项数量达到相应规定的数量标准的50%以上，且两项数量合计达到该项规定的数量标准的；(5)非法占用其他农用地数量较大的情形。

(三)本罪处罚

根据《刑法》第342条之规定，自然人犯本罪的，处5年以下有期徒刑或者拘役，并处或者单处罚金。根据《刑法》第346条之规定，单位犯本罪的，对单位判处罚金，并对其直接负责的主管人员和其他直接责任人员，依照自然人犯本罪的规定处罚。

四、破坏自然保护地罪

(一)构成要件

本罪为《刑法修正案》(十一)新增设罪名。本罪侵犯的客体是国家对自然保护地的管理秩序。本罪的犯罪对象是国家公园和国家级自然保护区。依照中共中央办公厅、国务院办公厅《建立国家公园体制总体方案》(2017年9月26日)规定，国家公园是指由国家批准设立并主导管理，边界清晰，以保护具有国家代表性的大面积自然生态系统为主要目的，实现自然资源科学保护和合理利用的特定陆地或海洋区域。《自然保护区条例》第2条规定，自然保护区是指对有代表性的自然生态系统、珍稀濒危野生动植物物种的天然集中分布区、有特殊意义的自然遗迹等保护对象所在的陆地、陆地水体或者海域，依法划出一定面积予以特殊保护和管理的区域。自然保护区分为国家级自然保护区和地方级自然保护区。

本罪客观要件表现为违反自然保护地管理法规，在国家公园、国家级自然保护区进行开垦、开发活动或者修建建筑物，造成严重后果或者有其他恶劣情节的行为。具体的行为方式有三种类型：开垦行为、进行开发活动和修建建筑物。开垦表现为改变原土地生态状态后变为农田等进行农业生产，种植粮食作物、经济作物、林木、放牧等行为。开垦行为会导致自然生态体系破坏或者退化。进行开发活动的范围比较广，可能是生产经营活动，也可能是科学研究、科学实验等活动，常见有修路、采伐林木、挖土、采矿、采砂、采石、放牧、捕猎、捕捞、采药等。修建建筑物、是指建造住房、厂房等。“造成严重后果”主要表现为开垦行为、进行开发活动和修建建筑物占用自然保护地达到一定的面积、导致自然保护地内的森林、其他林木、幼苗、野生动物死亡、对自然保护地的修复费用达到一定数额或者造成经济损失的情况。“其他恶劣情节”，主要表现为违法所得或者经营规模达到一定规模或者数额，在自然保护地内禁止人为活动的核心区内从事开垦、开发或者修建建筑物的情形。

本罪主体是一般主体，自然人和单位均可构成。

本罪主观要件是故意。

(二)司法认定

破坏自然保护地，同时触犯同时构成其他犯罪的，依照处罚较重的规定定罪处罚。

(三)本罪处罚

《刑法》第 342 条之一规定，犯本罪的，处五年以下有期徒刑或者拘役，并处或者单处罚金。第 346 条规定，单位犯本罪的，实行双罚制。

五、盗伐林木罪

(一)构成要件

本罪是指盗伐森林或者其他林木，数量较大的行为。

本罪侵犯的客体是国家的林木资源保护制度。“其他林木”，是指城乡的道旁、村边的零星或者小片的集体林木。以生产竹材为主要目的的竹林也视为本罪的犯罪对象。

本罪客观要件表现为盗伐森林或者其他林木，数量较大的行为。“盗伐”是指未经国家林业行政管理部门批准，采取秘密手段采伐林木的行为。2000 年 11 月《最高人民法院关于审理破坏森林资源刑事案件具体应用法律若干问题的解释》规定盗伐林木行为包括：(1)擅自砍伐国家、集体、他人所有或者他人承包经营管理的森林或者其他林木的；(2)擅自砍伐本单位或者本人承包经营管理的森林或者其他林木的；(3)在林木采伐许可证规定的地点以外采伐国家、集体、他人所有或者他人承包经营管理的森林或者其他林木的。

本罪主体是一般主体，自然人和单位均可。

本罪主观要件是故意，并且具有非法占有他人林木的目的。

(二)司法认定

依据 2008 年 6 月 25 日《最高人民检察院、公安部关于公安机关管辖的刑事案件立案追诉标准的规定(一)》，盗伐森林或者其他林木，涉嫌下列情形之一的，应予立案追诉：(1)盗伐2~5立方米以上的；(2)盗伐幼树100~200株以上的。林木数量以立木蓄积计算，计算方法为原木材积除以该树种的出材率；“幼树”，是指胸径5厘米以下的树木。

盗伐珍贵树木，同时触犯非法采伐国家重点保护植物罪和盗伐林木罪的，依照处罚较重的规定定罪处罚。

将国家、集体、他人所有并已经伐倒的树木窃为己有以及偷砍他人房前屋后、自留地种植的零星树木，数额较大的，以盗窃罪定罪处罚。

聚众哄抢林木5立方米以上的，属于聚众哄抢“数额较大”；聚众哄抢林木20立方米以上的，属于聚众哄抢“数额巨大”，对首要分子和积极参加的，以聚众哄抢罪定罪处罚。

(三)本罪处罚

《刑法》第345条第1款规定，犯本罪的，处3年以下有期徒刑、拘役或者管制，并处或者单处罚金；数量巨大的，处3年以上7年以下有期徒刑，并处罚金；数量特别巨大的，处7年以上有期徒刑，并处罚金。第4款规定，盗伐国家级自然保护区内的森林或者其他林木的，从重处罚。第346条规定，单位犯本罪的，实行双罚制。

六、滥伐林木罪

(一)构成要件

本罪是指违反《中华人民共和国森林法》(以下简称《森林法》)的规定，滥伐森林或者其他林木，数量较大的行为。2000年11月《最高人民法院关于审理破坏森林资源刑事案件具体应用法律若干问题的解释》规定，滥伐林木行为包括：(1)未经林业行政主管部门及法律规定的其他主管部门批准并核发林木采伐许可证，或者虽持有林木采伐许可证，但违反林木采伐许可证规定的时间、数量、树种或者方式，任意采伐本单位所有或者本人所有的森林或者其他林木的。(2)超过林木采伐许可证规定的数量采伐他人所有的森林或者其他林木的。盗伐林木与滥伐林木的区别：盗伐林木罪是无证(无权)砍伐林木，侵犯他人林木所有权。滥伐林木罪是持证但违规砍伐，侵犯林业管理制度。

(二)司法认定

根据2008年6月25日《最高人民检察院、公安部关于公安机关管辖的刑事案件立案追诉标准的规定(一)》，违反森林法的规定，滥伐森林或者其他林木，涉嫌下列情形之一的，应予立案追诉：(1)滥伐10~20立方米以上的；(2)滥伐幼树500~1000株以上的。滥伐林木的数量，应在伐区调查设计允许的误差额以上计算。

滥伐林木罪与盗伐林木罪的区别：(1)犯罪对象不完全相同：前者包括自己所有的林木；后者不包括自己所有的林木。(2)行为方式不同：前者是不按要求任意砍伐的行为；后者是盗伐行为。(3)主观故意内容不完全相同：前者不具有非法所有的目的；后者具有非法所有的目的。

(三)本罪处罚

《刑法》第345条第2款规定，犯本罪的，处3年以下有期徒刑、拘役或者管制，并处或者单处罚金；数量巨大的，处3年以上7年以下有期徒刑，并处罚金。第4款规定，滥伐国家级自然保护区内森林或者其他林木的，从重处罚。第 346 条规定，单位犯本罪的，实行双罚制。

其他破坏环境资源保护罪还有非法处置进口的固体废物罪，擅自进口固体废物罪，非法捕捞水产品罪，非法狩猎罪，非法捕猎、收购、运输、出售陆生野生动物罪，非法占用农用土地罪，破坏自然保护地罪，非法采矿罪，破坏性采矿罪，危害国家重点保护植物罪，非法引进、释放、丢弃外来入侵物种罪，非法收购、运输盗伐、滥伐的林木罪。

第七节　走私、贩卖、运输、制造毒品罪

毒品相关犯罪

一、走私、贩卖、运输、制造毒品罪

（一）构成要件

本罪是指走私、贩卖、运输、制造毒品的行为。

本罪侵犯的客体是国家对毒品的管制制度。犯罪对象是毒品。《刑法》第 357 条规定，毒品，是指鸦片、海洛因、甲基苯丙胺（冰毒）、吗啡、大麻、可卡因以及国家规定管制的其他能够使人形成瘾癖的麻醉药品和精神药品。

本罪客观要件表现为走私、贩卖、运输、制造毒品的行为。走私是指明知是毒品而非法将其运输、携带、邮寄进出国（边）境的行为。直接向走私人非法收购走私进口的毒品，或者在内海、领海、界河、界湖运输、收购、贩卖毒品的，以走私毒品论处。贩卖是指明知是毒品而非法销售或者以贩卖为目的而非法收买毒品的行为。居间介绍买卖毒品的，无论是否获利，均以贩卖毒品罪的共犯论处。运输是指明知是毒品而采用携带、邮寄、利用他人或者使用交通工具等方法非法运送毒品的行为。制造，是指非法用毒品原植物直接提炼或者用化学方法加工、配制毒品的行为。

本罪主体是一般主体，包括自然人和单位。已满 14 周岁不满 16 周岁的人，可以成为贩卖毒品罪的主体；走私、运输、制造毒品罪的主体必须已满 16 周岁。

本罪主观要件是故意。即明知其毒品而走私、贩卖、运输、制造，但不要求行为人认识到毒品的名称、化学成分、效用等具体性质。

（二）司法认定

认定本罪应注意：（1）对被告人一人走私、贩卖、运输、制造或者非法持有两种以上毒品并已构成犯罪的，不应数罪并罚，可综合考虑毒品的种类、数量及危害，依法处理。（2）毒品的数量以查证属实的走私、贩卖、运输、制造、非法持有毒品的数量计算，不以纯度折算。（3）如果行为人将精制毒品稀释后贩卖，或者是土法加工毒品因提炼不纯而含有较多杂质的，不论其中有多少其他成分，只要含有毒品，就应当以毒品犯罪认定。（4）对多次走私、贩卖、运输、制造毒品，未经处理的，毒品数量累计计算。（5）运输、贩卖同一宗毒品的，毒品数量不重复计算；不是同一宗毒品的，毒品数量累计计算。

走私毒品，又走私其他物品构成犯罪的，按走私毒品和构成的其他走私罪分别定罪，实行并罚。

行为人故意以非毒品冒充真毒品或者明知是假毒品而冒充毒品贩卖牟利的，以诈骗罪定罪处罚。例如，甲明知是面粉，对乙谎称是海洛因，交付乙贩卖的，甲构成诈骗罪(间接正犯)，乙因客观上贩卖的是普通面粉，不会对社会法益造成危害，乙无罪。

(三)本罪处罚

《刑法》第347条第2款规定，犯本罪，有下列情形之一的，处15年有期徒刑、无期徒刑或者死刑，并处没收财产：(1)走私、贩卖、运输、制造鸦片1000克以上、海洛因或者甲基苯丙胺50克以上或者其他毒品数量大的；(2)走私、贩卖、运输、制造毒品集团的首要分子；(3)武装掩护走私、贩卖、运输、制造毒品的；(4)以暴力抗拒检查、拘留、逮捕，情节严重的；(5)参与有组织的国际贩毒活动的。第3款规定，走私、贩卖、运输、制造鸦片200克以上不满1000克、海洛因或者甲基苯丙胺10克以上不满50克或者其他毒品数量较大的，处7年以上有期徒刑，并处罚金。第4款规定，走私、贩卖、运输、制造鸦片不满200克、海洛因或者甲基苯丙胺不满10克或者其他少量毒品的，处3年以下有期徒刑、拘役或者管制，并处罚金；情节严重的，处3年以上7年以下有期徒刑，并处罚金。第5款规定，单位犯第2款、第3款、第4款罪的，实行双罚制。

《刑法》第347条第6款规定，利用、教唆未成年人走私、贩卖、运输、制造毒品，或者向未成年人出售毒品的，从重处罚。第356条规定，因走私、贩卖、运输、制造、非法持有毒品罪被判过刑，又犯本罪的，从重处罚。

二、非法持有毒品罪

(一)构成要件

本罪是指明知是鸦片、海洛因或者其他毒品而非法持有且数量较大的行为。本罪客观要件表现为非法持有数量较大的毒品。“非法”是指违反国家法律和国家主管部门的规定。所谓持有毒品，指行为人对毒品事实上的支配。理解“持有”应注意以下几点：第一，持有具体表现为占有、携有、藏有或者其他方式支配毒品。第二，持有不要求物理上的握有，不要求行为人时时刻刻将毒品握在手中、放在身上和装在口袋里；只要行为人认识到它的存在，能够对其进行管理或支配，就是持有。第三，持有时并不要求行为人是毒品的“所有者”，即使属于他人所有的毒品，但事实上置于行为人支配之下时，行为人即持有毒品；行为人是否知道“所有者”不影响持有的成立。第四，持有既可以本人持有，也可以通过他人持有，如行为人认为自己管理毒品不安全，将毒品委托他人保管时，行为人与他人均持有该毒品。第五，持有是一种持续的行为，只有当毒品在一定时间内由行为人支配时，才构成持有。持有毒品数量较大才构成犯罪。

(二)本罪处罚

《刑法》第348条规定，犯本罪的，持有鸦片1000克以上、海洛因或者甲基苯丙胺50克以上或者其他毒品数量大的，处7年以上有期徒刑或者无期徒刑，并处罚金；非法持有鸦片200克以上不满1000克、海洛因或者甲基苯丙胺10克以上不满50克或者其他毒品数量较大的，处3年以下有期徒刑、拘役或者管制，并处罚金；情节严重的，处3年以上7年以下有期徒刑，并处罚金。第356条规定，因走私、贩卖、运输、制造、非法持有毒品罪被判过刑，又犯本罪的，从重处罚。

非法生产、买卖、运输制毒物品、走私制毒物品罪，其他走私、贩卖、运输、制造毒品罪还包括：包庇毒品犯罪分子罪，窝藏、转移、隐瞒毒品、毒赃罪，非法生产、买卖、运输制毒物品、走私制毒物品罪，非法种植毒品原植物罪，非法买卖、运输、携带、持有毒品原植物种子、幼苗罪，引诱、教唆、欺骗他人吸毒罪，强迫他人吸毒罪，容留他人吸毒罪，非法提供麻醉药品、精神药品罪、妨害兴奋剂管理罪。

第八节 组织、强迫、引诱、容留、介绍卖淫罪

一、组织卖淫罪

(一) 构成要件

本罪是指以招募、雇佣、强迫、引诱、容留等手段，控制多人从事卖淫的行为。

本罪侵犯的客体是社会治安管理秩序和社会风化。

本罪客观要件表现为组织他人卖淫的行为。组织，是指以招募、雇佣、强迫、引诱、容留等手段，控制多人从事卖淫的行为。这表现为两种情况：一是设置卖淫场所或者变相卖淫场所，控制卖淫者，招揽嫖娼者。如以办旅馆为名，行开妓院之实。二是没有固定的场所，通过控制卖淫人员，有组织地进行卖淫活动。这里的“他人”，既包括女性(组织女性当女娼)，也包括男性(组织男性当男妓)。卖淫，是指以营利为目的，满足不特定对方(不限于异性)性欲的行为，包括与不特定对方发生性交和从事其他猥亵活动。据此，组织男性为男性提供性服务，或者组织女性为女性提供性服务的，也成立组织卖淫罪。

本罪主体是一般主体，必须是卖淫的组织者。

本罪主观要件是故意。

(二) 本罪处罚

《刑法》第358条规定，犯本罪的，处5年以上10年以下有期徒刑，并处罚金；情节严重的，处10年以上有期徒刑或者无期徒刑，并处罚金或者没收财产。

组织、强迫未成年人卖淫的，依照前款的规定从重处罚。

犯前两款罪，并有杀害、伤害、强奸、绑架等犯罪行为的，依照数罪并罚的规定处罚。

《刑法》第361条第1款规定，旅馆业、饮食服务业、文化娱乐业、出租汽车业等单位的人员，利用本单位的条件，组织他人卖淫的，依照本罪定罪处罚。第2款规定，前款所列单位的主要负责人，犯前款罪的，从重处罚。

二、强迫卖淫罪

(一) 构成要件

本罪是指以暴力、胁迫等手段强迫他人卖淫的行为。本罪客观要件表现为使用暴力、威胁、虐待等强制方法迫使他人卖淫的行为。一是手段的强制性；二是违背他人的意志，如果他人自愿卖淫的，不构成本罪。在组织他人卖淫的活动中，对被组织者实施强迫行为

的，只认定为组织卖淫罪；但如果对象不同一的，则应将组织卖淫罪与强迫卖淫罪数罪并罚行为人强迫妇女仅与自己发生性交，并支付性行为对价的，成立强奸罪，不成立强迫卖淫罪。

（二）本罪处罚

《刑法》第358条规定，犯本罪的，处5年以上10年以下有期徒刑，并处罚金；情节严重的，处10年以上有期徒刑或者无期徒刑，并处罚金或者没收财产。组织、强迫未成年人卖淫的，依照前款的规定从重处罚。犯前两款罪，并有杀害、伤害、强奸、绑架等犯罪行为的，依照数罪并罚的规定处罚。

三、引诱、容留、介绍卖淫罪

（一）构成要件

本罪是指引诱、容留、介绍他人卖淫的行为。引诱是指以金钱、物质或者腐朽的生活方式勾引、诱惑他人卖淫。容留是指为他人提供卖淫的场所的行为。所提供的场所既可以是固定的，也可以是汽车等流动场所。介绍俗称"拉皮条"，是指与卖淫者（或者卖淫组织者）通谋，受其委托或唆使，在卖淫者与嫖娼者之间进行引见、撮合，使得卖淫行为得以实现的行为。本罪主体是一般主体。本罪主观要件是故意，是否以营利为目的不影响本罪的成立。

（二）司法认定

在组织（强迫）他人卖淫的犯罪活动中，对被组织的人有引诱、容留、介绍卖淫行为的，只认定组织卖淫罪，不实行数罪并罚。

《刑法》第361条第1款规定，旅馆业、饮食服务业、文化娱乐业、出租汽车业等单位的人员，利用本单位的条件，引诱、容留、介绍他人卖淫的，依照本罪定罪处罚。第2款规定，前款所列单位的主要负责人，犯前款罪的，从重处罚。

本罪与包庇罪的界限。《刑法》第362条规定，旅馆业、饮食服务业、文化娱乐业、出租汽车业等单位的人员，在公安机关查处卖淫、嫖娼活动时，为违法犯罪分子通风报信，情节严重的，依照本法第310条窝藏、包庇罪的规定定罪处罚。

（三）本罪处罚

《刑法》第359条第1款规定，犯本罪的，处5年以下有期徒刑、拘役或者管制，并处罚金；情节严重的，处5年以上有期徒刑，并处罚金。

其他组织、强迫、引诱、容留、介绍卖淫罪还有协助组织卖淫罪、引诱幼女卖淫罪、传播性病罪。

第九节　制作、贩卖、传播淫秽物品罪

一、制作、复制、出版、贩卖、传播淫秽物品牟利罪

（一）构成要件

本罪是指以牟利为目的，制作、复制、出版、贩卖、传播淫秽物品的行为。本罪侵犯

的客体是社会风化和文化市场管理秩序。行为对象是淫秽物品。《刑法》第 367 条规定，淫秽物品是指具体描绘性行为或者露骨宣扬色情的淫秽性的书刊、影片、录像带、录音带、图片及其他淫秽物品。“其他淫秽物品”，包括具体描绘性行为或者露骨宣扬色情的淫秽性的视频文件、音频文件、电子刊物、图片、文章、短信息等互联网、移动通信终端电子信息和声讯台语音信息。有关人体生理、医学知识的电子信息和声讯台语音信息不是淫秽物品。包含色情内容的有艺术价值的电子文学、艺术作品不被视为淫秽物品。本罪客观要件表现为制作、复制、出版、贩卖、传播淫秽物品的行为。“制作”是指生产、录制、摄制、编写、创作、翻译、绘画、印刷、刻印等创造、产生淫秽物品的行为。“复制”是指通过复印、拓印、翻印、翻拍、复写、复录、抄写等方式将原已存在的淫秽物品制作一份或多份的行为。“出版”是指将淫秽作品编辑、印刷向公众发行的行为。“贩卖”是指零售、批发或者倒卖等有偿转让淫秽物品的行为。“传播”是指通过播放、陈列等方式使淫秽物品让不特定或者多数人感知以及通过出租、出借、运输等方式散布、流传淫秽物品的行为。实施上述行为之一，即可成立本罪；同时实施上述行为的，也只认定为一罪，不实行数罪并罚。本罪主体是一般主体。本罪主观要件是故意，且具有牟利目的，行为人是否实际获利不影响本罪成立。

（二）司法认定

以牟利为目的，利用互联网、移动通信终端制作、复制、出版、贩卖、传播淫秽电子信息，通过声讯台传播淫秽语音信息的，应根据其具体实施的行为，以制作、复制、出版、贩卖、传播淫秽物品牟利罪论处。电信业务经营者、互联网信息服务提供者明知是淫秽网站，为其提供互联网接入、服务器托管、网络存储空间、通信传输通道、代收费等服务，并收取服务费，数量、数额较大或造成严重后果的，以传播淫秽物品牟利罪论处。

（三）本罪处罚

《刑法》第 363 条第 1 款规定，犯本罪的，处 3 年以下有期徒刑、拘役或者管制，并处罚金；情节严重的，处 3 年以上 10 年以下有期徒刑，并处罚金；情节特别严重的，处 10 年以上有期徒刑或者无期徒刑，并处罚金或者没收财产。第 366 条规定，单位犯本罪的，实行双罚制。

二、传播淫秽物品罪

本罪是指传播淫秽的书刊、影片、音像、图片或者其他淫秽物品，情节严重的行为。《刑法》第 364 条第 1 款规定，犯本罪的，处 2 年以下有期徒刑、拘役或者管制。该条第 4 款规定，向不满 18 周岁的未成年人传播淫秽物品的，从重处罚。第 366 条规定，单位犯本罪的，实行双罚制。

其他制作、贩卖、传播淫秽物品罪还有为他人提供书号出版淫秽书刊罪，组织播放淫秽音像制品罪，组织淫秽表演罪。

☞ 思考与练习

1. 王某担任辩护人时，编造了一份隐匿罪证的虚假证言，交给被告人陈某二的父亲陈某，让其劝说证人李某背熟后向法庭陈述，并给李某 5000 元好处费。陈某照此办理。李某收受 5000 元后，向法庭作了伪证，致使陈某二被无罪释放。后陈某给陈某二 10 万美元，让其逃往国外。关于本案，王某、陈某和李某的行为分别构成何罪？试分析理由。

2. 甲盗掘国家重点保护的古墓葬，窃取大量珍贵文物，并将部分文物偷偷运往境外出售牟利。司法机关发现后，甲为毁灭罪证将剩余珍贵文物损毁。对甲的行为应当如何定性？试分析理由。

3. 甲系某医院外科医师，应邀在朋友乙的私人诊所兼职，期间擅自为多人进行了节育复通手术。对甲的行为应当如何定性？试分析理由。

第十三章　危害军事利益罪

【学习目标】

○掌握重点犯罪的构成特征及认定标准；了解其他犯罪的概念和基本特征。

○能够准确区分罪与非罪 、此罪与彼罪，具备探知具体犯罪现象的能力。

○树立强军意识，具备法治思维能力和执业的使命感 、荣誉感，具备法治思维能力、法律表达能力等职业素养。

危害军事利益罪是指违反相关规定，侵犯国家的国防利益和军事利益，依照法律应当受刑罚处罚的行为。本类犯罪侵犯的客体是国家的军事利益。其中包括国防利益和军事利益。国防利益是指国家为捍卫国家主权、领土完整和安全，防备和抵御侵略与颠覆，维护部队声誉而进行的军事及与军事有关的建设和斗争等方面的利益；军事利益，是指国家在国防建设、作战行动、军队物质保障、军事科学研究等方面的利益。本类犯罪客观要件表现是行为人实施了危害军事利益的行为。其中包括：第一，行为人实施了违反国防法律、法规，危害国防利益的行为，如拒绝或者逃避履行国防义务，危害作战和军事行动，危害国防物质基础和国防建设活动，妨害国防管理秩序，损害部队声誉等；第二，行为人具有违反军人职责，危害国家军事利益的行为。其中，军人的职责，既包括一般职责，也包括具体职责。军人的一般职责是指每一个军人都具有的职责。军人的具体职责是指军队中各种不同人员有执行各种不同任务的职责。本类犯罪主体多为一般主体，少数为特殊主体。如在军人违反职责罪中，要求主体是军职人员。具体为：其一，现役军人，即中国人民解放军和中国人民武装警察部队的正在服役的军官、警官、文职干部、士兵以及具有军籍的学员。其二，执行军事任务的预备役人员和其他人员。预备役人员是指编入民兵组织或者经过登记服预备役的人员；其他人员是指军内在编职工等。执行军事任务是指执行作战、支前、战场救护等任务。本类犯罪主观要件多数是故意，少数是过失。

危害军事利益罪分为危害国防利益罪和军人违反职责罪。其中，危害国防利益罪，包括21种具体犯罪。军人违反职责罪，包括《刑法》第421条至第435条规定的犯罪。

第一节　危害国防利益罪

一、阻碍军人执行职务罪

(一)构成要件

阻碍军人执行职务罪，是指非军职人员以暴力、威胁方法，妨碍阻挠军人依法执行职务的行为。

本罪侵犯的客体是军职人员正常执行职务的活动。

本罪客观要件表现为采用暴力或者威胁手段，阻碍军人依法执行职务。所谓“暴力”，是指行为人对依法执行职务的军人的身体实施打击或者强制。所谓“威胁”，是指行为人以暴力相挟，实行精神强制、心理压制，使军人产生心理恐惧，不能或者无法履行职责、执行任务。所谓“阻碍军人依法执行职务”，是指对军人依法执行职务造成障碍，使其不能顺利执行职务。所谓“依法执行职务”，是指军人依照上级合法军事命令而执行职务。如果阻碍军人不合法的行为，则不能构成本罪。

本罪主体为一般主体。凡达到刑事责任年龄、具备刑事责任能力的自然人均可成为本罪的主体。

本罪主观要件表现为故意，即行为人明知对方系正在执行任务的军人，却故意以暴力、威胁方法加以阻挠，以致对方停止、放弃、变更执行职务，或者无法正常执行职务。

(二)本罪处罚

《刑法》第 368 条第 1 款规定，犯本罪的，处 3 年以下有期徒刑、拘役、管制或者罚金。

二、破坏武器装备、军事设施、军事通信罪

(一)构成要件

破坏武器装备、军事设施、军事通信罪，是指故意破坏武器装备、军事设施、军事通信的行为。本罪具有以下特征：

1. 本罪侵犯的客体是国防建设秩序

所谓“武器装备”，是指武装部队直接用于实施和保障作战行动的武器、武器系统和军事技术器材。所谓“军事设施”，是指国家直接用于军事目的的建筑、场地和设备。所谓“军用通信”，是指军队为实施指挥、运用通信工具或其他方法进行的信息传递，它是保障军队指挥的基本手段。

2. 本罪客观要件表现为破坏武器装备、军事设施或军事通信的行为

本罪既可以表现为作为，又可以表现为不作为，如故意不履行保管、维修义务而使其过受破坏。只要属于本质上的破坏，无论其方式如何，均对构成本罪没有影响。

3. 本罪主体为一般主体

凡达到刑事责任年龄、具备刑事责任能力的自然人均能成为本罪的主体。

4. 本罪主观要件表现为故意

即明知是武器装备、军事设施、军事通信，但出于贪利图财、泄愤报复或者敌意，仍然进行破坏，对其危害国防建设的后果持希望或者放任的态度。过失不构成本罪。

(二)本罪处罚

《刑法》第 369 条规定，犯本罪的，处 3 年以下有期徒刑、拘役或者管制；破坏重要武器装备、军事设施、军事通信的，处 3 年以上 10 年以下有期徒刑；情节特别严重的，处 10 年以上有期徒刑、无期徒刑或者死刑。战时犯本罪的，从重处罚。

三、阻碍军事行动罪

本罪是指非军职人员采用各种非法手段，阻挠武装部队的军事行动，造成严重后果的行为。“军事行动”，是指为达到一定政治目的而有组织地使用武装力量的活动。在和平时期，表现为实施兵力的部署和调动，进行军事训练和演习，执行戒严任务和处置突发性暴力事件等；在战争时期，表现为进行反侵略战争，参加战斗、战役。根据《中华人民共和国国防法》(以下简称《国防法》)的规定，公民应当为武装力量的军事训练、战备勤务、防卫作战等活动提供便利条件或者其他协助。阻碍武装部队军事行动造成严重后果的行为，违反了《国防法》规定的公民国防义务，严重妨碍了国防和军队建设。《刑法》第368条第2款规定，犯本罪的，处5年以下有期徒刑或者拘役。

其他危害国防利益罪还有破坏武器装备、军事设施、军事通信罪，过失损坏武器装备、军事设施、军事通信罪，故意提供不合格武器装备、军事设施罪，过失提供不合格武器装备、军事设施罪，聚众冲击军事禁区罪、聚众扰乱军事管理区秩序罪，冒充军人招摇撞骗罪，煽动军人逃离部队罪，雇用逃离部队军人罪，接送不合格兵员罪，伪造、变造、买卖武装部队公文、证件、印章罪，盗窃、抢夺武装部队公文、证件、印章罪，非法生产、买卖武装部队制式服装罪，伪造、盗窃、买卖、非法提供、非法使用武装部队专用标志罪，战时拒绝、逃避征召、军事训练罪，战时拒绝、逃避服役罪，战时故意提供虚假敌情罪，战时造谣扰乱军心罪，战时窝藏逃离部队军人罪，战时拒绝、故意延误军事订货罪，战时拒绝军事征用罪。

第二节　军人违反职责罪

一、为境外窃取、刺探、收买、非法提供军事秘密罪

(一)构成要件

为境外窃取、刺探、收买、非法提供军事秘密罪，是指违反保守国家军事秘密法规，为境外的机构、组织、人员窃取、刺探、收买、非法提供军事秘密的行为。

本罪侵犯的客是军事秘密的安全和国防安全。

本罪客观要件表现为行为人窃取、刺探、收买、非法提供军事秘密的行为。所谓“窃取”是指行为人采取自认为不会被人发觉的秘密方法，暗中盗窃军事秘密的行为。所谓“刺探”是指行为人在境外、机构、组织人员的诱使、指派下，为他们搜集、侦察、探听军事秘密的行为。所谓“提供”是指行为人通过口头、文字等各种方式，将自己所掌握的军事秘密传递给境外机构、组织、人员的行为。所谓“境外机构、组织、人员”，是指一切搜集我国情报的具有外国国籍的人。无论该外国人职业、地位、身份如何，只要行为人实施了为其窃取、刺探、收买、非法提供军事秘密的行为，即构成本罪。

本罪主体是特殊主体，即军人。

本罪主观要件是故意，即行为人明知为境外的机构、组织，人员窃取、刺探、收买、非法提供军事秘密，会造成危害军事秘密安全和国家安全的结果，却希望或者放任这种危

害结果的发生。

（二）本罪处罚

《刑法》第431条第2款规定，犯本罪的，处10年以上有期徒刑、无期徒刑或者死刑。本罪和第111条规定的为境外窃取、刺探、收买、非法提供国家秘密、情报罪存在法规竞合关系。当军人为境外机构、组织、人员窃取、刺探、收买、非法提供军事秘密时，应以本罪论处。

二、战时自伤罪

（一）构成要件

战时自伤罪，是指军职人员在战时为了逃避履行军事义务而伤害自己身体的行为。本罪侵犯的客体是部队的作战利益和军人战时履行军事义务的秩序。本罪客观要件表现为战时自伤身体的行为。自伤身体指有意识地伤害自己的身体。对伤害的部位、程度和方法，法律没有限制规定。自伤身体的行为必须发生在战时。本罪主体为军人。本罪主观要件表现为故意，并具有逃避军事义务的目的。

（二）本罪处罚

《刑法》第434条规定，犯本罪的，处3年以下有期徒刑；情节严重的，处3年以上7年以下有期徒刑。

其他军人违反职责罪还有战时违抗命令罪，隐瞒、谎报军情罪，拒传、假传军令罪，投降罪，战时临阵脱逃罪，擅离、玩忽军事职守罪，阻碍执行军事职务罪，指使部属违反职责罪，违令作战消极罪，拒不救援友邻部队罪，军人叛逃罪，非法获取军事秘密罪，故意泄露军事秘密罪，过失泄露军事秘密罪，战时造谣惑众罪，逃离部队罪，武器装备肇事罪，擅自改变武器装备编配用途罪，盗窃、抢夺武器装备、军用物资罪，非法出卖、转让武器装备罪，遗弃武器装备罪，遗失武器装备罪，擅自出卖、转让军队房地产罪，虐待部属罪，遗弃伤病军人罪，战时拒不救治伤病军人罪，战时残害居民、掠夺居民财物罪，私放俘虏罪，虐待俘虏罪。

☞ 思考与练习

1. 冒充军人招摇撞骗罪、诈骗罪和招摇撞骗罪有什么异同？

2. 战时自伤罪和故意伤害罪的区别是什么？

3. 李某系某部战士，接受上级命令奔赴前线，因惧怕战争场面，就想尽早脱离战场。某日，敌人使用火力猛烈向我方阵地射击，李某趁人不注意，故意将自己的手臂伸出掩体之外，被敌军子弹射中受伤，无法继续参加战斗。李某的行为构成何罪？试分析理由。

参考文献

• 中文参考文献

[1]刘杰主．刑法理论与实务[M]．北京：高等教育出版社，2004.

[2]张明楷．刑法学[M]．北京：法律出版社，2009.

[3]熊选国．中国刑事审判指导案例——侵犯公民人身权利、民主权利罪(1999—2008)[M]．北京：法律出版社，2009.

[4]周光权．犯罪论体系的改造[M]．北京：中国法制出版社，2009.

[5]莫晓宇．刑事政策体系中的民间社会[M]．成都：四川大学出版社，2010.

[6]贾成宽．刑法实务教程[M]．北京：高等教育出版社，2010.

[7]张军，赵秉志．宽严相济刑事政策司法解读[M]．北京：中国法制出版社，2011.

[8]谢雄伟，陈斌．刑事法律实务实验教程[M]．北京：经济科学出版社，2010.

[9]刘江格．刑法[M]．北京：高等教育出版社，2010.

[10]赵秉志．刑法修正案(八)理解与适用[M]．北京：中国法制出版社，2011.

[11]曲伶俐．刑事法律原理与实务[M]．北京：中国政法大学出版社，2011.

[12]张军．刑法修正案(八)条文及配套司法解释理解与适用[M]．北京：人民法院出版社，2011.

[13]熊选国．人民法院量刑指导意见与关于规范量刑程序若干问题的意见理解与适用[M]．北京：法律出版社，2010.

[14]何家弘．谁的审判谁的权[M]．北京：法律出版社，2011.

[15]陈兴良．刑法学[M]．上海：复旦大学出版社，2011.

[16]曲新久．刑法学[M]．北京：中国政法大学出版社，2011.

[17]林山田．刑法各罪论(上、下册)[M]．北京：北京大学出版社，2012.

[18]郭立新，黄明儒．刑法分则典型疑难问题适用与指导[M]．北京：中国法制出版社，2012.

[19]李立众．中华人民共和国刑法及司法解释全书(含立案标准)[M]．北京：法律出版社，2012.

[20]林山田．刑法通论(上下册)[M]．北京：北京大学出版社，2012.

[21]于洋编．刑法罪名适用(套)[M]．北京：中国法制出版社，2012.

[22]最高人民法院刑事审判庭．刑事审判参考[M]．北京：法律出版社，2011.

• 外文参考文献

[1][日]高桥则夫. 共犯体系与共犯理论[M]. 冯军，等译. 北京：中国人民大学出版社，2010.

[2][德]克劳斯·罗克辛. 刑事政策与刑法体系[M]. 蔡桂生，译. 北京：中国人民大学出版社，2011.

[3][意]切萨雷·贝卡里亚. 论犯罪与刑罚[M]. 黄风，译. 北京：北京大学出版社，2011.